本书出版获集美大学文学院行健学术基金资助,特此致谢

编 委 会

主　编：付义荣　李时学

编　委：罗关德　柯志贤　宋水安

　　　　孙桂平　夏　敏　张克锋

力 耕 岁 稔

——集美大学文学院百年校庆论文集

集美大学文学院　编

人民出版社

责任编辑:王志茹

装帧设计:朱晓东

图书在版编目(CIP)数据

力耕岁稔:集美大学文学院百年校庆论文集/集美大学文学院
  编.—北京:人民出版社,2018.7
ISBN 978-7-01-019647-3

Ⅰ.①力… Ⅱ.①集… Ⅲ.①汉语-语言学-文集 ②中国文学-文学
  研究-文集 Ⅳ.①H1-53②I206-53

中国版本图书馆 CIP 数据核字(2018)第 181514 号

力耕岁稔
LIGENG SUIREN
——集美大学文学院百年校庆论文集
集美大学文学院 编

人民出版社 出版发行
(100706 北京市东城区隆福寺街 99 号)

北京中兴印刷有限公司印刷 新华书店经销

2018 年 7 月第 1 版 2018 年 7 月北京第 1 次印刷
开本:710 毫米×1000 毫米 1/16 印张:22.25
字数:317 千字

ISBN 978-7-01-019647-3 定价:68.00 元

邮购地址:100706 北京市东城区隆福寺街 99 号
人民东方图书销售中心 电话:(010)65250042 65289539
版权所有·侵权必究
凡购买本社图书,如有印刷质量问题,我社负责调换。
服务电话:(010)65250042

前　言

　　集美大学文学院有着百年的办学与发展历史，最早可以上溯到 1918 年陈嘉庚先生创办的集美学校师范部国学科，之后历经厦门师范专科学校中文系、集美师范专科学校中文系、集美大学师范学院中文系、集美大学文学院 4 个时期。1998 年，我院开始招收汉语言文学专业本科生；2007 年，中国古代文学、比较文学与世界文学两个专业获得硕士学位授予权并开始向全国招收研究生。我院发展开始进入具有学位和学科内涵的建设轨道，并且一直稳步前进。2011 年，以我院师资为主要力量的集美大学"中国语言文学"学科取得一级学科硕士学位授予权；2012 年，本学科获批为省重点学科；2016 年，本学科顺利通过省教育厅的考核验收；2018 年，本学科进入福建省一流学科建设行列。

　　目前，我院共有教职工 59 人，其中专任教师 46 人，教授 10 人、副教授 24 人；在读本科生 1112 人，研究生 128 人。就师生规模来看，文学院在整个集美大学算是个小学院。然而，仅仅 10 余年的时间，它便由师范学院中文系迅速成长为一个具有一级学科硕士授予权的学院。可以说，这是一个十分努力并充满活力的学院。南宋刘过有诗："力学如力耕，勤惰尔自知。便使书种多，会有岁稔时。"我院虽然没有什么闻名遐迩的大师，但却集中了一批有志于学问的辛勤耕耘者，并在中国语言文学这一方天地收获了累累硕果。

　　本书收录了我院在职教师的优秀论文。这些论文绝大多数都曾发表于国内的 CSSCI 期刊上，内容涉及"中国古代文学""中国现当代文学""比较文学与世界文学""文艺学""语言学""海洋文化" 6 个研究方向。这里既有中国语言文学的基础研究，也有对地方语言与文化的特别关注。

　　我院"中国古代文学"方向现有师资 9 人，其中教授 3 人，具有博士学位的教师 5 人。本方向在"红学研究""古代文学与艺术关系研究"等方面成绩突出，也是我院最早的两个硕士点之一。学术带头人王人恩教授是我国知名的红学家，中国红楼梦学会常务理事、福建省古代文学学会副会长，迄今在《文学评论》《文学遗产》《红楼梦学刊》等重要期刊上发表了100余篇学术论文，出版了《红楼梦考论》（中国社会科学出版社，2015年）、《红学史谫论》（高等教育出版社，2017年）2部专著。张克锋教授不仅是中国古代文学的研究者，同时作为中国书法协会的会员，他在中国传统艺术方面也有很深的造诣，多年来致力于中国古代文学与传统艺术的关系研究，在《文学评论》《中国书法》等上发表论文40余篇，出版了《魏晋南北朝文学与书画的会通》（中国社会科学出版社，2010年）、《中国古代文学作品在绘画中的接受研究》（厦门大学出版社，2016年）2部专著。

我院"中国现当代文学"方向现有师资7人，其中教授2人，具有博士学位的教师2人。本方向的特色与优势主要体现在"报告文学研究""乡土文学研究"等领域，学术带头人罗关德教授在《文学评论》《中国现代文学研究丛刊》《文艺理论与批评》等刊物上发表论文30余篇，出版了《乡土记忆的审美视阈》（天津社会科学出版社，2005年）、《点与面：中国现当代文学史论》（中国社会科学出版社，2016年）2部专著。近年来，本方向"由文学而文化"，积极开展地方文化资源的开发与研究，成果显著，如戴嘉树老师承接了地方政府近百万元的项目，带领团队深入田野进行调查，编著并出版了《寻常巷陌里的文化遗存》（世界图书出版社，2016年）、《翔安历史名人追踪》（世界图书出版社，2017年）等。

我院"比较文学与世界文学"方向现有师资5人，其中教授1人，具有博士学位的教师3人。本方向主要在"美国左翼文学研究"方面成绩突出，学术带头人王予霞教授系全国美国文学研究会理事，在《外国文学评论》《国外文学》《文艺理论与批评》等刊物上发表论文50余篇，出版专著6部，如《桑塔格与当代美国左翼文学研究》（中国社会科学出版社，2009年）、《20世纪美国左翼文学思潮研究》（中国社会科学出版社，2014年）等，出版了译著6部，主持多项省部级以上项目，包括1项国家社科基金项目、2项教育部人文社科项目。

我院"文艺学"方向现有师资7人，其中教授1人，具有博士学位的教师3人。本方向的主要特色为"民间文艺""西方美学"等研究领域，学术带头人夏敏教授系中国民间文艺家协会会员、福建省民俗学会常务理事、厦门市作家协会副主席，在《民族艺术》《文艺报》《明清小说研究》等上发表论文 100 余篇，出版了《红头巾下的村落之迷》（上海文艺出版社，2000 年）、《明清中琉邦交与涉琉文学研究》（社会科学文献出版社，2017 年）等多部专著。学术骨干管雪莲博士在《文学评论》《厦门大学学报（哲学社会科学版）》上发表论文 10 余篇，出版专著《中国现代文学思潮的前端：1896—1916》（中国社会科学出版社，2014 年）。

我院"语言学"方向现有师资 8 人，其中教授 3 人，具有博士学位的教师 6 人。学术带头人付义荣教授系中国社会语言学会理事、南京大学中国语言战略研究中心兼职研究员、福建省高校"新世纪优秀人才"，在《中国语文》《语言文字应用》《东南学术》等刊物上发表论文 30 余篇，出版《言语社区和语言变化研究》（北京大学出版社，2011 年）、《中国新生代农民工的语言使用与社会认同》（中国社会科学出版社，2016 年）2 部专著，主持多项省部级以上项目，包括 1 项国家社科基金项目。学术骨干陈曼君教授多年来致力于闽南方言的调查与研究，在《方言》《语言科学》《语文研究》等期刊上发表论文 30 余篇，出版专著《惠安闽南方言动词谓语句研究》（中国社会科学出版社，2013 年），主持多项省部级以上项目，包括 1 项国家社科基金项目。

2018 年，不仅是集美大学诞辰 100 周年，也是我院从集美学校师范部国学科一路走过的 100 年。值此百年校庆、院庆之际，我院将一部分成果结集成册，以飨海内外校友和爱好语言文学的广大读者，同时也期待集美大学文学院能够越办越好，在不久的将来迎来又一次丰收！

集美大学文学院

2018 年 4 月

目 录

第一章 中国古代文学研究

钱钟书与《红楼梦》[①]

王人恩

钱钟书先生是学贯中西的一代硕儒，他的著作是包罗丰富的百科全书，这已为中外真学人所公认。当然，客观而言，钱钟书似乎没有一篇专门论述《红楼梦》的文章，我们仅知道他曾为中国社会科学院文学研究所主编、上海古籍出版社出版的《红楼梦研究集刊》题署了刊名，后来又兼任该刊的顾问。然而，我们认为，钱钟书虽不以"红学家"名世，但借用钱钟书评论孔颖达的一句话来评价钱钟书在"红学"方面的贡献，即"红学"史"当留片席之地与"[1]62 钱钟书！因为抛开其《谈艺录》《七缀集》《写在人生边上》等著作不论，即就其煌煌大著《管锥编》而言，其中论及《红楼梦》者就有 40 余处之多。他把《红楼梦》置于中国古代广阔而深厚的文化大背景之中，遵循"东海西海，心理攸同；南学北学，道术未裂"[2] 的高卓见识，"打通"中西古今，发前人未发之义、辟前人未辟之境，为"红学"的发展做出了独特而可贵的贡献。与此同时，钱钟书为我们探讨《红楼梦》的思想和艺术，提供了不少方法论，值得我们很好地借鉴。

一、释"僧道合行"

《红楼梦》引人注目地写到了一个癞头和尚和一个跛足道人。前八十

---

① 本文发表于《文学评论》2007 年第 2 期，收入本论文集时进行了修改。

① 本文发表于《文学评论》2007 年第 2 期，收入本论文集时进行了修改。

作者简介：王人恩（1958—），男，甘肃白银人，教授，主要从事古代文学研究。

回中，这一僧一道共出现了四次，第一次是在大荒山青埂峰的仙境中，书写顽石"自怨自叹，日夜悲号惭愧"：

> 一日正当嗟悼之际，俄见一僧一道远远而来，生得骨格不凡，丰神迥异，说说笑笑来至峰下，坐于石边高谈快论。先是说些云山雾海神仙玄幻之事，后便说到红尘中荣华富贵。（第一回）

书只写一僧一道合行谈论，而对其外貌未加着笔。第二次是在甄士隐梦游的太虚幻境中，一僧一道"且行且谈"，借以交代了神瑛侍者和绛珠仙草的神话故事。第三次是在甄士隐梦醒之后，来到街前，"看那过会的热闹，方欲进来时"：

> 只见那边来了一僧一道：那僧则癞头跣脚，那道则跛足蓬头，疯疯癫癫，挥霍谈笑而至。（第一回）

随之癞头和尚说了一顿"疯话""口内念了四句言词"，即与跛足道人"同往太虚幻境销号""再不见个踪影了"。

对癞僧跛道的精彩描写，当推第二十五回《魇魔法姊弟逢五鬼 红楼梦通灵遇双真》。这里的"双真"即指癞头和尚和跛足道人。书写马道婆受赵姨娘的重托，收了白花花的一堆银子和五百两的欠契，对凤姐和宝玉施行魇魔法。法行之后，凤姐和宝玉被整得胡言乱语、寻死觅活。关键时刻，神奇的癞僧跛道不请自至，敲着木鱼，口中念着"南无解冤孽菩萨"：

> 众人举目看时，原来是一个癞头和尚和一个跛足道人。见那和尚是怎的模样：
>
> 鼻如悬胆两眉长，目似明星蓄宝光。
>
> 破袖芒鞋无住迹，腌臢更有满头疮。
>
> 那道人又是怎生模样：
>
> 一足高来一足低，浑身带水又拖泥。
>
> 相逢若问家何处，却在蓬莱弱水西。

癞僧跛道将玉擎在掌上，"又摩弄一回，说了些疯话，……说着回头就走了"。

显而易见，僧道合行在《红楼梦》中是很重要的一种文化现象。那么，它的意蕴是什么呢？它与全书主旨有何联系呢？有的论者认为，"书中设置的一僧一道，非癞即跛"表明《红楼梦》在"许多时候是毁僧谤道的"[3]；有的论者认为乃是"寓愤世不平之气""成了人生、社会的批判者，成了全书某种批判精神的人格化体现"[4]。

那么，究竟如何认识《红楼梦》中僧道合行的寓意呢？钱先生于"僧道杂糅"中则指出：

> 《红楼梦》中癞僧跛道合伙同行，第一回僧曰："到警幻仙子宫中交割"，称"仙"居"宫"，是道教也，而僧甘受使令焉；第二五回僧道同敲木鱼，诵"南无解怨解结菩萨"，道士尝诵"太乙救苦天尊"耳（参观沈起凤《红心词客传奇·才人福》第一二折）；第二九回清虚观主张道士呵呵笑道"无量寿佛"，何不曰"南极老寿星"乎？岂作者之败笔耶？抑实写寻常二氏之徒和光无町畦而口滑不检点也？[1]1512

钱先生是在论述北齐朱元洪妻子孟阿妃《造老君像》和阙名《姜纂造老君像铭》时说这番话的。他首先指出民间虔事老子求福这一习俗始于汉桓帝，"观《全三国文》卷六魏文帝《禁吏民往老子亭祷祝敕》可知；盖相沿已久"；然而这两篇遣词运语，却纯出释书；若不细察，拓本上"道君""老君"字迹漫漶不清，一般的读者一定会认为造的是佛像而不是道像，而文中的"清信士""清信弟子"又一定会被误认为是信佛的"白衣"（俗人）了。因为就连庾信那样"弘雅"的文士也在其诗中"阑入释氏套语；出于俗手之造像文字杂糅混同而言之，更无足怪"。钱先生进而分析了造成这种情况的缘由有二：一是由于当时道士拾掇僧徒牙慧，致使"清信弟子""耳熟而不察其张冠李戴"；一是由于流俗人"妄冀福祐，佞佛诣道，等类齐观，不似真人大德辈之辨宗灭惑、恶紫乱朱"，接着又引《南史》所载夷孙之语，证明"六朝野语涂说已视二氏若通家共事"。要之，僧道二家虽然有时不免相互丑诋，但它们在本质上是"通家共事"，是一家人，道家有时"急忙抱佛脚"，佛家也在一定时期与道家同行、同语、同叹，博闻强记的钱先生引用了李白、杜光庭、陆游的诗文，令人信服地证明"后世《封神传》《西洋记》《西游记》等所写僧、道不相师法而相交关，其事从来远矣"[1]1511—1512。佛、道本是一家人，后来的相争相斗不过是"大水淹了龙王庙"而已！这表明钱先生对《红楼梦》的僧道合行是用历史的发展的眼光看待的。他用反问的口气说"岂作者之败笔耶"，显然是"明知而似故问者"（借用钱先生评《天问》语[1]608），而乃"实写寻常二氏之徒和光无町畦"者也！钱先生的这种看法的确是超迈前人和今人的，他是把《红楼梦》放在文化历史发展的过程中、放在清代社会现实的氛围中加以考察"僧道合行"的文化意蕴。稍作分析可知，清统治者入主中原以后，虽然统治残酷，但在康熙、雍正、乾隆年间尚无暇顾及或不能真正落实以其统治思想统治人民的政策，民间的宗教思想还比较自由。成书于乾隆年间的《红楼梦》即用"写实"的手法道出了当时社会中僧道杂糅、亦道亦佛、亦佛亦道的真实情况。陈毓罴先生也敏锐地指出马道婆的故事"反映了清代社会巫蛊之术和'邪教'的盛行，已从民间深入社会上层"[5]。

已故著名红学家俞平伯曾经指出：

> 前面原是双提僧、道的，后来为什么只剩了一个道人，却把那甄士隐给拐跑了呢？这"单提"之笔，分出宾主，极可注意。这开头第一回书，就是一个综合体、糊涂账，将许多神话传说混在一起，甚至自相矛盾。原说甄士隐是随道人走的，而空空道人却剃了头，一变为情僧，既像《红楼梦》，又像《西游记》，都把道士变为和尚，岂不奇怪！[6]

鄙见以为，钱钟书对"僧道合行"的阐释基本上可以回答俞平伯氏的疑问。

二、"欠泪"与"还泪"

《红楼梦》开篇即用"假语村言"讲了一个"深有趣味"的"欠泪""还泪"的故事。癞僧向跛道讲道：

> "只因西方灵河岸上三生石畔，有绛珠草一株，时有赤瑕宫神瑛侍者，日以甘露灌溉，这绛珠草始得久延岁月。后来既受天地精华，复得雨露滋养，遂得脱却草胎木质，得换人形，仅修成个女体，终日游于离恨天外，饥则食蜜青果为膳，渴则饮灌愁海水为汤。只因尚未酬报灌溉之德，故其五内便郁结着一段缠绵不尽之意。恰近日这神瑛侍者凡心偶炽，乘此昌明太平朝世，意欲下凡造历幻缘，已在警幻仙子案前挂了号。警幻亦曾问及，灌溉之情未偿，趁此倒可了结的。那绛珠仙子道：'他是甘露之惠，我并无此水可还。他既下世为人，我也去下世为人，但把我一生

所有的眼泪还他，也偿还得过他了。'因此一事，就勾出多少风流冤家来，陪他们去了结此案。"那道人道："果是罕闻。实未闻有还泪之说。想来这一段故事，比历来风月事故更加琐碎细腻了。"

这个故事虽然"说来好笑"，但"竟是千古未闻的罕事"，的确"深有趣味"。曹雪芹惯用"假语村言""狡狯笔法"，是否绛珠仙草（黛玉）和神瑛侍者（宝玉）的"欠泪""还泪"的故事真是"千古未闻的罕事"呢？

钱先生在论梁·王僧孺《与何炯书》时旁征博引地分析了各式各样的哭泣流泪的不同方式和不同目的，如"哀泪""谄泪""相似泪""售奸泪""市爱泪"等。他特别对林黛玉的"偿泪债"作了论证：

> 卖哭之用，不输"卖笑"，而行泪贿赠泪仪之事，或且多于汤卿谋之"储泪"、林黛玉之"偿泪债"也。孟郊《悼幼子》："负我十年恩，欠你千行泪"，又柳永《忆帝京》："系我一生心，负你千行泪"；词章中言涕泪有遗债，如《红楼梦》第一回、第五回等所谓"还泪""欠泪的"，似始见此。[1]1438

钱先生的论著素以言简意丰、令人咀嚼不已、颇能启人神智著称。这里所引的几行文字包括了丰富的内涵。一是点明"欠泪"之说在中唐时期已为文人所习用，举出孟郊老年丧子而悲痛不已，写诗抒写失子哀伤之情，言幼子之夭辜负了老父的十年养育之恩，致使自己欠下了幼子的千行老泪。当然，中唐诗人白居易《伤唐衢二首》其一有哭悼诗友的诗句"终去坟前哭，还君一掬泪"[7]1034，同样有"还泪"之说，但白居易只不过是打算"终去"而现在还无法去唐衢坟前"还君一掬泪"。既言"还泪"，"欠泪"不言自明，此"即孔疏所谓'互文相足'"[8]6，故钱先生不引《伤唐衢》诗。孟郊、白居易所言"还泪"都不过是"欠"亲人、友人的男儿之泪，而非女子"欠"男儿的情泪。而钱先生所举柳永《忆帝京》词句正是男人还女人的情泪。苏东坡《雨中花慢》同样如此，"算应负你，枕前珠泪，万点千行"。二是通过追根溯源，钱先生点明《红楼梦》所写"欠泪""还泪"的故事渊源有自，它"深有趣味"，然而决非无源之水、无本之木，不能视之为"胡言"。这也正好揭明了曹雪芹的学识渊博。三是钱先生把第一回的"还泪""欠泪"的故事与第五回的十二支曲中的《枉凝眉》和《收尾·飞鸟各投林》相提并论，颇具宏观眼光。因为《枉凝眉》可谓是十二支曲中的主题曲，它以优美绝伦的语言高度概括出了宝、黛的爱情悲剧，尤其是"想眼中能有多少泪珠儿，怎经得秋流到冬尽，春流到夏"诸句，写出了林黛玉泪尽而逝的悲剧命运，与第一回的"欠泪""还泪"故事十分合榫；而《收尾·飞鸟各投林》所说"欠泪的，泪已尽"正是对"还泪""欠泪"的美妙故事的总结。四是钱先生的指点告诉读者，"欠泪""还泪"之说虽早见于唐宋人的词章之中，成为熟典惯语，然而将其编织成一个美妙动人、与作品主题水乳交融又不可或缺的神话故事，这在《红楼梦》中乃首次出现，由此即可懂得曹雪芹的确是旷世奇才，而《红楼梦》的确是"今古未有之奇文"（脂批）。借用甲戌本脂批来评价钱钟书对"还泪""欠泪"的爬梳考镜，即"知眼泪还债者大都作者一人耳。余亦知此意，但不能说得出"[9]45。

三、"意淫"与"自色悟空"

"意淫"一词首见于第五回，是警幻仙姑对宝玉的一个评语。然而，"意淫"的含义究竟作何解释才契合全书主旨和宝玉的个性，似乎红学家们都颇感棘手，难以做出令人信服的阐释。颇具权威性的《红楼梦大辞典》有如下解说：

> 对此不能望文生义，解作意念中的淫欲，而应结合小说的具体描写，看作是对贾宝玉个性特征的一种概括。……可知"意淫"指情意泛滥、痴情，也含有越礼、乖张的意思。因而贾宝玉在闺阁中可为良友，于世道中则未免迂阔，即如鲁迅所说，对少女们"昵而敬之，恐拂其意，爱博而心劳"。

> 有的研究者更指出，"意淫"固然有别于"皮肤淫滥"，但它并没有否定人欲和情爱。它反对的是封建礼教对儿女痴情的禁锢，要求将两性间的情爱建立在相知同命的基础上。这种关系只有在男性改变对女性的不平等态度、成为"良友"的前提下，才能实现。贾宝玉的个性，就包含这样一种特质。[10]16

有比较才有鉴别。我们再来看看钱先生的解释：

> （伶玄《飞燕外传》）《序》记樊通德语："夫淫于色，非慧男子不至也。慧则通，通则流，流而不得其防，则百物变态，为沟为壑，无所不往焉。"已开《红楼梦》第二回贾雨村论宝玉：

"天地间残忍乖僻之气与聪俊灵秀之气相值，生于公侯富贵之家，则为情痴、情种"；又第五回警幻仙子语宝玉："好色即淫，知情更淫。……我所爱汝者，乃天下古今第一淫人也！"旧日小说、院本金写"才子佳人"，而罕及"英雄美人"。《红楼梦》第五回史太君曰："这些书就是一套子，左不过是佳人才子，最没趣儿！……比如一个男人家，满腹的文章，去做贼"；《儒林外史》第二八回季苇萧在扬州入赘尤家，大厅贴朱笺对联"清风明月常如此；才子佳人信有之"，复向鲍廷玺自解曰："我们风流人物，只要才子佳人会合，一房两房，何足为奇！""才子"者，"满腹文章"之"风流人物"，一身兼备"乖僻之气"与"灵秀之气"，即通德所谓"淫于色"之"慧男子"尔。明义开宗，其通德欤。……释惠洪《石门文字禅》卷二七《跋达道所蓄伶子于文》，似斟人道，有曰："通德论'慧男子'，殆天下名言。子于有此婢，如摩诘之有天女也！"衲子而赏会在是，"浪子和尚"之号不虚也。……钱谦益《有学集》卷二〇《李缁仲诗序》亦极称通德语，以为深契佛说，且申之曰："'流'而后返，入道也不远矣"；盖即《华严经》"先以欲钩牵，后令成佛智"之旨（参观《空镜录》卷一一、二一、二四），更类《红楼梦》第一回所谓"自色悟空"矣。[1]965—966

钱先生首先点出汉代伶玄（字子于）之姜樊通德语已经开导《红楼梦》"残忍乖僻之气与聪俊灵秀之气相值""情痴、情种"的先河——"明义开宗，其通德欤"。换言之，要真正理解"意淫""情痴""情种"诸语的深刻含义，就不能不对樊通德的名言进行剖析、研究。钱先生将金针度人，点明慧—通—流—防的人格发展轨迹正是"意淫"和"自色悟空"。樊通德似乎认为，一个"淫于色"的男子，必定是一个聪慧的男子；男人聪慧就有可能与女人通奸（此"通"字似应读为《左传·桓十八年》"公会齐侯于泺，遂及文姜如齐，齐侯通焉"之"通"）；男子与女人通奸就会放荡不羁（此"流"字似应读为《礼记·乐记》"故制《雅》、《颂》之声以道之，使其声足乐而不流"之"流"）；一旦放荡不羁而不能防止节制，男子就会"变态"。岂不闻"防意如城，守口如瓶"之谚①吗？接着，钱先生又引钱谦益《有学集》的文字证明樊通德的"名言""深契佛说"，放荡不羁而最终能迷途知返，由"浪子""浪子和尚"变为真正的和尚，"入道也不远矣"。最后，钱先生又引佛典《华严经》"先以欲钩牵，后令成佛智"的名言，印证"自色悟空"的真正含义。

可以看出，钱先生对"意淫"、"情痴"、"情种"和"自色悟空"的阐释是一以贯之、自成系统的。依此认识《红楼梦》的主旨、认识贾宝玉其人，颇有令人顿开茅塞之感。

《红楼梦》的主旨众说纷纭，莫衷一是，但据作者自言，它"大旨谈情"；这个"情"字的内涵很广，但儿女之情、世态人情自在其中，因为"开卷即云'风尘怀闺秀'，则知作者本意原为记述当日闺友闺情，为非怨世骂时之书矣"②。作者还告诉读者："自欲将已往所赖天恩祖德，锦衣纨绔之时，饫甘餍肥之日，背父兄教育之恩，负师友规谈之德，以至今日一技无成、半生潦倒之罪，编述一集，以告天下人。"（第一回）曹雪芹的这段"忏悔"与钱先生所揭示的樊通德所言"慧—通—流—防"的人格发展轨迹是何等相似！"深契佛说"可谓是对《红楼梦》的一种精辟概括。

贾宝玉的确是集"乖僻之气"与"灵秀之气"于一身的"浪子和尚"。他"行为偏僻性乖张""但其聪明乖觉处，百个不及他一个""天分高明，性情颖慧"；秦可卿房中梦游太虚幻境后的遗精、紧接着与袭人的"初试云雨情"、"扭股糖似的粘在"鸳鸯身上要吃她嘴上的胭脂以及与碧痕关在同一间房"足有两三个时辰"一块洗澡等，岂非"浪子"？岂非"通"？岂非"流"？他与黛玉相知相爱，与晴雯真情相处，遍享荣华富贵却历尽情海悲欢，在万念俱灰之时毅然"撒手悬崖"，弃红尘而为僧，写完了一部自传性的《情僧录》，这一切岂非"防"？岂非"先以欲钩牵，后令成佛智"？岂非"因空见色，由色生情，传情入色，自色悟空"？因此可以认为，贾宝玉是一个具有多重性格的复杂人物，"说不得贤，说不得愚，说不得不肖，说不得善，说不得恶，说不得正大光明，说不得混账无赖，说不得聪明才俊，说不得庸俗平凡，说不得好色好淫，说不得情痴情种"（脂批），"乖僻之气"与"灵秀之气"只不过是他性格中的重要组成部分

① 唐·道世《诸经要集·择交部·惩过》引《维摩诘经》。
② 《脂砚斋甲戌抄阅再评石头记》"凡例"。

而已，借用钱先生评项羽性格之语，即宝玉的多重性格"皆若相反相违；而既具在宝玉一人之身，有似两手分书、一喉异曲，则又莫不同条共贯，科以心学性理，犁然有当"[1]275。正因人们不能像钱先生那样"颇采'二西'之书，以供三隅之反"[2]，遍观佛经，深通佛理，探求不到宝玉性格中的复杂特征，所以多年来始终难以对宝玉的形象做出较切合作品实际、作者创作主旨的阐释。

相形之下，《红楼梦大辞典》解释"意淫"时只说对了一部分，"是对贾宝玉个性特征的一种概括"。

四、"水月镜花"之喻与黛玉的"感伤""病三分"

《红楼梦》名曲《枉凝眉》中有写宝、黛二人的名句"一个枉自嗟呀，一个空劳牵挂，一个是水中月，一个是镜中花"，以形象的比喻道出了宝、黛的爱情悲剧。

钱钟书雅爱谈月，尤其是释水月之喻以证其"比喻有两柄而复具多边"[1]39的著名论断，令读者眼界大开。他指出：

> 水中映月之喻常见释书，示不可捉溺也。然而喻至道于水月，乃叹其玄妙，喻浮世于水月，则斥其虚妄，誉与毁区以别焉。[1]37

同是水月之喻，或誉或扬，或毁或抑。前者举晋·释慧远《鸠摩罗什法师大乘大义》卷上喻"法身同化"例，"如镜中像、水中月，见如有色，而无触等，则非色也"；后者仍举慧远喻"幻化梦响"例，"镜像、水月，但诳心眼"。不仅如此，细加分析，水月之喻还可分为"心眼之赞词"和"心痒之恨词"两柄：

> 《全唐文》卷三五〇李白《志公画赞》："水中之月，了不可取"；又卷七一五韦处厚《大义禅师碑铭》记尸利禅师答顺宗："佛犹水中月，可见不可取"；施肩吾《听南僧说偈词》："惠风吹尽六条尘，清净水中初见月。"超妙而不可即也，犹云"仰之弥高，瞻之在前，忽焉在后"，或"高山仰止，虽不能至，心向往之"，是为心服之赞词。李涉《送妻入道》："纵使空门再相见，还如秋月水中看"；黄庭坚《沁园春》："镜里拈花，水中捉月，觑着无由得近伊"；《红楼梦》第五回仙曲《枉凝眉》："一个枉自

嗟讶，一个空劳牵挂，一个是水中月，一个是镜中花。"点化禅藻，发抒绮思，则撩逗而不可即也，犹云"甜糖抹在鼻子上，只教他舔不着"（《水浒》第二四回），或"鼻凹儿里砂糖水，心窝里苏合油，餂不着空把人拖逗"（《北宫词纪外集》卷三杨慎《思情》），是为心痒之恨词。[1]38

《红楼梦》"深契佛说"，《枉凝眉》仙曲自然"点化禅藻，发抒绮思"。钱先生引出诸多例证说明《枉凝眉》乃宝、黛"心痒之恨词"；由于"心痒"（"管不住心"）始有"恨"（"兼训怅惘、怫憝"[1]1056），所以"水中月""镜中花"只不过是"空空""无无之境"。"水中月""镜中花"看得见而不可捉取，正是"若说没奇缘，今生偏又遇着他；若说有奇缘，如何心事终虚化"。宝黛相爱一场而无缘结为伉俪，一个"撒手悬崖"，一个"泪尽而逝"。

黛玉因父母双亡而寄居贾府，她孤高自许，目下无尘，虽然也锦衣玉食，然而不免见月伤情、见花落泪，多愁善感是她个性中的重要组成部分。对此，钱先生也有一段精彩的论述：

> 王嘉《拾遗记》卷九石崇爱婢翔风答崇曰："生爱死离，不如无爱"；张祖廉辑龚自珍《定盦遗著·与吴虹生书》之一二："但遇而不合，镜中徒添数茎华发，集中徒添数首惆怅诗，供读者回肠荡气。虹生亦无乐乎闻有此遇也"；《红楼梦》第三一回黛玉谓："聚时欢喜，散时岂不冷清？既生冷清，则生伤感，所以不如倒是不聚的好"；胥其旨矣。[1]1043

钱先生是在论述阮瑀《止欲赋》时道出"思极求通梦"、"梦见不真而又匆促，故怏怏有虚愿未酬之恨；真相见矣，而匆促板障，未得遂心所欲，则复怏怏起脱空如梦之嗟"以及"梦见争如不梦，梦了终醒、不如不梦"等常见的文学母题后连带论及林黛玉的前番话的。黛玉唯宝玉是爱，然而寄人篱下的生活、父母的双双下世，以及他人家的团聚和欢声笑语，都令她的心灵为之伤感和悲凉，她有时特别想与众姐妹、与宝玉欢天喜地地聚在一起，以排遣自己的内心苦闷和无奈，但更多的时候却有一种众里身单的感受，有如"在群众欢笑之中，常如登高四望，但见莽苍大野，荒墟废垅，怅坐寂默，不能自解"[11]，因此愿意独处一隅、自悲自怜。这一切也正是她情之深、情之至的表现。而宝玉却是"只愿常聚，生怕一时散了添悲；那花只愿常开，生怕一时谢了没趣"，与黛玉的"喜散不喜聚"形成鲜明的反差，陪伴黛玉终生的是她的泪水，是"病三分"，借以消愁遣闷的则是填写诗词——"集中徒添数首惆怅诗"。钱先生分析了黛玉的多愁善感之后，又指出黛玉"娇袭一身之病""具才与貌而善病短命"这一特征屡见于中西文化典籍中。他首先指出明末著名才女冯小青的"瘦影自临秋水照，卿须怜我我怜卿"两句诗为"当时传颂"，进而指出："后来《红楼梦》第八九回称引之以伤黛玉。明季艳说小青，作传着重叠，以至演为话本，谱入院本，几成'佳人薄命'之样本，……及夫《红楼梦》大行，黛玉不啻代兴，青让于黛玉，双木起而二马废矣。欧洲十九世纪末诗文中'脆弱女郎'一类型，具才与貌而善病短命；采风论世，颇可参验异同焉。"[1]753—754

在钱先生看来，如黛玉这样的多愁善感、有才有貌而善病短命的女子几乎在中西文学作品中成了一种类型，欧洲有"脆弱女郎"，明清有"薄命佳人"冯小青、林黛玉。确如钱先生所言，冯小青在明末影响颇大，几乎各种文学体裁都敷演过冯小青的故事，就连日本汉学家森槐南也写有优美动人的《补春天传奇》剧本，其"情词旖旎，丰致缠绵，雅韵初流，愁心欲绝"，敷写了冯小青在阳间"春情"未能满足、含恨而殁而在阴曹得以补偿人世之憾的动人故事[12]。但《红楼梦》问世后，黛玉的故事就取代了冯小青的故事，这也正好说明《红楼梦》的影响之大。钱先生后来又补充指出："十九世纪法国浪漫主义以妇女瘦弱为美，有如《红楼梦》写黛玉'娇袭一身之病'者。圣佩韦记生理学家观风辨俗云：'娇弱妇女已夺丰艳妇女之席；动止懈情，容颜苍白，声价愈高。'维尼日记言一妇为己所酷爱，美中不足者，伊人生平无病；妇女有疾病，则益觉其饶风韵、增姿媚。此两名家所言，大类吾国冯小青'瘦影'、林黛玉'病三分'而发；龚自珍《瘰词》之'玉树坚牢不病身，耻为娇喘与轻颦'，则扫而空之矣。"[1]194 如此纵横开阖的深入比较分析，对开阔我们的视野、认识黛玉其人实在是大有裨益。

五、宝玉之"焚花散麝"与"眼泪流成大河"

《红楼梦》第二十一回写宝玉一大早受了黛玉、湘云、袭人、宝钗的冷遇嘲讽，"至晚饭后，宝玉因吃了两杯酒，眼饧耳热之际，若往日则有袭人等大家喜笑有兴，今日却冷冷清清的一人对灯，好没兴趣"。看了一阵《庄子·胠箧》而"意趣洋洋，趁着酒兴，不禁提笔续曰"：

> 焚花散麝，而闺阁始人含其劝矣；戕宝钗之仙姿，灰黛玉之
> 灵窍，丧减情意，而闺阁之美恶始相类矣。彼含其劝，则无参商
> 之虞矣；戕其仙姿，无恋爱之心矣；灰其灵窍，无才思之情矣。
> 彼钗、玉、花、麝者，皆张其罗而穴其隧，所以迷眩缠陷天下
> 者也。

"续毕，掷笔就寝"。次日，黛玉看到宝玉所续，"不觉又气又笑，不禁也提笔续书一绝云"：

> 无端弄笔是何人？作践南华《庄子因》。
> 不悔自己无见识，却将丑语怪他人！

钱先生在论及《老子》王弼注时涉及了《红楼梦》中的上述描述。他指出：《老子》"吾所以有大患者，为吾有身；及吾无身，吾有何患"诸句包含有三层意义，其第二层即"于吾身损之又损，减有而使近无，则吾鲜患而无所患"。他先引《庄子·山木》："少君之费，寡君之欲，虽无粮而乃足。"然后，他精辟地指出："禁欲苦行，都本此旨。心为形役，性与物移，故明心保性者，以身为入道进德之大障。憎厌形骸，甚于桎梏，克欲遏情，庶几解脱；神秘宗至以清净戒体为天人合一之梯阶。"[1]428 钱先生举出中外十余例材料，尤其是宗教方面的材料佐证了上述论点，又进而指出："中欲外邪，交扇互长，扃中以便绝外，绝外浸成厌世，仇身而遂仇物。《红楼梦》二一回宝玉酒后读《庄子·胠箧》，提笔增广之，欲'焚花散麝''戕钗灰黛'，俾'闺阁之美恶始相类'而'无恋爱之心'，正是此旨。黛玉作绝句讥之曰：'不悔自家无见识，却将丑语诋他人！'诚哉其'无见识'！凡仇身绝物，以扃闭为入道进德之门者，胥于心之必连身、神之必系形，不识无见也。"[1]430

贾宝玉所续《庄子·胠箧》一段文字重在抨击当时统治阶级剥削、压迫百姓的强盗本质，发挥道家"绝圣弃智"的思想，认为"圣""智"乃是祸乱天下的根源。而宝玉之续虽是"趁着酒兴"之作，然而"醉翁之意不在酒"，而在于厌恶自己所处的纷扰烦闷的环境。就本回书而言，宝玉受到了宝钗、黛玉、袭人、湘云的冷淡，先是宝玉求湘云为他梳头，发现宝玉头上的珍珠少了一颗，黛玉冷笑道："也不知是真丢了，也不知是给了人镶什么戴去了。"又是湘云对宝玉欲吃胭脂的举动不满，说道："这不

长进的毛病儿，多早晚才改过！"再是宝钗来宝玉房中，一见宝玉来了，立即不搭话走人。还有袭人、麝月对宝玉不理不睬，话里带刺等。就宝玉自身而论，父亲贾政严厉苛责，要他读书仕进以光耀门楣，宝钗、湘云、袭人屡屡劝励他多读儒家之书，以求支撑门户等。这一切使本来就"愚顽怕读文章""那管世人诽谤"的他烦恼至极，故翻看庄子而作续笔。钱先生认为："男女为人生大欲，修道者尤思塞源除根。"如宝玉者，"喜欢在内帏厮混"，为湘云盖被，吃丫头嘴上胭脂，尽力以求接近黛玉，本来自己既管不住身，又管不住心，"不晓反检内心，而迷削外色，故根色虽绝，染爱愈增"[13]。难怪黛玉说他"无见识"！钱先生为我们溯源旁求、中西印证，为我们理解宝玉续《庄子·胠箧》时的心态作出了全面深刻的揭示。

"眼泪流成大河"一语出自《红楼梦》第三十六回，宝玉向袭人谈论人之死亡，道出了"文死谏，武死谏"乃"皆非正死"的"疯话"。他说："可知那些死的都是沽名，并不知大义。比如我此时若果有造化，该死于此时的，趁你们在，我就死了，再能够你们哭我的眼泪流成大河，把我的尸首漂起来，送到那鸦雀不到的幽僻之处，随风化了，自此再不要托生为人，就是我死的得时了。"

钱先生在论述《太平广记》时同样是"高瞻周览"：

> 《麒麟客》（出《续玄怪录》）主人曰："经六七劫，乃证此身；回视委骸，积如山岳；四大海水，半是吾宿世父母妻子别泣之泪。"按本于释书轮迥习语，如《佛说大意经》："我自念前后受身生死坏败，积其骨过于须弥山，其血流、五河四海未足以喻"；《大般涅槃经·光明遍照高贵德王菩萨品》第一〇之二："一一众生一劫之中所积身骨，如王舍城毗富罗山。……父母兄弟妻子眷属命终哭泣，所出目泪，多四大海"；《宏明集》卷八释玄光《辨惑论》："大地丘山莫非我故尘，沧海晶漫皆是我泪血"；寒山诗："积骨如毗富，别泪如海肆。"吾国词章则以此二意道生世苦辛，不及多生宿世。前意如刘驾《古出塞》："坐怨塞上山，低于沙中骨"；后意尤多，如古乐府《华山畿》："相送劳劳渚，长江不应满，是侬泪成许"；李群玉《感兴》："天边无书来，相思泪成海"；聂夷中《劝酒》第二首："但恐别离泪，自成苦水河"；贯休《古离别》："只恐长江水，尽是儿女泪"；《花草粹编》

卷八韩师厚《御街行》："若将愁泪还做水，算几个黄天荡!"以至《红楼梦》第三六回宝玉云："如今趁你们在，我就死了，再能够你们哭的眼泪流成大河，把我的尸首漂起来。"套语相沿，偶加渲染，勿须多举。[1]667—668

钱先生点明"别泪如河""别泪如海"的意象出于佛典，唐以后的文人屡屡驱遣套用，但《红楼梦》在继承的基础上却有创新。钱先生仅引至"眼泪流成大河，把我的尸首漂起来"，后面的文字已见前文所引，且要"泪河漂尸"；古代诗文仅叙离愁生别之情，而贾宝玉却由别泪言及死亡，使其悲剧色彩更加浓郁，显示出宝玉的精神空虚、意欲超脱之感，厌世思想自不难感知。古代诗文所言"别泪成河"乃人生缺憾，还成为文学创作的永恒主题，大有"梁园虽好"、"终须一别"、愁肠九回而无可奈何的凄伤之感，而宝玉的"泪河漂尸"却视死为一种解脱，视能得到女儿们的眼泪为幸事，其包含的宗教色彩十分明显，也符合神瑛侍者下世为人而作"情痴""情种"，最后"弃而为僧"的性格、心理发展历程。经过钱先生的指点，我们对宝玉的形象不是更能理解得全面一些吗？"读者明眼，庶几不负作者苦心"[1]180 啊！

六、对王国维"悲剧之悲剧"说的批评

《红楼梦评论》是王国维运用西方哲学、美学观点进行文学评论的一篇宏文，全文一万多字，分析缜密，气势恢弘，提出了不少独特的见解，为红学研究开辟了一个新局面，因为从哲学、美学的高度审视《红楼梦》的丰富内涵和审美价值，这在王国维之前是极少见的。然而，《红楼梦评论》正因为是王国维运用西方哲学、美学观点评价中国古代小说的第一次尝试，又以叔本华唯意志论和悲观主义的美学思想作为立足之地，在不少地方照搬叔本华的理论来硬套《红楼梦》，所以，《红楼梦评论》存在着所谓的"硬伤"。

钱先生是在评论王国维诗时对《红楼梦评论》所提出的宝、黛爱情是"悲剧之悲剧"的结论进行了详尽的分析批评。钱先生指出：

> 王氏于叔本华著作，口沫手胝，《红楼梦评论》中反复称述，据其说以断言《红楼梦》为"悲剧之悲剧"。贾母惩黛玉之孤僻而信金玉之邪说也；王夫人亲于薛氏、凤姐而忌黛玉之才慧也；

袭人虑不容于寡妻也；宝玉畏不得于大母也；由此种种原因，而木石遂不得不离也。洵持之有故矣。然似于叔本华之道未尽，于其理未彻也。苟尽其道而彻其理，则当知木石因缘，徼幸成就，喜将变忧，佳耦始者或以怨耦终；遥闻声而相思相慕，习进前而渐疏渐厌，花红初无几日，月满不得连宵，好事徒成虚话，含饴还同嚼蜡。此亦如王氏所谓"无蛇蝎之人物、非常之变故行于其间，不过通常之人情、通常之境遇为之"而已。[14]349

要真正理解钱先生这段文字的内涵，就必须对叔本华的"愿欲说"作些勾稽，然后再看王国维是如何"作法自毙"的。

叔本华"愿欲说"的核心论点是人的欲望永远不会满足，一个欲望满足后又有新的欲望和痛苦。钱先生译文是这样的，"快乐出乎欲愿。欲愿者，欠缺而有所求也。欲餍愿偿，乐即随减。故喜乐之本乃亏也，非盈也。愿足意快，为时无几，而怏怏复未足矣，忽忽又不乐矣，新添苦恼或厌怠、妄想，百无聊赖矣。艺术与世事人生如明镜写形，诗歌尤得真相，可以征验焉"[14]。钱先生进而分析考察了叔本华"愿欲说"的理论来源主要有二。一是印度佛教哲学对其影响甚大。比如《大智度论》卷十九《释初品中三十七品》即云："是身实苦，新苦为乐，故苦为苦。如初坐时乐，久则生苦，初行立卧为乐，久亦为苦。"又卷二十三《释初品中十想》亦云："众极由作生，初乐后则苦。"二是西方古代文论对其影响甚大，钱先生又举出了古罗马大诗人卢克来修论人生难足和黑格尔、魏利、康德以及十九世纪的小说《包法利夫人》中的例证，证明"愿欲说"并非新的理论，"叔本华横说竖说，明诏大号耳"，仔细地洞察出叔本华的狡黠。钱先生还举出古代典籍中的例证说明叔本华的"愿欲说"其实在我国早已有之，一例是嵇康的《答难养生论》："又饥飡者，于将获所欲，则悦情注心。饱满之后，释然疏之，或有厌恶。"一例是史震林《华阳散稿》卷上《记天荒》："当境厌境，离境羡境。"

王国维基本上照搬了叔本华的理论，对"愿欲说"本身，钱先生并未全面否定；而对王国维的"作法自毙"，钱先生却给了深刻中肯的批评。王国维既然认为《红楼梦》属于"悲剧中之悲剧"，就应该充分说明造成悲剧的根源之所在，他只是套用了叔本华把悲剧分三类的模式，硬将《红楼梦》拉入"由于剧中人物之位置及关系而不得不然者"[15]254 这第三类悲剧，得出结论：《红楼梦》的宝、黛爱情未能如愿"不过通常之道德，通常之人情，通常之境遇为之而已"[15]254。显而易见，王国维的"悲剧之悲剧"说与叔本华的"愿欲说"是相矛盾的，"苟本叔本华之说，则宝、黛良缘虽就，而好遽渐至寇仇，'冤家'终为怨耦，方是'悲剧之悲剧'"[14]351。但是，《红楼梦》的收场描写是合情合理的，说它是"彻头彻尾的悲剧"那是不错的，因为宝、黛并未结成夫妻、实现愿望，由亲而疏、渐至寇仇，所以说是"悲剧之悲剧"岂非与叔本华的"愿欲说"南辕北辙！钱先生又指出：

> 然《红楼梦》现有收场，正亦切事入情，何劳削足适履。王氏附会叔本华以阐释《红楼梦》，不免作法自毙也。盖自叔本华哲学言之，《红楼梦》未能穷理窟而抉道根；而自《红楼梦》小说言之，叔本华空扫万象，敛归一律，尝滴水知大海味，而不屑观海之澜。夫《红楼梦》、佳著也，叔本华哲学、玄谛也；利导则两美可以相得，强合则两贤必至相阨。此非仅《红楼梦》与叔本华哲学为然也。[1]1391

钱先生对王国维"悲剧之悲剧"说的批评可谓鞭辟入里，此前尚未见有人如此发潜阐幽。更为重要的是，钱先生通过这一批评告诫读者要能"参禅贵活，为学知止，要能舍筏登岸，毋如抱梁溺水也"，否则有可能犯与王国维同样的错误。"盖墨守师教，反足为弟子致远造极之障碍也。"[14]515 当然，钱先生对王国维在诸多方面的贡献仍是大加肯定的，即就评论《红楼梦》而言，钱先生对王国维的正确评价还是给予了充分的肯定。例如在强调读书不能"认虚成实"的观点时，钱先生即指出："王国维《红楼梦评论》第五章'如谓书中种种境界、种种人物，非局中人不能道，则是《水浒》之作者必为大盗，《三国演义》之作者必为兵家'，语更明快，倘增益曰：'《水浒》之作者必为大盗而亦是淫妇，盖人痴也！'则充类至尽矣。"[1]1391 是其是而非其非，令人钦服。

七、对诸种意象和艺术手法的揭示

钱先生在《读〈拉奥孔〉》一文中曾有一段言：

> 一般"名为"文艺评论史也"实则"是《历代文艺界名人发言纪要》，人物个个有名气，言论常常无实质。倒是诗、词、随笔里，小说、戏曲里，乃至谣谚和训诂里，往往无意中三言两

语，说出了精辟的见解，益人神智；把它们演绎出来，对文艺理
论很有贡献。[16]33

这一段话可以看作钱先生"演绎""精辟见解"的经验之谈和夫子自道。
在对《红楼梦》的"演绎"中，钱先生往往将常人不经意、不重视的"谣
谚和训诂"揭示出来，"解难如斧破竹、析义如锯攻木"，"三言两语"而
"谈言微中"。现择其要者叙录如下：

1. 晴雯的"水蛇腰"

《红楼梦》第七十四回写绣春囊事件发生后，王善保家的在王夫人面
前把晴雯狠狠地告了一状。王夫人问凤姐说："上次我们跟了老太太进园
逛去，有一个水蛇腰、削肩膀、眉眼又有些像你林妹妹的，正在那里骂小
丫头。……这丫头想必就是他了。"王夫人还给晴雯扣了几顶帽子——
"妖精似的东西""狐狸精""病西施""轻狂样儿"。王夫人对晴雯如许厌
恶正表明"色色比人强"的晴雯的美丽出众、风流超群。钱先生由边让
《章华台赋》"振华袂以逶迤，若游龙之登云"、傅毅《舞赋》"蜲蛇姌嫋，
云转飘曶，体如游龙，袖如素婉"、曹植《洛神赋》"翩若惊鸿，婉若游
龙"诸例旁及卞兰《许昌宫赋》《淮南子·修务训》、张衡《舞赋》，得出
认识，"皆言体态之袅娜夭矫，波折柳弯，而取喻于龙蛇，又与西方谈艺
冥契"[1]1028。关于"西方谈艺"，钱先生列举出米凯郎杰罗论画特标"蛇
状"，霍加斯本称蛇形或波形之曲线为"美丽线"，席勒判别阴柔也以焰形
或蛇形线为"柔妍之属"。钱先生还指出"美人曲线之旨"，虽发轫于
《诗·陈风·月出》，踵事增华则多见于汉魏之赋。但随着时代的发展和文
学的演进，"后世写体态苗条，辄拟诸杨柳"，"杨柳细腰"即成名言、套
语，后来又逐渐以"蛇腰"替代了"柳腰"，"蛇腰"之喻却是曹雪芹的创
获。说晴雯是"水蛇腰"，是王夫人对晴雯的贬词，可又是曹雪芹对晴雯
的褒语。在外国文学作品中，以蛇喻美女细腰的例子很多，多为赞词；在
中国文学作品中，以蛇喻美女细腰的例子却倒少见。王夫人说晴雯乃"水
蛇腰"，盖以蛇的阴冷、轻佻、容易缠人（男人、宝玉）之身而生祸害作
喻。因为蛇常出没于阴湿之地，"水蛇"更不待言，故有阴冷之性；蛇来
无影去无踪，给人以狡猾的印象。《圣经·马太世纪》第三章就说："唯有
蛇比田野上一切的活物狡猾。"蛇有毒能致人死命，是恶的象征，它能引
诱人走向邪恶——王夫人即有名言："好好的宝玉，倘或叫这小蹄子勾引
坏了，那还了得。"（第七十四回）钱先生通过中西对比，既点出了曹雪芹

的创新之处，又揭示出中西文化背景的差异。

2. 元春之"骨肉分离，终无意趣"

元妃省亲乃《红楼梦》的大关目。作为一个女人，能成为皇妃似乎是最为荣耀、最为快乐的事了，而元妃省亲的结果却是全家一片哭声。元妃安慰贾母、王夫人道："当日既送我到那不得见人的去处，好容易今日回家娘儿们一会，不说说笑笑，反倒哭起来。一会子我去了，又不知多早晚才来！"说着又哽咽起来。贾政隔帘行参，元春又含泪对贾政说："田舍之家，虽齑盐布帛，终能聚天伦之乐；今虽富贵已极，骨肉各方，然终无意趣！"钱先生引元妃之语前指出，"宫怨诗赋多写待临望幸之怀，如司马相如《长门赋》、唐玄宗江妃《楼东赋》等，其尤著者"。窃以为，元稹《行宫》"白头宫女在，闲坐说玄宗"，乃诗中尤著者，"语少意足，有无穷之味"（洪迈《容斋随笔》卷二）。而元春哀叹"骨肉各方，终无意趣"反"待临望幸"之道而行之，钱钟书指出这种意象渊源有自：

> 左九嫔《离思赋》："生蓬户之侧陋兮，……谬忝侧于紫庐。……悼今日之乖隔兮，奄与家为参辰。岂相去之云远兮，曾不盈乎数寻；何宫禁之清切兮，俗瞻睹而莫因！仰行云以欷歔兮，涕流射而沾巾。……乱曰：骨肉至亲，化为他人，永长辞兮！"……左芬不以侍至尊为荣，而以隔"至亲"为恨，可谓有志，即就文论，亦能"生迹"而不"循迹"矣（语本《淮南子·说山训》）。[1]1103

而元春"垂泪呜咽""虽不忍别，奈皇家规矩错不得的，只得忍心上舆去了"云云，即《离思赋》所谓"忝侧紫庐""相去不远""宫禁清切""骨肉长辞"，"词章中宣达此段情境，莫早于左赋者"[1]1103。抉发文意，足可成为金科玉律。

3. 贾瑞之"我再坐一坐儿——好狠心的嫂子"

贾瑞"癞蛤蟆想天鹅肉吃"（第十一回平儿语），打起了"辣子"王熙凤的主意。王熙凤要让贾瑞知道她的手段，遂"毒设相思局"。贾瑞急切切地前来"请安说话"，王熙凤先是"快请进来"，并着意打扮了一番，贾瑞一见差点儿"酥倒"。在阿凤的句句挑逗、引君入彀的谈笑中，贾瑞高兴至极，动手动脚起来。王熙凤笑道："你该走了。"贾瑞说："我再坐一坐儿。——好狠心的嫂子。"而阿凤让他"起了更"在"西边穿堂儿"那里等她。

钱先生在论张衡《南都赋》时指出"宾主去留"有四种情状：一是"客赋醉言归，主称露未晞"，客欲归而主挽留。二是"或有辞而未去，或有去而不辞"（汤显祖《秦淮可游赋》），言离去而仍不走，不言去而不辞而去。三是"佯谓公勿渡，隐窥王不留"（张谦益《絸斋诗谈》卷七引失名氏诗），主言"再坐一坐儿"，其实客人知道主人不愿留，俗谚"下雨天，留客天，天留人不留"，或可比勘。而第四种情状正是《红楼梦》所写阿凤、贾瑞的对话，故钱先生点出"别是一情状也"。阿凤所言之"该"乃"外交辞令"，驱赶与厌恶之意并存，而辅之以"笑"，正可见出阿凤之"手段"；贾瑞却是"乐而忘返""欢娱嫌夜短""人间天上日月迟速不同"，似乎身在仙界，"坐一坐儿"时间越长越好，故不愿离去。"宾主去留"情状，大致不出上述四种，发掘世态人情，令人警戒而解颐！钱先生特别拈出阿凤、贾瑞的"别一情状"不仅有助于人们读《红楼梦》，更有助于人们认识人情世态。钱先生读书之细、知世之深，于此可见一斑。

顺便指出，贾瑞所言"好狠心的嫂子"之"狠心"，似乎是钱先生所谓"中外古文皆有一字反训之例"；"宋词、元曲以来，'可憎才''冤家'遂成词章中称所欢套语"[①]。贾瑞之"狠心"，兼具怪怨、爱怜两义，怪怨阿凤催他离去，爱怜阿凤对他有意。红楼梦研究所新校注本于"我再坐一坐儿"后用一破折号，颇为恰当和传神！

4. 驳护花主人"凡歇落处每用吃饭"说

《红楼梦》研究派别之一——评点派中有一重要人物王希廉，字雪香，号"护花主人"，道光十二年（1832 年）刊出《新评绣像红楼梦全传》，上面有护花主人的评点，计有《护花主人批序》《红楼梦总评》《红楼梦分评》。由于王雪香的评点本问世较早，流传亦广，故影响较大。其评虽间有真知灼见，然亦有"索隐""附会"之嫌。钱先生在论述《左传·昭公

① 参见《管锥编》第三册第 1055—1059 页。钱先生引《说郛》卷七蒋津《苇航纪谈》云："作词者流多用'冤家'为事，……《烟花记》有云'冤家'之说有六：情深意浓，彼此牵系，宁有死耳，不怀异心，此所谓'冤家'者一也；两情相有，阻隔万端，心想魂飞，寝食俱废，此所谓'冤家'者二也；长亭短亭，临歧分袂，黯然销魂，悲泣良苦，此所谓'冤家'者三也；山遥水远，鱼雁无凭，梦寐相思，柔肠寸断，此所谓'冤家'者四也；怜新弃旧，辜恩负义，恨切悃怅，怨深刻骨，此所谓'冤家'者五也；一生一死，触景悲伤，抱恨成疾，殆与俱逝，此所谓'冤家'者六也。"

二十八年》魏子引当时谚语"惟食忘忧"时对王希廉评点有如下驳议：

> 《红楼梦》"凡歇落处每用吃饭"，护花主人于卷首《读法》中说之以为"大道存焉"，著语迂腐，实则其意只谓此虽日常小节，乃生命所须，饮食之欲更大于男女之欲耳。[1]240

钱先生的这节文字与恩格斯的名言完全相通，即"人们首先必须吃、喝、住、穿，然后才能从事政治、科学、艺术、宗教等等"[17]574。吃饭乃人生第一需要，吃饭就是吃饭，有何"大道"存于其间？钱先生于细微处道出简单的道理，是对"旧红学""索隐""评点"的严肃批评，令人叫绝！

5.　不尽信书

《孟子·尽心篇》下有名言："尽信《书》，则不如无《书》。"这种怀疑精神对后世善于读书的学人影响很大。

钱先生则对孟子的观点进行了革命性的改造，"顾尽信书，固不如无书，而尽不信书，则又如无书，各堕一边；不尽信书，斯为中道尔"[1]98。因此，钱先生的"不尽信书"颇具辩证法，在他的全部著作中都切实贯彻了这一读书治学的法则。在论及《红楼梦》时，钱先生很好地运用了"不尽信书"的法则。请看数例：

> 《红楼梦》第五回写秦氏房中陈设，有武则天曾照之宝镜、安禄山尝掷之木瓜、经西施浣之纱衾、被红娘抱之鸳枕等等。倘据此以为作者乃言古植至晋而移、古物入清犹用，叹有神助，或斥其鬼话，则犹"丞相非在梦中，君自在梦中耳"耳。[1]98
>
> 《红楼梦》本来是小说，允许且必须虚构铺张，如认虚成实，或谓其荒谬，岂非痴人说梦？
>
> 盖文词有虚而非伪、诚而不实者。语之虚实与语之诚伪，相连而不相等，一而二焉。是以文而无害，夸或非诬……《红楼梦》第一回大书特书曰"假语村言"，岂可同之于"诳语村言"哉？[1]96—97

《红楼梦》的作者的确把自己家族的真实历史和自己的亲见亲闻写进了小说中，这是其"诚"的一面；但是《红楼梦》决不是作者及其家世的"实录"和"招供"，因此不能把小说当作作者自传去加以"索隐"，这是其"虚"的一面。"虚"乃文学作品的特质之一，一定要有虚构和想象；"实"乃来源于当时的社会现实，不无一定的现实依据，脂批就多次指出《红楼梦》所写乃作者和批者亲身经历之事，即为明证。"索隐派"的致命伤，即"认虚成实"，从而完全违背了文学创作的规律。

> 后世词章时代错乱，贻人口实，元曲为尤。……夫院本、小说正类诸子、词赋，并属"寓言"、"假设"。既"明其为戏"，于斯类节目读者未必吹求，作者无须拘泥；即如《红楼梦》第四〇回探春房中挂唐"颜鲁公墨迹"五言对联，虽患《红楼》梦呓症者亦未尝考究此古董之真伪。倘作者斤斤典则，介介纤微，自负谨严，力矫率滥，却顾此失彼，支左绌右，则非任心漫与，而为无知失察，反授人以柄。譬如毛宗岗《古本三国演义》诩能削去"俗本"之汉人七言律绝，而仍强汉人赋七言歌行（参观《太平广记》卷论《嵩岳嫁女》），徒资笑枋，无异陆机评点苏轼《赤壁赋》（姚旅《露书》卷五）、米芾书申涵光《铜雀台怀古诗》（刘廷玑《在园杂志》卷一）、王羲之书苏轼《赤壁赋》（《官场现行记》第四二回）、仇英画《红楼梦》故事（《二十年目睹之怪现状》三六回）等话把矣。[1]1299、1302

"关公战秦琼"是文学作品中常见的现象。如果清末民国初的"索隐派"大家能读到钱先生的这一节文字，是否会"为学知止"呢？

综上所述，钱钟书先生在"红学"领域的贡献是巨大的。我们仅举出了部分文字，难免有挂一漏万、郢书燕说之处。但我们相信，随着"红学"研究的深入拓展，必将有高明者对钱先生在"红学"史上的地位作出更为恰当的评价，他对《红楼梦》的真知灼见必将为人们所更加青睐。

参考文献

［1］钱钟书：《管锥编》，中华书局1979年版。

［2］钱钟书：《谈艺录·序》，中华书局1984年版。

［3］陈景河：《〈红楼梦〉与长白山——"太虚幻境"辨》，《文艺研究》1991年第5期。

［4］陈洪：《论癫僧跛道的文化意蕴》，《红楼梦学刊》1993年第4期。

［5］陈毓黑：《〈红楼梦〉与民间信仰》，《红楼梦学刊》1995年第1期。

［6］俞平伯：《评〈好了歌〉》，《红楼梦学刊》1991 年第 1 期。

［7］彭定求等编：《全唐诗》，上海古籍出版社 1986 年版。

［8］钱钟书：《管锥编增订》，中华书局 1982 年版。

［9］俞平伯辑：《脂砚斋红楼梦辑评》，古典文学出版社 1957 年版。

［10］《红楼梦大辞典》，文化艺术出版社 1990 年版。

［11］杜牧：《上宰相求湖州第二启》，见《全唐文》第 753 卷，上海古籍出版社 1990 年版。

［12］王人恩：《双木起而二马废——试论林黛玉形象对冯小青的继承和超越》，《明清小说研究》2003 年第 4 期。

［13］释惠皎撰、汤用形校注：《高僧传》二集卷三七《遗身篇·论》，中华书局 1992 年版。

［14］钱钟书：《谈艺录》，中华书局 1984 年版。

［15］古典文学研究资料汇编：《红楼梦卷》第一册，中华书局 1980 年版。

［16］钱钟书：《七缀集》（修订本），上海古籍出版社 1994 年版。

［17］《马克思恩格斯选集》第三卷，人民出版社 1995 年版。

屈原及其作品在绘画创作中的接受[①]

张克锋

屈原无疑是我国古代影响最大的诗人之一，其人格精神光耀千秋，其辞赋成就沾溉百代，说中国古代文人无一不受其影响也不为过，且影响所及并不限于文学。例如在绘画领域，南朝宋始有以屈原作品为题材的绘画，宋元明清以来蔚成风气，直至于今。

对以屈原及其作品为题材的绘画的研究，始于 20 世纪 40 年代，饶宗颐先生具有开创之功，其《楚辞书录·图像第四》[②] 著录李公麟以来的"楚辞图"及其汇刊本共 21 种，考证甚详。郑振铎和阿英先生继其后。1953 年，郑振铎辑"楚辞图" 197 幅[③]，并作《楚辞图解题》，对历代有代表性的部分楚辞绘画做了初步的整理和介绍。同年，阿英《屈原及其诗篇在美术上的反映》[④] 对历代以屈原及其作品为题材的美术作品（绘画、织绣、碑刻等）作了较为系统的介绍和评价，所论画家及其作品远较《楚辞图解题》为多。此后，姜亮夫《楚辞书目五种·楚辞图谱提要》[⑤] 及崔富章《楚辞书目五种续编》[⑥] 著录历代屈原画像和"楚辞画"之作者、版本、各家序跋等，有很高的文献价值，涉及的绘画远多于《楚辞图》收录，其中有的未被阿英介绍，有些阿英已论及，《楚辞图谱提要》及《续编》却未著录。此后凡论及古代"楚辞画"者，基本上不出以上诸家所论

---

① 本文是拙著《中国古代文学作品在绘画中的接受研究》中的一章，最早以论文形式发表于《文学评论》2012 年第 1 期，收入本论文集时个别地方有所修改。

作者简介：张克锋（1970—），男，甘肃通渭人，博士，教授，主要研究方向为中国古代文学、书法。

② 饶宗颐：《楚辞书录》，排印本《选堂丛书》之一，香港苏记书庄 1948 年版。

③ 郑振铎编：《楚辞图》，人民文学出版社 1955 年版。

④ 原载《文艺报》1953 年第 10 号，1956 年、1958 年两次补充，见《阿英文集》，三联书店 1981 年版，第 592—601 页。

⑤ 姜亮夫：《楚辞书目五种·楚辞图谱提要》，中华书局 1961 年版。

⑥ 崔富章：《楚辞书目五种续编》，上海古籍出版社 1993 年版。

之范围①，唯萧芬琪的《傅抱石和屈原》②对傅抱石的"楚辞画"有深入研究。

上述研究的筚路蓝缕之功不容忽视，但就全面深入而言，尚有欠缺。一是有些古代绘画作品尚未被著录和评价；二是没有对现当代大量的以屈原及其作品为题材的绘画做全面整理，除了傅抱石的屈原像和"楚辞画"以外，其他画家的相关作品皆鲜有人评论；三是对以屈原及其作品为题材的绘画创作的特点及其成因缺乏研究。鉴于此，笔者拟在对古今以屈原及其作品为题材的绘画进行全面整理的基础上，重点揭示其创作特点及其原因，以期引起学界对这一课题的关注和更加深入的研究。

一、历代以屈原及其作品为题材的绘画概述

南朝宋至唐代是以屈原及其作品为题材的绘画创作的萌芽期。明代画家萧云从的《楚辞图自序》说："屈子有石本名臣像，暨张僧繇图。俱丰下髭旁，不类枯槁憔悴之游江潭者也。又见宋史艺作《渔父图》③，李公麟作《郑詹尹图》，皆有三闾真仪式。"张僧繇为南朝梁画家，其屈原像未见《历代名画记》和《贞观公私画史》等著录，故萧云从说正确与否，尚不敢确断，而史艺《渔父图》见载于《历代名画记》和《图画见闻志》，由此可以确定，以屈原作品为题材的绘画创作至少在南朝宋时已产生了。但在唐代，这一题材的绘画并没有得到进一步的发展，现在知道的仅有著名画家吴道子的《山鬼图》，今河北曲阳北岳庙碑刻《山鬼图》据称是据吴道子原作摹刻的。

宋元时期是发展期。宋代最著名的画家李公麟的《九歌图》④和《湘君湘夫人图》⑤的出现，在中国绘画史上写下了浓墨重彩的一笔，从此，《九歌图》的创作代代相传，蔚为大观。宋人临李公麟《九歌图》多幅，如明·朱之赤《卧庵藏画目》载《九歌图》⑥、《石渠宝笈》卷十六素笺

---

① 如李格非《以屈原为题材的古代绘画概述》（《云梦学刊》1992年第2期）、刘书好《画魂与诗魂——屈原及相关艺术形象的文学与绘画演绎》（《中华文化画报》2006年第12期）等。

② 《其命唯新——傅抱石百年诞辰纪念文集》，河南美术出版社2004年版。

③ 《渔父图》，即《屈原渔父图》，系依屈原作品《渔父》创作而成。

④ 张澂（澹岩）《画录广遗》记李公麟有《离骚九歌图》传于世，仿本甚多，张丑谓赝品满天下。

⑤ 《墨花阁·霞上宝玩》册第十一图，纸本，白描。

⑥ 包括两司命、东君、二湘、河伯、山鬼，共7图。

本、《石渠宝笈》卷三十六米芾篆书本、《石渠宝笈》卷四十四著录今存中国历史博物馆的乾隆御题本、署"李伯时为苏子由作"之故宫博物院藏本、赵雍书赞本（已流出国外）、吴炳篆书本，皆为李公麟《九歌图》之临本。宋代已有李公麟《九歌图》石刻本①。今存宋佚名《离骚九歌图》两幅，皆藏于黑龙江省博物馆。南宋马和之有《九歌画册》。宋代诗人章甫有《题九歌图》②，但不知所题《九歌图》为何人所画。

元代以屈原作品为题材的绘画有郑思肖《屈原九歌图》《屈原餐菊图》③，赵孟頫《九歌图》墨本及清末木刻、石印本，《湘君湘夫人图》④，马竹所《九歌图》⑤，张渥临李公麟《九歌图》册页数本，赠周伯绮（克复）本、赠言思齐本⑥、吴叡题小篆本⑦、褚奂（士文）隶书《九歌》本⑧、与赵孟頫书合装横卷本⑨，钱选《临李公麟〈九歌图〉》⑩，今存元代无款《九歌图》长卷两幅，分别藏于南京大学图书馆、浙江省博物馆。元代题画诗中，有高启《题湘君图》、王恽《屈原卜居图》、程文海（钜夫）《题〈九歌图〉》、陈昌《屈原渔父图》、方回《〈离骚·九歌〉图》、柳贯《题〈离骚九歌图〉》、黄溍《屈子行吟图》、王沂《题〈屈原渔父图〉》等，但所题画作的作者不详。

明清时期是繁荣期。这一时期不仅画家、作品数量众多，而且还出现了陈洪绶的《屈子行吟图》这样影响深远的杰作和萧云从、门应兆的《离骚图》这样全面表现屈原作品内容的大型绘画作品。明代的屈原像有陈洪

---

① 宋·曾宏父《石刻铺叙》画条云："二卷，中有伯时《九歌图》十二段。"（《楚辞图谱提要》，《姜亮夫全集（五）》，第404页）

② 《自鸣集》卷三。

③ 郑思肖有《所南翁一百二十图诗集一卷》，为诗配画的形式。诗见《郑思肖集》（上海古籍出版社1991年版），画已佚。

④ 据文征明《湘君湘夫人图》题记，他曾临、仿赵孟頫《湘君湘夫人图》轴。赵原本已佚。

⑤ 虞集《道园学古录》卷五十有《题马竹所〈九歌图〉诗》。

⑥ 今藏吉林省博物馆。

⑦ 今藏上海博物馆。

⑧ 今藏美国克利夫兰美术馆，有徐邦达临本。

⑨ 见姜亮夫《楚辞图谱提要》。

⑩ 汪珂玉：《珊瑚网》卷三十一著录。虞集《道园学古录》有《题钱舜举摹〈九歌图〉诗》一首。

绶《屈子行吟图》①、朱约佶《屈原像》② 外，尚有成化年间石刻本、隆庆版《楚辞集注》中蒋之奇绘刻《屈原像》，弘治、隆庆年间民间有织绣《屈原问渡图》，弘治戊午（1498 年）刻《历代名人像赞》本，万历癸巳（1593 年）刻《历代圣贤像赞》本，明代（约 1600 年）彩绘《历代圣贤图像赞》本，无款《屈原问渡图》③，秭归屈原祠石雕线刻《九歌图》④等。明代以屈原作品为题材的绘画有文征明《湘君湘夫人图》⑤，文淑《湘君持素图》⑥，陆谨《离骚九歌图》⑦，朱季宁《九歌图》⑧，卢允贞《九歌图》⑨，吴伟《屈原问渡图》⑩，仇英《九歌图》数本，周官《九歌图》⑪，王穀祥、陆治《行书九歌补图》⑫，吴桂《九歌书画》⑬，董其昌《九歌图》⑭、《离骚图》⑮，陈洪绶《九歌图》。程君房《墨苑》中有《九歌图》，但不知为何人所绘。陈洪绶《饮酒读骚图》⑯、项圣谟《芳泽流芳图》⑰ 也是有关屈原及其作品的绘画。

　　清代以屈原及其作品为题材的绘画有萧云从《离骚图》⑱，黄应谌

---

　　① 《屈子行吟图》及《九歌图》是陈洪绶给萧山来钦之（圣源）所著的《楚辞述注》作的插图，图列书前，自为一卷。作于万历四十四年丙辰（1616 年），时陈洪绶 19 岁，初刊于明崇祯十一年戊寅（1638 年），重镌于清康熙三十年辛未（1691 年）。

　　② 轴，绢本，淡设色，南京博物院藏。

　　③ 轴，绢本，设色，中国历史博物馆藏。

　　④ 见白文明：《中国古建筑艺术》第四册《材质·工艺》插图，黄河出版社 1999 年版。

　　⑤ 高士奇：《江村消夏录》卷二著录，北京故宫博物院藏。

　　⑥ 据徐沁《明画录》载，文淑有《湘君》《捣素》等图，今佚。

　　⑦ 胡敬：《西清札记》卷二著录，北京故宫博物院藏。陆谨，始姓杜，亦称杜董。

　　⑧ 明·吴宽《匏翁家藏稿》跋云："……则有《九歌图》者，其初盖出李龙眠。人从仿之，此本则崑山许君鸿高所藏也。图后系其歌。许君谓为其乡先辈朱季宁中书之笔。"

　　⑨ 徐沁：《明画录》卷一著录。

　　⑩ 汪珂玉：《珊瑚网》卷四十七著录。

　　⑪ 陆时化：《吴越所见书画录》著录，纸本，白描，临李龙眠。王宠小楷书辞。

　　⑫ 天津市艺术博物馆藏。

　　⑬ 长卷，行书《九歌》全文。北京故宫博物院藏。

　　⑭ 吴修《论书绝句》："董文敏为焦弱侯竑作《九歌图》，仿李伯时白描人物，工细绝伦。余得于金陵，后为江心龙购去。"

　　⑮ 轴，绢本，设色，上海工艺品进出口公司今藏。

　　⑯ 绢本，设色，立轴，作于明朝灭亡前夕的 1643 年，上海博物馆现藏。

　　⑰ 卷，故宫博物院藏。

　　⑱ 郑振铎：《楚辞图解题》云："《楚辞》图之有单行刻本，自萧云从的《离骚图》始。云从此书，虽名《离骚图》，实为图《离骚》，仅作《卜居渔父图》冠其首，次则《九歌》九图，《天问》五十四图，凡六十四图。《远游》原有五图，'经兵燹阙失'，故刻本未收。"

《屈原卜居图》①，周璕《屈原》《九歌图》②，陈撰《屈原》③，张若霭《屈子行吟图》④，顾洛《屈原》⑤，任熊《屈原像》⑥、《山鬼图》⑦、《湘夫人》⑧，丁观鹏《九歌图卷》⑨，罗聘《山鬼图》⑩、《离骚图传》⑪，门应兆《补绘离骚图》⑫，冷枚《九歌图》⑬，周瓒《九歌图》⑭，郑燮《九畹图》⑮，汪汉《九歌图》⑯，姚燮《九歌图》⑰。据阿英先生说，尤侗《读骚图》、郑瑜《汨罗江》《杂剧三篇》、炼情子《纫兰佩》（《补天石传奇》卷五《屈大夫魂返汨罗江》）等六出剧本均有屈原像插图。[1]599

近现当代以来，以屈原及其作品为题材的绘画创作仍有所发展，画家及作品数量众多，不胜枚举，仅著名画家就有徐悲鸿、张大千、傅抱石、亚明、程十发、华三川、蒋兆和、刘凌沧、任率英、刘旦宅、戴敦邦、黄永玉、范曾、朱乃正、马振声、李少文等十几位之多。其中，徐悲鸿的白描《湘夫人》、写意《山鬼》，傅抱石的《屈子行吟图》、《九歌》十图、《湘君》、《湘夫人》、《二湘图》，李少文的《九歌图》组画等都是艺术水平高超的杰作，不论在构思立意上，还是在绘画技法上，对古人都有所突破。傅抱石从20世纪40代初到60年代初的约20年时间里，创作《屈原

---

① 轴，绢本，设色。河北省博物馆藏。画幅左上小楷录《楚辞·卜居》。

② 胡同夏书辞。册，十开，绢本，墨笔，戊子（康熙四十七年，即1708年）。《石渠宝笈》卷四著录，中国历史博物馆藏。

③ 立轴，纸本。天津艺术博物馆藏。

④ 中国历史博物馆藏。

⑤ 原作流失日本。

⑥ 斗方，《十万图》之一，题"纫兰撷蕙楚臣骚"。北京故宫博物院藏。

⑦ 斗方，《十万图》之一，题"山鬼睇笑托兰裳"。北京故宫博物院藏。

⑧ 立轴，上海博物馆藏。

⑨ 纸本，仿李公麟笔意，设色，并书《九歌》于上。《石渠宝笈续编》《国朝画院录》著录。

⑩ 立轴，纸本，设色。清华大学美术学院藏。

⑪ 阿英说，罗聘绘有《离骚图传》三卷，作于康熙四十四年，即1705年。（《屈原及其诗篇在美术上的反映》，见《阿英文集》，三联书店1981年版，第601页。）

⑫ 编《四库全书》时，乾隆见到萧云从的《离骚图》，感到不足，命人补绘。门应兆承担此任，于乾隆四十七年（1782年）始，乾隆四十九年（1784年）完成，名为《补绘楚辞图》，编入四库。

⑬ 长卷，共9图，每图前湛福楷书题其词。北京故宫博物院藏。

⑭ 册页，白描，共12幅。湖北省武汉市文物商店藏。

⑮ 立轴。取《离骚》"余既滋兰之九畹兮"之意。湖北省博物馆藏。

⑯ 长卷，设色。浙江省博物馆藏。

⑰ 据阿英：《屈原及其诗篇在美术上的反映》，见《阿英文集》，三联书店1981年版，第601页。

像》及《九歌》题材绘画达 30 幅之多。在近现代以屈原及其作品为题材的绘画创作上，无论是数量，还是艺术特色的鲜明、艺术水平的高超、影响的广泛，傅抱石都是首屈一指的。朱乃正的《国魂——屈原颂》，孙景波、常荣辰的《山鬼》，王可伟的《国殇》等，用油画的形式表现屈原形象及《楚辞》的内容，是新的尝试。

二、屈原及其作品在绘画接受上的特点

从接受美学的角度看，以文学作品为题材进行绘画创作的过程，实际上是一个文学接受的过程。画家这一接受主体的身份、地位、心理以及文学观、美学观和价值观等，都会对绘画创作的题材选择、表现方式、风格特点产生不同程度的影响。那么，历代画家对屈原及其作品的接受以及画作本身究竟有哪些特点呢？

其一，以屈原、《九歌》，尤其是其中的《湘君》、《湘夫人》和《山鬼》为主要创作题材。

据本人不完全统计，历代画家为屈原造像达 30 幅以上，最早者为南朝宋史艺的《渔父图》，次为传张僧繇所绘的《屈原像》，宋以后渐多，大多为白描头像和全身像，也有一些情节性绘画，如《屈原渔父图》《屈原餐菊图》《屈原问渡图》《屈子行吟图》《屈原卜居图》等。

据《汉书·艺文志》记载屈原赋共 25 篇，王逸《楚辞章句》认为屈原作品有《离骚》、《九歌》（11 篇）、《天问》、《九章》（9 篇）、《远游》、《卜居》共 24 篇，《渔父》《大招》"疑不能明"。在这些作品中，被画得最多的是《九歌》，既有组图，也有单幅，而单幅基本上是"二湘"图和《山鬼图》，当代绘画中尤以《山鬼图》为常见，据笔者很有限的统计，已达 200 多幅，实际的数量当远不止此。《离骚》虽为屈原最具代表性之作品，但以此为题材的绘画除门应兆所绘 32 图外，仅有董其昌《离骚图》、郑燮《九畹图》、范曾《离骚》插图数幅，画者及作品数量非《九歌》能比。以《九章》为题材者除门应兆所绘（共 9 幅）外，现当代以《橘颂》为题者较多，其余诸篇很少见诸绘画。萧云从画《天问》图达 54 幅，为历代之最。此外，以《天问》为题的画很少，刘凌沧的《天问图》、亚明的《天问》等所画并非以《天问》为素材，而是画屈原"问天"之形象；刘旦宅的《天问图》实际上画的是《离骚》"吾令羲和弭节兮，望崦嵫而勿迫。路漫漫其修远兮，吾将上下而求索"诗意。以《远游》为绘画题材

者，仅萧云从、门应兆二人①。以《大招》为题材者仅见门应兆所绘 7
幅。以《卜居》为题材者有元代佚名和清代黄应谌的《屈原卜居图》。以
《渔父》为题材者仅南朝宋史艺的《渔父图》、元代的《屈原渔父图》、明
人吴伟的《屈原问渡图》等。不过，宋元以后画家所画不计其数的《渔父
图》或多或少地都受到过屈原《渔父》的影响。

其二，多感于时事、寄托情怀之作。

从前文所述可见，以屈原及其作品为题材的绘画创作自宋代以来代不
绝衰，并有渐次增多的趋势。这固然是绘画题材本身承袭、发展演变的结
果，但与国运衰微、民生维艰、江山易代、异族统治、民族危亡的社会现
实也有密切关系。换言之，画家们以屈原及其作品为题材创作绘画，多是
借他人之酒杯浇自己之块垒，或宣泄因国运衰微、国破家亡而产生的悲愤
抑郁，或表达忠于故国、独善其身、坚守节操的人生信念。

元代画家中，郑思肖、赵孟頫、马竹所、钱选都生活在宋元易代之
际，他们关于屈原及其作品的绘画有着丰富的寄托。郑思肖既作《屈原九
歌图》《屈原餐菊图》《王孝伯痛饮读〈离骚〉图》，又配之以诗，表达了
对屈原坚贞不屈精神的赞扬和他内心深深的亡国之痛，"谁念三闾久陆沉，
饱霜犹自傲秋深。年年吞吐说不得，一见黄花一苦心"②。赵孟頫身为宗
室成员，虽屈节仕元，但心中未始没有自惭和悔恨，他在诗文中频频表达
归隐之意，反复书写陶渊明诗文，绘《陶渊明像》《陶渊明故事图》等，
都是内心痛悔之情的真实流露。那么，赵孟頫画《九歌图》及屈原像，除
表达对屈原忠君爱国思想的赞许外，当然还有对自己抛弃操守的悔恨，以
及心向往之然实不能至的无奈。题《九歌图》的诗人程文海和方回也是宋
遗民，二人虽与赵孟頫一样非持操之士，但其对屈原的怀念和"愁思怫
郁"之情，却是真实的。

陈洪绶创作《九歌图》及《屈子行吟图》时年仅 19 岁，那一年是万
历四十四年（1616 年），距明亡不到 30 年，其时政治腐败，民不聊生，
社会矛盾的积聚已经到了濒临爆发的地步。这位才华横溢、敏感的青年才
俊目击心伤，借忧愤的屈原形象表达了他对国势的深切忧患。明朝灭亡前
夕的 1643 年，他又作《饮酒读骚图》，题云"老莲洪绶写于杨柳村舟中，

---

① 萧云从曾绘《远游图》5 幅，毁于兵燹，后门应兆补绘。
② 《屈原餐菊图》，《两宋名贤小集》。

时癸未孟秋，乃避乱南下时所作，言之慨然"，再一次借《离骚》表达心中的悲慨。萧云从作《离骚图》65幅，始于明末，成于清初。其《九歌图自跋》云："取《离骚》读之，感古人之悲郁愤懑，不觉潸然泣下。"可谓情动于中，借图画以发之。郑振铎说："（萧）尺木为明遗民，故绘《离骚》以见志，仅署'甲子'而不书'顺治'。思怀故国之情豁然可见。"[2]783—784 阿英也说，萧云从《九歌图》"是有感于国家惨遭灭亡，坚贞之士处世之难和满怀怨愤而有作"[1]597。萧云从还曾有感于宋遗民谢翱哭文天祥于西台并吟《九歌》以寄哀思而作《西台恸哭图》。明清易代之际，士人们曾以读骚的方式来表达自己的理想信念与政治抗争①，画骚的动机也是一样的。

傅抱石是屈原及其作品接受史上非常重要的一位画家。他的"屈原图"最早画于1942年，"湘君、湘夫人图"最早画于1943年11月，正值抗战最艰苦的阶段。他在1943年11月的《湘夫人》中题道："屈原《九歌》自古为画家所乐写……予久欲从事，愧未能也。今日小女益珊四周生日，忽与内人时慧出《楚辞》读之：'袅袅兮秋风，洞庭波兮木叶下！'不禁彼此无言。盖此时强敌正张焰于沅澧之间。因相量写此，即撷首页数语为图。"可见，他是借画《湘夫人》来抒写对侵略者的痛恨和爱国思乡之情。潘受曾为傅抱石写诗："岁岁端阳写屈原，江山如月半蟆吞。画家心事吾能说，欲借骚魂起国魂。"自注云："抗日战争期间，抱石每岁诗人节，必写屈原为纪念。……盖所作乃屈子行吟泽畔意也。"[3]56 傅抱石所描绘的屈原形象以"屈原既放，游于江潭，行吟泽畔，颜色憔悴，形容枯槁"（《渔父》）为本，神情抑郁、悲愤而又坚定，浩淼的江水、空阔的背景、散乱的衰草渲染烘托出浓重的悲剧气氛，很好地表达了他忧国忧民的心情。其所画"二湘"忧郁的眼神也透露出画家对国家苦难的忧心忡忡。

许结先生说："历代诗人读骚，最重骚情的传统与精神的承递。"[4] 综上可知，画家对骚的接受，也是如此。

其三，具有明显的程式化倾向。

_____

① 何景明说："逊国臣有雪庵和尚者，好观《楚辞》，时时买《楚辞》，袖之登小舟，急棹滩中流，朗诵一页，辄投一页于水。投已辄哭，哭未已又读，读中卷乃已，众莫测其云何。呜呼！若此人者，其心有与屈大夫同抱隐痛者矣。"（《楚辞评论资料选》，湖北人民出版社1985年版，第19页）王夫之之子王敔《大行府君行述》说："屈子以哀怨沉湘，抱今古忠贞之恸，其隐情莫有传者。因俱为之注……"（《船山全书》第十三册，岳麓书社1996年版，第484页）

傅抱石在给郭沫若的信中说："以拙见言之，李龙眠所作（无论甲本、乙本）最具创造性，此外唯老莲以其孤峭的构图脱尽前人巢穴。舍此，则什九皆二家之因袭而已。三百年来，事此无人。"[5]197事实确如傅抱石所言，历代屈原画像和《九歌图》具有陈陈相因、缺乏独创的弊病。前文已经指出，屈原的作品虽有 25 篇之多，但作为绘画题材的，以《九歌》为多。产生这种现象的原因之一，就在于李公麟的《九歌图》开创了以《九歌》为绘画题材的先河，创造了众多成功的绘画形象和场景，其精妙的构思、高超的技法足资后人模仿、学习，有了参考的对象，画起来相对就要容易一些，而以《九歌》以外的篇目作为题材进行创作，难度要大得多。从现存的《九歌图》来看，除陈洪绶、傅抱石、李少文等少数画家之外，绝大多数是对李龙眠《九歌图》的临摹或在临摹基础上的再创作。以《山鬼图》为例，今藏北京故宫博物院的一幅落款为"李伯时为苏子由作"的《九歌图》中的山鬼是一年轻女子，骑着一头强健凶悍的豹，在山涧中穿行，微微含笑，肩部、腰部披着香草，山崖陡峭，山石嶙峋，竹林丛生，合乎《山鬼》"若有人兮山之阿，被薜荔兮带女萝；既含睇兮又宜笑""乘赤豹兮从文狸，余处幽篁兮终不见天"的描写，后来的《山鬼图》大都沿袭了这一构思①，只是在背景上有繁有简，或将赤豹变成老虎而已。

再就屈原像的创作而言，在陈洪绶之前，画像虽不少，但似乎还没有找到最能表现屈原人格精神和内心世界的构图、造型和表现手法。萧云从《楚辞图自序》就曾说："屈子有石本名臣像，暨张僧繇图。俱丰下髭旁，不类枯槁憔悴之游江潭者也。"元代赵孟頫所画屈原像略侧身站立，双手拢于胸，着长袍宽袖，脸型丰润，眼睛略向下视，神态平和安详，俨然一忠厚长者，与屈子刚直忠贞、高洁不俗、满怀忧愤的性格及被逐见放的处境格格不入。张渥的屈原像造型与赵孟頫的相似而神情愁苦、庄严，但仍没有很好地体现出屈原的人格精神。陈洪绶彻底改变了这种情形。他的屈原像以《涉江》和《渔父》中的描写"带长铗之陆离兮，冠切云之崔嵬""屈原既放，游于江潭，行吟泽畔，颜色憔悴，形容枯槁"为依据，造型作瘦长憔悴状，高冠宽衣，携带长剑，倾斜的山坡、倾倒的树根、飘动的

---

① 也有形象及意境与此不同者，如吴道子画的山鬼是一个形似恶魔的力士，肩扛利器，凌空腾跃；陈洪绶笔下的"山鬼"也是面目狰狞、狂厉无比的男神；傅抱石创作于 1946 年的《山鬼》表现的是"雷填填兮雨冥冥，猿啾啾兮狖夜鸣；风飒飒兮木萧萧，思公子兮徒离忧"的意境。

树叶、奇突的怪石、空阔的背景烘托出屈原悲愤的心境和不屈的气节，无限的忧伤和孤独破空而来，使画面弥漫着浓重的悲剧气氛，"把屈原爱国爱民，流涕长叹的神态刻画入微，千载之下，如见其人"[6]153。由于陈洪绶的屈原像画出了屈原的思想、情绪和品质，所以得到了人们的广泛认可，以致近现代以来有关屈原的图书大都以此为插图，很多屈原画像的造型都受其影响，很多屈原雕塑都以此为模型，成了一种造型程式。

我们发现，有的画家在不同时期画过多种屈原像或《楚辞》画，它们在构思、形象、技法等方面表现出一定的程式化倾向，如傅抱石曾画过10多幅屈原像，大都散发、长髯、浓眉、宽袍，配以破笔描画之芦苇、野草，破笔淡墨渲染之江水、烟云；画《湘夫人图》20余件、《湘君》5件、《二湘图》10余件，都以顾恺之《洛神赋图》的人物造型——修长的身躯、长袍大袖、宽裙曳地——为模板，都以线造型，线条圆转、流畅、生动[7]170，细而长的衣带，空阔的背景，飘飞的枯叶，人物的发型、脸型、眉黛、眼睛等都大同小异。刘旦宅有数幅《屈原像》、《天问图》和《屈原行吟》，画上都题"吾令羲和弭节兮，望崦嵫而勿迫；路漫漫其修远兮，吾将上下而求索"，构图和人物造型也大同小异。程十发有《二湘图》和《橘颂》多幅，其中的人物造型、服饰、发饰等也都十分相似，程式化明显。当代绘画界题为"山鬼图"的绘画，更是呈现出"美女加野兽"的固定模式。这种现象的存在无疑降低了画作的独创性和艺术价值。

其四，具有图、文与书法相结合的特点。

在以屈原及其作品为题材的绘画中，大多在画面上题写相对应的作品，或者录其全文，或者只录片段；或者作者自题，或者他人题写；字体或篆、或隶、或楷、或行。这些题字既是精美的书法作品，具有独立的审美价值，又与画面形象在章法上相互配合。同时，所题诗文与画在形象和意蕴上又相互补充。这样，一幅绘画就成了具有多重审美价值的综合艺术形式。这些绘画的创作过程和观赏者的欣赏过程，实际上也是一个文学阅读过程，其间视觉形象和文学意蕴会叠加、融合，从而增强作品的感染力。通过不同的艺术形式，从不同的角度反复体味而不厌其烦，说明中国人对屈原及其作品是多么喜爱！

其五，构思立意和形象塑造受到学术观点的影响。

以文学作品为题材的绘画创作，其构思立意和形象的塑造等取决于画家对文学作品的理解，而画家对文学作品的理解则不可避免地受到前代及画家所生活时代的学术思潮、学术观点及文化氛围的影响。例如，李公麟绢本《九歌图》共6图——东皇太一、少司命、云中君、湘君、湘夫人、山鬼，是因为《文选》只选此6篇。学术界有一种影响较大的观点，认为湘君、湘夫人，即舜之二妃娥皇、女英，故历代绘画中绝大多数都将湘君塑造为女子；学术界对"山鬼"形象的看法不一，宋元以前楚辞家多据《国语》《左传》而认为它是男性山怪，清代学者顾成天首倡"山鬼"即"巫山神女"之说，郭沫若、游国恩、姜亮夫、马茂元、陈子展、汤炳正等都持此说，与此相应，明代以前画家笔下的"山鬼"有的为男，有的为女，而清代以后基本上为女，有的还径直题为"东方神女山鬼系列"①；学术界普遍认为"云中君"为云神②，故历代画家笔下的"云中君"都站立于云端。又如，傅抱石热衷于画屈原及《九歌图》，固然与他所处的时代、其浪漫的诗人气质有关，但也不可低估郭沫若的《楚辞》研究对他的影响。傅抱石和郭沫若于1933年春天在日本相识，之后一直交往频繁，其亲密友谊维持了32年之久。40年代，二人同住重庆金刚坡，交往密切。郭沫若于1942年初完成大型历史剧《屈原》，4月在重庆公演。郭沫若创作此剧的目的是通过礼赞屈原的爱国情怀来鞭挞黑暗现实，傅抱石对此非常认同，于是开始了他以屈原及其作品为题材的系列绘画创作，并一直延续到60年代。这些创作大都以郭沫若的观点为依据。例如画于1954年的《山鬼》上就题的是郭沫若的译文："有个女子在山崖，薜荔衫子菟丝带。眼含秋波露微笑，性格温柔真可爱。"[8]30 于此可见傅抱石深受郭沫若学术观点的影响之一斑。

其六，近现代以来，"楚辞画"出现了世俗化、艳俗化倾向。

屈原作品中被画得最多的是"二湘"和《山鬼》，而她们都是神，所以绝大多数画家在塑造其形象时，都忠实于原作而尽力突出其神性特征，或腾云驾雾，或凌波微步，或载云旗而御飞龙，或冲波起浪、乘白鼋兮逐文鱼，或披薜荔兮带女萝、乘赤豹而从文狸……但自晚清以来，尤其在当代，"二湘""山鬼"图却出现了世俗化、艳俗化倾向。

一是将"二湘"描画成世俗女子的模样。例如任熊所画湘夫人衣着华

---

① 李壮平有一组油画题为"东方神女山鬼系列"。
② 据张元勋的研究，"云中君"实为"云梦之神"，与天上之云了无干系。见张元勋：《楚辞〈九歌〉屡遭改易的回顾》，《文学遗产》2011年第1期。

贵、体态丰腴、神情闲逸，完全是一幅贵妇人模样；程十发所画多幅"二湘"图，从服饰、装束、神态等方面来看都像是村姑，没有丝毫《湘君》《湘夫人》中所描绘的那种高雅脱俗、多情缠绵、凄楚动人的神情。

二是将"山鬼"画成与野兽相伴的裸女。屈原笔下的"山鬼"本来是一个"被薜荔兮带女萝""乘赤豹兮从文狸""饮石泉兮荫松柏""思公子兮徒离忧"的多情浪漫而富有野性美的女子形象，从李公麟开始，"山鬼"常被画成半裸的样子。不过，古代画家们并没有将女性人体美作为表现重点，而是以刻画其神态和渲染环境为主。第一个将"山鬼"画成裸体的人是徐悲鸿。他虽然沿袭了山鬼头戴香花、肩披香草、骑赤豹行于山涧的传统构图，但其赤裸的程度远远超过了以往。这显然是受西方人体绘画观念影响的结果。自此以后，很多题为"山鬼图"的绘画实际上变成了"美女加野兽（或者豹子、或者老虎、或者狮子）"式的人体写真图，抽掉了山鬼含睇宜笑、多愁善感、痴情等待的精神美。这样的"山鬼图"只不过是挂羊头而卖狗肉，实际上与屈原的《山鬼》无甚关系了。

三、屈原及其作品在绘画接受上的特点之原因探析

为什么古往今来有那么多画家以屈原及其作品作为绘画题材，百画不厌呢？为什么以屈原及其作品为题材的绘画创作会具有上述特点呢？个中原因值得我们深思。

历代很多画家都以屈原及其作品作为绘画题材，原因有二：

一是屈原的人格精神具有巨大的感召力。司马迁在《史记·屈原列传》中说屈原"其志洁，故其称物芳；其行廉，故死而不容。自疏濯淖污泥之中，蝉蜕于浊秽，以浮游尘埃之外，不获世之滋垢，皭然泥而不滓者也。推此志也，虽与日月争光可也"，热情赞颂了屈原高洁不俗的独立人格和宁死不屈的抗争精神。其实，屈原精神的高贵和动人之处还在于他对故国的赤胆忠心、对理想的执著追求。屈原因此而成为士人理想人格的象征，尤其是在政治腐败、社会黑暗、"黄钟毁弃，瓦釜雷鸣"的衰世和外族入侵、江山易代之际，饱受屈辱的士人们更是以屈原作为坚守道德底线的坚强支柱、坚持斗争的精神号召和爱国精神的象征，并对其苦身焦思、悲愤哀怨的境遇报以更多的同情。这就是屈原及其作品颇受画家青睐的主

要原因。① 中国古代有以画为赞的观念[9]，历代屈原像的创作，可以看作是文人画家这一群体以绘画为媒介对屈原表达礼赞的一种方式。

二是屈原的作品本身具有绘画美。

屈原的作品虽然以抒情为主，但形象性也很突出。它不仅有五彩陆离的香花香草、千奇百怪的神灵鬼怪、个性鲜明的抒情主人公形象，还有很多诗意盎然、意境深远的场景。这使得屈原的作品既像是一部大型的抒情交响乐，又像是一幅色彩斑斓、内容丰富的长篇画卷，为画家的创作提供了丰富、生动、美妙的形象。画家只需把这些用文字描绘出来的形象、场景、氛围用线条、笔墨、色彩表现出来，就可成为杰出的作品。相比而言，画家无所依凭地构思完成一幅全新的作品就要困难得多。因此，以屈原作品为题材来作画，就是很自然的事。

让我们来领略一下屈原作品的绘画美吧。在《离骚》中，抒情主人公披戴着香花香草、"高余冠之岌岌兮，长余佩之陆离"的形象和驾着龙马上叩帝阍、下睨旧乡的神奇瑰丽的场景，都极具绘画美，"扈江蓠与辟芷兮，纫秋兰以为佩""揽木根以结茞兮，贯薜荔之落蕊""步余马于兰皋兮，驰椒丘且焉止兮""制芰荷以为衣兮，集芙蓉以为裳""揽蕙茝以掩涕兮，沾余襟之浪浪""驷玉虬以桀鹥兮，溘埃风余上征""饮余马于咸池兮，总余辔乎扶桑。折若木以拂日兮，聊逍遥以相羊。前望舒使先驱兮，后飞廉使奔属""飘风屯其相离兮，帅云霓而来御。纷总总其离合兮，斑陆离其上下。吾令帝阍开关兮，倚阊阖而望予。时暧暧其将罢兮，结幽兰而延伫""屯余车其千乘兮，齐玉轪而并驰。驾八龙之婉婉兮，载云旗之委蛇""陟升皇之赫戏兮，忽临睨夫旧乡"……文繁，兹不赘举。《渔父》开头"屈原既放，游于江潭，行吟泽畔，颜色憔悴、形容枯槁"几句，虽寥寥数语，但无异于一幅精妙的速写，屈原的处境、神态、心理都展露无遗了，而结尾处渔父唱着歌鼓枻而去的情景，更是充满了诗情画意。《湘夫人》中"帝子降兮北渚，目眇眇兮愁予。袅袅兮秋风，洞庭波兮木叶下"似一幅秋日相思图。《橘颂》中"绿叶素荣""曾枝剡棘，圆果抟兮""青黄杂糅""精色内白"的描写，色彩斑斓，图画感很强。《山鬼》则像是一幅幅图画的组合：先是山鬼"被薜荔兮带女萝""既含睇兮又宜笑"

---

① 倪云林《题郑思肖〈秋风惠兰图〉》云："秋风惠兰化为茅，南国凄凉气已消。只有所南心不改，泪泉和墨写《离骚》。"这可以看作是那些以屈原及其作品为画题者的基本心态。

身姿窈窕的画面；再是她用辛夷作车，以桂枝为旗，赤豹为之驾车，花狸为之随从，"被石兰兮带杜衡，折芳馨兮遗所思"的画面；接着是她行走在幽暗的竹林丛中，道路艰险，乌云蔽日，昏暗如夜，风飘雨淋的画面；接着是她采灵芝于山间，山石磊磊，葛藤蔓蔓，"饮石泉兮荫松柏"的画面；最后是雷声隆隆，狂风大作，暴雨倾盆，夜幕低垂，猿猴悲啼，落木萧萧的画面。既有静态的刻画，又有动态的描绘，生动形象，令人有如见其人、如临其境之感。《天问》中的神话故事离奇神秘，神话形象光怪陆离，是绘画的绝好素材。总之，屈原作品中这些极具绘画美的描写，不仅给绘画创作者提供了丰富的素材，而且还激发着他们的创作灵感与激情，这是画家热衷于以屈原作品为题材的一个重要原因。

为什么在屈原的众多作品中，画家们偏爱《九歌》，尤其是"二湘"和《山鬼》呢？

笔者以为，这首先与绘画题材的因袭性有关。据王逸《楚辞章句》中"屈原仰其图画，因书其壁呵而问之"，遂有《天问》，现代学者饶宗颐、孙作云、张高评、伏俊琏等都认为《天问》是屈原见到祠庙壁上的历史故事画后有所感而作①。关于《九歌》，饶宗颐指出"古代巫术必须借重于图画，《九歌》里的太一及鬼神，西汉时即被作为绘画的题材，用来致祭""本来在祭祀时悬挂出来的"[10]282。他还说："我怀疑《远游》和《九歌》之类都是因图而制文。"他还把长沙马王堆出土的帛书《太一图》与《远游》、《九歌》进行对比，以说明二者的对应关系。[11] 饶宗颐先生还指出，《山海经图》中已有洞庭帝女图（即湘妃），曹植《画赞序》云"尝从观画，过虞舜之像，见娥皇女英"，此即汉时的舜与二妃图，晋庾阐述过《虞舜像赞》《二妃像赞》，可见顾恺之所绘《沅湘图》可能就与二湘有关。[10]282-283 总之，《天问》《九歌》与绘画的关系源远流长。宋代以后《九歌图》的创作与此传统应不无关系。但笔者以为，画家们偏爱画《九歌图》最主要的原因是李公麟《九歌图》的巨大影响——它为后世画家提供了一个极其成功的模仿对象和学习范本，从模仿到创作，逐渐地一种以

---

① 饶宗颐：《澄心论萃》，上海文艺出版社 1996 年版，第 284—287 页；孙作云：《从天问中所见的春秋末年楚宗庙壁画》，见《孙作云文集·楚辞研究》，河南大学出版社 2003 年版，第 548 页；伏俊琏《先秦、两汉看图讲诵艺术与俗赋的流传》，《天水师院学报》2008 年第 6 期；张高评先生认为《天问》"可谓咏画、题画诗之权舆"，见《宋诗之传承与开拓——以翻案诗、禽言诗、诗中有画为例》，台湾文史哲出版社 1990 年版，第 263 页。

《九歌》为题材作画的风气便形成了。由于以《离骚》、《天问》、《九章》、《卜居》、"二招"等作品为题材的绘画中没有产生过像李公麟《九歌图》这么杰出的作品，没有可供模拟的理想范本，创作的难度相对较大，所以以之为题材的画作数量就相对较少。绘画创作在题材上的因袭、模仿正是前述"程式化"倾向形成的原因。

历代画家对"二湘"和《山鬼》的偏爱，除了上述原因之外，还与男性画家偏爱画女性题材有很大关系。《湘君》、《湘夫人》和《山鬼》有一个共同特点是都写对情人的痴情等待和爱而不见的忧愁，主人公形象美好，感情缠绵悱恻，态度真诚执著。对于"湘君""湘夫人"的身份，学界看法不一，可归结为湘君为男、湘夫人为女和湘君、湘夫人皆为女两种，但画家大多数选择了后者。对于"山鬼"形象，学界也有不同看法，有的认为是男性神怪，有的认为是美丽少女，但宋元以来绝大多数画家都将之画成了美丽少女形象。换言之，历代画家大多数将"二湘"和《山鬼》画成了痴情女子追求、等待、忠于男子的故事，这不能不说与男性心理有关，因为这样的爱情故事正好符合男性画家的爱情期待。尤其是"山鬼"，她的美丽多情、高洁不俗以及与大自然为伴的野性之美，非常符合男性画家对女性的道德诉求和审美理想；她等待公子的那份缠绵和因公子爽约而生的幽怨、悲楚，又令男性画家产生一种怜香惜玉的柔情；诗中所描绘的幽深、凄清而又奇丽的山野情调，也符合中国文人对山林野处的想象。

四、小结

由于屈原人格精神的巨大感召力和屈原作品的绘画美，在中国绘画史上，从南朝宋开始至今出现了为数众多的以屈原及其作品为题材的绘画，其中不乏杰作。这是屈原及其作品接受史上一道独特的风景。画家多借他人之酒杯浇自己之块垒，或宣泄因国运衰微、国破家亡而产生的悲愤抑郁，或表达忠于故国、独善其身、坚守节操的人生信念，所以这些画作可以说是绘画性质的"拟骚"之作，屈原精神借此而在绘画领域代代相传。这些绘画创作具有图、文与书法相结合的特点，视觉形象和文学意蕴的叠加、融合，增强了作品的感染力，在构思立意和形象塑造上受到学术观点的影响，在构思、形象、技法等方面表现出一定的程式化倾向。在屈原的众多作品中，画家们偏爱画《九歌》，尤其是"二湘"和《山鬼》，这与绘画题材的因袭性有关，还与男性画家偏爱画女性题材有关，反映了男性画家的某些心理期许。近现代以来，"二湘图"和"山鬼图"的创作出现了世俗化、艳俗化倾向，这与现代学科分类体系的细化、学科壁垒的加深有关，亦与当代中国娱乐化、庸俗化文化思潮的影响有关。

参考文献

［1］阿英：《屈原及其诗篇在美术上的反映》，见《阿英文集》，三联书店 1981 年版。

［2］郑振铎：《劫中得书记》，见《郑振铎全集》（第六卷），花山文艺出版社 1998 年版。

［3］傅抱石纪念馆编：《傅抱石研究》（1），傅抱石纪念馆，1997 年。

［4］许洁：《一幅画，一首歌，一段情——张曾〈江上读骚图〉解读及思考》，《文艺研究》2011 年第 2 期。

［5］郭平英：《郭沫若与傅抱石：交相辉映诗画魂》，见《其命维新——傅抱石百年诞辰纪念文集》，河南美术出版社 2010 年版。

［6］陈传席：《陈洪绶》，河北教育出版社 2003 年版。

［7］萧芬琪：《傅抱石和屈原》，见《其命维新——傅抱石百年诞辰纪念文集》，河南美术出版社 2010 年版。

［8］郭沫若：《屈原赋今译》，人民文学出版社 1953 年版。

［9］张克锋：《论魏晋南北朝画赞》，《东南文化》2007 年第 3 期。

［10］饶宗颐：《澄心论萃》，上海文艺出版社 1996 年版。

［11］饶宗颐：《图诗与词赋》，见《湖南省博物馆四十周年纪念文集》，湖南教育出版社 1996 年版。

六朝"白纻舞歌辞"的发展及审美价值①

田彩仙

北宋郭茂倩编《乐府诗集》中有"舞曲歌辞"一类，其中又分为"雅舞"与"杂舞"两部分，"《雅舞》用之郊庙朝飨，《杂舞》用之宴会。故凡雅舞歌辞，多言文武功德，而杂舞则以意在行乐，其歌辞遂亦最富于文学意味"[1]168。《乐府诗集》所收"杂舞"有《公莫》《巴渝》《槃舞》《鞞舞》《铎舞》《拂舞》《白纻》等。其中，在六朝上层宴会上最流行的舞蹈为《白纻》。由于此舞可以表达丰富的情感内容，而且舞姿轻盈优美、舞容悲怨感人，从两晋开始就有许多文人为其写辞并歌咏其舞态、舞容，由此出现了大量的白纻歌辞。笔者认为，这些题名"歌辞"的作品，并非仅仅是配合乐舞的唱辞，其中有许多作品堪称为"咏舞诗"。正是基于这种观点，本文试图通过对这些舞辞发展演变过程及其审美价值的考察，阐发六朝乐府诗诗乐结合的特征，并进一步探索这类抒情性舞辞出现的社会文化背景。

一、白纻舞歌辞对舞蹈内涵的生动展现

研究六朝白纻舞歌辞，我们对"白纻舞"这一当时非常流行的宴乐之舞有了较为全面的了解。"白纻舞"起源于汉末吴地。《宋书·乐志》中载："'白纻舞'，按舞辞有巾袍之言，纻本吴地所出，宜是吴舞也。晋俳歌曰：'皎皎白绪，节节为双。'吴音呼绪为纻，疑白绪即白纻也。"[2]550由此可知，白纻舞原是与吴地农作物纻麻有关的民间乐舞。纻麻经用木棒"捣"后颜色愈白，质地愈软，着这种白色纻麻衣裳歌唱跳舞，叫白纻舞。《乐府诗集》认为"白纻舞"之类的六朝杂舞"始出自方俗，后寝陈于殿庭"[3]766。白纻舞最初为田野之作、民间乐舞，后来为乐官采用并加工改造，成为宫廷宴舞。从六朝白纻舞歌辞中，我们可以发现这种舞蹈的诸多

---

① 本文原发表于《文艺研究》2006年第8期，收入本论文集时做了必要的订正与修改。
作者简介：田彩仙（1960—），女，山西吕梁人，教授，主要从事中国古代文学研究。

特点。

首先，我们知道，白纻舞是具有宗教色彩的舞蹈。现存最早的"晋白纻舞歌诗"中有"清歌徐舞降祇神，四座欢乐胡可陈""舞以尽神安可忘，晋世方昌乐未央"之类的描述，可以推测白纻舞开始出现时可能是巫女降神时表演的舞蹈。"以舞娱神"本为中国原始乐舞的一个特点，《楚辞》中"九歌"便是楚地祭祀时表演的歌舞。白纻舞歌辞中也有称颂国运与强调舞蹈的政治教化作用之成分，如"欢来何晚意何长，明君驭世永歌昌"（晋白纻舞歌诗）、"文同轨一道德行，国靖民和礼乐成"（宋明帝《白纻舞大雅》）等，这是因为民间舞曲被采入宫廷之后上层文人士子赋予了其歌功颂德的成分。再如宋明帝的《白纻舞大雅》中的诗句："在心曰志发言诗，声成于文被管丝。手舞足蹈欣泰时，移风易俗王化基。"作为帝王，认为乐舞可以移风易俗，有一定的政治教化意义，是一种传统乐舞观的体现。但纵观六朝时的白纻舞，这种称颂与教化意义并不是主要的，尤其是到南朝时的白纻舞已经渐渐减弱了政治教化的成分，更多的则是展现人物内心微妙而复杂的情感与人物优美而妩媚的舞姿，以抒情为主。

其次，舞蹈是以人体动作作为主要表现手段，表达人的思想感情，反映社会生活的艺术。六朝白纻舞歌辞非常成功地再现了舞蹈的节奏感与造型美，对其舞妆、舞姿、舞容都有颇为成功的描述。舞妆之特点在晋代时主要是舞衣与舞具，"质如轻云色如银，爱之遗谁赠佳人。制以为袍余作巾，袍以光躯巾拂尘"（《晋白纻舞歌诗》其一），舞者身着非常轻薄的白纻布制成的舞袍，手执用同样的白纻布制的长长的白巾，这是较早时期的服饰，以白色为主，依稀可见原初民间舞蹈的朴素装束。到南朝时，白纻舞变成了宫廷宴饮时表演的舞蹈之后，舞者的妆容也逐渐奢华起来，"珠履飒沓纨袖飞""垂珰散珮盈玉除"（鲍照《代白纻舞曲》），珠玉满身，杂沓繁复，充满了宫廷的富贵之气。这是乐舞艺术从民间到宫廷发展的必然趋势。白纻舞歌辞还充分展现了舞者轻曼的舞姿与娇媚的舞容。

> 轻躯徐起何洋洋，高举两手白鹄翔。宛若龙转乍低昂，凝停善睐容仪光。如推若引留且行，随世而变诚无方。（晋《白纻舞歌诗》）

> 仙仙徐动何盈盈，玉腕俱凝若云行。佳人举袖耀青蛾，掺掺擢手映鲜罗。状似明月泛云河，体如轻风动流波。（宋·刘铄

《白纻曲》)

从诗中可知,白纻舞在始起时节奏徐缓,并以手的动作为主,两手高举宛如白鹄在云中飞翔,"白鹄"既指洁白的手腕,亦指手执之长巾。到南朝时,此舞似乎已不用长巾,而以长袖为舞,"珠履飒沓纨袖飞"(鲍照辞)、"舞袖逶迤鸾照日""长袖拂面心自煎"(汤惠休辞)、"长袖拂面为君施"(沈约辞)。舞动时徐急相间,时而像游龙般扭动腰肢,时而又突然低昂翻转,时而脚步轻移,好像有无形的手将身体轻轻地推引着前进。"体如轻风动流波",体态轻盈,动作徐缓,舞姿十分优美。到南朝宫廷中演出时,经过专业乐人的改造,加入了一些快节奏的舞蹈动作。"催弦急管为君舞"(鲍照辞)、"上声急调中心飞"(萧衍辞)、"翡翠群飞飞不息"(沈约辞),"飞"既是长袖舞动时的飘逸动作,又是中国古典舞蹈中"回"的动作,也即"转"的动作,在快速的转动中时低时昂、乍停乍翔,所以舞者一曲跳完,往往"流津染面散芳菲"(张率辞),不仅舞姿优美,舞容也十分诱人,"凝停善睐容仪光""趋步生姿进流芳"(晋时歌辞)、"如娇如怨状不同,含笑流盼满堂中""含情送意遥相亲""嫣然宛转乱心神"(沈约辞)。舞者神态如娇似怨,含笑流盼于眉目传情中,有勾魂摄魄之魅力。这种轻盈柔曼的舞蹈风格与汉代舞蹈追求的雄健有力之风格截然不同,体现了六朝时期重抒情、重神韵的文化特征。

舞蹈与歌辞的关系应当是互动的。一方面,由于舞蹈的舞姿优美、楚楚动人,吸引了众多文人为其写辞;另一方面,由于舞辞的大量创作与保存,使我们对舞蹈这一以身体动作来表现一定思想感情的艺术形式有了更为深切的了解。可以说,白纻舞及其歌辞是诗舞良性互动的成功范例。

二、白纻舞歌辞在两晋南北朝的发展轨迹及其特征

《乐府诗集》辑录六朝"白纻舞歌辞"31首,逯钦立《全上古三国魏晋南北朝诗》中收有35首,这是因为逯钦立将齐王俭的"齐白纻辞"一首分为两句一首的5首诗。在"杂舞"类中,"白纻辞"是数量最多、艺术成就也最高的一类,本文以晋、宋、梁三个不同时期的作品为例,分析其艺术特征。

"晋白纻舞歌诗"三首,是目前所存记载中最早的白纻舞辞。这三首诗以对舞姿、舞态的成功描写为后来的咏舞类诗提供了可资借鉴的艺术手段。从内容上来说,诗从对舞态的描述转入对人生苦短的慨叹,"人生世

间如电过，乐时每少苦日多"，并流露出及时行乐的思想。"幸及良辰耀春华，齐倡献舞赵女歌"，从这种对"宜及芳时为乐"的关注中可以看出，晋代的白纻舞已经不完全是原始的民间歌舞了，因为劝人为乐已经是宴饮时的主题。值得注意的是，诗歌并不仅仅关注现实世界的享受，而是进一步将笔触伸向游仙。"东造扶桑游紫庭，西至崑崙戏曾城"，这可以说是晋人以游仙来消解苦短人生观念的充分体现。晋诗中虽然也有如"声发金石媚笙簧，罗袿徐转红袖扬"这样的"丽辞"，但整体的风格还是带有早期民歌清新质朴的诗风的，其诗风可用轻逸圆融、工丽流畅来概括。"晋白纻舞歌诗"可以说是具有开创性意义的，它在舞辞的写法、语言的运用等方面对南朝的舞辞作者影响很大，在此之后的宋至梁很多文人都来写作白纻舞诗，以致在此时的诗歌领域中形成了一个"白纻"系列。明人王世贞《艺苑卮言》认为"晋白纻舞歌诗""已开齐梁妙境"[4]，这种"妙境"，即齐梁诗歌抒情致韵、精致艳逸的诗歌意境。

刘宋时的白纻舞辞开始朝艳歌方向发展，最具代表性的是鲍照和汤惠休的作品。

> 少年窈窕舞君前，容华艳艳将欲然。为君娇凝复迁延，流目送笑不敢言。长袖拂面心自煎，愿君流光及少年。（汤惠休《白纻辞》二）

> 桂宫柏寝拟天居，朱爵文窗韬绮疏。象床瑶席镇犀渠，雕屏匼匝组帷舒。秦筝赵瑟挟笙竽，垂珰散珮盈玉除，停觞不语欲谁须。（鲍照《代白纻舞歌辞》二）

鲍照和汤惠休的白纻舞辞，对原本不涉及男女情爱的晋代古辞加以改造，增加了闺情内容。"忍思一舞望所思，将转未转恒如凝"（汤惠休辞）、"凝华结藻久延立，非君之故岂安集"（鲍照辞），这是南朝文学重情之特点在舞辞中的表现。舞辞抒写男女相思之情，辞之格调也由原来抒写行乐颂世的欢快变得幽怨、低沉。鲍照与汤惠休二人本来就是刘宋时被目为"险俗"的诗人。《南史·颜延之传》载："延之每薄汤惠休诗，谓人曰：'惠休制作，委巷中歌谣耳，方当误后生。'"[5]881《南齐书·文学传说》认为鲍照："发唱惊挺，操调险急，雕藻淫艳，倾炫心魂。亦犹五色之有紫，八音之有郑卫。斯鲍照之遗烈也。"[6]908 这些评价均认为鲍、汤二人的诗好为淫艳哀音且雕琢巧丽。用这样的观点来看他们的舞辞，也是很合适的，尤其是鲍照，他的 6 首作品中有 4 首为奉诏之作。在这些作品中，诗人以艳辞丽句铺陈摹写宫中各种器具以及舞蹈时的场景与舞女的华丽佩饰，确为"雕藻淫艳，倾炫心魂"之作。这种诗歌风格的形成是以内容上侧重抒发女性情思为基础的。鲍、汤对白纻舞辞的这种改造，可以说是较早透露出了齐梁艳体诗的信息。

萧梁时的"白纻舞辞"有张率 9 首，沈约 5 首，萧衍 2 首。这个时期的白纻舞辞，不仅数量多，而且艺术成就也很高，可以说是白纻舞辞发展的高峰期。张率在当时诗才美誉东南，深得梁武帝萧衍的赏识，其 9 首舞辞描写对象依然是歌伎舞女，但与鲍、汤不同的是，他把重点置于发掘她们凄楚寂寞的心境上。

秋风鸣条露垂叶，空闺光尽坐愁妾。独向长夜泪承睫，山高水深路难涉，望君光景何时接。（其四）

遥夜方远时既寒，秋风萧瑟白露团。佳期不待岁欲阑，念此迟暮独无欢，鸣弦流管增长叹。（其五）

诗歌用细腻的笔触揭示出了那些妙龄美艳的舞女在欢歌艳舞之后内心的孤苦凄凉，用秋风鸣、草虫悲、白露凝、秋夜寒等凄凉语境来反复烘托和表现舞女"终夜悠悠坐申旦"的悲哀。这组诗不像鲍、汤二人的诗作那样艳逸，由于着重抒发人物的内心情感，所以整首诗歌的风格比较清新，在对人物深层心理的开掘与剖析上，张率的这组诗无疑在"白纻辞"系列中有一定的开创性意义。

沈约的诗歌首开按四时时令分别咏歌之风。他的《四时白纻歌》5 首，在春、夏、秋、冬之外，还有《夜白纻》。《乐府诗集》收录这组诗时，引《古今乐录》曰："沈约云：'《白纻》五章，敕臣约造，武帝造后两句。'"[3]806 今人石观海《宫体诗研究》认为"武帝"为齐武帝萧赜，即这组诗为齐永明年间的作品[7]153。而侯云龙《沈约年谱》则以为"武帝"是梁武帝萧衍，为梁天监元年（502 年）的作品[8]106。《旧唐书·乐志》也认为"梁武又令（沈）约改其辞，其四时白纻之歌，约集所载是也"[9]1064。梁武帝萧衍也写有《白纻歌》，风格与沈约相近，故沈约诗似为梁时作品。这组诗以写男女情爱为主。

朱光灼烁照佳人，含情送意遥相亲。嫣然宛转乱心声，非子之故欲谁因。翡翠群飞飞不息，愿在云间长比翼。佩服瑶草驻容色，舞日尧年欢无极。（《夏白纻》）

白露欲凝草已黄，金管玉柱响洞房。双心一影俱回翔，吐情寄君君未忘。（后四句与上同，故略，《秋白纻》）

与张率诗不同的是，沈约诗没有过分渲染凄楚孤独的意境，也缺乏对人物心理的深层次剖析，诗的整个调子是欢快的，在对美好爱情的憧憬与歌颂中展示了舞者的娇媚舞态。语言清丽工巧，格调柔媚宛错，充分体现出诗人"清怨工丽"的特点。

梁武帝萧衍的两首白纻辞，以圆熟流丽的语言抒发舞者之美，是此类作品中的佳作。

朱丝玉柱罗象筵，飞琯促节舞少年。短歌流目未肯前，含笑一转私自怜。纤腰嫋嫋不任衣，娇怨独立特为谁。赴曲君前未忍归，上声急调中心飞。

在诗歌体式上，萧衍诗不像其他同类诗为 6—8 句的长诗，而是仅有 4 句的短诗。诗句虽短，却把舞者所处的环境、伴奏的乐器以及舞者的年龄、舞姿、表情描摹得非常准确到位。在被称为艳诗的这类宫体诗中，这两首诗并不十分艳逸，语言华丽工整，格调浑成，后人给予了很高的评价。宋·许顗《彦周诗话》认为前一首"嗟乎丽矣！古今为第一也"[10]，强调其"丽"的审美特征，即清丽宛转流畅的诗歌风格。可以说，萧衍的舞辞是白纻辞系列中的经典之作。

综观六朝白纻舞诗，它经历了内容上从叙写宴饮时的欢快到表现男女情爱，形式上由民间乐舞到宫廷宴舞，风格上由清新质朴到藻饰秾丽的发展变化过程，对女性舞者的描写也经历了由描摹外在的姿容到发掘人物深层次的心理感受的变化过程。这些变化与发展是六朝乐府诗从民间创作到文人拟作发展的必然途径。

三、白纻舞歌辞的审美价值

1. 展现女性的轻柔美与忧怨美

《乐府诗集》引《乐府解题》曰："（白纻舞）古辞盛称舞者之美，宜及芳时为乐。"[3]798 可见，"盛称舞者之美"是白纻舞辞的一大特点。六朝的白纻舞辞除 3 首晋辞外，均可归入宫体诗的范围。宫体诗本极善于描摹女性之美，"嬿婉好眉目，闲丽美腰身。凝肤皎若雪，明净色如神。娇爱生盼瞩，声媚起朱唇"（鲍照《学古诗》）、"谁家妖丽邻中止，轻妆薄粉光间里"（萧纲《东飞伯劳歌》）。同上述这些诗歌比起来，白纻舞辞并不偏重于这方面的叙写，而是更关注对女性的轻柔美与忧怨美的展现。

轻柔美本为汉魏以来女性舞者追求的一种舞蹈胜境，如汉代的赵飞燕"体轻腰弱"，善为"掌上舞"，故得汉成帝的专宠。萧梁时，羊侃家有"舞人张净琬，腰围一尺六寸，时人咸推能掌中舞"[11]1547。这些舞者所追求的能为掌上舞的境界，便是体态轻盈的舞者形象。白纻舞为南朝宫廷中舞，对轻柔的舞者伎艺也十分推崇。"仙仙徐动何盈盈，玉腕俱凝若云行""状似明月泛云河，体如轻风动流波"（刘铄《白纻曲》），舞者身体徐动，似轻风、若流云、如仙人般轻盈飘逸。"纤腰嫋嫋不任衣，娇怨独立特为谁。"（萧衍《白纻辞》）舞女腰身纤细，衣袍自宽，显得格外娇弱纤细。"歌儿流唱声欲清，舞女趁节体自轻""妙声屡唱轻体飞，流津染满散芳菲"（张率《白纻歌》）。体态轻柔秀美，本为南朝女子所追求的一种女性美的时尚，不独舞伎，一般的女子也以轻柔瘦弱为美，沈约的《少年新婚为之咏》中"腰肢既软弱，衣服亦华楚"，刘缓《寒闺》中"纤腰转无力，寒衣恐不胜"等所写女子并非舞伎，但也以清瘦为美，足见此乃一个时代的潮流。既然如此，以轻歌曼舞作为供达官贵人消遣的舞女，她们美的一个标准便是轻柔。白纻舞不同于汉代健舞，而属于软舞的范畴，在舞蹈过程中以轻柔飘逸的舞袖和纤柔轻宛的舞腰来表现流动之美，所以这一时期的白纻舞辞不仅以明月、轻风、流云、春风、飞鸾、舞鹤之类的意象来体现舞女的轻盈体态，而且还用诸如"翔""转""舞""引""飞""逶迤"之类的动词，准确传神地描述出舞者舞蹈时的轻盈柔宛的动态美。

宫廷宴饮之舞并不尽表现欢乐之情，相反，在汉魏以悲为美的文化背景下，乐舞的内容也多为悲怨之作，如《汉书·苏武传》中李陵送别苏武归汉时所歌所舞便是典型的悲情歌舞。如果说晋白纻舞诗还只是感叹时光易逝、人生苦短的话，到南朝刘宋开始的舞诗中便充满了悲怨之情，"寒光萧条候虫急，荆王流叹楚妃泣"（鲍照辞），"琴瑟未调心已悲，任罗胜绮强自持"（汤惠休辞），诗歌写出了舞者带着悲怨之情强自起舞的神态。萧梁时的咏舞诗则进一步写女子的独守空房与对恋人的刻骨思念。"纤腰嬲嬲不任衣，娇怨独立特为谁"（萧衍辞），"佳期不待岁欲阑，念此迟暮独无欢，鸣弦流管增长叹""愁来夜迟犹叹息，抚枕思君终反仄""遥夜忘寐起长叹，但望云中双飞翰"（张率辞）。这些诗里的女子已由舞女变成了闺中思妇，诗歌充分叙写了思妇在月夜孤苦无望的辗转思情。南朝诗在音调上以哀怨为基调，"吟咏风谣，留恋哀思"；另一方面，六朝时入乐之歌多用清商，而清商声音的特征便是哀怨，《舞曲歌辞》属清商乐，故而尚悲便成为必然。白纻舞辞叙写女子的悲怨之情，一方面体现出诗人对宫廷舞女地位低下的同情，另一方面也反映了六朝乐舞所追求的审美境界，轻歌曼舞时的"娇怨"之态最是感人。白纻舞与其歌辞所追求的正是这种以悲美来感人的境界。

2. 舞之意境与诗之意境的交融与转化

乐舞歌辞以舞蹈为主要描写对象，但成功的乐舞歌辞作品不应是舞蹈形象的简单再现与机械复制，而应该是诗人审美感受和体验的产物。六朝诗人对诗歌语言的把握与运用已远远超过前代，作为有深厚文化修养的上层贵族文人，由于他们经常在宴饮生活中接触乐舞表演，对舞蹈形象有着敏锐的观察和深细的体验，因而能够在准确把握舞蹈审美特征的基础上，通过各种艺术手段，将舞蹈形象转化为诗歌形象。

首先，白纻舞辞运用了多种修辞手法，如比喻、夸张、衬托等来塑造鲜明生动的艺术形象，使优美的舞蹈动作转化为鲜活的诗歌意象。比喻历来为咏舞类作品善用的手法，东汉傅毅《舞赋》中有"若俯若仰，若来若往""若翔若行，若竦若倾""气若浮云，志若秋霜""体如游龙，袖如素霓"等成功的形象比拟；张衡《舞赋》也有"裾似飞燕，袖如回雪"等比喻句。六朝白纻舞辞中出现了更多的比喻，如以"游龙""白鹄""鸾凤"来喻其舞姿之轻柔，以"流云""轻风""轻云""双雁"状其舞袖之飘逸。而"桃花水上春风出"（汤惠休辞）、"兰叶参差桃半红，飞芳舞縠戏春风"（沈约辞）等诗句则更是以"桃花""兰叶""飞芳""春风"等象喻舞者姿容如桃花般艳丽、兰叶般秀逸、飞芳般飘逸、春风般轻柔。此外，如"状似明月泛云河，体如轻风动流波"（刘铄辞）都是确切的比喻。白纻舞属于柔婉的宫宴软舞，以轻柔徐缓的动作为主，诗人在写舞辞时也选择大自然中既有动感又富于美感且轻盈柔美的形象，用这些特定的形象表达了作者对舞姿、舞容的赞美之情，同时又以意象之美赋予舞辞以诗歌美的特征。有时这类比喻又有夸张的成分，如"白鹄翔""鸾照日""若云行"

等，既是对舞蹈动作的比喻，又是符合动作形象的夸张。诗人还善于运用衬托手法，如"车怠马烦客忘归"（鲍照辞）、"令彼嘉客澹忘归"（张率辞）、"四座欢乐胡可陈"（晋舞辞）等句，以观舞者的感受衬托出舞蹈感发人心的艺术魅力。

其次，白纻舞辞还善于刻画和渲染舞蹈的审美意境，即舞蹈所具有的诗的审美意境。"仙仙徐动何盈盈"（刘铄辞）、"娇怨独立特为谁"（萧衍辞）、"嫣然宛转乱心神"（沈约辞），如神仙般嫣然宛转着的女子，具有诗一般的情韵。舞辞渲染出了一种如怨如诉般的凄美的意境。白纻舞辞还善于以景物描写来烘托人物的内心感情，从而进一步展现舞蹈的诗美意境。

> 三星参差露沾湿，弦悲管清月将入。（鲍照）
>
> 穷秋九月荷叶黄，北风驱雁天雨霜。（鲍照）
>
> 日暮寒门望所思，风吹庭树月入帷。（张率）
>
> 列坐华筵纷羽爵，清曲未终月将落。（张率）
>
> 白露欲凝草已黄，金管玉柱响洞房。（沈约）

这些景物描写多指向凄凉的月夜，这是因为宫廷宴舞多为月夜演出，如娇似怨的舞者在清冷的月光下翩翩起舞，内心倍感孤独。在中华民族传统的审美心理中，"月"较之其他景物更容易触发人的情感，因而也更富有诗意。月夜轻歌曼舞是诗人创造的一种审美意境，也是舞蹈的轻柔之美与悲怨之情的具体体现。

魏晋南北朝时期是中国古代史上"最富于艺术的时代"（宗白华语），个体意识的觉醒、感性心灵的苏醒、审美意识的自觉，使舞蹈艺术由先秦两汉时热情奔放的格调一变而为悲怨缠绵，而且开始注重艺术自身的审美追求。"气韵生动"既是这个时期绘画艺术的主流，也是乐舞艺术的追求，不仅仅从舞辞中，我们还可以从当时流传下来的敦煌、云冈、龙门等石窟中的许多飞天、伎乐天画像中看到那种飘逸轻渺的优美形象，这些形象都达到了"气之动物，物以感人，故摇荡性情，形诸舞咏"[12]15 的传神境界。另一方面，正如阮籍所言"歌以述志，舞以宣情"[13]，舞蹈艺术本身就是感性世界的产物，"重情"与"达情"是舞蹈成功的重要标尺。白纻舞是充分抒情的舞蹈，十分注重人的自然情感的坦然流露和尽情宣泄。正是适应于这种风格特点，白纻舞辞充分展现出了六朝时期重"情"与重"韵"的精神特质，成为时代精神的真实写照。

参考文献

[1] 萧涤非：《汉魏六朝乐府文学史》，人民文学出版社 1984 年版。

[2] 沈约：《宋书·乐志》，中华书局 1974 年版。

[3] 郭茂倩：《乐府诗集》，中华书局 1979 年版。

[4] 王世贞：《州山人四部续稿·艺苑卮言》卷三，上海古籍出版社 1993 年版。

[5] 李延寿：《南史·颜延之传》，中华书局 1975 年版。

[6] 萧子显：《南齐书·文学传》，中华书局 1972 年版。

[7] 石观海：《宫体诗研究》，武汉大学出版社 2003 年版。

[8] 侯云龙：《沈约年谱》，松辽学刊 2001 年第 5 期。

[9]《旧唐书·乐志》，中华书局 1975 年版。

[10] 许顗：《彦周诗话》，见何文焕：《历代诗话》，中华书局 1981 年版。

[11] 李延寿：《南史·羊侃传》，中华书局 1975 年版。

[12] 钟嵘：《诗品·序》，见周振甫：《诗品译注》，中华书局 1981 年版。

[13] 陈伯君：《阮籍集校注》，中华书局 1987 年版。

《关雎》诗解辨正[①]

孙桂平

《诗·关雎》向称难解，至今未有定论。本文拟联系周代立国历史和宗周礼乐文明背景，就《关雎》诗解的相关问题提供一些思考。

一、《周南》《召南》的出现及其历史背景

在《诗经》中，《二南》的性质比较特殊。对此孔子曾有议论，《论语·阳货》载：

> 子谓伯鱼曰："女为《周南》《召南》乎？人而不为《周南》《召南》，其犹正墙面而立也与？"[1]185

但《二南》到底特殊在哪里，为什么在《诗经》中显得意义非同寻常，从孔子和先秦其他人的言论中，似难找到答案。也正因为其特殊性质无可界定，以致《二南》是否应该归属于"国风"这个问题，至今聚讼纷纭。[2]69

汉四家诗学者阐释"周南""召南"这两个语词，一直有着较大分歧，或理解为自北而南的教化之德，或理解为与周公、召公采邑有关的地域方位，或理解为源于古乐器的南音。由于四家诗学者已与《二南》创作年代悬隔，且又处在经典文献遭到焚毁的秦火楚火之后，故后来学者很难论定上述诸种解释的正误是非。在这种情况之下，春秋时期吴国季札在鲁观周乐时对《二南》所作的评价，就成了可供探寻其真义的珍贵文献材料。《左传·襄公二十九年》载：

> 吴使季札聘于鲁，请观周乐。为歌《周南》《召南》。曰：美哉，始基之矣，犹未也，然勤而不怨。[3]1095

---

① 本文最早发表于《湖南大学学报（社会科学版）》2004年第2期，收入本论文集时，作者进行了必要的修改和增补，重点对注释内容和参考文献的格式进行了调整和完善。

作者简介：孙桂平（1973—），男，安徽枞阳人，博士，副教授，主要研究方向为中国古代诗学和古典文献学。

行文提到"乐"与"歌"，这符合《诗经》学史上这样一种认识："诗"是与"乐"相配的歌词。以此认识为前提，则解"诗"当以充分尊重其配乐之乐义为原则，那么《诗》乐之要义为何呢？《礼记·乐记》云：

> 昔者舜作五弦之琴，以歌《南风》；夔始作乐，以赏诸侯。故天子之为乐也，以赏诸侯之有德者也。德盛而教尊，五谷时熟，然后赏之以乐。[4]1534

根据作乐赏诸侯的原理推论，则《周南》《召南》之乐产生时间较早，这是在用乐章的形式、在国家制度层面上对周公、召公的功德予以确认和表扬。《礼记·乐记》又云：

> 乐者，所以象德也；礼者，所以缀淫也。[5]中册《礼记》210

据此，《周南》《召南》诸乐，应该有象征周公、召公德行之义。而吴国季札在鲁国观周乐之际，就是从象德的角度来评价《周南》《召南》。对于季札的评语，《史记集解》引王肃语曰："言始造王基也。"引贾逵语曰："言未有《雅》《颂》之成功也。"引杜预语曰："未能安乐，然其音不怨怒。"[6]1453 诸家注解皆失之简约，难尽人意，当笺之以周公、召公故事。《史记·鲁周公世家》载：

> 周公戒伯禽曰："我文王之子，武王之弟，成王之叔父，我于天下亦不贱矣。然我一沐三捉发，一饭三吐哺，起以待士，犹恐失天下之贤人。"[6]1518

《史记·燕召公世家》载：

> 召公之治西方，甚得兆民和。召公巡行乡邑，有棠树，决狱政事其下，自侯伯至庶人各得其所，无失职者。[6]1550

结合这两则材料，季札所谓的"始基之"，应指周、召之政奠立了周王朝的基业。"未也"，系指其时礼乐制度尚未成就。"勤而不怨"，指上述故事中周公与召公亲民招贤而治，为周朝王业之成功不遗余力。基于以上分析可以认为：从乐制层面看，《二南》要义在于对周公、召公的德业进行颂扬，这一点以往解《诗》者都讲得不够具体。

关于《周南》《召南》的"南"字义，应当依据孔子对宾牟贾所论说的《大武》乐舞之义进行解释。《礼记·乐记》载：

> 《武》乱皆坐，周召之治也。且夫《武》始而北出，再成而
> 灭商，三成而南，四成而南国是疆，五成而分陕，周公左，召公
> 右，六成复缀以崇天子。[5]中册《礼记》218

结合《史记·周本纪》所记载的相关内容可以判断：从盟津会合诸侯，到
武王病逝，周虽以武力征伐而能号令天下，但未能在政治、文化上使所辖
国心悦诚服。以至于武王崩后，周公为之忧心忡忡。《史记·鲁周公世
家》载：

> 周公乃告太公望、召公奭曰："我之所以弗辟而摄行政者，
> 恐天下畔周，无以告我先王太王、王季、文王。三王之忧劳天下
> 久矣，於今而后成。武王蚤终，成王少，将以成周，我所以为之
> 若此。"[6]1518

周王朝最终以周、召分陕而治为基础，实现了政治上的统一与稳定。故
"南"字，在西周早期应有重要的政治内涵，标志着诸侯国特别是南方诸
国真正融入周王朝。《二南》中的"南"字，当有一个共同的意义指向：
周公、召公通过有效的教化和治理行为，使南方诸国进入周王朝的政治结
构。要注意的是，"二南"中的"南"字义，相互之间有一些细微的区别，
即相较于"召南"，"周南"之"南"的含义要更加丰富。这一点，通过分
析周公与召公的历史地位可以得到明确认识。

在周王朝建立过程中，周公、召公扮演了重要角色，如《史记·周本
纪》所记载：

> 其明日，除道，修社及商纣宫。及期，百夫荷罕旗以先驱。
> 武王弟叔振铎奉陈常车，周公旦把大钺，毕公把小钺，以夹武
> 王。散宜生、太颠、闳夭皆执剑以卫武王。既入，立于社南大卒
> 之左，（左）右毕从。毛叔郑奉明水，卫康叔封布兹，召公奭赞
> 采，师尚父牵牲。[6]125

从这则材料可以看出，在早期进行武力征伐以灭纣时，周公、召公是周武
王的辅助者，但并非至关重要。周公、召公之成为夹辅周室不可或缺的两
大支柱，是在武王病逝、周公践阼时期。通过《尚书·君奭》可以看到，
周公曾为消除召公对他摄政的误会而作辩解，表达了要与召公共同完善周
朝政治的愿望：

> 今在予小子旦，若游大川，予往，暨汝奭其济。[5]上册《书经》109
>
> 呜呼！君！惟乃知，民德亦罔不能厥初，惟其终。祗若兹。往，敬用治。[5]上册《书经》109

周公虽然代成王摄政，但召公在陕右执政，与之形成制衡局面。《史记·燕召公世家》记载：

> 其在文王时，召公为三公：自陕以西，召公主之；自陕以东，周公主之。[6]1549

应该说，直到分陕之治结束还政成王，周公、召公的政治地位始终相当。周公的历史地位超越召公，在于还政成王之际制礼作乐，并将礼乐制度推广为周王朝的基本政治形态。《尚书大传》谓周公居摄"一年救乱，二年克殷，三年践奄，四年建侯卫，五年营成周，六年制礼作乐，七年致政成王"，是为明证。制礼作乐，是周公对六年摄政期间治理经验的总结，并最终升华为周王朝的意识形态。而召公，其治绩虽然也很成功，出于各种原因，其治理经验未能获得上升为王朝主体意识形态的机会，而只能作为一种地域性的成功经验而存在。明了这一点，我们就不免要感叹《毛诗大序》中相关论述的精到：

> 然则《关雎》《麟趾》之化，王者之风，故系之周公。南，言王化自北而南也。《鹊巢》《驺虞》之德，诸侯之风也，先王之所以教，故系之召公。[7]272

用"化"描述《周南》诸诗，用"德"描述《召南》诸诗，其含义的差别在于周公的治道是王朝的象征，召公的治道是诸侯的楷模。故"周南"之南，含有颂扬"以礼乐制度教化民众移风易俗"的意蕴；而"召南"之"南"，则不具备这层含义。

根据学界通行看法，早期《诗》与乐不分，《诗》本是合乐的歌，但乐曲和诗篇又是可分的，即乐章既可以单独存在，而某一乐章又可以与多篇诗作相配。如果我们将今存的《周南》《召南》诗篇置而不论，大致可以判断《周南》《召南》乐章产生的时期较早，应该在成王时期。《史记·周本纪》记周公还政成王后，"兴正礼乐，度制于是改，而民和睦，颂声兴"。显然，周公制礼作乐，至少要确定文王、武王的颂乐（并配上舞与诗），以明周王朝统绪之源流，而且必然会追述周朝创业的艰难历程，以

昭先祖之厚德。这大概就是《周颂》中文、武之颂与《大雅》中《生民》
《公刘》《绵》《皇矣》《大明》等部分乐章的来历。既然有用乐章颂功德的
先例在，那么周公、召公离世之后，本应由鲁国、燕国诸侯制作乐章祭亡
怀祖，但由于周公、召公对于王朝政治格局的形成功莫大焉，其葬礼便由
周天子主持。《史记·鲁周公世家》载：

> 周公在丰，病，将没，曰："必葬我成周，以明吾不敢离成
> 王。"周公既卒，成王亦让，葬周公于毕，从文王，以明予小子
> 不敢臣周公也。[6]1522

召公离世的情形，史书无载，但以他的政治地位，其丧葬待遇必与周公相
若。作为象征周、召之德并表达怀念之情的乐章，《周南》《召南》应该形
成于二人丧礼完毕之后不久，并与天子主持葬礼的体面相匹配，而由朝廷
制作，故在等级上低于《颂》《大雅》而高于诸侯之《国风》。据此，将
"二《南》"与十三国风的关系，理解为可离可合，比较符合历史文化精
神：以鲁、燕二国言之，可相合为十五国风；以周、召之位高望崇言之，
可相离为《南》《风》《雅》《颂》。

应该提及的是，无论是周公在制礼作乐时创作《大雅》与文、武之
颂，还是成王时期朝廷为追念周公、召公的化功德业而制作《周南》《召
南》，各类乐章之间应是相互独立、各自为用的。我们今天所谓的"南、
风、雅、颂"文本整体格局的形成时间，应该根据今本《竹书纪年》"三
年定乐歌"的记载，定在周康王初年。①

下述对于《关雎》诗解的探讨，均以上述结论作为前提。

二、推测《关雎》作于周召分陕而治时期

要想准确地理解《关雎》的诗义，诗世是无法绕开的问题。张树波
《诗经集解》对学术史上有关《关雎》诗世的各种不同看法作了综合，兹
罗列如下：

（1）或谓作于"周文王之世"。

（2）或谓作于周康王之世。

---

① 关于《竹书纪年》这一记载的可信度，学界颇有不同意见。此据马银琴《〈诗〉首序产生
的时代》定为可信的史实（详参《文学遗产》2002 年第二期，第 18 页）。

（3）或谓作于殷商时代。

（4）或谓作于西周中期。

（5）或谓作于西周末东周初。

（6）或谓作于周平王东迁之后。[8]3—5

笔者感到奇怪的是，《关雎》既然系在《周南》之下，将其定为周公治陕时创制的作品，这是最为直观也显得合情合理的一种解释，为何向来的学者鲜能及此？出现这种情况，原因可能有两点：

1. 受四家诗说的影响

四家诗都认为，此诗说的是后妃（或后夫人）与"君子"（即人君）之事，而周公尽管摄政7年，在周王朝历史上功、德、位无过其右者，但毕竟未有人主名分，所以联系不到他身上。"五四"新文化运动后出现的维新派学者，如胡适等，又直接根据文本内容，将《关雎》定性为民间男女之情歌，自然也不会联系到周公。

2. 对"南"字的理解狭隘

对于"周南"一词，历来学者多斤斤计较于"南"字义的考订，而忽略了从南、风、雅、颂这样一个整体体制上考虑：《周南》的政治功能，其实是周朝廷通过国家经典的编排，对周公的历史地位进行确认。崔述可能是个例外，其《读〈风〉偶识》卷一论曰：

> 盖成王之世，周公与召公分治，各采风谣以入乐章。周公所采，则谓之《周南》；召公所采，则谓之《召南》耳。其后周公之子，世为"周公"；召公之子，世为"召公"；盖亦各率旧职而采其风。是以昭、穆以后，下逮东迁之初，诗皆有之。由是言之，二《南》不但非文王时诗，而亦不尽系康时诗矣。[9]237

该论述为"《关雎》可能作于周公治陕时期"这一观点提供了阐释空间。

上文已经指出：周公治陕的成功经验是后来制礼作乐的政治基础。而治陕的核心任务之一，就是教化与周文化相异的南方诸国的人民。那么，周公是以何种方式教化南民，并获得成功的呢？《史记》相关记载为我们分析这个问题提供了线索：

> 《鲁周公世家》："旦巧能，多材多艺，能事鬼神。"[6]1516

> 《鲁周公世家》："天降祉福，唐叔得禾，异母同颖，献之成王，成王命唐叔以馈周公于东土，作《馈禾》。周公既受命禾，

嘉天子命，作《嘉禾》。东土以集，周公归报成王，乃为诗贻王，命之曰《鸱鸮》。王亦未敢训周公。"[6]1518—1510

《鲁周公世家》："鲁公伯禽之初受封之鲁，三年而后报政周公。周公曰：'何迟也？'伯禽曰：'变其俗，革其礼，丧三年然后除之，故迟。'太公亦封于齐，五月而报政周公。周公曰：'何疾也？'曰：'吾简其君臣礼，从其俗为也。'及后闻伯禽报政迟，乃叹曰：'呜呼，鲁后世其北面事齐矣！夫政不简不易，民不有近；平易近民，民必归之。'"[6]1524

从上述材料可以看出，在个人修养方面，周公精通诗、乐，并擅长在交往过程中用诗篇表情达意。在治国思想上，周公兼具伯禽与姜太公之优长，即提倡以平易近民的方式实施礼制。如果我们据此推测：周公曾采取教唱乐歌的方式使南方诸国移风易俗，那应该是合情合理的。实际上，这种看法也是有文献根据的。《吕氏春秋·音初篇》记载：

（禹）巡省南土，涂山氏之女乃令其妾候禹于涂山之阳。女乃作歌，歌曰："候人兮猗！"实始作为南音。周公、召公取风焉，以为《周南》《召南》。[10]118

这里所谓的"南音"，应是周、召治陕时期尚在南方诸国通行的音乐，而周公则因其俗，采用"南音"并配上蕴涵周王朝文化理念的歌诗进行广泛教唱，最终达到了化民趋礼的政治目标。

虽然我们能大致确定，周公治理陕东，有过以乐歌教化南民的措施，但若要说明《关雎》是其时创制的乐歌之一，则需要更加具体的理由。而自汉以来广为人知的"四始"提法，就是有力的证据。"四始"之说的文献来源如下：

《毛诗大序》："是以一国之事，系一人之本，谓之风；言天下之事，形四方之风，谓之雅。雅者，正也，言王政之所由废兴也。政有大小，故有小雅焉，有大雅焉。颂者，美盛德之形容，以其成功告于神明者也。是谓四始，诗之至也。"[11]42

《史记·孔子世家》："古者《诗》三千余篇，及至孔子，去其重，取可施于礼义，上采契、后稷，中述殷周之盛，至幽、厉之缺，始于衽席，故曰：'《关雎》之乱以为《风》始，《鹿鸣》为《小雅》始，《文王》为《大雅》始，《清庙》为《颂》始。'"[6]1936

关于"四始"问题，学术史上有过许多辩论。陆侃如、冯沅君的意见比较偏激，其《中国诗史》认为"四始"之说并非先秦所固有，只是汉儒的庸人自扰。[12]9—10 这样理解"四始"显然不太妥当，对于经典文献的相关记载，在没有足够证据可以否定的情况下，最好采取宁信勿疑的态度。况且，司马迁学于鲁诗，而毛诗其时未被汉朝廷立为官学；二者所述尽管有异，但在承认"四始"这一点上却完全一致。《诗》有"四始"，应该是源自先秦且比较贴近《诗》文本形成过程的传统提法。对于《史记》与《毛诗大序》所作的阐释，可以这样来理解：根据《毛诗大序》，周康王"三年定乐歌"奠立了《诗》的文本格局，其时已经分为"风、小雅、大雅、颂"四类。根据《史记·孔子世家》，则周康王"三年定乐歌"时，《关雎》《鹿鸣》《文王》《清庙》已经是所属各类之首篇。史迁与毛公所论，不仅不相矛盾，反而可以相互补充说明。

"四始"之说表明，《关雎》是以最为重要的《周南》乐歌篇目进入《诗》文本的。由于周南乐歌系列始作于成王时期，则康王初年"定乐歌"当主要依据成王时期旧作编辑而成。据此可以推断，《关雎》是成王时期周南乐章列在首位的始配歌词。论述到这里，我们很容易发现：《关雎》之诗义与其所配之乐义，难以相互融合，即《关雎》所配之乐曲既然从属于《周南》，其乐义自然是赞美周公的崇高功德；而其诗义显然只是在说一般男女之间的求爱过程。如此看似无关的诗义与乐义，将其合为一体的解释可能是唯一的，《关雎》或许为周公亲手所制作以教化南民，即使不是周公亲手制作，至少《关雎》最为集中地体现了周公治国理民的思想，并为南民喜爱而在南国广泛流播。《周南》诸乐曲始作之际，选取这样一首歌诗配乐来赞美与怀念周公，是再恰当不过的。

如果"《关雎》系作于周、召分治时期"这一推断可以成立，则《关雎》在从教化之诗转变为《周南》中的象德之诗时，其诗义必然会发生改变。那么我们在探讨《关雎》诗解的时候，就不可避免要引入"本义"这个概念。

三、《关雎》本义探讨

本文使用"本义"一词来探讨《关雎》诗解，是受陈戍国《说〈关雎〉》一文的启发。[13] 不过陈文提及"本义"一词时，未对其含义作界定，因而使人有模糊之感。本文使用"本义"一词，认为其在内涵上包括主题义和主旨义。所谓"主题义"，是指《关雎》文本直接呈现的意义内容。所谓"主旨义"，是指在《关雎》被创作的年代，其写作者、编辑者和传播者期望通过《关雎》所负载的社会教化意义。周公治陕时期《关雎》的主题义与主旨义合而言之，是为本义。

《关雎》的主题义是关于男女情爱内容的，揣度文本显而易见，但学界相关有争议或言而不尽的问题，仍须加以辨析。据"窈窕淑女，君子好逑"及"求之不得，辗转反侧"两句，全诗显然是以"求"和"得"为中心，即全诗的主题是君子追求淑女、冀其成为配偶的过程。这样的主题很容易使读者得到暗示：本诗和婚姻有关。事实上，从汉代以来，一直有人将《关雎》诗解往婚姻上靠。例如齐说（《汉书·匡衡传》）曰：

> 妃匹之际，生民之始，万福之原。婚姻之礼正，然后品物遂而天命全。[14]3342

严粲《诗缉》卷一云：

> 鸳鸟性不再匹，立则异处，是有别而不淫也。又性好跱，每立更不移处，有幽闲正静之象焉。[15]18

姚际恒《诗经通论》云：

> 此诗只是当时诗人美世子娶妃初婚之作。[16]15

而余冠英、高亨则将末一章的"钟鼓之乐"，解释成迎娶新妇的场面。对于后一种误解，陈成国《说〈关雎〉》一文以礼解诗，辨之甚详，不赘。齐说、严说、姚说等皆误，盖《关雎》始作于礼教尚未成熟的周、召治陕时期，诗文本所针对的应是南方诸国男女自由接触以致淫乱的社会现象。故《关雎》文本所言，系男子经过不眠之夜和许多期待追求女子的过程，与婚姻的实现尚有一定距离。

与《关雎》主题义相关的另一个重要问题，是"君子"一词的释义。将《关雎》中的"君子"理解作"君主"，其代表人物是郑玄、朱熹。郑《笺》云：

> 言三夫人九嫔以下，皆乐后妃之事。后妃觉寐则常求此贤女，欲与之共己职也。[17]128

朱熹《诗集传》则云：

周之文王生有盛德，又得圣女姒氏以为之配。宫中之人，于其始至，见其幽闲贞静之德，故作是诗。[18]1

他们都提供了有关君主的本事，作为《关雎》的主题义，从而将诗中的"淑女"提升为与君主共职者。尽管郑玄、朱熹的解释有四家诗，特别是《毛诗大序》的"后妃之德"说为支撑，但从词义角度看，将"君子"理解为君主，实在毫无根据。最早的经典文献《尚书》《易经》都曾使用"君子"一词，如《尚书·无逸》云：

呜呼！君子所其无逸。先知稼穑之艰难，乃逸，则知小人之依。[5]上册《书经》104

这里"君子"与"小人"对举，是个类概念。而《易·乾·九三》云：

君子终日乾乾，夕惕若。[5]上册《易经》1

这里的"君子"，即《乾·象》所谓的"自强不息"者。而《易·坤》云：

元亨，利牝马之贞。君子有攸往，先迷后得，主利。[5]上册《易经》5

这里的"君子"，即《坤·象》所谓的"厚德载物"者。上述材料中的"君子"，均不能理解为君主。《诗经》有多处使用"君子"一词，除个别篇目存在争议外，没有被理解成"君主"的。其实，"君子"一词可以理解成"君"和"子"两个字的组合。从《尚书·君奭》《尚书·君牙》看，"君"用于称呼那些社会地位较高的人，而"子"则指受到尊敬的人。在《牧誓》中，武王用"夫子"一词称呼他的士兵。到春秋时期，"子"多指有较高文化修养与道德水平的人，如孔、孟、老、庄等，均被称为"子"。合"君""子"二字含义，则《诗经》所谓的"君子"，应是指有一定社会地位、良好文化修养和道德水平的男性，即优秀成年男性的通称。

据此我们可以深入《关雎》本文并探讨其主题义。该诗篇依起兴原则可分为四章：首章写君子对淑女所产生的愉悦和爱慕之情；第二章写君子求女而难得的相思之苦；第三章写君子通过琴瑟佳音与淑女定交；第四章写君子用钟鼓嘉响使淑女高兴。上述所言，诸家诗解并无大的分歧。关键问题在于，《关雎》诗篇为何选择"琴瑟"与"钟鼓"作为君子表达情感的媒介？陈戍国《说〈关雎〉》一文以礼解诗，认为借助"琴瑟"与"钟鼓"的声音，是合理而文明的示情方式。[13] 陈文所引材料确凿有力，所作结论大致符合历史事实。不过，具体到《关雎》诗解而言，其辨析尚有流于粗疏之嫌。《荀子·乐论》曾明确地指出：

> 君子以钟鼓道志，以琴瑟乐心。[19]381

现代学者郜积意在《使用与阐释：先秦至汉代诗经学的理论描述》一文中，则对"志"的适用范围作了深入揭示：

> "志"并非指个人的主观情感，而是指关乎国家及公共生活不可缺少的共同伦理准则。[20]105

相较于《礼记·少仪注》中的阐释（志，私意也），这一理解更加令人信服。郜积意所述，可以帮助我们深入理解《关雎》的本义。按诸古制，"琴瑟"是君子用来向淑女诉衷情的，并且是在非公开场合的秘密表示。这给淑女提供了选择和思考的空间：接纳或者拒绝；也给男子留下了回旋的余地：若被拒绝，君子不至于伤及颜面，为众人所嗤笑。若两情相悦，则男子得到女子的授意后，将按照公开的礼节邀请女方与自己一起成就"钟鼓之礼"，即结为"两姓之好"。这既表示了对于女方及其家族（家庭）的爱慕与尊重，同时也是向所属的社会群体公布自己的婚姻之约。一般说来，这种公开的情感表达必然地会走向婚姻，但仅就《关雎》诗篇所涉及的内容而言，还没有到举办婚礼这一步。

接下来我们将探讨《关雎》的主旨义。首章一个"好"字，表明周王朝肯认男女相悦相慕情欲的正当性质。理解第二章，最好结合《孟子·告子下》中辩论"色与礼孰重"问题时所打的比方：

> 逾东家墙而搂其处子，则得妻；不搂则不得妻；则将搂之乎？[21]274

显然，孟子认为不应该"搂处子得妻"，因为这不合礼。《关雎》第二章所谓"求之不得，辗转反侧"的相思之苦，其实暗含了对于男子的类似告诫：不要图谋以不文明的方式与思慕的女子野合，而要寻求以巧妙文明的手段与女子进行交流与沟通。第三章"琴瑟友之"，寓有《易·系辞下》所谓"定其交而后求"的原则。第四章则将求爱过程中男方应采取低姿态，处理成一种基本的道德要求。其所体现的是周王朝在文化策略上对于女子所做的一种保护（这一点下文会进一步论述）。可以说，《关雎》诗篇的主旨义是以礼乐协调"情欲与理智"的相互关系，如《乐记》所言"乐也者，情之不可变者也。礼也者，理之不可易者也。乐统同、礼辨异。礼乐之说，管乎人情矣"[5]中册《礼记》214。

通过以上分析，我们认为《关雎》本义如下。周公治陕，以该诗教化南方诸国人民，作为一个优秀的男子，当如何通过合情合礼的方式，得到心中切慕的女性作为配偶。其主题义是关于男女情爱的；其主旨义则是推行礼乐观念以移风易俗。《关雎》负载的深层意蕴，是周公治民的理念：对人的情欲，肯定其正当性与合法性，但人的情欲也应当有所节制；情欲的释放与实现，应通过符合社会规范的礼乐方式。孔子"乐而不淫，哀而不伤"的议论，就是对《关雎》本义的精辟阐释。

以下我们将依据殷周交替之际的政治、社会和文化状况，对《关雎》的文化史意义作更为深入的剖析。

四、《关雎》与殷周交替之际的社会历史状况

根据前文所述，《关雎》作于周召分陕而治时期，虽然其时周王朝政治上已然一统，但文化演进则要迟缓些，仍处在殷周交替之际。《关雎》之所以能作为首篇进入"周南"并影响深远，原因就在于它是"变殷为周"这一文化事业中所出现的标志性作品。为了说明这一点，我们得从男女关系的角度对当时的社会风气作一全面的考察。

殷商末期的主流社会风气，可用"淫乱"二字加以描述。而淫乱风气的流行，正是由商纣王助长的。《史记·殷本纪》记载：

> 九侯有好女，入之纣。九侯女不熹淫，纣怒，杀之，而醢九侯。鄂侯争之强，辨之急，并脯鄂侯。西伯昌闻之，窃叹。崇侯虎知之，以告纣，纣囚西伯羑里。[6]106

一方面，商纣王因恼恨不熹淫之女而灭杀其父，由此殃及其他诸侯。另一方面，商纣王对熹淫的妇人宠爱之至，如《史记·殷本纪》所载：

> 帝纣资辨捷疾，闻见甚敏；材力过人，手格猛兽；知足以距谏，言足以饰非，矜人臣以能，高天下以声，以为皆出己之下。好酒淫乐，嬖于妇人。爱妲己，妲己之言是从。于是使师涓作新淫声，北里之舞，靡靡之乐。厚赋税以实鹿台之钱，而盈钜桥之粟。益收狗马奇物，充仞宫室，益广沙丘苑台，多取野兽蜚鸟置其中。慢于鬼神。大聚乐戏于沙丘，以酒为池，悬肉为林，使男女裸相逐其间，为长夜之饮。[6]105

这种公开的宫廷淫乐，推动了殷朝及其诸侯国民众生活的奢靡与意志的迷乱，正如《尚书·酒诰》所指责："弗惟德馨香祀，登闻于天，诞惟民怨，庶群自酒，腥闻在上，故天降丧于殷。罔爱于殷，惟逸。天非虐，惟民自速辜。"[5]上册《书经》92

其实，殷商末期形势大好，从帝乙到商纣，殷王朝在一系列的征伐扩张战争中连连取得胜利。基于这样一种历史情状，周人所公开宣扬又被广为接受的纣王丧国原因，是男女关系不正，如《尚书·牧誓》所述：

> 古人有言曰："牝鸡无晨。牝鸡之晨，惟家之索。"今商王纣受，惟妇人言是用，昏弃厥肆祀弗答，昏弃厥遗王、父母弟不用，乃惟四方之多罪逋逃，是崇是长，是信是使，是以为大夫、卿、士，俾暴虐于百姓，以奸宄于商邑。今予发，惟恭行天之罚。[5]上册《书经》69

应该注意的是，《尚书·牧誓》所列举殷纣王的若干罪行，"惟妇人言是用"居于首位，并被解释为其他罪行的根源。但周王朝政治上的讨伐，并不能剪灭殷纣王淫乱生活的文化影响力，这从"桑间濮上"一词进入经典文献可以看出。《礼·乐记》载："桑间濮上之音，亡国之音也。"郑玄注云：

> 濮水之上，地有桑间者，亡国之音于此之水出也。昔殷纣使师延作靡靡之乐，已而自沉于濮水。[22]981

《汉书·地理志下》中卫地"有桑间、濮上之阻，男女亦亟聚会，声色生焉，故俗称郑卫之音"[14]1665。如果以上两种文献记载相互之间没有出入的话，那么我们可以认为殷纣时期的淫乱风气，在民间甚至一直影响到礼乐制度已经成功确立后的周朝。据此可以想见，在殷周交替之际，淫乱生活方式是如何地普遍和深入人心。

显然，周朝的统治者很注意从殷商的亡国教训中获取借鉴。《史记·卫康叔世家第七》记载：

> 周公旦惧康叔齿少，乃申告康叔曰："必求殷之贤人、君子、长者，问其先殷所以兴，所以亡，而务爱民。"告以纣所以亡者以淫于酒，酒之失，妇人是用，故纣之乱自此始。为《梓材》，示君子可法则。故谓之《康诰》《酒诰》《梓材》以命之。康叔之

国，既以此命，能和集其民，民大说。[6]1590

善鉴于殷而正男女关系，于是成为周王朝的基本治国立场。周公在教化南国之民时，将这种立场移植于歌诗，是自然而然的，也在情理之中。《关雎》一诗，因此就有了"鉴于殷而诫淫乱"的内涵。这是《关雎》诗篇的第一重历史针对性。

此外，《关雎》的出现还针对当时盛行于民间的抢婚习俗。抢婚是中国早期社会的现象，汉字"取"是明证。"取"从又持耳，本义为"在争战中取敌之耳以报功"，引申义为"用武力抢夺"。"娶"古字径作"取"，正表明抢婚习俗的存在。《周易》中有几段文字描述与抢婚有关：

> 《屯·六二》："屯如，邅如，乘马班如，匪寇婚媾。"[5]上册《易经》7
>
> 《屯·六四》："乘马班如，求婚媾。"[5]上册《易经》7
>
> 《贲·六四》："贲如皤如，白马翰如，匪寇婚媾。"[5]上册《易经》23
>
> 《睽·上九》："先张之弧，后说之弧，匪寇婚媾。"[5]上册《易经》35

为了准确地理解引文文义，首先应对其所属时代作一大致判断。司马迁在《报任安书》中认为"文王拘而演《周易》"，这是有根据的。《易·系辞》云：

> 《易》之兴也，其于中古乎？作《易》者，其有忧患乎？[5]上册《易经》67
>
> 《易》之兴也，其当殷之末世，周之盛德邪！当文王与纣之事邪！[5]上册《易经》69

而孔颖达则讲得更加具体，《周易正义》卷端"论卦辞爻辞谁作"一文云：

> 验此诸说，以为卦辞文王、爻辞周公，马融、陆绩等并同此说，今依而用之。[23]12

依照孔颖达的观点疏解文义，则周公对文质彬彬的求婚持赞许的态度，但也恰恰从反面证明：殷周交替之际抢婚习俗流行，以至于引起了周王朝的重视。从这个层面来理解，《关雎》诗中的"求"字就特别地耐人寻味。"求"字表明：在达成婚姻的过程中，女性应该受到特别尊重，而这又可以理解成是对野蛮抢婚行为的否定。

抢婚习俗的流行表明：在殷周交替之际，女性在婚姻关系中的地位极其低下。而殷纣王宠妃妲己干涉朝政的不良表现，又为千夫所指。针对这两端，周统治者在其家族文化经营和对外舆论宣传方面，就特别强调妇德。强调妇德的文化观确立了男性在社会结构中的主体地位，同时对女性表示了充分的尊重，并对其在社会结构中的地位作了规定。如果文王演《易》系史实，那么他在《易》中首列乾、坤的安排，其实就是基于妇德观，如《系辞上》所言"一阴一阳之谓道"，《系辞下》所言"天地姻蕴，万物化醇。男女构精，万物化生"，非常重视男女之间关系的和谐。在妇德观的引导下，周家族在其成长过程中出现的几位模范妇人，便很自然地名留青史。《史记·周本纪》正义引《列女传》云：

> 太姜，太王娶以为妃，生太伯、仲雍、王季。太姜有色而贞顺，率导诸子，至于成童，靡有过失。太王谋事必于太姜，迁徙必与。太任，王季娶以为妃。太任之性，端壹诚庄，维德之行。及其有身，目不视恶色，耳不听淫声，口不出傲言，能以胎教子，而生文王。[6]115

周取代殷商建立王朝之后，这样良好的家族成长经验无疑会上升为国家意识形态，而在社会上推广。作为教化南民的代表作，《关雎》自然也会蕴涵着妇德观。①

略言之，若将《关雎》放置到殷周交替的历史文化大背景中考察，我们可以看出其文化内涵的丰富，既有对于淫乱风气的反驳，又有对于抢婚习俗的纠止。其要义在强调妇德，既对女子的行为作了严格的规限，又以朝廷教化的姿态对女子的人格进行了保护。《关雎》所体现的是史无前例先进的男女观。大概正是由于其文化内涵过于丰富，导致了后来几千年的《关雎》诗解，多成为盲人摸象，各执一端。

五、《关雎》与周康王"三年定乐歌"

四家诗是《诗经》学的源头，对于《关雎》诗解自然不能不有所涉及。毛《诗》解释《关雎》内容完整，有《大序》在。齐、鲁、韩三家《关雎》诗解稽之文献，面目依稀可见：

> （以下为鲁说）《史记·十二诸侯年表》："周道缺，诗人本之衽席，《关雎》作。"[6]509

---

① 应该说明的是，淫乱风气的流行与抢婚习俗的存在，这是殷周交替之际普遍存在的社会现象，并非南民所特有，但周公的治理首先是从南民开始的，因此容易被误解为系南民所特有。

《列女传》卷三《魏曲沃负篇》："周之康王夫人晏出朝，《关雎》起兴，思得淑女以配君子。"[24]123

袁宏《后汉纪·孝灵皇帝纪上》记熹平元年杨赐上书："昔周康王承文王之盛，一朝晏起，夫人不鸣璜，宫门不击柝，《关雎》之人，见几而作。"[25]457 按，《后汉书·蔡邕传》记邕、赐等同定石经鲁诗[26]1990，则杨赐当系用鲁说。

《后汉书·杨赐传》："康王一朝晏起，《关雎》见几而作。"注："此事见鲁诗，今亡失也。"[26]1776

（以下为齐说）《汉书·匡衡传》："孔子论《诗》以《关雎》为始，言太上者民之父母，后夫人之行不侔乎天地，则无以奉神灵之统而理万物之宜。故《诗》曰：'窈窕淑女，君子好仇。'言能致其贞淑，不贰其操，情欲之感无介乎容仪，宴私之意不形乎动静，夫然后可以配至尊而为宗庙主。此纲纪之首、王教之端也。"[14]3342

（以下为韩说）《后汉书·明帝纪》注引薛君《韩诗章句》："诗人言雎鸠贞洁慎匹，以声相求，隐蔽于无人之处。故人君退朝，入于私宫，后妃御见有度，应门击柝，鼓人上堂，退反宴处，体安志明。今时大人内倾于色，贤人见其萌，故咏《关雎》，说淑女，正容仪，以刺时。"[26]112

以上征引的材料中，最值得关注的是鲁说所提及的"《关雎》刺康王及夫人晏起"一事。齐、韩、毛诸家《关雎》诗解虽都没有提及此事，但在表述上似乎与鲁说如出一辙，皆以后夫人的德行问题作为阐释重点。应该注意的是，今文鲁、齐、韩三家《诗》在文、景之际曾并立于官学，相互之间必然存在竞争；而古文毛《诗》在景帝时行于诸侯国，其传授系统又相对独立。如果鲁说本事无所依据，那么其他三家《关雎》诗解与之当有较大出入。考虑到这些因素我们认为，"《关雎》刺康王及夫人晏起"一事应属史实。

也许有人会质疑：如果说鲁《诗》揭示了"《关雎》刺康王及夫人晏起"的史实，那么相当于同意了《关雎》系为此而创作的观点，如此则与前述"《关雎》为周公治陕期间教化南民之诗"的判断相互矛盾。对此，本文提供的解释是这是"用诗例"，而非"作诗例"，即大臣们吟诵本已存在的《关雎》诗，针对现实情事而赋予讥刺之意。这一点，从《关雎》文本也可以分析出来。因为《关雎》的核心内容是"求女"，即婚姻未成之前的事。而周康王与后夫人贪于安逸，显然系婚姻已就之后的事。如果《关雎》系为此事而创作，当不会文不对事，一至于斯。

现在我们应该审视一下上述材料鲁说中的"作"字。其"作"字义，学者习惯上理解为"创制"。比如张树波《诗经集解》列举《关雎》诗世歧见，介绍诸家理解后总结"齐、鲁、韩三家谓作于'周康王之世'"。但"作"字义还可解释为"起"，用于鲁说亦通。《论语·先进》云："鼓瑟希，铿尔，舍瑟而作。""作"当释为"起"。《辞源》解释"作"字，排在首位的义项为"兴起"，并举例"《易·乾》：圣人作而万物睹"。《释文》："马融作起。"无论如何，既然我们可以确定《关雎》并非创作于周康王时期，那么将鲁说材料中的"作"字解释成"创制"，就或者是后来学者对鲁说的误解，或者是鲁说诸人对历史的误会。我们宁愿鲁说诸人无误，而将"作"字解释为"起兴"。

"起兴"是什么意思呢？也许我们不能简单地将其解释为一种文学手法的运用，而应该作如下理解。《关雎》曾经是周公治陕时期最为重要的教化之诗，后被纳入"周南"，成为怀念周公化民之功的乐章。随着政治的发展与历史的演进，《关雎》因其现实意义趋于消失而不可避免地逐渐为人淡忘。但由于《关雎》在康工时期被大臣们成功地用于规谏天子，其文化内涵被重新揭示并适应新的政治环境作了新的阐释：由一般的妇德观演变为对后妃之德的要求。可以推想，当周康王心悦诚服地接受了《关雎》之刺，君臣一定会重新回顾"鉴于殷而正阴阳"的治理经验，并将其当作优秀文化传统加以继承，而以一定的方式和仪式规定下来。据此我们认为，"以《关雎》刺天子和后妃"之事，当发生在康王即位之初，康王和朝臣因之检讨了周在建立王朝过程中所形成的文化精神彰显不力，故决定于康王三年定乐歌用于仪式，以使正统文化精神时时处处都能得到体现。《关雎》由于获得了这样一个机遇，而在新王朝的政治生活中扮演了重要角色，因此在编定乐歌的时候备受青睐。既是"阴声"，又是"乡乐"；不仅后妃、夫人房中必备，诸侯、乡间官吏要举行宴会和其他仪式，也都必须演奏《关雎》。[1]

---

① 郑玄《周南召南谱》云："二国之诗，以后妃夫人之德为首，……或谓之房中之乐者。"《毛诗大序》云："故用之乡人焉，用之邦国焉。"

根据以上分析再结合前文所述我们认为,《关雎》的诗用发生过两次大的演变:第一次是由教化之乐篇变为象德之乐篇,另一次是由象德之乐篇变为礼仪之乐篇。《关雎》诗用的第一次变化导致了诗篇主题义与主旨义的分离,即其教化南民的主旨义淡出,而代之以赞美周公的乐章义。《关雎》诗用的第二次变化使得赞美周公的乐章义淡出,实现了对《关雎》教化义的复归,但由于教化对象所处的历史场景与周公化南时期完全不同,其主题义与主旨义(后妃之德)仍然是相互分离的。以下我们将选择学术史上典型的《关雎》诗解,根据这一思路加以评析。

六、《毛诗大序》和几种重要的《关雎》诗解

汉四家诗的废存,一直是学术史上令人感慨的话题。今文鲁、齐、韩三家《诗》学在西汉时地位显赫,被列入官学并设立博士。《史记·儒林列传》载:

> 及今上即位,赵绾、王臧之属明儒学,而上亦向之,於是招方正贤良文学之士。自是之后,言《诗》於鲁则申培公,於齐则轩固生,於燕则韩太傅。[6]3118

而古文毛《诗》仅得立于诸侯。《汉书·艺文志·六艺略》序《诗》类云:

> 又有毛公之学,自谓子夏所传,而河间献王好之,未得立。[14]1708

又《汉书·儒林传》云:"毛公,赵人也。治《诗》,为河间献王博士。"[14]3614 但后来三家《诗》亡佚,毛《诗》独行,不禁令人感慨世事之难可逆料,而学说之承传亦然。不过,按照"存在即为合理"的哲学原理,则毛诗得以独行,除了基于其古文面目和在民间广泛传授诸外在因素,其阐释内容必定有胜义在。

《毛诗大序》完整地陈述了《关雎》诗篇的教化义、象德义和礼仪义这三个方面。以下撷取《毛诗大序》与《关雎》直接相关的部分依次论述。其始云:

> 《关雎》,后妃之德也。风之始也。所以风天下而正夫妇也。故用之乡人焉,用之邦国焉。风,风也,教也;风以动之,教以化之。[11]39

这主要是解释《关雎》礼仪义的，即以《关雎》所描述的"后妃之德"为榜样，确立这样一个共同伦理基础：朝廷邦国、君臣士民，皆当守正夫妇之道。其次云：

> 然则《关雎》《麟趾》之化，王者之风，故系之周公。南，言王化自北而南也。《鹊巢》《驺虞》之德，诸侯之风也，先王之所以教，故系之召公。　《周南》　《召南》，正始之道，王化之基。[11]42—44

《毛诗大序》这里的措辞是相当谨慎的。当描述"周南"之诗时，用的是"化"字；当描述"召南"之诗时，用的是"德"字。"化"，即化功；"德"，即德行。这与周王朝对于周、召二公的历史评价完全一致。其所阐述的应该是"二南"的象德义。《关雎》为"周南"首篇，其歌颂周公化功的象德意蕴不言而喻。其末尾云：

> 是以《关雎》乐得淑女，以配君子，忧在进贤，不淫其色；哀窈窕，思贤才，而无伤善之心焉，是《关雎》之义也。[11]44

其仅在"君子—淑女"这样一般男女层面展开阐释，应是对《关雎》始作时期教化义的复归。不过复归之中仍有改变，《关雎》"男求女"的主题，在《毛诗大序》中被阐释成了"男选女"①。根据以上理解，我们认为《毛诗大序》对于《关雎》的阐释准确精当，甚至《关雎》在周公时被用于教化南民、曾被用于讽谏君主和康王以后作为共同伦理基础的流传过程，也能从"上以风化下，下以风刺上"的论断中得到说明。

　　分析第五节所引鲁、齐、韩三家说《关雎》的材料可以看出，《毛诗大序》采取了与三家《诗》明显相异的叙述策略。我们认为，这有助于其学说的承传。鲁、韩两家把《关雎》说成刺诗，刺妃德之缺。齐说未直接作褒贬之评。毛诗解为颂诗，赞美后妃品德。三家诗立于吕后掌权、汉王朝经历了诸吕之乱以后，其《关雎》诗说在回顾前代治绩的同时，必然具有讽刺本朝历史的意味。如果说三家诗暗含在《关雎》诗解中的历史批判意识可能会得到当朝君主的认可，那么当三家《诗》学者坚持这种批判意

---

　　① 孔颖达《毛诗正义》引王肃语："哀窈窕之才不得，思贤才之良质，无伤善之心焉，若苟慕其色，则善心伤也。"其于《毛诗大序》文意有误解。毛诗意为若仅仅贪恋淑女之色，则易使淑女良善之心受到伤害；非如王肃所言，使君子纯正之心被污染。

识议论朝政，就不免要受到打击。《史记·儒林列传》载：

> 天子问治乱之事，申公时已八十余，老，对曰："为治者不
> 在多言，顾力行何如耳。"是时天子方好文词，见申公对，默然。
> 然已招致，则以为太中大夫，舍鲁邸，议明堂事。太皇窦太后好
> 老子言，不说儒术，得赵绾、王臧之过以让上，上因废明堂事，
> 尽下赵绾、王臧吏，后皆自杀。申公亦疾免以归，数年卒。[6]3121
>
> 窦太后好《老子》书，招辕固生问《老子》书。固曰："此
> 是家人言耳。"太后怒曰："安得司空城旦书乎？"乃使固入圈
> 刺豕。[6]3122—3123

耐人寻味的是，以上所记载的冲突主要发生在后妃与三家《诗》学者之
间。这可能预示着，在接下来王权不断削弱而外戚势力日益增强的历史环
境里，三家"刺后妃失德"的《关雎》诗解由于触犯了政治忌讳而逐渐丧
失其生存空间。而《毛诗大序》，虽然所述大义与三家略同，也许就因为
其从赞美后妃之德的角度切入，故能得到当权者认可而得以盛行于世。东
汉郑玄笺《诗》选择毛《诗》，这是重要的原因之一。

综上所述可知，经过历史环境大浪淘沙后，《毛诗大序》是唯一得以
保存完整面貌的汉初《关雎》诗解。《毛诗大序》对于《关雎》在长期历
史发展过程中所产生的复杂意蕴，准确地作了综合说明，这是后人正确理
解《关雎》的必经通道。后来《关雎》诗解的正误优劣，均可以依据《毛
诗大序》加以判断。

下面以郑《笺》和朱《传》为例，依据《毛诗大序》判断其解说《关
雎》之是非。郑《笺》解《关雎》云：

> 言三夫人九嫔以下，皆乐后妃之事。后妃觉寐则常求此贤
> 女，欲与之共己职也。[17]128

按照郑《笺》之说来理解，诗中"淑女"系指与后妃共佐君王的善女，
"君子"指君王，而"辗转反侧"者是后妃。显然，郑玄在笺注时同意
《毛诗大序》中"后妃之德"的解释，但他应该觉察到了这种解释与"求
之不得"的主题没有直接联系，而显得非常勉强，所以引申出一个本事以
使毛说能够融通。而朱熹同样赞成《毛诗大序》中"后妃之德"的解释，
但他在阅读郑《笺》的时候，可能觉得作为诗篇核心人物的"淑女"不应
该是其他贤女，只能是后妃本人，因此引申出另外一个本事。朱熹《诗集

传》云：

> 周之文王生有盛德，又得圣女姒氏为之配。宫中之人，于其
> 始至，见其幽闲贞静之德，故作是诗。[18]1

朱《传》创造了一个宫女作为诗篇的陈述者，她为太姒（即诗中的淑女）的贤德所感动，而用《关雎》来表达她的崇敬之情。① 郑玄、朱熹诗解所针对的问题相同，即毛诗所提供的主旨义"后妃之德"与《关雎》文本所提供的主题义不能契合。而这一点，也正是《毛诗大序》最为后人所诟病的地方。笔者所不能释然于怀的是《关雎》文本所提供的男女情爱主题，在毛《诗》（包括鲁、齐、韩三家《诗》）那里，到底是没有被理解，还是因为其主题显而易见、众所周知而不予说明。产生这种疑问的原因很简单，孔子针对《关雎》"乐而不淫、哀而不伤"的评语，就是基于男女情爱主题，四家《诗》学者于此不可能不知晓。在这种情况下仍然出现忽略主题义的情况，只能理解成其作为高层次的学术解读，总结文本所提供的主题义价值不大，而对主旨义进行别出心裁的阐释才能见出学者的智慧。具体到《关雎》诗解而言，其男女情爱主题四家说来并无差别，故阐释主旨时标新立异就显得尤其可贵。综合《关雎》教化、象德、礼仪三个层面的意蕴可知，其主题义在《毛诗人序》那里是已知但不必提及的，而"后妃之德"主旨义与主题义的分离本来就不是个问题。因此，郑玄、朱熹融合《关雎》毛解"后妃之德"与主题义的努力，虽然体现了学术敏感，但他们想象出来的本事则是无稽之谈。

"五四"新文化运动以后，疑古之风盛行。胡适、刘大白等顺潮流而动，彻底否定了以《毛诗大序》为源头的《关雎》诗解传统，认为《关雎》诗义仅仅是"男求女"。② 颠覆《关雎》诗解旧传统的理由，不外乎"后妃之德"等解释明显偏离诗篇的主题义，其学术敏感并未超出郑玄、朱熹。而抛弃"后妃之德"主旨义的轻率，则暴露出"五四"时期的新型

---

① 姚际恒《诗经通论》评云："此诗只是当时诗人美世子娶妃初婚之作""自此可以正邦国，风天下，不必实指出于太姒、文王。"姚氏对朱熹的指责甚是，但他对朱熹努力弥合"后妃之德"主旨与男女交道主题的学术敏感未能领会，以至于他自己所提供的解释同样难免穿凿附会之讥。

② 刘大白有《白屋说诗》，胡适有《论野有死麕书》《谈谈诗经》二文，都对《关雎》诗解明确地提出了自己的看法。《白屋说诗》有开明书局 1935 年本，胡适两文均被收入《古史辨》第三册下编。

学者对《关雎》教化义、礼仪义的客观存在性懵懂无知。而新说最应该受到指责的地方，就在于其受新文化运动思潮的影响过甚，以至于有了以时尚观念曲解古代经典文本的嫌疑。我们应该注意到，《关雎》新说的代表学者胡适、刘大白是倡导新文学的中坚人物，前者是白话诗的首倡者，而后者是善于抒写、歌颂自由恋爱情感的。倡扬写作白话诗，在当时的历史语境中，不仅隐含着对民间立场的认同，而且抱持着对古典贵族文化的颠覆姿态。而对自由恋爱的热衷，原出于对封建礼教和包办婚姻积习成痼的厌恶与反抗。胡、刘诸人所持的《关雎》新说，其民间立场与对自由恋爱的欣赏态度显而易见。按照西方接受美学理论和中国古代"作者未必然，读者未必不然"的阅读经验，以胡、刘新说来解读《关雎》未尝不可。但若以"求其本义"学术标准衡量，则我们不得不指出其误读《关雎》的思想根源：民间立场受重视原是以贵族精英文化的存在并被反抗为前提，而自由恋爱被推崇则是封建礼教发展到成熟以致坏烂的必然结果。但在《关雎》产生的年代，贵族制度处于发生成长的进程中，其时封建礼教对于文明积累的意义主要是正面的。因此，用民间立场与自由恋爱观去解读《关雎》，显然背离了历史性原则。相较于郑玄、朱熹的诗解，《关雎》新说对《毛诗大序》的误解更深，其学术价值自然是等而下之的。

七、结语

本文的撰写，是受崔述相关议论的启发。《读〈风〉偶识》卷二《通论十三国风》云：

> 大抵汉以降之言诗者，多揣度而为之说。其初本无的据，而递相祖述，遂成牢不可破之解，无复有人肯考其首尾而正其失者。[9]255

笔者有感于《关雎》诗解歧义纷披，是非难定，故对其诗世、本义、流传过程、复杂意蕴作了探索。意图在于"考其首尾而正其失者"，但探索过程是否同样陷入"无的据""揣度为之说"的境地，因难自见实不敢必。故谨存愚者千虑之侥幸，俟博雅君子有以教正。

参考文献

[1] 杨伯峻：《论语译注》，中华书局香港分局 1984 年版。

［2］袁行霈主编：《中国文学史》，高等教育出版社 2005 年版。

［3］李学勤主编：《十三经注疏·春秋左传正义》卷四十七，北京大学出版社 1999 年版。

［4］孔颖达等撰、陆德明释文：《礼记正义》卷 38《乐记》，阮元编十三经注疏本，中华书局 1977 年版。

［5］《四书五经》（宋元人注本），中国书店 1984 年版。

［6］司马迁：《史记》，中华书局 1982 年版。

［7］孔颖达：《毛诗正义》，阮元编十三经注疏本，中华书局 1977 年版。

［8］张树波：《诗经集解》，河北人民出版社 1991 年版。

［9］崔述：《读〈风〉偶识》，见《续修四库全书》第 64 册，上海古籍出版社 2002 年版。

［10］许维遹撰、梁运华整理：《吕氏春秋集释》，中华书局 2016 年版。

［11］霍松林主编：《古代文论名篇详注》，上海古籍出版社 2002 年版。

［12］陆侃如、冯沅君：《中国诗史》，山东大学出版社 2009 年版。

［13］陈戌国：《说〈关雎〉》，见《〈诗经〉刍议》，岳麓书社 1997 年版。

［14］班固撰、颜师古注：《汉书》，中华书局 1962 年版。

［15］严粲：《诗缉》，上海古籍出版社 1987 年版，影印文渊阁《四库全书》本第 75 册。

［16］姚际恒撰、顾颉刚标点：《诗经通论》，中华书局 1958 年版。

［17］毛亨传、郑玄笺、陆德明音义、孔颖达疏：《毛诗注疏》，上海古籍出版社 1987 年版，影印文渊阁《四库全书》本第 69 册。

［18］朱熹：《诗集传》，上海古籍出版社 1980 年版。

［19］王先谦撰，沈啸寰、王星贤点校：《荀子集解》，中华书局 1988 年版。

［20］郜积意：《使用与阐释：先秦至汉代诗经学的理论描述——中国古典阐释学研究之一》，《浙江学刊》2000 年第 5 期。

［21］《孟子》，中华书局 1960 年版。

［22］孙希旦撰，沈啸寰、王星贤点校：《礼记集解》，中华书局 1989

年版。

　　[23] 孔颖达：《周易正义》，余培德点校，九州出版社2004年版。

　　[24] 刘向撰、张涛译注：《列女传》，山东大学出版社1990年版。

　　[25] 袁宏：《后汉纪》，见《两汉纪（下）》，中华书局2002年版。

　　[26] 范晔撰、李贤等注：《后汉书》，中华书局1965年版。

论宋代帖子词在高丽、朝鲜的接受与发展[①]

张晓红

节日贴门帖以驱邪祈福是一种巫术行为，在中国早已有之，而以诗为之，专用于元日、立春和端午，倾向于延福迎春，称之为帖子词，乃是宋代宫廷所出现的新风俗。随着宋文化的辐射，这种风俗和诗体对周边的日本、越南、朝鲜半岛等产生了影响，尤其以对高丽、朝鲜的影响最为显著。朝鲜半岛与中国毗邻，从传说中的商朝遗臣箕子所建箕子朝鲜（公元前12—前2世纪）或者更早就与中国有了关联。汉武帝灭卫氏朝鲜设立乐浪、玄菟、真番、临屯四郡，半岛属于中国，此后王氏高丽（918—1392）与李氏朝鲜（1392—1910）成为中国的附属国，故而在政治、经济、文化、制度、习俗，包括文学、艺术等各个方面，都受到中国的影响。然而作为一个行政上的独立王国，一个有着数千年历史、有着自己语言的民族，其在接受中又有所改造和发展，表现出其独特性，在帖子词的接受上也是如此。从高丽、朝鲜留存的大量文献来看，这一宫廷节日故事在李朝时期发扬光大，除壬辰倭乱后有10余年未作外，一直持续到19世纪末，留下了数千首帖子诗。这些作品与中国宋代帖子词在诗题、内容、体裁、语言风格方面大同小异，然而其撰写制度却大相径庭；另外，高丽、朝鲜有数量众多的私人帖子词，在内容、风格、表现形式等方面均呈现出与宫帖迥然不同的特质，更应受到关注。

一、高丽对帖子词的接受

帖子词何时传入高丽，文献并无确切记载，据《宣和奉使高丽图经》所记，宣和五年（1123年）徐兢出使高丽时就见到高丽王府东偏门之广化门贴有春帖[1]，可见帖子词早已传入高丽，撰用春帖已然成为高丽宫廷

---

① 本文发表于《中国诗学》2016年第21辑，收入本论文集时，作者对其进行了必要的修改。

作者简介：张晓红（1971—），女，甘肃通渭人，博士，副教授，主要研究方向为中国古代文学与中国民俗文化。

的节日风俗习惯。高丽自太祖建隆四年（963 年），即奉行宋年号，频繁入贡，太宗淳化五年（994 年）6 月因辽入侵而请求宋出兵，宋未允，故绝交，不复朝贡，此后 70 余年，虽然民间商人来往颇多，但是官方直至神宗时方恢复，朝贡关系持续到南宋初。据笔者考证，帖子词最早出现于真宗时期[2]76，春帖传入高丽的时间似当在宋丽恢复交往之后。高丽使者来宋入贡以熙宁四年（1071 年）金悌为最早，这可能是帖子词传入高丽的最早时间；但高丽时期的帖子词有元日帖子，这与真宗时期晏殊的帖子类目相同，而与仁宗之后并无元日帖子相别，疑帖子在熙宁前即传入了高丽。

高丽时期的宫帖存者较少，从金富轼、毅宗、赵准、李奎报、闵思平、李崇仁、金九容等帖子来看，其宫帖诗题"春帖子"之"子"或称"字"，元日"帖子"亦称"迎祥诗"，不同于宋。宋仅在真宗时晏殊作有元日帖，名"元日词"，此后仅存春、端二帖，元日无诗帖。从帖子使用者身份而称，有"御殿春帖子""东宫春帖子""大后殿春帖"等，与宋代亦相同。因高丽一度奉宋之年号，元代又为中国一行省，故其称谓严格遵循中国礼制，称君主为国王，尊称为"殿下"或"主上殿下"，故其宫帖名"某宫/殿帖子"，而不能如宋般称"皇帝/皇后阁帖子"，此略有差异。体裁上与宋亦同，然数量有变，盖不敢违制也。其诗每组以五、七言绝句各一首为常，虽然《东文选》录金富轼（1075—1151）《东宫春帖子》、《内殿春帖子》及赵准《御殿春帖子》皆为五、七绝各一首，但相对完整的李奎报（1168—1241）《东国李相国全集》所载 4 组宫帖每组皆为五、七言绝句各一，闵思平（1295—1359）所作《戊辰年正旦迎祥诗》、金九容（1338—1384）《殿春帖子》亦同，这与宋代宫帖通常皇帝阁 6 首、皇后阁 5 首、夫人阁 4 首或 5 首五、七言绝句者异。作者身份基本相同，皆为词臣，如闵思平《戊辰年正旦迎祥诗》自注为"翰林时作"[3]65，这与宋代由翰林学士所作同；其国王也偶有写作。其内容以迎祥祝寿颂美为主，间及时事，与宋帖亦同。语言、意象、用韵亦与宋多同，如李奎报 1233 年的《癸巳年御殿春帖子》其一"丽日明珠殿，祥云绕紫微。梅随南使至，雁逐北胡归"[4]478，其"丽日""珠殿""祥云"皆为应制诗之常语，因"时达且犹在"，故后两句写及时事。毅宗春帖"梦里明闻真吉地，扶苏山下别神仙。迎新纳庆今朝日，万福攸同瑞气连"前两句写梦，据说因其"酷信术士，改庆龙斋为仁智，开广增饰，日与嬖幸沉酣游戏，不恤国政。谏官或请毁之，王辄称梦报以拒之，故有是诗"[5]。

这一时期私人帖子也已出现，在内容和形式上效法宫帖的同时，也呈现出一些新的面貌，如李奎报作于 1251 年的《私门春帖子》形式虽然仍为五、七言绝句各一首，但情感、意象选择均不同于宫帖。其一云："雪尽烟生瓦，冰销水溢塘。陶门五株柳，随分亦摇黄。"这里运用陶渊明五柳典故，表达其闲散怡乐的情怀。闵思平 1355 年的《春帖子》在形式上也有突破，为五、七言律诗各一：

> 换甲人稀有，百年春梦中。不须嫌老丑，且可养疏慵。饮酒真成僻，看书未有功。优游聊卒岁，心不羡三公。
>
> 人生贫富本乎天，妄意区区忝祖先。但愿家风如石奋，何思相业继韦贤。容身不羡谭谭者，信命无非绰绰然。飲酒吟诗日复日，倘能无事到稀年。[3]60

无论是语言风格、意象选择、典故运用、情感表现，都表现出与宫帖迥然不同的特征，极具个性色彩。

二、朝鲜时期的宫帖革新

李朝时期帖子词经历了由沿袭到革新而定型的过程。在其初期 90 年间，宫帖写作基本沿袭高丽，没有太多的创新。据《朝鲜王朝实录》，1408 年太宗因国丧而令停延祥诗，知宫帖并未废止。1425 年 12 月 1 日，世宗令"今后春帖子迎祥诗，每年新制"，直至 1482 年成宗进行改革前，未有大的改变。从类别来看，主要是为国王和王后所写的大殿和中宫帖，甚至有一段时期只有为国王所写的一种帖子，如 1491 年弘文馆直提学金应箕等言："我朝遵用古事，立春延祥，端午帖字，令知制教制五言绝句，择其尤者一首，刊贴宫门。"[6] 1430 年 12 月 22 日的所有宫殿门，包括祭祀祖宗的文昭殿所贴皆为大殿帖子，世宗以为"迎祥诗春帖子，词皆属予，而贴付祖宗之殿，未便"，下令"礼曹议闻"，但从 1482 年 1 月 9 日"春帖子，每以一诗帖诸门"来看，仍未得到变革。从体裁来看，仍然以五、七绝为主，如姜硕德（1395—1459）《春帖字》、成侃（1427—1456）《中宫立春帖字》、权近（1352—1409）《元日帖字》《立春帖字》、崔淑精（1432—1480）《大殿春帖子》《大殿迎祥诗》等皆为五绝。这种情形在成宗时得到了彻底改变。成宗认为殿门多而宫帖少，诗与殿不符，"以一首诗贴诸门，不可"，于是"今后令文臣各制帖之"。[7] 由此发端，此后又经不断完善，形成了一整套帖子写作制度，使得朝鲜时期的宫帖在制作方式、作者、诗歌数量、体裁、表现技巧等方面都有了很大变化，具体体现在以下6个方面。

（一）考试化写作制度

成宗于1482年始令所有文臣参与制帖，并规定韵字和诗歌体裁及数量，此后又增加必须入阙集体写作及评定等级与奖惩规则，形成了别具一格的考试式帖子写作制度。《宣祖实录》光海君二年（1610年）12月24日政院回答礼曹所言春帖子规式云："前期十日制述，而堂下文官除服制式暇，无遗入制于阙庭。试官则嘉善以上二员，前一日单望注拟，史官一二员，亦同参。名纸则草注纸若干卷，该曹进排，而本院踏印分给。所制五七言律诗及绝句所押之韵，试官临时书启。科次入启，启下后，大殿帖子所制居首一人，内弓房所藏上弦弓一丁赐给。"这段文字大致概括了李朝写作帖子词的主要程序，有一些环节并没有交代，如仁祖以后前期承政院要请示国王是否制进，如同意，则抄录制述人名单，拟定主考官（通常由弘文提学或艺文提学担任，如不行，则由副提学或其他三品以上官员担任）入阙出韵；正祖以后阁臣、东宫侍从单独出韵进呈。作品经由考官科次（评定等级）后，居首者受嘉奖，不作或差误者也要批评，合格的作品被装订好后呈送国王御览，并被张贴于宫门。此外，具体细节各时期也略有差异，如写作时间、地点、诗体、格式要求等不尽相同。大致而言，仁祖之后准考试化的帖子词写作由承政院负责，其整个过程包括请示国王、确定制述官名单、出牌请主考出韵、制述官写作、试官科次（评定等级）、奖罚，择优抄启制进以及帖子张贴或进读等环节。李朝宪宗时所编《银台便考》与高宗时所编《银台条例》等书中都有所记载，但较简略。相比而言，我国帖子词虽然也属于规格较高的应制写作，但规模较小，范围窄，制度简。宋时由负责宫廷文字的学士写作，清代除皇帝（主要是乾隆）本人写作、悬挂其作品外，也只是要求军机处和南书房各作一折于立春前同至懋勤殿跪进，写作时间、地点不限，代写情况不少。

（二）作者众多

宋时宫帖的写作机构是学士院，具体由在院当直学士一二员负责。清乾隆时期宫帖由军机大臣、南书房翰林撰写[8]178。李朝制述人主要为文臣。初期人员少，"皆以玉堂与知制教制进"[9]，即弘文馆六品以上官员写作。成宗十四年（1483 年）不仅令"弘文馆、艺文馆诸儒及文臣能诗者"皆作[10]，此后"骑省（按，指六曹）、槐院（按，指承文院）诸官"也参与[9]，制述人范围逐渐扩大。光海君二年（1610 年）继续扩大，令正三品以下的"堂下"文官除服丧、出外、另有差拟等特殊情况外，都必须入阙庭写作[11]。英祖时进一步扩大，不但在职文官必须参与，而且离任文臣除被夺告身者外，也须参与。《承政院日记》英祖十一年（1735 年）12 月 19 日吴命瑞所启春帖制述官有前应教 3 人，前正言 6 人，前司谏 1 人，前掌令 1 人，前献纳 3 人，前执义 1 人，前持平 8 人，前校理 3 人，前司果 1 人，前县监 1 人，前都事 1 人，前修撰 1 人。这些人因当时无职，朝廷考虑到"无职，则辄称下乡，故不得不以有实职及带军衔人"[9]，故政院临时令礼曹口传付予这些无职人员以军职，以便其参与写作。正祖又令奎章阁大臣单独制进大殿和元子宫帖[12]，东宫侍从官也单独撰写东宫帖。由于人数过多，英祖后期对每殿的作者人数有所规定，即便如此，朝鲜帖子作者既有儒臣、阁臣、曾经侍从人，还有东宫侍从官员，国王、世子及王室成员也时有参与，其参与者众多。

（三）形式改变

1. 诗题的改变与固化

我国宫帖有很多名称，因其形制，多称帖子，因主要用于立春、端午节，故称春帖、端帖、春帖子、端帖子、立春帖子、端午帖子、诗帖子等，亦有从诗的角度称帖子诗、元日/立春/端午词等，或总而称为"（立）春/端午帖子词"，因为门帖所用，也称门帖诗、门帖子。"帖""贴"通假，故上面的"帖"又可作"贴"。韩国的帖子词诗题更为简单而规范，立春和端午帖称帖子，"帖"字也很少作"贴"，"帖子"或作"帖字"，如李宜茂《立春日仁惠王妃殿帖字》、金安国《端午帖字》、金宗直《立春五殿门帖字》等，属于不太规范者；元日帖子则别称"延祥诗"或"迎祥诗"，如作"帖子"，亦被视作不规范，盖因元日帖子不用于贴挂。《承政院日记》载英祖五十一年（1775 年）12 月 27 日进呈给国王的延祥诗中，李镇恒将延祥诗的"诗"字误书为"帖子"，便被认为"揆以事体，殊欠敬谨"，而且连同考官弘文提学赵曔也被认为有不察之失，一同被批评，可见名称区分甚为清楚。

2. 体裁突破绝句

宫帖体裁不再局限于五、七绝形式，而增加了五、七言律诗形式。成宗十三年（1482 年）1 月亲为大王大妃殿所作帖子为两首七律[13]。十四年命文臣能诗者制四殿帖子，所作亦有律诗，如徐居正（1420—1488）的《立春五殿春帖字》与《迎祥诗》，皆包括《大王大妃殿》、《仁粹王大妃殿》、《王大妃殿》、《大殿》与《中宫》各一首，前者皆为七律，后者皆为五律；金宗直（1431—1492）《立春五殿门帖字》五殿各两首七律；月山大君李婷（1454—1488）的《奉教制进两殿春帖字用命题诗韵》所作《仁粹王大妃殿春帖》与《仁惠王大妃殿春帖》亦为七律。几年后，成宗又命"分韵备成五、七言律绝以进，遂成格例"[6]，每次写作五、七言律绝各一首遂成为朝鲜帖子写作之常用体裁，现存金安国（1501—1543）、黄暹（1544—1616）、洪乐仁（1740—1777）等数十人帖子，每殿皆五、七言律绝各一首亦可为证。在朝鲜中后期，帖子的体裁更为多样，出现了六言绝句、五七言排律以及五七言古体等形式。奎章阁曾编有正祖、纯祖时期（1776—1834）的阁臣《春帖子》集，录 1566 首诗（见表 1），从中大致可以见出他们对体裁的选择及创作情况。

表 1　正祖、纯祖时期（1776—1834）阁臣帖子

体裁 ＼ 数量（首）	春帖	端午帖	元日延祥诗	总计
五言古体	4	7	4	12
六言古体	3	0	0	7
七言古体	0	1	1	1
五言绝句	72	63	59	136
六言绝句	0	1	3	60
七言绝句	279	320	295	602
五言律诗	91	103	95	489
七言律诗	57	39	67	191
五言排律	0	0	1	68
总计	506	535	525	1566

另外，庄献世子还作有骚体《延祥辞》，正祖朝还有不少对联体，如李德懋 1789 年所作《壮勇营春帖》有 56 联，如"武艺十八般，春风廿四番""芙蓉幕府弓翻月，杨柳池塘剑洗虹"[14]291 之类；蔡济恭有《阙内各殿差备门柱春帖联句》四组 50 联，前三组为五、七言，如大造殿的"琴

瑟和声三昼暖，日星新曲六宫知""不息乃天道，无为惟圣人"[15]577；而
1790年所作则为杂言，有长达十七言的"无疆惟休无疆惟恤兢兢乎圣人
临履之心；见尧于墙见尧于羹念念于先朝恢荡之政"等，足见帖子形式花
样繁多。

　　3. 数量、类别有限定

　　我国宋时宫帖每次一组，根据宫中重要人物而定，但皇帝、太上皇、
皇太后等阁皆6首，其余诸人或5首或4首。清代的帖子词近供皇帝用，
由南书房和军机大臣各作3首（七绝二、五绝一）各自合写于一张折子进
呈，总量不限[8]178。朝鲜的帖子自成宗以后由于作者众多，帖子总量大
增，进呈给国王的是入格的作品，数量起初没有限定。英祖时期由于人数
过多，对作者首先进行限定，后来对进呈的作品数量也进行规定。

　　就每个制述人而言，由早期的写一二首到后来的五、七言律绝各一
首，正祖之后阁臣通常作大殿帖两首，也都有限定。在具体类别上，由早
期只作大殿帖到成宗时为大殿、中宫殿、大妃等殿皆作，再到英祖以后对
各殿制作人进行分列而作、阁臣与春坊大臣的特殊制作等，也都有所规
定。我们今天看到很多人留存的作品数量、类别有所不同，那是因为各时
期的规定不同所致。另外，很多人今存仅一二首帖子，也有多方面的因
素，诸如临时写作出韵，未成篇章，或成篇而被评为不入格，或入格却自
认为不佳故而不录等。

　　（四）内容重美刺

　　高丽、朝鲜的宫帖继承了我国宋代宫帖的主要内容，写时令、纪节
俗、写时事、颂君美、达讽谏等，由于应制诗的本质决定了宫帖多为程式
化的歌功颂德，此不必详论。宋时因欧阳修寓含讽谏的帖子得到仁宗皇帝
的肯定而被认为得体，后遂成为帖子内容之一。朝鲜君臣对此都很认同，
如孝宗在承政院请求依例制进元日迎祥诗时说"制进诗中，切勿用称誉之
言"[16]。英祖也较看重，1756年因"东宫进献春帖子，宜有称庆规勉之
辞，故有意觉［览］之"，并对有美刺的郑光汉予以嘉奖，因其七律中
"离筵何日更亲书"之句被认为是在告诫国王前面所讲《心经》犹未结束，
应当继续，可谓"勉戒切实，深得宫官之体"，故将主考官所评定的"三
下"改为"三上"，还"特赐表里一袭，以示嘉尚之意"[17]；1762年览端
帖，认为"李德海、任城，以宫官不为规谏，专为赞美，故斥而不
选"[18]。正祖也批评"从臣近于宜春延祥端午诸帖，不能如古人举笔规

谏，而反有谄意，予岂好此哉"[19]164。即便是燕山君之暴烈，1612 年郑麟仁端午帖有"宫人闲事捕蝇虎，玉上那生一点瑕"句，燕山君大怒说"麟仁刺我信谗故欤"。当洪贵达解释说"人臣进戒自古如此，非敢为讥刺也"时，他也只好假装惊讶地说："然则真爱我者。"[20] 尽管后来另找借口杀了郑，但当面尚不能因此而罪大臣。大臣也多认同并有意识地寓含讽谏，如俞彦国以为"人君为治之道，专在于持大体而不在于察细务"，故"向于岁首延祥之帖，略以区区忧爱之意献规曰：'虚文绅节在深戒，刚克神功不大声。'"[21] 英祖四十三年，因"不欲闻诵美之事"而停来年春帖延祥诗，而大臣俞致仁则认为"延祥、春帖，虽曰颂祷之词，亦有规谏之语"，不当停。四十八年，再停时大臣又言："延祥春帖，则其于送旧迎新之际，人臣所以寓祈祝而效箴戒者，实在于此，以欧阳修不忘规谏之意观之，此正古来之美事，而断不可无端废关也。"[22] 正如申翼相《帖子献规》所言："知臣正值推诚日，爱主宁忘下笔时。"[23]34 李忔《大殿正朝诗》"佳气葱茏月下浮，龙袍高拱五云楼。吾王自切荒宁戒，克享无疆万世休"[24]480 便含讽谏意。另外，"欧阳帖"作为一个特殊意象，更是频繁出现于朝鲜诗人笔下，如赵观彬《立春》"恋君恨负欧阳帖"[25]287、南公辙《端午帖》"惭乏欧阳帖"[26]35、洪柱国《大殿端午帖》"讽蔑欧阳帖"[27]188 等，比比皆是。

朝鲜帖子也注重通过反映现实、时事来颂美。对事实的表现要合乎真实，否则也被认为不佳，如英祖认为金养心七律中"千官争贺春宫庆，临殿圣躬不惮劳"不符合其本欲临殿而后未临的事实，故不好。正祖看到尹行任的春帖有"宸心或恐朝仪晏，燕寝东头养报鸡"时很欣然，因为他说"予果少睡。烛下看奏状或古人文字，至夜分始就寝，而更鼓已尽，复窗未明，不知日之将曙，故置鸡坶，闻鸡唱阑便起。尔诗非夸语也"[19]164，这样从事实出发的颂美是贴切的。

（五）风格雅丽

风格上与我国相同。朝鲜日常交际口语为本国语，而高层贵族所用书面语皆为汉语，虽然有一定难度，但因其非常重视汉语教育，因此很多人的汉语诗歌也做得很好。以沈彦光五首诗为例，其《大殿端午帖字》云：

> 东风吹尽又南风，红绽榴花禁苑中。角黍缠时丝缕细，菖蒲荐字酒杯空。龙袍映日朝前殿，桂披飘香拜后宫。看取四门书宝篆，断知纯嘏永无穷。

南陆延修景，葭灰仲吕催。野黄知麦熟，声滑认莺回。灾逐
灵符去，祥随玉粽来。宫中多乐事，蒲酒亚金杯。

禁掖森严日政长，黄梅时节好风光。香罗细葛宫衣赐，识得
当年壶化昌。

鹤殿祥风动，榴花影透帘。香蒲期圣寿，得见海筹添。[28]122

其《大殿立春帖字》云：

千家爆烬竹声残，白殿椒觞可饯寒。神禹惜阴常汲汲，放勋
明德自安安。盈虚一气凭葭管，天地三元属菜盘。占得金穰期上
瑞，六街鸠杖总成欢。[28]131

诗中的语象主要是自然、宫闱、习俗和典故。自然，如东风、南风、榴
花、黄梅、麦、莺；宫闱，如禁苑、龙袍、殿、桂掖、禁掖、鹤殿；习
俗，如角黍、玉粽、丝缕、菖蒲、蒲酒、爆竹、椒觞、灵符；典故，如南
陆、葭灰、仲吕、香罗细葛、神禹、放勋、金穰、鸠杖等。语言得体、规
范，同时也写实，如"白殿""鹤殿"反映其宫殿白色的特点。鸠杖之在
用典，神禹之况喻也颇为新颖，在我国帖子词中无人用及，足见他们对汉
语文献是相当熟稔的。律诗的对仗也很工稳，整体诗风典重雅丽，不失为
很好的应制作品。

（六）制作相对简单

帖子词是帖子所用词，因为需要张贴，故需要制作。我国宋时的帖子
制作相当讲究，用"罗帛缕造"[29]82，南宋时用"绛罗金缕，华灿可
观"[30]29，于节日之时张贴。具体怎样贴，贴多少，不详。明清时代宫门
殿阁元日所贴皆已为联语，乾隆间由翰林制作后一直沿用，帖子不贴而悬
挂，用绢制作，由工楷书的翰林书写①。立春宫帖清代复兴后仅限于皇帝
用，乾隆本人的作品书为小轴，装裱后悬挂于养心殿东暖阁之随安室，新
春换新，收藏旧帖；大臣则只有军机处和南书房各进一折，不再悬挂，仅
供阅览而已。相比而言，朝鲜的帖子则一直张贴，但材料用纸较为简省。
燕山君时只挑选一部分佳作刊印来帖，重复使用[31]，其余时代则书写来
帖，依殿门而定，英祖以后通常大殿160张，其余各殿60张，按照官员
等级分别书写张数。除本人书写之外，另由检校官及书吏用正书书写后，

---

① 详见梁章钜：《楹联丛话》卷二，中华书局1987年版，第23—31页。

于前一日申时入达，以便张贴，如高宗时要求"宾客各大本四张，小本六张；辅德各大本三张，小本五张；弼善以下各大本三张，小本七张"[32]，张贴数量颇多。

三、朝鲜时期私帖的发展

由于朝鲜宫帖写作的制度化、考试化以及众多文官的参与，帖子文体为广大文士所熟悉。上行而下效之，文官将这种文体带到了民间，带向了家庭，成为众多文人自觉或不自觉参与的节日文化与文学活动。摆脱了考试化写作束缚的私帖创作形式更为自由，情感更为真挚，表现力更强，取得了不同于宫帖的独特成就。

（一）作者、作品数量剧增

早在高丽时期，已经出现了私帖，但数量很少。朝鲜时期私帖数量大为增加，据笔者目前所作的不完全统计，约有240多人作有近千首私帖，其中大多数人仅存一二首帖，少数作者保存了数量较多的帖子，作品最多的是金安国，有114首，其余如金昌翕61首、李安讷37首、李瑞雨35首、鱼有凤34首、李廷馨20首、申靖夏和尹愭皆17首、金增寿15首、宋焕琪13首、金寿恒12首等。以金安国私帖来看，从其还家至去世前，几乎年年写春帖，其私帖写作状况的记录相对比较完整。当然，大多数文人并未每年新作帖子，或者作而不录，也有一些实为诗题而并不作帖子，故实际的帖子数量应该更多。我国宋元时期的私帖保存下来的不到80首，后为联语，遂与诗脱离，不在此论之列。

（二）春帖为主，诗题多样

我国宫帖在宋末终结后，在清乾隆时再度流行，而文人帖子在宋末元初已由立春转移到元日，但习惯上仍称之为春帖，明代以后以联语为主，故也称春联。朝鲜私帖也以立春帖、元日帖为主，端午帖较为少见，不及10首。

宋时私帖较为少见，通常称帖子、帖子诗，如廖刚的《丙申春帖子》，范成大的《代儿童作立春贴门诗》《代儿童作端午贴门诗》《代门生作立春书门贴子诗》，姜夔的《戊午春帖子》，方岳《除夜》之"醉题帖子等春来"[33]38300、《除夕》之"野屋难为春帖子"[33]38483，程珌的《春贴》等。元日帖与立春帖皆称春帖。元代以后主要集中于元日，元人杨宏道、王恽、虞集等有不少元日帖子诗，大部分则由诗而变为联语，称春帖或春联。朝鲜私帖与宫帖名称相同，多称"（立）春帖（子/字）"，但更多称"（立）春祝"，《韩国文集丛刊》中检索到的"春祝"有100多词条，也称"春辞""延春榜""新春祝语"等，个别诗作也不遵循此常规，如金欣《立春日书户扉》、李德懋《立春题门楣》、沈彦光《立春贴门》、金绿《题立春帖户》、俞彦述《癸巳立春》、俞肃基《余之来莅兹土，今已周岁有几，而尸居素餐，略无一事可观，每念陛辞日，七事勉饬之圣谕，不觉惶汗沾背。今当新春祝暇之日，辄敢敷衍为词，庸寓自警之意云尔》等也是帖子，甚至有些题名为《除夕》或《立春》的诗也是帖子，这与我国宋时有一部分"春词"即为帖子的情形比较相似。朝鲜私帖也存在将元日帖与立春帖混称春帖的情形，如宋秉璿《元朝春祝》即为元日帖子。

（三）体裁多样，数量不定

文人私帖表现出非常丰富的样式，除常见的七绝、五绝、七律、五律之外，还有四绝，如李载亨《春帖》其一；六言绝句，如赵龟命《春帖》；五言排律，如金时敏《春帖》其三；六言排律、七言排律，如朴弥《甲申春帖》；四言古体，如金谨行《春帖子》、赵宪《春祝·萱闱》；五言古体，如宋焕箕《春帖》、金孟性《春帖》；六言古体，如李德胄《春祝》；七言古体，如李縡《春祝》；也有楚辞体，如黄胤锡《春祝》；杂言体，如李载亨《春帖》其二、李德胄《春祝》；进退格，如柳世鸣《癸丑立春日寝室帖子》其一；集句，如李运荣集《诗经·斯干》"式相好矣，无相犹矣"为帖，李仲牧集杜甫诗"鹅鸭宜长数""柴荆莫浪开"为帖；长短句，如南有常《钟岩春帖亦用小令》二首；铭文，如尹愭《戏为春帖》、赵任道《春祝》；散文，如杨应秀《先考丁卯春祝跋》等。当然，还有对联、成语、词语等，形式极为丰富。

私帖的数量也无限定，自由灵活。少则1首，多则10余首。一次只作一首者很多，一次多首者也不少，如金龟柱（1740—1786）《春帖》、金南重（1596—1663）《丙申春帖》皆为10首，李安讷（1571—1637）一组《春帖字》有11首，申靖夏（1681—1716）《恕庵集》卷四录《春帖》有17首，但不详是否为一次所作。金安国有11年的春帖，但每次数量并不固定，少则1首、多为7首、8首，最多一次10首（见表2）。金昌翕（1653—1722）《三渊集》卷十六载有61首春帖，其中1721年所作《谷云春帖》竟达21首之多，俞肃基的一组春帖为7首。一组2—5首的就更多了。

表 2　金安国私人帖子统计

年份	帖子数量（首）	年份	帖子数量（首）	年份	帖子数量（首）	年份	帖子数量（首）
1522	4	1528	8	1534	6	1540	0
1523	4	1529	7	1535	7	1541	0
1524	7	1530	10	1536	7	1542	0
1525	8	1531	6	1537	7	1543	1
1526	6	1532	5	1538	7		
1527	8	1533	5	1539	1		

（四）内容丰富，情感真挚

高丽、朝鲜的私帖由于与宫帖有着很深的渊源，私帖作者多数曾经写作过宫帖，加之帖子本身的文体规定性，故其内容与宫帖有很多相似性，皆以迎祥颂祝为主。虽然如此，但私帖的祝颂对象更为宽泛，祝颂内容也更为多样，如金龟柱《春帖》10 首，分别为祝圣寿、祝亲寿、自述（4首）、属卯君、属细君、属豚儿、属人子。金昌翕《谷云春帖》21 首，分别为其书堂（3首）、博厚室、悠久、高明楼（2首）、宛在亭（2首）、楼东楹、楼西楹（2首）、楼南楹（2首）、堂楹、室楹、厨楹、厨间、库间、婢房、邻家，各有所祝。俞肃基的 7 首春帖则以地方官员的角色分别表达了"农桑盛""户口增""赋役均""学校兴""军政修""词讼简""奸猾息"等 7 个方面的愿望。大体而言，私帖内容着眼于国与家。于国而论，或表忠君情怀，或愿年丰国兴，或边关无患等；于家而论，或愿家庭和睦、子孝妻贤、兄弟友爱、健康长寿、子女众多，或表闲居之乐，悠悠情怀，或勉子读书进取，或明己行事准则等。较之宫帖，私帖个性化色彩浓厚，叙事更为具体，情感更为真挚，如赵宪《壬辰春祝》二首分别从内庆和外庆表达对家与国的祝福，对家希望"……毋疾康宁妻病除。弟妹有田多菽粟，儿孙无事诵诗书。山蔬野菜登盘富。边患民虞入耳疏。四十九年非渐觉，不妨闲卧伴樵渔"，对国则期望"相得良平侍帷幄，将多颇牧倚边庐。东倭永折西渔楫，北虏常摧南寇车。俗美岁丰民乐处，狂夫保族老耕锄"[34]178，感情朴质。再如李弘有《春祝》"山家今日又逢春，我是优游作逸民。惟愿百年无患乱，祝君长拟华封人"[35]44，从个体出发真诚地期盼国家常无患乱、君王美德如尧的祝福显得更为自然。柳宜健《春祝》"太上年奉无疾病，其次身闲免烦恼。日与村童课读书，时时醉卧眠芳草"[36]175、徐圣耆《立春祝》"儿学诗书礼，家兴孝悌慈"[37]484、吴守盈《斋家迎春帖》"莫将酒食为游戏，更把诗书教子孙"[38]177、赵秉熹《春祝》"痴儿是日趋庭对，长子今春奉橄来。正逢枫陛调元烛，共上萱堂献寿杯。积善应知余庆在，分明天道验栽培"[39]21、柳潇《丙辰春祝》"鹤发双亲兄弟三，人间至乐我能兼。儿童莫枉祈新福，不在经营只在谦"[40]36、张维《凤林第春祝》"争似椒聊子满枝"[41]549、权尙夏《春祝》"只愿春来兄弟会，满庭花树醉春风"[42]56、崔锡鼎《春祝》"此身少罪戾，心体常广胖。浑舍少灾难，儿孙满眼前"[43]485 等，都非常具体而实在地表达了普通人的幸福与期盼、生活的理念与人生的经验，虽乃生活俗事但情感真切，也具有一定的认识价值。

（五）表达更自由，风格更多样

私帖表达更为自由。首先，最明显的是用语忌讳少，直抒胸臆多。宫帖用词有诸多限制，朴弼琦春帖出现"担负荷"，英祖即"视之为野"[44]，而私帖不必拘束。郑相元《立春帖》曰："泣向东君诉一言，此生于此旷晨昏。须将地下平安信，归报阿儿枕上魂。"[45]124 诗所表达的是对亡亲的思念，如"泣""地下"之类也不忌讳。郑弘溟《丁巳春帖》"节候方看老阴退，幽人斗觉旧痀痊。茅斋日永无余事，晒药编书懒更眠"[46]85 直写个人生活，其中的"旧痀痊""懒更眠"也无需避讳。许筠《戏题春帖》"半生郎署叹穷途。愿乞王乔叶县凫。从此有人来送我。今年方免鬼挪揄"[47]118 的游戏笔墨、"鬼"之用词，更是宫帖所不可想象的。其次是用典少，多白描。前面所举诗多可为证，再如李敏求《春帖》"瓮有新醅案有书，村深观海道人居。扁舟已动江湖兴，碧水东风解冻初"[48]241，直写生活，典少，或用而多常典，又能以景结情，含蓄蕴藉。用韵的自由更不待言，不过也有人闻宫帖韵而自押者，产生了不少拟帖、次帖诗。因此，私帖诗风也多样化，或含蓄蕴藉，或直白质朴，或典丽雅正，或自然清新，不一而足。

当然，不得不交代的是，朝鲜阶层分化明晰，两班贵族才有入仕的权利，文官需经科举，而参加科举必须熟读汉语文献，所以也只有文官才参与帖子词的写作。换句话说，写作帖子词是朝鲜贵族才具有的能力，是文官才能参与的活动，所以，虽然宫帖影响到民间，但仅限于文人阶层、贵族阶层，普通百姓常用的春帖、对联、春条之类吉祥用语与我国明清民间亦相差无几。朝鲜有一句谚语叫"店铺门前的立春帖"，说的就是这个事，其含义是"格格不入"。

综上所述,帖子词传入高丽后,在朝鲜半岛得到了很好的承传,尤其是在李朝时期,不仅宫帖得以革新而发展,私帖也获得了很大发展,其创作成就是我国所不及的。从汉语文学的角度看,高丽、朝鲜的帖子词写作是帖子词发展史上重要的一环,其独特的发展道路及所取得的成就对于我们考察诗歌发展与制度、风俗、社会政治等有一定的典型意义。在朝鲜帖子词的发展史上,制度起了非常重要的作用,而在帖子制度化写作的建设中,成宗是最关键的人物,其"命聚文臣于阙庭,分韵备成五、七言律绝以进,遂成格例",虽遭大臣认为"此事不关治体,而居官者废事旷务,饰章绘句,称誉圣德,固非盛治之美事"[6]之反对,但他多次强调此非其个人所好尚,是为劝勉文臣之才[49],兴于作诗,故仍坚持以准考试待之,甚至"令能诗宰相,第其高下,居魁者论赏"[50],进一步规范和促进写作。正是由于他的坚持,才形成了朝鲜时代帖子写作的新制度。此后除个别国王外,多能尊此而行,对祖宗的右文之举表示认同,如中宗亦言"迎祥、端午、春帖子,自祖宗朝,使文臣制述者,欲其不弃所业也"[51]。正是帖子制度的确立,使得众多文人参与到这一宫廷节日文学之盛事中去,不少人由此而形成了"帖子"情怀,有和、拟宫帖之作,或闲居后追忆作帖事。当然,朝鲜长达 600 多年比较稳定的政局也是这种宫廷故事得以长期延续的重要条件,朝鲜对中国文化的崇奉及其所形成的大致相同的节日习俗也是不可忽视的因素。

参考文献

[1] 徐兢:《宣和奉使高丽图经》卷四,上海古籍出版社 1987 年影印文渊阁《四库全书》本。

[2] 张晓红:《宋代帖子词的始作及作者身份考论》,《重庆师范大学学报(社科版)》2010 年第 1 期。

[3] 闵思平:《及庵先生诗集》卷二,见《韩国文集丛刊》第 3 辑,景仁文化社 1990 年版。

[4] 李奎报:《东国李相国全集》卷一八,见《韩国文集丛刊》第 1 辑。

[5] 郑麟趾:《高丽史》"世家十八"毅宗二,奎章阁本。

[6] 《朝鲜王朝实录》成宗二十二年(1491 年)12 月 23 日,韩国国

史编纂委员会 1970 年影印本。

[7]《朝鲜王朝实录》成宗十三年（1482 年）1 月 9 日。

[8] 吴振棫：《养吉斋丛录》卷一三，中华书局 2005 年版。

[9]《承政院日记》英祖十年（1734 年）12 月 26 日，韩国国史编纂委员会 1974 年翻刻本。

[10]《朝鲜王朝实录》成宗十四年（1483 年）12 月 23 日。

[11]《朝鲜王朝实录》光海君二年（1610 年）12 月 14 日。

[12]《日省录》正祖五年（1781 年）1 月 9 日，奎章阁本。

[13]《国朝宝鉴》卷一六，奎章阁本。

[14] 李德懋：《青庄馆全书》卷二〇《雅亭遗稿》，见《韩国文集丛刊》第 257 辑。

[15] 蔡济恭：《樊岩先生集》卷五九，见《韩国文集丛刊》第 236 辑。

[16]《朝鲜王朝实录》孝宗三年（1652 年）12 月 25 日。

[17]《承政院日记》英祖三十二年（1756 年）12 月 12 日。

[18]《朝鲜王朝实录》英祖三十八年（1762 年）5 月 3 日。

[19] 正祖：《弘斋全书》卷一六二《日得录二·文学［二］》，见《韩国文集丛刊》第 267 辑。

[20] 金时让：《涪溪记闻》，1612 年刊本。

[21]《承政院日记》英祖十七年（1741 年）3 月 8 日。

[22]《承政院日记》英祖四十三年（1767 年）11 月 26 日、12 月 3 日，四十八年 12 月 29 日。

[23] 申翼相：《醒斋遗稿》册一，见《韩国文集丛刊》第 146 辑。

[24] 李忔：《雪汀集》卷三，见《韩国文集丛刊》第 15 辑。

[25] 赵观彬：《悔轩集》卷七，见《韩国文集丛刊》第 211 辑。

[26] 南公辙：《金陵集》卷二，见《韩国文集丛刊》第 272 辑。

[27] 洪柱国：《泛翁集》卷一，见《韩国文集丛刊》第 36 辑。

[28] 沈彦光：《渔村集》，见《韩国文集丛刊》第 24 辑。

[29] 陈元靓：《岁时广记》卷八"撰春帖"条，引吕希哲：《岁时杂记》，丛书集成初编本。

[30] 周密：《武林旧事》卷二，浙江人民出版社 1984 年版。

[31]《朝鲜王朝实录》燕山君八年（1502 年）1 月 2 日。

　　［32］《御定离院条例》，奎章阁本。

　　［33］傅璇琮等：《全宋诗》第 61 册，北京大学出版社 1998 年版。

　　［34］赵宪：《重峰先生文集》卷二，见《韩国文集丛刊》第 54 辑。

　　［35］李弘有：《遯轩先生文集》卷三，见《韩国文集丛刊》第 23 辑。

　　［36］柳宜健：《花溪先生文集》卷二，见《韩国文集丛刊》第 68 辑。

　　［37］徐圣耇：《讷轩文集》卷二，见《韩国文集丛刊》第 53 辑。

　　［38］吴守盈：《春塘先生文集》卷二，见《韩国文集丛刊》第 3 辑。

　　［39］赵秉悳：《肃斋集》卷一，见《韩国文集丛刊》第 311 辑。

　　［40］柳潚：《醉吃集》卷二，见《韩国文集丛刊》第 71 辑。

　　［41］张维：《溪谷先生集》卷三三，见《韩国文集丛刊》第 92 辑。

　　［42］权尚夏：《寒水斋先生文集》卷一，见《韩国文集丛刊》第 150 辑。

　　［43］崔锡鼎：《明谷集》卷三，见《韩国文集丛刊》第 153 辑。

　　［44］《承政院日记》英祖二十二年（1746 年）1 月 6 日。

　　［45］崔益铉：《勉庵集先生文集》卷二九《寒溪处士郑公墓碣铭》，见《韩国文集丛刊》第 326 辑。

　　［46］郑弘溟：《畸庵集》卷八，见《韩国文集丛刊》第 87 辑。

　　［47］许筠：《惺所覆瓿稿》卷一〇，见《韩国文集丛刊》第 74 辑。

　　［48］李敏求：《东州先生诗集》卷二三，见《韩国文集丛刊》第 94 辑。

　　［49］《朝鲜王朝实录》成宗十四年（1483 年）12 月 23 日，二十四年 12 月 25 日。

　　［50］《朝鲜王朝实录》成宗二十三年（1492 年）5 月 2 日。

　　［51］《朝鲜王朝实录》中宗三十三年（1538 年）4 月 25 日。

第二章 中国现当代文学研究

风筝与土地：20世纪中国文化乡土小说家的视角和心态[①]

罗关德

一

长期以来，人们对乡土小说的认识存在着一种极大的偏离，以为乡土小说写的是"乡"（农村），写的是"土"（农民），故而"乡土小说"可与"乡村小说"置换，"主要是从小说题材、人物及其故事发生背景上所作的一种限定"[1]21。这实在是把乡土小说等同于广义上的农村题材小说了。鉴于乡土小说在当代文学中的泛化，模糊了这一特定概念的文化内涵。本文提出文化乡土小说的概念，以区别于广义上的乡土小说。

乡土小说作为20世纪的一种独特文学现象，从它产生伊始就蕴涵着特定的文化历史内容。严家炎就说过"乡土文学在乡下是写不出来的，它往往是作者来到城市后的产物"[2]74。"城市"作为西方文化的象征，始终以文化的他者身份在乡土小说中或隐或显地表露出它的存在意义，从而构成了乡土小说文化冲突的另一极。乡土小说之所以更多地选择乡村为背景，主要是缘于有着中华传统文明积淀的乡村与以城市为表征的现代西方文明构成了文化冲突上两种差别巨大的生活环境。张炜在谈及他的乡土小

---

① 本文发表于《文学评论》2005年第4期，收入本论文集时进行了修改。
作者简介：罗关德（1959—），浙江绍兴人，教授，主要研究方向为中国现当代文学。

说时说过："乡村的东西更真切一些，变化少，新东西涌入一点也很快被溶解。比起城市来，它的力量更强大、更久长和悠远。这就更适合被拿来作依据，就像搞解剖要选个好的标本一样。"[3]

从 20 世纪中国历史文化的大背景来看，乡土小说显然与中西方文化冲突有着密切的同构关系。当"西方文明以各种不同的形式逐渐破坏了传统文化的稳定性和连贯性，而且在总的方面影响了中国思想和文化的发展方向"[4]15 的时候，它势必造成中国知识分子在文化大转型时期世界观的斗争和价值观的复杂矛盾。一方面在理性上不得不认同西方的思想和价值观念；另一方面，知识分子先天地受到中国传统文化的濡染，以及目睹西方文明的入侵和西方文明本身所固有的种种弊端，又注定了他们以振兴民族文化为己任的价值选择。当这种文化矛盾已构成社会主要矛盾的时候，知识分子作为文化的传承者和代言人，必然地会在小说创作中表现这一母题。以鲁迅为代表的 20 世纪乡土小说家，正是在这一文化冲突的背景下，开始了对知识分子自身的思想困惑和情感失衡的叙写。鲁迅的乡土小说理论突出地显示了其知识分子性的特点。鲁迅说道："蹇先艾叙述过贵州，裴文中关心着榆关，凡在北京用笔写出他的胸臆来的人们，无论他自称用主观或客观，其实往往是乡土文学。在北京这方面说，则是侨寓文学的作者。但这又非勃兰兑斯所说的'侨民文学'，侨寓的只是作者自己，却不是这作者所写的文章，因此也只见隐现着乡愁，很难有异域情调来开拓读者的心胸，或者炫耀他的眼界。"[5]247 鲁迅的乡土小说理论显然侧重的是寓居在"北京"的知识分子，突出的是知识分子以城市为表征的现代西方文化视角对乡土的观照，突出的是知识分子"隐现着乡愁"的胸臆。以往对鲁迅等乡土小说观的阐述往往只是机械地以题材（农村）和人物（农民）为中心，而未能看到乡土小说中知识分子的重要意义，这恰恰违背了鲁迅甚至称之为"侨寓文学"的初衷。显然，鲁迅的乡土文学观，既不同于周作人对"风土""地域色彩"的表层把握，也不像茅盾那样特别强调时代、政治的因素。客观地说，周作人的乡土文学观倡导的是具有"地域文学"倾向的乡土文学；而茅盾的乡土小说观对于"具有一定的世界观与人生观的作者"的重视[6]89，使之与鲁迅的乡土小说观具有某种程度的暗合。但茅盾显然更强调的是在"特殊的风土人情描写"之外的"普遍性的与我们共同的对于命运的挣扎"[6]89，使他关注的是农民的现实命运，并一度以"农民文学"来命名。它为后来在宽泛意义上的农村题材小说奠定了最初的理论基石。而鲁迅的乡土小说观则把焦点对向了中西方文化冲突境遇下的知识分子的精神领域。尽管鲁迅、茅盾、周作人的乡土小说理论有着各自的侧重点，然而他们却共同为 20 世纪宽泛意义上的乡土小说奠定了最初的理论基础，从不同方面丰富了乡村小说的审美内涵。

20 世纪的乡土小说随着中西方文化冲突的加剧，加之受到鲁迅乡土文学观的影响，特别是鲁迅创作实践的带动，从整体走向上看，越来越呈现出文化的蕴含，从而与茅盾、赵树理初创的，柳青、浩然等作家继承和拓展的农村题材小说有了越来越明显的区别。20 世纪的乡土小说随着中西方文化冲突的深入，也越来越被知识分子（而不是农民）所青睐。这种文化乡土小说，在题材上已不再是农村题材所能包含的了。它逐渐向城市的胡同和里弄渗透，在人物上也不仅仅是以表现农民为中心，知识分子已不再只是农民的代言人了。20 世纪的文化乡土小说，把知识分子的理性意识和情感矛盾推到了小说的前台，着力展示的是中西方文化冲突境遇下知识分子自身复杂多样的精神状态。而单纯地写乡景、乡俗、乡情，以展示农村和农民的现实状况，展示平民乐趣的一种小说样式，那将是宽泛意义上的农村题材小说。当然，笔者不否认这些因素，以及方言的文化韵味，都可以构成文化乡土小说的必要（而不是必然）前提，但它并不是文化乡土小说的终极旨归。也就是说，它只是载体，而不是本体。鲁迅赋予乡土小说本体内涵指向的是知识分子在中西方文化冲突下的文化定位、文化漂泊和文化归属的范畴。它是一种文化小说，诗化小说。其实，从乡土小说着力表现"乡愁"这一点上就可以看出它的文化属性。乡愁并不产生于土生土长的农民，乡愁来自被故乡放逐的人们。而知识分子的独立品格和文化占有者的身份，决定了他们必然成为表现乡愁的当然代表。更何况乡土小说中的乡愁的"文化乡土""精神家园"的韵味，决非是农民和其他身份的人所扛得起的。传统的阅读经验，往往忽视了文化乡土小说中叙述者的身份，而直接表现知识分子文化漂泊、精神漫游的小说又一度被拒于乡土小说门外，使得知识分子在乡土小说中的应有地位长期被悬置。而乡土小说的诗化性、写意性，亦使得一度只注重形象塑造的小说分析"忘记"了叙述人的心态。既如我们阅读鲁迅的单篇作品，确实容易忽视叙述人，尤其是叙述人的立场、态度、心境和表达方式，而把注意力转到了叙述对象上。然而，如果对鲁迅的文化乡土小说进行整体上的把握，那么叙述者理性和情感的复杂矛盾心态就浮现了出来。我以为对于文化乡土小说中的知识分子形象也应作如是观。

二

　　作为一种表现文化冲突的小说样式，两种或多种文化之间的距离构成了小说叙写的广阔空间，也设定了这一文化冲突的内在张力。因此，叙述者的写作视阈和写作态度就构成了文化乡土小说的决定性因素。这对于原发现代化国家的叙述者来说，由于文化发展的历史延续性，使他们的乡土小说往往表现为同一民族随着时代生活巨变而产生的新旧两种文化之间的同一文化内部的矛盾。它更多地表现出对往事的怀念，对传统文化消失的叹惋。而对于文化移植的后发现代化民族国家，乡土小说则呈现出文化移植、文化断裂、文化碰撞等更加复杂的矛盾状态，因而更具有典型意义。特别是中国，由于中西方文化巨大的差异性，使得文化冲突表现得尤为尖锐，乡土小说家的笔触也尤为忧愤深广。从这个意义上说，20世纪中国的文化乡土小说是具有世界意义的，特别是鲁迅开放而深邃的现代理性意识和他内敛而又真挚的中华传统情愫，构成了他的乡土小说恢弘的文化张力，从而高度概括了中西方文化冲突的初期知识分子的典型心态。

　　鲁迅作为中西方文化大碰撞时期知识分子的典型代表，面对传统文化的衰微和西方的强势文化，他"别求新声于异邦"，毅然地选择了西方启蒙理性的视角，对中国传统文化进行全盘性的否定。他的第一篇白话小说，也是新文学的第一篇白话小说《狂人日记》，鲜明地标示出两种文化冲突的尖锐性、复杂性，因而可以说是认知型文化乡土小说的典范。《狂人日记》以接受西方启蒙理性思想的"狂人"的视角透视中国的传统社会。于是，"狂人"看到了"正常社会"中的"正常人"看不到的封建礼教表层的仁义道德背后所隐藏的"吃人"面目。这种对中国乡土社会的全新的认知，是土生土长的农民所无法理解的。只有接受了西方的启蒙理性——狂，才能看清封建礼教的吃人本质。小说思维观上的现代性、开放性和乡村人物的传统性、封闭性构成了两种文化之间的巨大裂痕。其浓郁的理性色彩、深厚的文化内涵，决定了小说鲜明的知识分子立场，从而开创了中国20世纪文化乡土小说中一种注重认知性的小说范型，并给后来的乡土文学以广泛的影响。从小说接受者的角度上看，这种注重认知性的文化乡土小说本身就是写给知识分子看的，因此，它是先觉的知识分子对后觉的知识分子的文化启蒙。从认知性的角度上看，作品还通过狂人的反思，进一层地发现有着四千年吃人历史社会中的"自己也曾吃过人的肉"，并通过小序中叙述人的立场超越了狂人的视角，从而消解了觉醒后的"狂人"无法改造"正常社会"的"正常人"的启蒙尴尬，并以狂人后来的"早愈"和"赴某地候补"跳出了启蒙的怪圈，显示出鲁迅对中西方文化冲突深邃而清醒的认识，给当时的知识分子以强烈的心灵震撼。在《故乡》《在酒楼上》《孤独者》《祝福》等系列小说中，作者都通过"我"作为"归乡"的知识分子的所见所闻所感，描绘了文化冲突背景下知识分子"精神流浪汉"的形象。魏连殳和吕纬甫，也同属于流浪在两种文化夹缝中的知识分子。所不同的是作者更多地表现他们的消沉、颓唐，而赋予"我"更多的是迷途中的思考和对未来前途寻觅的含义。《伤逝》中涓生与子君从相爱到分离，亦可以看成是中西方文化冲突的一种寓言。小说以涓生和子君分别指涉西方和中国两种文化，通过"涓生的手记"这一独语形式，强化了两种文化交融的内在复杂性，并以子君的文化退守和自杀，从反面提示了中华文明的必然出路。小说中人物的孤独情怀，作品浓郁的感伤气氛，尤其是家的破裂，使之具有一种文化精神的漂浮感和文化家园的失落感。应当指出的是，鲁迅的文化乡土小说指向的是知识分子思想和情感的特定状态和特殊情境，即知识分子作为西方文化的接受者，他们从民族情感的集体无意识中本能地产生了对西方霸权文化的排斥；知识分子作为传统文化的继承人，他们在理性上又不得不对落后的民族传统文化予以坚决的否定。特定历史把文化承传者的知识分子推到了文化失范的现实境地，迫使他们游走于文化荒原之中。知识分子文化品格的精神性特点，使之在小说的形象塑造上与农民、工人的形象截然不同。知识分子的精神特性，使得知识分子形象更多地呈现为认知性、意象性。鲁迅正是通过知识分子对中西方文化冲突下的理性思考和情感态度，描绘了知识分子复杂的思想意识和心灵矛盾的。

　　鲁迅以文化启蒙为己任的乡土小说，决定了他对西方启蒙主义采取的是工具理性的策略。他在早年说道"洞达世事之大势，权衡校量，去其偏颇，得其神明"，显示出一种"拿来主义"的观点，以便对西方理性的吸收，"外之既不后于世界之思潮，内之仍弗失固有之血脉"[7]56。这使他的乡土小说，带有整体上的象征性。正如美国学者 F. 杰姆逊所说，是一种"民族寓言形式"。他笔下的乡村和农民常常只是一种寓体，是被看，目的在于表现知识分子对封建文化的彻底反叛，对传统知识分子自身的反省和对先觉的知识分子文化尴尬的深情返观，因此笔下的农民只是愚昧和麻木的文化符号，是传统文化的形象写照而已。而20世纪二三十年代出现的一大批乡土小说家，像王鲁彦、许杰、彭家煌、台静农、萧红等，他们在创作视角上不同程度地接受了鲁迅的启蒙理性的文化观照立场，显示出对乡土社会的超越性认知，正如鲁迅说的"看王鲁彦的一部分的作品的题材和笔致，似乎也是乡土文学的作家，但那心情，和许钦文是极其两样的。许钦文所苦恼的是失去了地上的'父亲的花园'，他所烦冤的却是离开了天上的自由乐土"[5]248。尽管王鲁彦和许钦文乡土小说的创作心情各不相同，但都表现出用现代西方启蒙理性对乡土的审视。当然，他们无法超越鲁迅高屋建瓴的文化视角，却使文化乡土小说在二三十年代蔚然成风，很好地配合了"五四"时期的文化启蒙运动。30年代茅盾以政治理性视角写下的《林家铺子》和《农村三部曲》，40年代赵树理以实用理性的视角写下的乡村小说，在知识分子的乡土观照立场上，有了不同向度的开拓。然而，由于作者阶级意识的逐渐强化和对农民现实政治命运的过多关注，使他们的小说文化性在不同的程度上有所削弱，因而在整体上表现出向农村题材小说领域倾斜的趋向。受他们的影响，乡村小说一度回避了表现中西方文化冲突的主题，以致在五六十年代出现了农村题材小说的泛滥。而鲁迅知识分子立场对乡村文化进行理性透视的文化乡土小说，则直到70年代末和80年代初才有了新的崛起。

客观地说，80年代中国的改革开放是"五四"以后中西方文化的第二次大融汇。如果说"五四"时期出现的文化大碰撞，是中华传统文化在屈辱的状态下对自我文化的彻底否定和对西方文化的被动性接纳的话，那么80年代的文化大交流则表现出中西方文化在形式上的一种对等性互换。尽管不同时代背景下的二次文化大碰撞有着种种不同的具体内容，但是文化碰撞在整体上的相似性却使80年代在文化吸纳上有着宛如回到"五四"时代的感觉。伤痕、反思背景下的乡土小说，就是在这一特定情境中，以回归"五四"的文化批判和文化反思的认知形式出现的。而80年代中期出现的"寻根文学"，则标志着乡土小说知识分子的文化自觉。"寻根文学"以质疑"五四"的姿态，承继了"五四"时期乡土小说的文化追寻。"寻根文学"的理论主张鲜明地标示出其对民族文化精神的探求。因此，它是鲁迅以改造国民性为目的的反传统的继续。所不同的是，鲁迅面对中西方文化碰撞的初期，面对传统文化的根深蒂固，他采取的是彻底反传统的策略。而"寻根文学"作家则表现对中国传统文化劣根和优根的双重揭示。像韩少功，这个最鲜明地表现出知识分子理性自觉的寻根小说家，他的乡土小说，文化冲突的意味就特别明显。他的《回声》《爸爸爸》等作品，知识分子虽然表现为不在场，但作者以叙述者的理性逼视，使传统文化浸染下的农民麻木、愚昧的劣根性昭然若揭了。小说塑造的根满和丙崽形象也同鲁迅刻画的阿Q一样，具有传统文化的象征性，从而在叙述者的理性意识和被描绘的农民形象之间构成了两种文化冲突的内在张力，显示出新时期的知识分子对传统文化的深刻洞见。

在以西方启蒙理性立场对中国传统文化观照的乡土小说中，知识分子就如盘旋在空中的风筝，一方面由于距离，深化了知识分子对传统文化的理性认知，另一方面又由于受到特定文化的牵引，表现出对生于斯、长于斯的自身文化的情感眷恋。这种文化冲突的历史必然性，注定了知识分子文化漂泊者的命运。鲁迅以其深刻和清醒，既最大限度地拉开了"风筝"与土地的距离，又能够跳出风筝线的两端，以彻底的反传统对知识分子和农民进行双向批判。赵树理等作家则以拉近"风筝"与土地的距离，表现出对世俗生活的关注，但却使知识分子的理性意识和乡土小说的文化韵味受到了极大的削弱。而韩少功等寻根作家，则试图给风筝寻找新的支点，这使他们的种种努力，不仅在视角上没有跳出风筝线的两端，反而淡化了理性批判的力度，因而在中西方文化冲突的认知性上并未超越鲁迅，只是由于他们的乡土小说，在现代化进程中时间上的延伸和地域性上的开拓方面，丰富了中西方文化冲突的不同表现形态，并使鲁迅开创的文化乡土小说回到了文学叙写的中心位置。

三

如果说20世纪的乡土小说家在理性认知上更倾向于西方文化立场的话，那么他们在情感态度上则表现出对传统文化立场的倚重。在这一点上，鲁迅的乡土小说仍具有范式意义。鲁迅《故乡》的归乡模式和《社戏》的童年回忆视角，给20世纪的文化乡土小说创立了两种诗学的范式。《故乡》以开头的景物描写和叙述者低缓阴沉的语调营造了游子归乡的落寞心境，那想象中的故乡和现实中满目疮痍的荒村形成的反差，使归乡人不禁要怀疑"这不是我二十年来时时记得的故乡"。显然，现实中的故乡是令人失望的，旅居他乡的游子每每只是在记忆中编织他心灵的故乡罢了。一旦面对现实的乡村，必将粉碎归乡人心中的梦幻。这使得文化乡土小说中的归乡模式具有了现实和理想、客观和主观、现在与过去的时空距离，而游子的无家可归、有家难归和归乡又逃离也都有了寻找精神家园的文化寓意。而《社戏》的童年视角亦使怀乡具有诗学的特征。小说通过"我"对城市看戏的不满，以对比的方式勾起了对童年在家乡看戏的回忆。需要指出的是，"看戏"只是勾连城市和乡村的一种生活契机，作者的指涉显然关乎的是现代城市文明与传统的乡村情结。小说的回忆实际上暗示了叙述人当下时间和空间的缺失，暗示了叙述人此在的孤独和焦虑，而回忆产生的童年梦幻亦宣告了叙述人对当下城市生活的否定，这种以回忆建立起现实城市和梦想中的乡村的对比关系，构筑了小说时空上的巨大张力和主观心理的极大反差，从而把知识分子归乡的孤寂心态和怀乡的精神漂浮感烘托了出来。

　　鲁迅乡土小说价值论上的反城市化情绪，被废名、沈从文、汪曾祺等接受了。所不同的是，鲁迅饱含两种文化冲突的理性认知与情感价值选择的矛盾，在废名、汪曾祺笔下渐渐被隐没了。废名的《桃园》《菱荡》《桥》等乡土小说，"作者用一支抒情性的淡淡的笔，着力刻画幽静的农村风物，显示平和的人性之美"[2]211。因此，他构筑的是纯感觉的东方乌托邦。只是由于作者回眸式的追溯笔调，使空幻的乌托邦在表象的牧歌声中流溢出忧伤的挽歌情调。而汪曾祺的《鸡鸭名家》《老鲁》，以及80年代的《受戒》《大淖记事》等，则以貌似无主旨的民俗风情展示，流溢作者对传统文化人性美的依依眷恋。因此，同样具有挽歌情调，只不过汪曾祺的作品更多一些暖意，更突出一种美的力量而已。三四十年代最能体现鲁迅价值论上反城市化情绪的乡土小说家是沈从文。虽然沈从文直接师承的是废名山水田园诗般的乡土抒情小说，但在废名笔下，"其作品显出的人格，是在各样题目下皆建筑到'平静'上面的……这些灵魂，仍然不会骚动，一切与自然谐和，非常宁静，缺少冲突"[8]100。而在沈从文笔下，则"同样去努力为仿佛我们世界以外那一个被人疏忽遗忘的世界，加以详细的注解，使人有对于那另一世界憧憬以外的认识"，在这一方面"似较冯文炳君为宽且优"[8]100。也就是说，废名的乡土小说营造了桃花源式的封闭世界，内中的人物"不知有汉，无论魏晋"。而沈从文的乡土世界"则展示出乡村社会历史文化的常数与现代文化的变数交织而导致的矛盾冲突及人的生存悲剧"[9]。沈从文的《边城》中，那白塔在老船夫死去的暴风雨之夜的坍塌，《长河》中象征着现代文明种种罪恶的队长和师爷对桔园的闯入，都具有中西方两种文化冲突的隐喻性指涉。沈从文小说的人物类型亦从整体上体现出中西方文化的对立模式，他笔下的人物大抵呈两类三种状态，文明社会熏染的城里人，他们是道德堕落、精神空虚的畸形人，与之相对的是乡土文明孕育的理想人格，像翠翠、夭夭、三三等，还有一种是介于二者之间的正在被现代城市文明侵蚀的乡村失态人，像《萧萧》《丈夫》《贵生》中的主人公。正如杨义所说，沈从文对人性的选择依据是"扬卑贱而抑豪绅，非都市而颂乡野"[10]610。这使他的反城市化情绪较鲁迅显得更加突出和鲜明。

　　然而，无论是沈从文，还是废名和汪曾祺，他们的乡土小说都较少直接以知识分子为表现对象，而知识分子的文化乡愁主要是通过叙述中此在乡村与彼在城市的比照，通过叙述人的情感态度、叙述笔调、氛围烘托出来。因为他们所处的时代和他们的理性意识，决定了他们对势不可挡的现代化的认识。他们的乡土写意小说，不过是现代文明冲击下乡村美丽风俗的最后一道风景。这使他们的怀乡小说在表面的牧歌声中笼罩着一种浓郁的哀怨底色。从接受学的角度来看，乡土写意小说主要面对的是知识分子读者群。尽管沈从文以及后来的贾平凹、张宇等怀乡小说家往往自命为"乡下人"，但是他们小说的文化色彩、情感价值取向，甚至是语言、描写手法等，都与赵树理那种真正写给农民看的小说相去太远，尤其是他们的乡土小说，从总体上流溢出来的对正在消散的传统文化的伤悼之情，也更像是现代化进程中知识分子的普遍情绪。而对于后发现代化国家的知识分子来说，这种传统文化的怀旧情绪，是蕴含着对全球化时代民族文化深刻思考的，是蕴含着对文化现代化深入反思的，是蕴含着对民族文化新生憧憬的。因此，新时期当汪曾祺回忆起"四十三年前的一个梦"的时候，那正是对文化怀乡小说的追忆。而寻根后小说的出现和深化，则标志着对民族文化前途关切的乡土写意小说有了一种新的开拓和延伸。

　　80年代中期寻根作家在理论上鲜明地打出了推崇民族文化的旗号。韩少功在《文学的"根"》中说："在文学艺术方面，在民族的深厚精神和文化物质方面，我们有民族的自我，我们的责任是释放现代观念的热能，来重铸和镀亮这种自我。"[11]这表现出民族文化观念的自觉。只有把情感立场转向民间的、民族的文化，才能发掘民族文化潜藏着的"优根"。于是，寻根作家们纷纷到传统文化的蛮荒之地、到民族的亚文化中去寻找民族文化的新的源泉。韩少功试图复活楚文化的瑰丽，贾平凹热衷秦汉文化的气象，阿城崇尚道家的超脱，莫言则张扬初民的野性。寻根作家意在重建民族文化精神的小说，使他们一方面努力去挖掘传统文化的优根，而另一方面则对现代文明社会的人性蜕变、道德堕落予以激烈的抨击。寻根作家理论的自觉，使得他们的乡土小说文化冲突表现得异常明显，像贾平凹的《浮躁》《土门》《高老庄》《怀念狼》、张炜的《古船》《九月寓言》《家族》《柏慧》、韩少功的《马桥词典》《暗示》等。小说在标题上就具有某种象征性，而在题材上则都是以小村庄寓意民族、国家的历史文化，并通过人物的兴衰展示文化冲突中的宏阔社会历史图景。特定的文化内涵决定了知识分子形象也被推到了小说的主体地位，像贾平凹笔下的金狗、子路、高子明，甚至是《废都》中的庄之蝶、《白夜》中的夜郎等，张炜《古船》中的隋抱朴、隋见素，《家族》和《柏慧》中宁、曲两家的三代知识分子。而韩少功的《马桥词典》和《暗示》，则以叙述人的知识分子立场看取"马桥"和"太平墟"在物质贫困中的精神亮点，打量"城市"物欲膨胀下的人性失落。即如贾平凹的《高老庄》，建构了以子路为中心的两大人物系列群，而目的在于从整体上"极力去张扬我的意象"[12]。因此，子路的还乡和离乡就具有知识分子精神困惑到精神突围的写意。这一点在《怀念狼》中表现得更加明显。一方是城市来的施德（失德）和黄疯子，一方是乡村的傅山（负伤）和烂头，从而突显了"我"（高子明）游走于中西方文化之间的窘境和在这窘境中立足民族文化兼收并蓄的开放文化观念。

20 世纪中国的文化乡土小说创作，诚如乡土作家张宇在《乡村情感》中的自白："我是乡下放进城里来的一只风筝，飘来飘去已经二十年，线绳儿还系在老家的房梁上。"[13] "风筝"形象地概括了乡土作家知识分子的身份和以现代理性关注乡土中国的文化视角，而风筝与土地的关系则决定了他们立足传统文化的历史宿命。中国社会现代化过程创生的、以表现中西方文化冲突为内核的乡土小说，随着现代化的深入而发展，也将随着乡土社会历史的终结而转移。

参考文献

［1］范家进：《现代乡土小说三家论》，上海三联书店 2002 年版。

［2］严家炎：《中国现代小说流派史》，人民文学出版社 1989 年版。

［3］张炜：《关于〈九月寓言〉答记者问》，见《问答录精选》，山东友谊书社 1993 年版。

［4］林毓生：《中国意识的危机》，贵州人民出版社 1986 年版。

［5］鲁迅：《中国新文学大系·小说二集导言》，见《鲁迅全集》第 6 卷，人民文学出版社 1981 年版。

［6］茅盾：《关于乡土文学》，见《茅盾全集》第 21 卷，人民文学出版社 1991 年版。

［7］鲁迅：《文化偏至论》，见《鲁迅全集》第 1 卷，人民文学出版社 1981 年版。

［8］［12］沈从文：《论冯文炳》，见《沈从文文集》第 11 卷，生活·读书·新知三联书店香港分店 1984 年版。

［9］凌宇：《沈从文〈乡土小说〉序》，上海文艺出版社 1993 年版。

［10］杨义：《中国现代小说史》第 2 卷，人民文学出版社 1988 年版。

［11］韩少功：《文学的"根"》，《作家》1985 年第 4 期。

［12］贾平凹：《高老庄·后记》，人民文学出版社 2008 年版。

［13］张宇：《乡村情感》，转引自刘绍棠、宋志明：《中国乡土文学大系》，农村读物出版社 1996 年版。

市声中的缺失与存在①
——鸳鸯蝴蝶派小说生存境遇剖析
戴嘉树

　　中国现代文学史上，还没有哪一个文学流派像鸳鸯蝴蝶派（以下简称为"鸳蝴派"）那样积聚如此多的毁誉于一身，惹起如此多的是是非非，引来无数纷扰和争议。奇怪的是，"鸳蝴派"这个名称却并非在"论争"中产生，而是来自偏见的衍生物。在它任人贬损、有意无意被忽视的漫长岁月中，极少见到自我辩护和抗争，也没有形成"新文学"时期众多流派之间针锋相对、你死我活的激烈场面。可就是这个流派，在文坛上叱咤风云近50年，到今天却还没有得到"正名"。尽管今天已经有许多人对它作了这样那样的评价，也给了它这样那样的肯定，但一系列的天灾（不合时宜的出现、生不逢时的命运）人祸（包括对它的恶意毁谤和善意拔高）几乎让我们无法辨识其庐山真面目！要揭开"鸳蝴派"小说的那层面纱，我认为，首先应该把它放在"新小说"和"新文学"之间进行细密的梳理，理出它的前因后果、来龙去脉，并挖掘其承前启后的特质，从而判定它自身的独立价值；其次，从它拥有大量市民读者、以都市为写作背景以及在文本创作方面表现出来的一些现代性因素看，应该可以把它定位为都市小说的滥觞，由此把它在外部所遭遇的困境与文化环境的突变作为突破口，寻踪觅迹，把潜隐在更深一层的问题挑到理性层面，以期达到拨云见日的效果。

一

　　"鸳蝴派"是个松散的文学流派，成员鱼龙混杂，作品良莠参差，其中有郑振铎、沈雁冰所批判的"文娼""文丐"之流，这些人思想守旧，

---

　　① 原文发表于《文学评论》2010年第4期，收入本论文集时进行了修改。
　　作者简介：戴嘉树（1962—），福建南安人，硕士，副教授，主要研究方向中国现当代文学。

情趣恶俗，文品低劣。梁启超在 1915 年称其为"诲淫诲盗"，李大钊在 1916 年则称其为"堕落于男女兽欲之鬼窟"，另有周作人、鲁迅、瞿秋白、胡适、阿英等人也对"鸳蝴派"进行严厉批评。沈雁冰在他执掌《小说月报》编辑大权后，为树立新文学观，彻底取缔游戏、消遣的文学观，甚至不予刊发商务印书馆已买下的可供《小说月报》一年之用的"鸳蝴派"作品。对此，郑振铎说："鸳鸯蝴蝶派的大本营是在上海。他们对于文学的态度，完全是抱着游戏的态度的。"[1]123 沈雁冰还从艺术观上批评了"鸳蝴派"的"记账式"叙述与"向壁虚构"，以及拜金主义，即他们把小说当作商品，"只要有地方销，是可以赶制出来的；只要能迎合社会心理，无论怎样迁就都可以。这两种观念，是摧残艺术萌芽的浓霜"[2]。从梁启超到"五四"以后的"新文学"，都想在根本上剥夺"鸳蝴派"小说作为"正当"文学存在的权利。

如上所述，沈雁冰和郑振铎对"鸳蝴派"的批判重在否定它的"合法性"，有以新文学观取代旧文学观的主观意愿，夹杂着自我优越感和策略企图。这种意图有明显的偏执和排他性，代表着一个时代的感情宣判，所以不是真正的文学本体的争论和探讨。当时，"新文学"虽然裹挟着时代潮流气势暂时压制住"鸳蝴派"小说，但无法真正消灭它，林培瑞分析，"鸳蝴派"的言情小说"在上海的读者群肯定达到 40 万到 100 万之间"[3]338—339。即使到 30 年代末期逐渐衰落时，还保持着无人匹敌的纪录。这种现象在中国现代文学史中也算是一大奇观。"鸳蝴派"小说在前有"新小说"、后有"新文学"的围追堵截中仍能立于不败之地。要厘清这些问题，首先就得回到文学艺术的本源上来，回到文学艺术的自身规律上来。

清末科举制度在 1905 年终结，断绝了文人科举入仕之途，他们便蜂拥到上海等城市谋生，这些人或业余时间创作小说，或靠写小说维持生计。虽然人员参差不齐、鱼龙杂处，但却可以说是由他们完成了对民初现代性的初步突围，并为其后的中国现代小说取得更高成就铺平了道路。他们创作、翻译小说，撰写论文，介绍西方文论等，也按照文学艺术规律的准则进行创作，并把"趣味性、娱乐性和消遣性"放在小说创作的第一位，这也是对"新小说"的一种反拨。"新小说"对政治的狂热严重消解了都市读者的审美兴趣，它的作品只在热衷于政治改革的读者中找到知音，只重视社会教化功能，而完全忽略了文学的其他功能。梁启超的"新小说"，虽毫不避讳其政治创作倾向，文章也写得气势恢弘、激情澎湃，煽动性极强，但只起到短期的兴奋作用；就连名噪一时的"谴责小说"也因持这种功利观，终于走火入魔变成"黑幕小说"。

恰在此时，上海商品经济的发展为通俗文学的发展和繁荣提供了市场。于是，反映市民生活的通俗文学便应运而生。一些入仕无门、受旧式教育的文人瞅准上海这块"宝地"，推销自己的作品以谋求生存和发展。他们的小说表现出与"新小说"完全不同的创作理念和倾向。"不谈政治，不涉毁誉"[4]，强调作品的"游戏"功能，很快掀起了一股通俗小说热潮。据统计，当时多达130余种"鸳蝴派"期刊，除了《琴心报》与《新声杂志》、《星》、《星报》是在常州与苏州出版外，其余全都设在上海，其作品之巨、读者之众、影响之大，可谓盛况空前。

正当"鸳蝴派"小说一路凯歌高奏的时候，社会上爆发了资产阶级革命运动，它们需要有自己的文学阵地为其舆论造势助威，而现成的"鸳蝴派"小说大异其趣，不但不能招在麾下为其所用，还因为拥有众多读者在不断地扩大地盘。"新文学"因为自己的生存和发展，发动一场声势浩大、围剿"鸳蝴派"的运动势在必行。"新文学"的批评一开始就采用妖魔化的手段对"鸳蝴派"进行挞伐。

梁启超指责"鸳蝴派"小说"诲淫诲盗"。其实，"鸳蝴派"作家在道德观念上算是中规中矩，甚至有些保守，无外乎扬善劝恶，写情时则是恪守"发乎情止乎礼义"的原则。比起有些"五四"新文学的作品，"鸳蝴派"小说在这方面则几乎可以忽略不计了。"鸳蝴派"小说在言情方面，几乎只谈情爱，不写性爱，是一种浪漫的纯情幻觉，所以有人称它为"无性文本"。梁启超自持政治小说高人一等的优越道德感，对"鸳蝴派"采取全盘否定的态度。有人说："梁启超讲小说的作用，比较重小说的善和俗，……鸳鸯蝴蝶派则重利与趣。梁倡政治小说，就是看到小说的政治教育作用，这种对文学的要求与传统的文学'重教化'的思维模式是顺向的。"[5]31

"新文学"则视"鸳蝴派"为"逆流"，对其进行刻意抹杀和全面围剿，这与梁氏的配合就是两面夹击。其实，"鸳蝴派"和"新文学"之间只不过显示出两种不同的创作宗旨、创作态度的分歧，并非是观念的迥异，何至于水火不容？"新文学"一开始就把对方打进了封建的行列，使其成为最直接、最简便的攻击对象，也是想借此迅速提升自己的地位。可它不曾想到，这个被任意抹黑和攻击的"前辈"，其文学因子及新元素却在之后自己的作品中屡屡出现，加以继承、消化和吸收，这恐怕是"新文学"始料未及的。

"鸳蝴派"小说能持久地受到民众的喜爱，原因很多，但它并非一味地媚俗和无原则地讨好读者，或者漠视作品的社会教化功能，在对传统小说的继承、发展和对西方小说的参考与借鉴方面都有可圈可点的地方。

"鸳蝴派"小说最让人诟病的就是"才子佳人"模式。其实，传统的才子佳人小说必然是有情人皆成眷属——大团圆的结局，但恰恰是"鸳蝴派"小说首先跳出这种窠臼，这一点曾得到痛恨大团圆结局的鲁迅的肯定。鲁迅指出，"鸳蝴派"小说的主人公"有时因为严亲，或者因为薄命，也竟至于偶见悲剧的结局"，虽然其中有些还算不上真正意义的悲剧，但才子佳人终于"不再都成神仙了"，突破了传统美学追求和谐、中庸的规范，开始具有现代气息，所以"实在不能不说是一个大进步"[6]。当代也有论者认为，《玉梨魂》"这部小说之所以打动读者在于它提出了一个敏感的话题——寡妇能否再嫁和构造了一个艺术气氛——悲剧意识。他们改变了中国小说传统的'史质同构'的观念，小说不再是过去事的历史总结，而是'今社会'的艺术记录……写当今社会上的事正是中国现代文学'现代性'的特征之一"[7]。其实，何止一部《玉梨魂》，何海鸣的《倡门红泪》《老琴师》、毕倚红的《人间地狱》、吴双热的《孽冤镜》，以及周瘦鹃的代表作《恨不相逢未嫁时》《此恨绵绵无绝期》等，无不是表现有情人难圆美梦、失恋者终身饮泣的婚姻爱情悲剧。与《玉梨魂》描绘的"寡妇恋爱"突破封建礼教设置的禁区不同，苏曼殊的《断鸿零雁记》突破的是宗教的清规戒律，以"和尚恋爱"的故事提出同是触及人性觉醒的敏感话题。如果没有近代民权思想的浸濡，无法想象他们能写出这样大胆的文字，其作品提供的形象在客观上已经触及和尚、寡妇也是"人"。这类作品被戏称为"哀情"小说，营造的是"凄美"氛围，与传统"才子佳人"小说大异其趣。"鸳蝴派"的小说，已经或多或少撼动了中国传统文学的审美形态及其结构的基石。

再者，"鸳蝴派"也不是一成不变的。"新文学"产生后，它也在一定程度上接受新思潮的影响，读者前进了，他们也要前进，这是他们的读者观。"新文学"要改造国民，"鸳蝴派"要适应国民，适应国民主要是满足市民的要求，市民读者进步了，作品就得跟上。有些评论者指责它封建落后的一面，却忽略了它这方面的积极意义。例如，包天笑的短篇小说《一缕麻》，以悲剧性的结局批判了封建伦理道德及旧式婚姻制度对人性的摧残。周瘦鹃的《恨不相逢未嫁时》《真》等也都表现了作者在婚姻爱情上的觉醒，意识到封建婚姻的违反人性，在不太拂逆旧礼教的风范中歌颂着自己的理想爱情。徐枕亚的《玉梨魂》，也体现了作者对理想爱情的追求与向往，是对否认婚姻需要爱情的封建礼教的反驳。"鸳蝴派"的这一类言情作品，在一定程度上体现了对封建礼教摧残人性的不满和批判。这也是因为人性的觉醒使然。

"鸳蝴派"的《红》杂志 1 卷 39 期"赤子爱国"增刊是针对日本拒绝取消"二十一条"而出版的国耻专号之一。还有些报纸在"五卅"运动中拒登英商广告，在"九·一八"事变中拒登日货广告。上海事变后，"鸳蝴派"曾写过不少"国难小说"，以表现自己对抗战的理解，其中不乏歌颂军民抗战的英雄事迹，借此唤醒国人、鼓舞民气。1936 年 10 月，"鸳蝴派"的作家包天笑、周瘦鹃等与文艺界各方面代表人物联合签名发表《文艺界同人为团结御侮与言论自由宣言》，自觉地与新文艺合流，走上了抗战的道路。茅盾曾说："但在'五四'以后，这一派中有不少人也来赶潮流了，他们不再是某生某女，而写家庭冲突，甚至写劳动人民的生活了。"这种与时俱进和兼有揭露时弊的作家作品是普遍存在着的。周瘦鹃在自传中写到："自从当年军阀政府和日本帝国主义签订了二十一条卖国条约后，我痛心国难，曾经写过《亡国奴日记》《卖国奴日记》《祖国之徽》《南京之围》《亡国奴家的燕子》等许多篇爱国小说，想唤醒醉生梦死的同胞，同仇敌忾，奋起救国，以至引起上海日本领事馆的注意，曾派特务到报馆找我，险遇不测。""鸳蝴派"中最具代表性的张恨水，其作品中的揭露性则是一以贯之。他从不作黄色下流描写，格调、情趣也略高一筹。即使是早期作品《春明外史》对旧制度的揭露也相当有力度，而《金粉世家》《啼笑因缘》的思想内容则更为深刻，其揭露面也更为深广。抗战时期，张恨水的思想和创作有了更进一步的发展，他创作了大批反映抗战的作品。他讴歌抗日战士，抒写民族英雄的感人事迹，表现中国人民不做亡国奴的凛然正气。抗战时期，许多"鸳蝴派"作家以他们的作品自觉走向抗战，融入时代大潮流之中，从而获得了实质性提升。

如果从"新文学"的成就之一即白话的推广和应用去衡量，"鸳蝴派"小说的贡献是显而易见的。白话创作在"鸳蝴派"手中已基本成型，包天笑在其主编的《小说画报》上就力主"小说以白话为正宗",把它提高到文学观念上来对待;在创作方面,陈蝶仙《泪珠缘》、张恨水《旧新娘》等都做出了努力,其时不过是辛亥革命前后。包天笑就说:"提倡白话文,在清光绪年间,颇已盛行,比胡适之那时还早数十年呢。"[8] 而当我们在讨论鲁迅小说中人物称谓运用对传统的突破时,早在1903年吴趼人的《二十年目睹之怪现状》已经悄悄地把中国传统小说的全知型叙事视角转向半知型叙事视角(第一人称),另一些作品,如周瘦鹃的《檐下》、徐卓呆的《石佛》甚至尝试了第三人称的写作;中国小说史上第一篇日记体小说,却是由徐枕亚《雪鸿泪史》拔得头筹,鲁迅的《狂人日记》中的某些先锋性因素似乎依此可以寻觅到一些踪迹;陈蝶仙的《玉田恨史》成功的心理描写,算不算为"新文学"开了意识流写法的先河。其他如推理小说的引进,书信体小说的产生,叙事时序和叙事角度的变化,语言的进一步通俗化、口语化等特点,正是中国现代文学所具有的"现代意识"。"鸳蝴派"小说"对现代文学发生的贡献更多地体现在现代文学生产机制的建设上……鸳派建立了中国职业作家的体制,并成为中国最早的一批职业作家"[7]。从这些不同的现代意识元素拼凑中,影影绰绰可以发现"新文学"诸多本源和成就的来龙去脉,"鸳蝴派"被借鉴、被吸收和被承继已是不争的事实。有了这一衔接,"新文学"那些曾经被高估的、特立独行的"印象"应该回归现实、重新被检视了。

这里要强调的是,对现代性的理解不应只局限于启蒙和救亡的宏大叙事,应包括一种平庸的、以现代的生产关系和生产力为基础的日常生活和市民生活。如此看待"鸳蝴派"的小说,便能悟出其中不少值得深思的新元素。

二

"鸳蝴派"受到前后夹击和不见容于一定历史时期的原因很多,但有一点却是非常重要的,那就是它身上表现出来的与中国古老文学迥异的基因突变,也即西方的一些现代元素和中国都市文化杂糅之后的变种——都市小说,这一结晶虽不算怪胎,但恐怕会让那些认为自己处在世界文化中心的旧中国的儿女们不可接受和无法释怀。在中国,这是一种全新的文学现象,带有明显异域的标记。导致许多文人对"鸳蝴派"批判的根本原因就在于潜意识里那种积淀几千年的"大中华"老大心态在作祟。

有些论者并不同意把"鸳蝴派"小说划在"都市小说"的行列，认为这些小说无论是从内容还是形式看都没有脱离旧小说的窠臼，"旧时沪地洋场产生的文学，不过是中国传统的才子佳人章回小说的横移，只是更加媚俗、更加投合老中国市民的趣味而已。这中间，像吴趼人的《九命奇冤》，吸取一点西洋侦探小说的布局，……茅盾也多次赞誉过《海上花列传》的结构方式。但是，这些作品整体上没有真正从西方文化中学到现代的东西，无论是思想的改良，还是文体的缺乏创新，都注定不能走出传统文学之樊篱。它们不能归向新文学，还是属于旧文学的一部分"[9]2。持此观点者不在少数，这里不再赘述。

"鸳蝴派"小说观念本是一个复杂的理论形态，由于并无共同遵守的文学主张，再加上理论和创作实践有时不一致，形成了众说纷纭的局面。在它身上，虽然没有"新文学"作家那样具有文学改革的自觉性和清晰的理论导向，却具有一种在中国文学史上不曾出现过的把文学和市场因素完美结合的特质。恰恰是这种特质把它推向一个尴尬的境地，新旧不容，左右不是。必须从这种特质出发，我们才能够揭开它显处和隐处的困境，也因此我认为应把它定位于都市小说的滥觞阶段，当然这也就肯定了它是都市小说的一派。毕竟作为一种刚刚起步的新文学形态，这一"新"既不同于横向的西方都市文学，在纵向的中国文学史上也是首次出现。文论家伯顿·派克在《现代文学中的都市形象》一文中指出："都市文学有三种存在方式：与乡村文学相对立的广义的都市文学，以描绘都市并批判都市罪恶的都市文学，还有描绘都市深层文化心理和潜意识的都市文学。"[10]32如果我们认可伯顿·派克关于都市文学的这一观点，就不应该把"鸳蝴派"完全排除在都市文学之外，起码它在第一种方式上是成立的，在第二种方式上也有部分交叉。

在前面，我们注意到"鸳蝴派"不论与"新小说"还是与"新文学"之间的冲突主要是在文学功能上。这是表面的，实际上由此引申下去就会发现，支撑这种不同文学功能的理念是异质的文化背景（在上海，有许多物质文化和精神文化元素是殖民者强行植入的，或者叫文化侵略，它不是社会自然发展的产物，而更像"空降"式的移植，在这里它们是强势文化，游戏规则由异质文化的西方人制定，他们的文化在当时中国成了局部的中心，上海就是这个局部。传统的市民面对异质文化并非全盘照收，当然也经历抵触和抗拒，但力量对比上的悬殊以及生存的压力，很快就让他们向异质文化倾斜，所谓"洋泾浜文化、洋场文化"是也）。其中，上海作为异军突起的大都市，这个背景成就了"鸳蝴派"小说这一脉走向了"都市小说"这一全新的文学道路。"鸳蝴派"描写都市生活并面向市民阶层，以读者为依归。换句话说，由市场规律运作组建的中国自由职业作家的体制，必须把都市读者当成衣食父母，小说家们十分贴近市场，善于吸收市场能够接受的任何新鲜事物。为迎合市民阶层的文化水准，很多时候就得降格要求，这是中国文学史上一种全新的作者和读者的关系。而高高在上的"新小说"和"新文学"的作者们便不可接受，支撑他们的是几千年的农耕文化，都市完全是异质的，任何新兴的都市元素均无法触动他们的神经，更无法去考虑调整已经习惯了的作者和读者之间的关系。传统的作者，通常把文章发表出去后就不管，让读者自行去选择，让文章自生自灭。他们的读者大多是精英阶层，一切从精英的要求出发。实际上，这两种文学也仅只在学生、教员、作家等极狭窄的圈子中流行，广大城乡还是通俗文学的天下。直至今日，打工仔看得多的还是法制文学类流行刊物。精英与通俗文艺既是对立的，也是相互依存的，各有分工、各有使命。在这类精英作品中，不但思想意识高出"鸳蝴派"一筹，所使用的小说语言也让普通大众相当隔膜，那种诘屈聱牙的欧化体裁和滥用倒装句法的作品怎么能够进入通俗市民阶层的视野。而广大市民阶层的流失，就意味着文学创作的某种失败，这就使原来充满紧迫感和焦灼感的那些崇尚政治功能的文人更显焦灼，自然会怪罪"生意"红火的"鸳蝴派"，把火撒在别人身上的时候就失去自省的能力了。在 20 世纪 30 年代末，茅盾说过这样一段话："事实是，二十年来旧形式只被新文学作者所否定，还没有被新文学所否定，更没有被大众所否定，这是我们新文学工作者的耻辱，应该有勇气承认的。"[11] 虽然觉悟得有些迟，可附和者也终于集体缺席。

人们发现，比起"鸳蝴派"小说，更早的"新小说"很少受到"五四"新文学的攻击，正统文学还能心平气和地谈论它的功过。这种截然相反的境遇并非是"新小说"很优秀，足以让"新文学"人士另眼相看，而是它们之间有着同质性的结构，有着一种隔代姻亲关系，就是都把小说当成一种负载历史使命、教化的工具，都不太注重读者的感受自顾自在那里说话，面对一无所知的受众侃侃而谈。这种居高临下的作者和读者之间的关系，让后来掌握了话语权的"新文学"人士从前辈身上看到了自己的影子，这样就在反对几千年的旧文化再到当前的"鸳蝴派"小说的空前运动中轻轻地放了"新小说"一马。当然，"新小说"也因为自身存在的先天不足和弊病到了"五四"前已呈颓势，对"新文学"构不成任何威胁而能寿终正寝。不但如此，它身上的一些东西还能成为遗产被"新文学"继承下来，从"为人生"派和"革命文学"中能够感受到对梁启超小说功能说和政治小说模式的偏爱和继承。这一切的先决条件都是没有把都市文化背景纳入文学创作的因素来考虑。

"新小说"和"新文学"这种说不清道不明的亲近感完全是文化背景相同所致。林纾译本《茶花女》被认为是"鸳蝴派"的蓝本，但这一蓝本却也能被"新文学"的那些具有先锋性的精英阶层所接受。何也？虽然我们说这些精英的文化背景是传统的，但他们在接受外来文化的时候，尤其是近代以来，是没有任何心理障碍的，毕竟许多人都有留学背景，甚至可以说都是些开明人士。他们比较不能接受的是那种不中不西、亦中亦西、业已被本土吸纳的西方文化元素。他们接受《茶花女》是认可外来小说叙事变化这种现代性，并不是林纾采用传统文言文翻译和自作主张改写的部分。但"鸳蝴派"小说理念中对外来文化因素改造并融会进本土的成分，已经完全不同于纯传统、纯外来的那些东西。因此，类似《茶花女》但已本土化的"鸳蝴派"小说，如何海鸣的《倡门红泪》却是万难被接受的，因为其间何为东何为西已经不易辨析了，也不想辨析。天生的偏见和文化隔膜注定了这道鸿沟是不可逾越的。

"鸳蝴派"的"游戏说"其实也是早期都市小说的必备元素，是挤进市民世界的入门券，也是他们安身立命的创作原则。"文学研究会"宣称"将文学看作是高兴时的游戏或失意时的消遣的时候，现在已经过去了"，少了一些平和，多了一些狭隘。"新文学"捍卫者在理智层面上应是站得相当高的，但在情感方面却有太多的抗拒，所以容易感情用事。另一方面，"新文学"在给"鸳蝴派"贴上一些不雅不洁的标签之后，一定时期内借助行政力量和权威光环严重挤压都市小说的生存空间，何况他们背后还有强大的传统观念的支持。对都市小说不可能进行正常探讨，迫使他们的创作一度从喧闹的市声中转入边缘地带。由于生存的环境并不很健康，"鸳蝴派"作为新兴的都市小说一脉并没有在拥有绝对多数读者之时，很快提升自己的品位，因此逐渐丧失对抗的能力走入重整之道恐怕是不可避免的。

"鸳蝴派"小说应属新兴资产阶级和市民阶层的文学。虽然政治功利因素和传统的载道理念被忽视，看上去不怎么符合主流思潮的迫切性要求，但客观上却是符合文学自身的创作要求，这一点应被视为中国文学史上的一大突破，因为在中国文学史上还不曾见过如此多的文人被卷入一种"自生自灭"式的、文责自负的写作环境，之前之后的文人大都是御用式的，生存无虞，地位稳固，创作不过是闲情逸致的附属品，没有非此不可的紧迫感和生存欲望，虽有"使命感"，却是被强烈的政治因素和传统的载道理念所左右的。对文学来说那也是一种偏执，这种偏执短时内尚有一定的影响和号召力，但因偏离了文学自身发展的轨道，是无法持久的，其分裂或衰败势所必然。

中国历史上并没有发生过工业革命或者出现过资产阶级启蒙运动。只有长久受封建理学钳制如一潭死水的国民思想意识，这就不可能企求他们在思想方面来个大飞跃，虽然辛亥革命动摇甚至最后推翻了封建制度，但受封建意识束缚的民众此时才开始非常缓慢的人性复苏，思想与政治革命并没有同步，与西方的思想潮流更是处在脱节的两端。其兴奋中枢只能集中在摆脱残余封建礼教的束缚，尚无暇顾及政治体制的革命，所以争取个人的自由和幸福自然成为文学、社会、市民读者最为关注的重点。"鸳蝴派"注重读者的心理接受、注重传统文化心理的积淀成为他们获得广大市民读者的法宝。张恨水一语道破："新派小说，虽一切前进，而文法上的组织，非习惯读中国书、说中国话的普通民众所能接受。正如雅颂之诗，高则高矣，而匹夫匹妇对之莫名其妙，我们没有理由遗弃这一班人，也无法把西洋文法组织的文字，硬灌入这一班人的脑袋，窃不自量，我愿为这班人工作。"[12] 比"鸳蝴派"早的"新小说"及之后的"新文学"则主要侧重于开启民智、灌输政治改良和革命的道理，其强烈的启迪作用和教育意义多少脱离了广大民众的思想实际和中国社会的现实需求。作为市民文学的"鸳蝴派"小说，因与时代更为贴近，更能体会市民的思想趣味，采取直接认同的态度，如实描写新旧过渡时期的市井生活，没有因担负文学启迪思想的任务而过急地拔高文学创作的标杆，但却负起了反映生活的使命。

"鸳蝴派"小说只能以自己的方式去反映社会的某一面或某一点，这就不应在批评它的时候硬要它承担所担不起的责任。它做了该做的事，文学艺术自身就是多元化的，它可以在不同的层面上共存共荣，读者群也有不同的审美趣味需求。从艺术欣赏角度看，俗小说比起雅小说那种一味追求"责任感""压抑感"来还有些轻松趣味，尚能娱情娱性。"鸳蝴派"在20世纪中能把旗帜撑起半个世纪之久实属"异类"，其寿命之长亦无出其右者。这不仅仅因为它首先遵循着文学自身的规律进行创作，还因为它在艺术技巧方面也有所创新和努力，一些作品也不乏现代性的特质，还因为它在中国文学发展史上起到了承前启后的不可替代的作用。

参考文献

[1] 郑振铎：《中国新文学大系·文学论争集导言》，上海良友图书公司 1935 年版。

[2] 沈雁冰：《自然主义与中国现代小说》，《小说月报》1922 年第 13 卷第 7 期。

[3] 林培瑞：《论一二十年代传统样式的都市通俗小说》，见 [法] 戈德曼编：《中国现代文学》。

[4] 王钝根：《游戏杂志·序》，《游戏杂志》1913 年第 1 期。

[5] 杨义：《文化冲突与审美选择》，人民文学出版社 1988 年版。

[6] 鲁迅：《上海文艺之一瞥》，见魏绍昌编：《鸳鸯蝴蝶派研究资料》（上卷），上海文艺出版社 1984 年版。

[7] 汤哲生：《"鸳鸯蝴蝶派"与现代文学的发生》，《中国现代文学研究丛刊》2006 年第 1 期。

[8] 包天笑：《剑影楼回忆录》，详见《文史资料选集》。

[9] 吴福辉：《都市漩流中的海派小说》，复旦大学出版社 2009 年版。

[10] [美] 伯顿·派克：《现代文学中的都市形象》，普林斯顿大学出版社 1981 年版。

[11] 沈雁冰：《大众化与利用新形式》，《文艺阵地》1938 年第 1 卷第 4 期。

[12] 张恨水：《总答谢——并自我检讨》，《重庆新民报》1944 年 5 月 20 日。

"历史"著述与"文学史"书写[①]
——从近年引进的几部海外版"中国文学史"谈起
黄云霞

或许是出于对国人"述史"多限于雷同的厌倦，近年引进的好多种由海外汉学家们撰写的"中国文学史"一直吸引着国内学界的目光。早先是刘绍铭翻译的美国夏志清教授的《中国现代小说史》（2001 年）引发广泛热议，并刺激了国内有关中国现代文学史的重新编写，接着又有德国顾彬（Wolfgang Kubin）教授撰写的《二十世纪中国文学史》（2008 年）被译介进来，更有孙康宜（Kang‐I sun Chang）和宇文所安（Stephen Owen）主编的《剑桥中国文学史》（2013 年）、梅维恒（Victor H. Mair）主编的《哥伦比亚中国文学史》（2013 年）、藤井省三撰写的《华语圈文学史》（2014 年）等，相继被引介到国内。

"重写文学史"已经喊了很多年，但国内以"重写"为名出现的文学史始终备遭冷落，而由海外汉学家们撰写的各式"中国文学史"却一再激起国内学界的争论热潮。看来这种现象确实到了应该引起我们足够重视的时候了。这里所说的"评判文学史的优劣"并不是为了确定某种评价标准，当然也绝非是想对现有的文学史著述判定高下。这里只是在尝试为文学史的评价设定几个最基础的"坐标"，它们或许都仅仅是些常识，但多数时候也许正是因为我们忽视了那些被认为是"常识"的东西，才最终导致了诸多判断上的失误。

一、"述史者"的定位：在教材与专著之间

据乔纳森·卡勒的研究，我们现在所使用的"文学（literature）"这一概念的出现实际上并不遥远——西方从 19 世纪初期至今大约有两个世

[①] 本文发表于《东南学术》2015 年第 1 期，收入本论文集时，作者进行了必要的修改。

作者简介：黄云霞（1976—），女，湖北荆门人，博士，副教授，主要研究方向为中国现当代文学。

纪；而从丹纳的经典名作《英国文学史》（1864—1869）开始算起，"文学史"写作则只有一个半世纪的时间。[1] 就中国而言，"文学"一词经日本转道进入汉语语境的时间更短，仅有100多年的历史，而以"中国文学"为对象的"述史"研究迄今也同样只是百年有余。

尽管"文学"概念出现的历史很短，但"中国文学"自身却已经历几千年的漫长历史，它甚至比世界上不少民族国家的历史都要长，因而算得上中国人足以引为骄傲的文化资本；资源的丰富必然吸引不同研究者的目光，这也许是众多的海内外学人愿意投身于这一领域的主要原因之一。

中国人自行撰写本国的"文学史"曾受到日本和欧洲的诸多影响和启发，这一点已毋庸置疑，但早期中国学人在撰写文学史时的复杂心态却容易为我们所忽视。一方面，出于潜在的民族自尊和重建文化自信的需要，文学史著述曾赋予了中国学人以特殊的使命感，何况早期海外汉学家们，如翟里斯（Giles Herbert Allen）、顾鲁柏（Wilhelm Grube）等人，对中国文学的研究一直都存在着种种谬见和误判，这就更要求深受中国文化熏陶的本国学者去加以辨析与纠正；而另一方面中国虽然有源远流长的"史述"传统，却并不是任何学者都敢于涉足这一领域的，因为在经、史、子、集的知识序列中，"史"的地位仅次于"经"，晚清时代章学诚首倡"六经皆史"，甚至一度将"史"提升到最高的地位。尽管"文学史"在传统"史著"中只是作为附属的"文苑传"之类出现的，却仍然归属于"史"的范畴。所以，有没有资格秉笔"述史"，对于执笔者来说，是一件关乎其修养、地位、学识、笔力等诸多方面的大事情；换句话说，是否敢于"写史"，对一般学者而言，既需要承受诸多来自传统的无形压力，同时也要面对种种挑战和考验，这种错综复杂的心态可以看作早期"史著"学者们的某种集体无意识心理。唯其如此，他们才巧妙地选择了一种极为特殊的"撰述"形式，这就是"教材"。

重新检视国人早期的文学史著述，其实不难发现，无论是旧式文人窦警凡、林传甲、黄人、朱希祖，还是新文学一派的周作人、胡适、郑振铎，他们的文学史著作基本上都是以"讲义""纲要""史略"等"教材"的名目出现在讲堂上的，而且值得特别注意的是，这些撰述者当初都未曾视这类著述为其个人之学术成就的最高代表，甚至也从来没有将这类著作看得如何重要，因为它们都只不过是作为教学辅助工具的"教材"的一种而已。

　　然而，随着时代的变化，早期学者们内心的那种清醒的"顾虑"似乎已经被后继者忘在了脑后，他们的那些著述即使如何粗浅，也因为在文学史研究领域曾有开创之功，而被刻意地尊奉为专门的学术经典。久而久之，研究文学的人一旦不再满足于做某个领域的专家，则如何成为一名"通才"式的"文学史家"就转而成为其普遍追求的某种目标。由此，在人们的心目中，"教材"性质的"文学史"才逐步转变为代表某种最高学术地位的"专著"；"写史"的人多了，"立言"的审慎已不再是学者"自律"的必要规范了。

　　"教材"与"专著"之间其实是有着明确界限的。一般来说，"教材"多偏重于"常识"和"定论"，"专著"则更多"发掘"与"创见"。"教材"是初学者入门的指南，所以不能将撰写者个人的偏好过多地附加其中，那样会人为地导致学习者的偏向；"专著"则恰恰相反，其所需要凸显的正是研究者的独特心得。中国有悠久的"史传"传统，而对"史家"最为基本的要求就是"客观公允"，正因为如此，著述者才不惜皓首求证，目的也只是为了避免自己的"偏断"；求"创见"其实不难，求"一言之为定论"，并使之成为"常识"也许才是更加困难的事情。

　　回过头看看近年被引介的几部文学史著作，它们实际上多数都属于"教材"。《剑桥中国文学史》本身就是英语国家用于了解中国文学的系列参考书，《哥伦比亚中国文学史》则更是明确指出为配合已有的《哥伦比亚中国传统文学选》（The Columbia Anthology of Traditional Chinese Literature，1994 年）和《哥伦比亚中国传统文学精选》（The Shorter Columbia Anthology of Traditional Chinese Literature，2000 年）而撰写的，《华语圈文学史》也是为日本学生了解东亚范围内汉语文学的互动关系而作。而之所以这些"教材"会令国内很多学者耳目一新，也许恰恰是我们自己已经忘记了，它们是汉学家们经年研究而积累的结果，是在众多"专著"的基础上经过反复考量和选择而得出的"常识"。夏志清的《中国现代小说史》和藤井省三的《华语圈文学史》虽为个人的著述，却都是其自身长期从事该领域研究的成果的积累；不用说"剑桥版"和"哥伦比亚版"的文学史更是英语世界众多汉学家通力合作的巨著。可以肯定的是，这类著作实际上都没有被撰述者看作是自己学术生涯的最高成就。这一点也正启发我们，相比于国内学者的同类著述而言，如果依旧将"教材"和"专著"混为一谈，那么我们是很难为文学史著述确定某种相对较为客观的判别标准的。

二、"述史"的分期难题：被遮蔽的西式"时间维度"

文学史是历史描述中的一种极为特殊的形态，之所以特殊根源就在于文学自身的"审美"特质，因为"审美"意识常常可以超越历史而独立存在。但文学的演化要呈现出一种历史的面貌，就必然会受到历史自身内在的"时间维度"的制约，也就是说，即使文学本身能够以"审美"的独立形态得以呈现，文学史也只能以"时间序列"的形式呈现出来。由此，文学史著述该如何确立其"时间"尺度就成为一个首先需要解决的问题。

与其他民族、国家不同，中国是世界上唯一一个保留有相对完整的历史文献的国家，二十五史可以为任何时代的人们提供广阔的历史想象空间，这一点也可以看作是中国人所独有的文化财富。中国的历史文献基本以朝代的更迭为序列，所以在时间上主要显示为以不同王朝的"国号"断代，而以皇帝的年号配合中国传统天干地支纪年的方式来分类记载具体的人和事，属于"文学"部分的内容则主要被集中在"文苑传"一栏。中国史这种述史形式的优势在于能够保持各个王朝自身历史的完整性；而缺憾则在于不同朝代（特别是跨越时代）的人物及事件之间的联系被人为地割断了，这样就很难寻找到不同时代诸多现象背后的历史脉络及其所蕴含的规律。这种情况在"文学"领域尤为突出。

早期中国学者在尝试"文学史"书写的时候就曾面临这种难题。虽然他们也考虑过直接采用西式的"公元"纪年法来为中国文学分期，但多数学者最终都放弃了这一设想，因为这种纪年形式确实无法适用于中国文学的历史描述。不过，早期的中国学者虽然放弃了"公元"纪年，但默认并接纳了另一种分期形式，即上古、中古、近古、近代、现代等宏观断代。如果说清代中叶以前的中国古代王朝因其特有的封闭性而无法使用"公元"纪年来加以分期，那么清中叶以后，特别是1840年鸦片战争以后的中国历史似乎并没有给"述史"的学者带来分期问题上的困难——正是因为在这个时间段，已经与世界"接轨"的"公元"纪年显示出了无可比拟的优势，而当这一优势被持续扩大的时候，中国文学史也就逐步摆脱了原有的"时序"模式，并顺理成章地被纳入了"公元"纪年的时间序列中。

"公元"纪年在明代就已经传到了中国，但国人真正开始主动使用这种纪年却是晚清以后的事情。我们现在也许完全习惯了这种纪年形式，所以很少有人愿意去重新琢磨中西不同的纪年方式背后是否隐藏了更多值得深思的意味。

从表面上看，时间是外在于人类的客观存在，人类依时间而循环作息；"历法"则是人类对于时间的认知形式，人类以"时间刻度"来标示自身生命的痕迹，由此留下的记录即是人类的历史。"纪年"形式的差异绝非只是显示在"时间刻度"的不同上，人类对于"纪年"形式的设计其实正包含了对自然、世界及自身的认知与理解。如果说中国传统的王朝和干支纪年法隐含了浓厚的"君本位"意识及"循环往复"的"易"的观念，那么西式"礼拜/周""年""百年/世纪"的标识，无疑也已经被打上了宗教文化所特有的印记。从 18、19 世纪开始，随着西方世界工业革命的迅猛推进，一方面西式的"公元"纪年又被附加了"进化/发展"的色彩（即所谓"今胜于古"）；另一方面，当西方国家以"文明/野蛮""进步/落后"等二元模式来想象和看待东方世界的时候，"公元"纪年再次被赋予了"现代"的、"普遍适用"的、值得向整个世界全面推广的"先进"意味。随着工业生产在全球范围的扩展，作为特定文化符号的"公元"纪年以强势文化形态的面貌被推行到全球（成为"殖民"策略之一）。当不同民族彻底放弃自主设定的纪年"历法"转而全面接纳西式纪年的时候，其所放弃的其实不仅仅是一种标示"时间刻度"的"工具"，更重要的是它已经彻底地改变了审视自身"生命刻度"（历史）的方式和价值标准。21 世纪的人们绝对相信自己比公元 1 世纪（汉代）或公元 7 世纪（唐代）的人们要"进步""文明"得多，但事实真的是这样吗？当我们将自身的历史强行"嵌"入"异质"的"时间维度"时，对"历史"本身的"剔除""冗余""扭曲"等诸多现象的发生也就无可避免了。

具体到文学史的书写来说，"古/今"观念的引入其实已经包含了一定程度的"文学进化"意识，而以特定的政治事件为标识的诸多年份，如 1840 年、1912 年、1937 年、1949 年等，被转换为文学史的断代标记时，政治的意识形态意味也已经渗透在了对于"文学史实"的描述中，甚至完全可能直接转变为判别"文学价值"的潜在标准。西式的时间序列中隐含着某种"线性演化"的结构，特别是在 18 世纪"启蒙"时代开启以后，后继者总是会以不满乃至反叛和突破前人局限的方式来尝试推进历史（舍勒称之为现代性的"怨恨"情结），文学形态对这种方式同样有所呼应，所以以西式的时间序列来描述西方文学的演化会呈现出一种清晰明了的历史脉络，但将这种方式直接对应于中国文学却未必合适，因为以"抒情"传统见长的中国文学非但没有对前人的不满，后来者对前人的推崇反而在不断被强化，在中国文学中"崇古""返古""拟古"的现象比比皆是，这种似乎在循环往复却又持续更新的文学史实恐怕远非"线性演化"的时间序列所能概括得了的。

从海外汉学家们所撰述的中国文学史来看，除了明确的西式观点和方法之外，以西式"时间维度"来界定中国文学，其实还隐含着将"中国文学"纳入整体的"世界文学"序列之中的设想。孙康宜就明确表示："《剑桥中国文学史》乃是剑桥世界文学史的系列之一。"[2] 姑且不论这种设想是否合理，单就在这个维度对于中国文学的评价就已经预设了某种既定的西式标准，即符合其价值理念的文学将被肯定，而为本民族所推崇的杰作甚至所谓"经典"却未必会进入被选择和被肯定的视野范围。这类现象在目前已引进的这些文学史著作中屡见不鲜，甚至已经成为诸多无谓争论的核心焦点。作为某种理想，民族文学能够得以进入"世界文学"的范畴确实令人鼓舞，但以"同一化"的"世界标准"（实际是西式标准）来"自觉"地规范自身的民族文学，恐怕是一件更令人恐惧的事情。

三、"文体"意识："观念史"研究的启发

我们必须承认，所有的民族文学都有其自身独有的特色。中国文学除了悠久的"抒情"传统之外，"文体"的发达也是重要的特征之一。

王国维曾说"一时代有一时代之文学"，这并不是说不同时代的文学在发生变化，而是说各个时代的文学所呈现的样态各有其别，文学的"审美"内质其实没有变化。这里的文学样态指的就是"文体"。依照现代意义上的"文学"分类来看，我们一般把"文学"分为诗歌、小说、戏剧等几种类型，但中国古人似乎一直有着源源不断的"形式"创新的冲动，不仅在"诗"之外创制出了骚、赋、律、绝、词、曲，在传奇之外还能生发出拟话本、案头本、章回体、笔记体等名目，更不用说铭、记、书、序、论、诔、颂、箴之类的差别。严格地讲，中国古人所理解的"文"的概念，其外延远大于现代意义上的"文学"；而对于"文学"概念的理解，至少在晚清以前指的应当是"文之学"，即研究一切以"文"的形式出现的那些质料的学术事业。这就使得汉语的"文"更接近"文化""文明"的意味，而非单纯的"感性审美"。《剑桥中国文学史》以"文学文化史"

的视角来透视中国文学，《哥伦比亚中国文学史》注重对"文体流变"的考察，以及《华语圈文学史》对东亚文学彼此间互动关系的描绘等，无疑都为我们的文学史书写提供了一定的启发。

值得特别注意的是，中国传统的"文体"既界限分明，又相互勾连，这与西方的以韵文的"诗"、叙事的小说和表演性的戏剧等相对清晰的"文学"演化形式有着明显的差异。在文艺复兴以后的现代西方世界，"科学"和"艺术"一直是人类认识自然、世界和人自身的最为基本的"两翼"，其大体对应着人的"理性"与"感性"。随着"启蒙"运动的兴起，特别是在 18 世纪以后，"科学"占据了主宰一切的地位，并被尊奉为唯一可靠的评判标准，立足于"科学"的立场来看待"艺术"的趋势也被逐步强化。正是在这样的前提下，以往统归在"诗学"名下的精神性产品被以"科学"的名义切分成了诗歌、小说、戏剧等有着严格边界的学科类别；在为人们的"理性分析"提供方便的同时，人类鲜活而富有创造力的自由精神活动也被纳入了某种既定的技术化的机械程序之中，"技术理性"与"审美意识"的冲突也就无可避免地突显出来。

与西式的"技术理性"处于统领地位的情形有所不同，中国古人的精神活动并没有受到"技术"思维层面的多大影响。以文学为例，中国文学虽然在表面上要受到"文体形式"的严格制约，但作为形式的"文体"本身却只有一般的限定而并无苛刻的边界，甚至相反，不同"文体"之间还常常"越界"进而演化出全新的"文体"。"诗歌"作为"属概念"的形式在历代能演化形成诸多作为"种概念"的其他形式，就是一个最明显的证明。因此，以"文体"为根基而非纯粹依据西式的"科学"分类法来描述中国文学的历史进程，也许更能接近中国文学自身的本相。

事实上，在西方学界，从 20 世纪中后期逐渐兴盛起来的"观念史（the history of ideas）"研究方法已经为我们提供了某种全新的启发。罗杰·豪舍尔认为，"观念史"研究的目的是为了"力求找出（当然不限于此）一种文明或文化在漫长的精神变迁中某些中心概念的产生和发展过程，再现在某个既定时代和文化中人们对自身及其活动的看法"[3]。怀特海也曾在其《观念的冒险》一书中指出，其所谓"观念的冒险"有两层含义，即"一层意思是某些观念在加速人类通往文明的缓慢进程中所产生的影响。这便是人类历史中观念的冒险。另一层意思是观念将对人类历史的历险经历作出解释，作者对这些观念进行思辨的构架时，无异于是在经历一场冒险"；"一个一般观念是以各种不同的特殊形式出现于历史上的，这些形式是为不同种族、不同文明阶段的种种特别情况所决定的。较高级的一般观念很少接受精确的语言表达形式。人们用适于该时代的特殊形式来暗示它们。同样的，之所以有情感的伴随物，这部分地是由于人们在高级的一般观念中朦胧地感受到了某种重要的东西，部分地则是由于人们对观念呈现的特殊形式有特殊的兴趣"。[4] "观念史"研究的既有成果表明，支撑人类的智力及精神活动的正是那些被不断沿袭却又在不断变化着的核心"观念"，这类"观念"至少有两个层面的含义：一是作为显性形式的语词表述，即我们通常所说的"概念（concept）"；一是此"概念"所对应的现象事实及其逐次演变的历程。"观念"在"史"的维度上的研究，既包括"概念"在词源学意义上对语义变化的追溯，还包括对其所指代的具体的现象事实的描述与知识性清理。

从这个角度来看，中国文学中的"文体"正是支撑中国文学之历史演化的核心"观念"，它虽然以某种特定的"称谓"（概念）为文学形态本身作出了标识，却并没有在内涵和外延上对这一标识加以科学式的严格的限定，因此，"文体"在中国文学中才有了极为广泛的拓展和变化的空间。以"赋"为例，"赋"的本义指的是"铺排"，在《诗经》中是与"比""兴"并列的手法，主要用于铺陈叙事，但它的叙事又与那种讲求事件完整性的散体叙述有所不同，因为"赋"更重视对其所叙之物事旁征博引、反复不断的强调，其目的不在"叙"，而恰恰在于对所叙之物事的修辞性强化，由此，"赋"就处于半韵半散或者可韵可散之间。早期的"赋"可用于公文书写，因为不断铺陈、反复循环的叙说，既可以增强表述的气势，又可以避免"说理"的枯燥。汉代之时，"赋"体与"骚"结合并被发挥到极端，在魏晋时代被确定为一种自觉的独立"文体"，特指一种夸饰华丽的修辞样态。但事实上，"赋"体在唐、宋、明、清乃至现代社会，虽历经变化却一直都没有中断，政论文章中以"排比"形式出现的长篇大论其实正是对"赋"体原初的那种"公文"书写和铺陈叙事的保留，更不用说，在各种形式的演讲技巧中对"赋"体的种种巧妙利用了。不难看出，"赋"在中国文学中并不是一个被严格限定的"概念"，作为"文体"之一，它所承载的实际是一种"意念"，或者说是一种既饱含了丰富的情感情绪、又呈现出多重层次的精神样态。《哥伦比亚版中国文学史》中对于"赋"作为文体的流变历程的清晰梳理即为我们提供了某种可资借鉴的范例。以类似"赋"这样的文体形式为核心"观念",从"观念史"的视角来全面清理支撑中国文学的诸多核心"观念"在词源学层面的转义及其所对应的不同时代文学现象的具体变化,依此而描画出的文学演进轨迹,也许比西式"科学"意识主导下建构起来的文学史形态更切近于中国文学所自有的独特面貌。

总之,述史定位、时序结构及文体意识等类问题,确实都属于普通文学史著述的一般常识,但越是偏离和轻视这些常识,就越容易导致文学史本身的固执和扭曲。如同现象学所倡导的"面向事情本身"那样,也许只有重新回到中国文学自身所具有的独特形态上,我们才能真正走出现有中国文学史书写的诸多误区。

参考文献

[1] [美] 乔纳森·卡勒:《文学理论》,李平译,辽宁教育出版社1998年版。

[2] [美] 孙康宜、宇文所安主编:《剑桥中国文学史·中文版序言》,刘倩等译,三联书店2013年版。

[3] [英] 伯林:《反潮流:观念史论文集》,冯克利译,译林出版社2002年版。

[4] [英] 怀特海:《观念的冒险》,周邦宪译,贵州人民出版社2000年版。

"人的文学"的融合发展[①]

——论林语堂对现代文化人格的建构

余　娜

"五四"新文化运动确立了人的主题，"以世界精神为养料，追求人的个性的全面发展与彻底解放，中国人的所谓现代人格得以出现"[1]39。人的主题反映在文学上就形成了以人为中心、自我意识明确的文学思潮。对于人的本质的现代理解开启了中国文学的现代化进程，"人的文学"是将人道主义这一现代价值核心观念灌注到文学中，因此主张个人主义的"人的文学"成为现代文学的核心理念。

"人的文学"的提出，代表了一种新的文学理想诉求，适应了中国文学现代转型的需要，一度成为那个时代的中心观念。胡适曾这样说："周先生把我们那个时代所要提倡的种种文学内容，都包括在一个中心观念里，这个观念他叫作'人的文学'。"[2]30 同时，它也成为 20 世纪中国文学的共同主题，或隐或现，或被贬抑或被高扬，始终伴随着中国现代文学的发生成长。

"人的文学"在中国现代文学历史中命运曲折。复杂的历史语境下，这一主题以不同的方式延续，探索着与时代的契合点，反映了中国文学现代化的艰难进程。从周作人首倡"人的文学"掀起时代热潮，到创造社的"自我表现"、文学研究会的"为人生"，到林语堂的"性灵"文学，到京派作家群的自由主义，演变出一条"人的文学"在现代文学中显性的发展轨迹。而更为复杂潜在的形态是无产阶级文学里蕴涵的"人的文学"指向。虽然无产阶级文学批判和否定"人的文学"，但它仍然保持着和"人的文学"精神的内在联系，像茅盾、胡风等无产阶级作家的文学实践都体现出对人性的尊重、对个性的追求。尽管"人的文学"曾经在"五四"时期独领风骚，成为主导的文学观念，但在具体的历史语境中这一现代主题

---

① 本文发表于《福建论坛》2016 年第 11 期，收入本论文集时进行了修改。

作者简介：余娜（1981—），女，福建福州人，博士，讲师，主要从事现当代文学思潮研究。

由于自身和时代的原因，历经分化、消退乃至中断，都难以最终完成。

周作人"五四"时最早提出"人的文学"，很快就进行了调整，"人的文学"产生分化演变，从中心走向边缘。30年代，"人的文学"呈现出多样形态，包含了未来分化演变的多种可能性。鲁迅、茅盾等"五四"先驱者的"人的文学"以救国为根本；林语堂代表的"性灵文学"则坚守个人主义的"人的文学"；左翼"革命文学"的阶级革命理论深处隐藏着个人主义心理。其中，林语堂为代表的"性灵文学"对个人主义的守护，被视为周作人"人的文学"的嫡传。林语堂将这一现代性的核心观念，深化为融合了中国文化传统的现代文化人格的建构，走向追求个体的自我完善。但林语堂与"性灵文学"在现代文学史上的被非议、被冷落显示出"人的文学"的时代尴尬。曾经辉煌一时的"人的文学"承载着民族希望和时代理想，为何在30年代就迅速地陷入困境？30年代，林语堂如何将源于西方的"人的文学"与中国传统文化融合，将其演变为对现代文化人格的追求？林语堂在"人的文学"分化延续方面的努力，对中国文学现代性转型产生了怎样的影响？该如何反思中国现代文学？这些问题的展开将有助于深入研究中国文学现代化的未完成性。

一

周作人从西方引进人道主义，重新发现人，强调个人主义为核心。他在1918年发表了《人的文学》，第一次明确地提出新文学要建设的是"人的文学"，并界定了"人的文学"的内涵，"用人道主义为本，对于人生诸问题，加以记录研究的文学，便谓之人的文学"[3]196。周作人提出的"人的文学"，是一种个人主义和人道主义的文学，对人道主义的解释是"我所说的人道主义，并非世间所谓'悲天悯人'或'博施济众'的慈善主义，乃是一种个人主义的人间本位主义。……所以我说的人道主义，是从个人做起。要讲人道，爱人类，便须先使自己有人的资格，占得人的位置"[3]195。他还重申文学最终落脚于人本身，"人的文学"是要"养成人的道德，实现人的生活"[3]199。在周作人的文学思想里，人的肉体欲望、正面和负面心理、情感、生活等都可以反映在文学上，文学最重要的是表现现实人生。"人的文学"一经提出，不仅仅是周作人的个人观念，而且成为整个时代的追求。茅盾在概括"五四"文学思潮的时候说："人的发现，即发展个性，即个人主义，成为'五四'时期新文学运动的主要目标；当时的文艺批评和文艺创作都是有意识的或下意识的向着这个目标。"[4]266

"五四"启蒙的核心是"人"的问题，只有人的思想现代化了，社会才能真正实现现代化。但在民族主义高扬的时代里，救亡要求启蒙快速实现，浓厚的功利色彩必然难以解决"人"的现代化问题，而且在具体实践中容易走向片面极端。周作人清醒地认识到这样的现实。在"人的文学"口号提出不久，他调整了仅强调个人主义的"人的文学"，将博爱主义纳入"人的文学"。周作人的"人的文学"深受日本新村主义的影响，并称赞新村主义为"实在是一种切实可行的理想，真正普遍的人生的福音"[5]201，所以新村运动的失败给周作人带来很大的打击，他开始反思、怀疑"人的文学"，后来几乎不提"人的文学"。

"五四"新文学运动留下了诸多问题，包括"人的文学"的不彻底性。尽管"人的文学"成为"五四"的时代主题，其中的个体与民族、国家之间既融合又冲突的关系却始终存在，民族主义一直都是最后的目标指向。近代以降，"新民说"、国民性改造的观念承载了现代民族国家想象中关于人的现代化的设想。作为新文化运动的重要组成部分，新文学自诞生之日起就肩负着思想革命的使命，社会功利性必不可免，因此提倡人的文学和为人生的文学往往都落脚于国民性问题。晚清以来的民族主义主题在"五四"时期转化成了个人主义主题，国民性改造和"人的文学"的建设几乎都被放置在同一个范畴里谈论，许多观念探讨基本都停留于社会改造的层面上，最终的指向仍然是立人以立国。正如陈独秀在论传统文学时指出："此种文学，盖与吾阿谀夸张虚伪迂阔之国民性，互为因果。今欲革新政治，势不得不革新盘踞于运用此政治者精神界之文学。"[6]291 这和梁启超《论小说与群治之关系》的思路如出一辙。

因此，1925年国民革命兴起，社会形势发生变化，许多作家放弃了当初"人"的现代化的探索，转向了社会革命。曾经被奉为"五四"信条的个人主义、"人"的观念都受到各种非议。1927年成仿吾正式转向革命文学后，开始反对"自我表现"，批判整个"五四"文学传统，向政治化的革命浪漫主义方向发展。郭沫若曾表白过："我从前是尊重个性，景仰自由的人，但在最近一两年之内与水平线下的悲惨社会略略有所接触，觉得在大多数人完全不自主地失掉了自由，失掉了个性的时代，有少数的人要来主张个性，主张自由，总不免有几分僭妄。"[7]2 个性和"人"的观念在那个时代已显得落伍，不合时宜。30年代梁实秋与左翼文学阵营之间关于人性与阶级性的文学论争，将人性与阶级性、个人主义与集体主义对立起来。时代的主题转变为阶级、政治，民族主义占据上风，"人的文学"逐渐被淡化，最终在很长的历史时期里被抛弃。

二

30年代时代氛围发生了重大变化的情况下，"人的文学"遭受存在合理性的质疑。一些坚守"五四"传统的知识分子在文化转型中，延续"人的文学"的思想，开始反思调整。

林语堂与周作人在坚守个性主义、秉持文学的贵族精神上是一致的，而林语堂更致力于"人的文学"与中国文化的融合，将这个主题深化为更加符合中国文化传统又兼具现代性的文化人格的塑造。他在关注现实人生的基础上，认为文学中表现的"人"应该是自由的、个性的、独立的，拥有鲜明的文化人格，是中国现代化转型中所需要的现代人格。林语堂在文学批评中坚持以"人的文学"为根本，强调文学的普遍人性，有效地延续了"五四"新文学的传统。

从近代到20世纪30年代，伴随着中国现代化道路的探索，国民性问题的探讨持续不断。较早时期的"民本"思想、严复的"三民"观念、梁启超的"新民说"以及"五四"知识分子的启蒙努力，都在逐步地深化着西方现代文明价值体系下的国民性以及"人"的观念，将国民性改造的目标指向了国家民族的现代化。经历了"五四"的激进时期，林语堂开始反思过于倾斜的中西文化关系，在20年代至30年代对"人"的问题的看法发生了变化。他将"人"的问题由政治范畴转向文化范畴、由群体转向个体、由西方转向中国，这表明古老中国在现代化过程中逐步认识自身，主体意识觉醒，在构想现代国家中开始塑造中国的文化理想。在此意义上，林语堂文学思想中关于"人"的思考显示出对独立的文化人格的追求和塑造。

文学作品应该彰显独立的文化人格。在林语堂看来，中国现代文学体现出来的文化人格应该融汇中西文化，既有西方文艺复兴以来人的自由独立，又有中国传统文化的平和优雅，不再是"五四"时期单一向度的西方文明体系下的新型人格，而是由中国自身成长起来的理想的现代文化人格。中国的传统文化根深蒂固，尽管"五四"新文化运动涤荡一切旧文化、旧传统，但不可能迅速割断文化传统，而且中国传统知识分子的文化情怀、理想追求仍然主导着现代知识分子的内心。因此，中国现代化转型中"人的文学"，必然包含了中外文明冲撞下文化人格的现代性构建。

西方文艺复兴以来，人的独立自由成为现代社会的必然诉求。随着"五四"新文化的蓬勃开展，自由成为中国人想象现代民族国家的核心主题之一。个体的独立自由和人格的彰显是西方现代文明给中国现代文学带来的最重要启示。在林语堂的文学思想和文学批评中，人格的独立自由是文学的内容和目的，是西方价值体系话语介入中国现代文学构建的突出体现。林语堂在《言志篇》里表达过个人的理想"我要有能做我自己的自由和敢做我自己的胆量"[8]82，这说明自由和独立都是他终生追求的目标。提倡人性自由，在林语堂看来，必然要求文化人格的独立。只有文化人格的确立和坚持，才能获得真正的精神自由。

20世纪30年代林语堂积极倡导"性灵文学"，大力进行小品文建设。他所倡导的文学思想"以自我为中心，以闲适为格调"，强调个性自由，被视作自由主义文学。林语堂认为文学就是个人的表现，"文章者，个人性灵之表现""一人有一人之个性，以此个性（personnality）无拘无碍自由自在之文学，便叫性灵""性灵就是自我"[9]152。散文是个人独立思想的表达，林语堂反对传统的文以载道散文，也不赞同宣传工具的战斗散文。他在理论提倡和创作实践的同时，文学评论中也贯穿着这个追求。西方现代散文是林语堂特别倚重的文学资源。他在评价西方散文时，不是根据文学史上的重要性来选择作家，而是择取与之性情相合的作家，发掘他们作品的个性色彩，赞赏其中个人笔调的充分流露。他将西方近现代散文分为两大类，并在对比中肯定了以自然散淡为基调的个性小品文，由此呼应他所提倡的现代小品文观念。林语堂不遗余力地介绍西方现代小品文，也努力挖掘中国古代散文中自由、个性的思想。他将周作人看重的明末性灵小品文的范畴扩大到中国文学发展史，梳理出一种以个人主义和闲适趣味为特点的文学潮流，对这些在中国文学史中处于边缘地位的作家，肯定了他们的个性表达和自由真实，赋予他们的作品以现代散文的品格。在林语堂独具慧眼的散文视野里，独立自由的文化人格是文学的核心。

中国的"人的文学"所追求的现代文化人格不能只是吸收西方文化资源，必须熔铸中国自身的文化因子，才能落地生根。在文学上，林语堂所追求的人格独立自由，不仅是西方现代文明话语体系下的独立自由，还融汇了中国传统文化的优雅从容、和谐自然。他对于中国古代文人及作品的评论，基本上都在关注着文化人格与人生观，从或淡定平和的生活状态或激烈极端的人生态度里发现中国传统知识分子的文化精神。

中国的文化错综复杂、盘根错节，"五四"新文化运动不可能一夕之间就破旧立新，传统文化渗透在社会的各个层面，影响着每个中国人。陈寅恪关于中国传统文化的认识，富有见地。他认为中国的文化可分为制度层面和非制度层面，"自晋至今，言中国之思想，可以儒释道三教代表之……故两千年来华夏民族所受儒家学说之影响最深最巨者，实在制度法律公私生活之方面；而关于学说思想之方面，或转有不如佛道两教者"[10]286。儒学的三纲六纪构成了中国的社会制度，成为制度文化的核心。而非制度层面的文化，属于更多的私人空间，如信仰、爱好、人生观等，在人的自由选择中流变着。事实上，中国古代众多知识分子承续了这类文化的发展。这种区分解决了中国文化与社会变革之间纠缠不清、处境尴尬的问题。林语堂从"语丝"时期之后的转型，正是关注到了非制度层面的中国传统文化，从中发现许多宝贵的资源对现代转型的中国社会效用甚大。

人的生存是林语堂关心的主要问题，在古代中国他找到了许多有价值的答案。庞杂的中国传统文化除了儒家学说，还形成了佛家、道家、儒家杂糅相生的另一种文化，相对于儒家文化主导社会制度，后者倾向于调和文人士大夫的精神世界，构成了中国文化中集体理性和独善其身并行不悖的景象。通过文学艺术营造出丰富的情感世界，中国文人借和谐自然的人生体验，实现对现实的超越，达到形而上的悟道。

林语堂特别赞赏中庸精神，解读出孔孟二人自然本色的人生观，称之为"中国人所发现最健全的理想生活"[11]124。他指出这种哲学近人情，能给人快乐，产生和谐人格，对后人和当代都影响深远。对于平衡儒家积极入世倾向的道家，林语堂尤为喜爱。他对道家尊崇和谐自然的思想尤为赞赏，并将庄子视为中国幽默始祖，将陶渊明、竹林七贤等都纳入道家思想体系，评价陶渊明是"中国文学传统上最和谐最完美的人物"，是"最高人格的象征"[11]126。儒家和道家代表的入世、出世给予了中国人最适用的人生哲学，二者互补，融入到古代知识分子的生活，一进一退、一张一弛。

中国古代文学中个性张扬的作家往往处于边缘地位，林语堂却给予了他们很高的评价。他欣赏那些不惧寂寞误解、孤芳自赏的作家。他多次谈到魏晋南北朝时期的文人，尤其敬佩竹林七贤以不羁猖狂的姿态求得洁身自好。林语堂大为赞叹金圣叹的"不亦快哉三十三则"，钦佩郑板桥的傲世与世俗。这些古代文人几乎都是与时俗不同，选择了社会认同之外的人生，全心投入文学艺术以应对社会非议，保持自己的人格理想和价值追求。他们的文学作品显示出以直觉的方式感悟人生，不论是隐逸山林还是沦落市井，都存有赤子之心，与世间万物保持一份和谐。对中国历史上落拓文人的肯定，其实是林语堂的夫子自道。他坚守文学的自由独立，不愿追逐大流，为此遭受各方的不理解和指责。可见，文化人格的坚守与人生际遇、生存状态密不可分，在坚守中人格与政治、理想与现实、主观与客体必然产生冲突，越追求理想人格和自由个性，就越受到现实世俗的沉重压制。如此的矛盾冲突从古至今都未改变。文化人格的坚守和塑造在社会大转型中显得弥足珍贵，林语堂对此心中自明。

文艺复兴以来，西方现代文明注重逻辑分析理性，随着西学东渐的深入，理性分析和科学精神逐渐取代传统文化，成为现代中国思想的主导思维。过分追求理性导致文化、文学出现许多问题。知识分子文化人格的重塑成为中国现代化转型中的迫切问题。林语堂关注人生，但不是现实主义作家，他注重的是自由精神和人性的张扬。沿袭"五四"时期"人的文学"观念，林语堂跨中西文明，寻求中国现代文学中独立自由的文化人格的塑造和完善。林语堂文学思想上的文化人格塑造，有意识地融合中西方文化，希望汲取现代理性和传统文化的营养，建构有中国色彩且有世界意义的现代文学品格。

三

林语堂在30年代开始反思"五四"新文学的不彻底。林语堂对"五四"新文学寄予了厚望，但现实的发展让他清醒地发现其中包含不彻底、纠缠不清的问题。在20世纪30年代，他告别了浮躁凌厉的阶段，投身创办刊物，建设现代散文，以文化自由的立场提倡人生的和谐、人格的健全。"五四"退潮后，众多先驱者纷纷远离启蒙投入革命，30年代成为以政治革命为主题的时代。林语堂面对革命呼声高涨、文坛壁垒林立的状况，意识到"人的文学"还远未完成，依然需要为自由而奋斗，建立现代的人生观还是文学首先要传达的东西。

林语堂在30年代对"五四"新文化运动的认识较为冷静客观。林语堂指出"五四"新文学洗刷人心的任务仍未完成，"因为人之心灵根本不健全，乐与苦之间失了调剂。……二千年来方巾气仍旧把二十世纪的白话文人压得不能喘气"[12]170。关于"五四"新文学运动，林语堂认为目标不只是白话作文，更关键的是现代思想及现代人生观的建立，"所以文学革命之目标，也不仅在文字词章，是要使人的思想与人生较接近，而达到诚实较近情的现代人生观而已"。不过，令他颇为遗憾，"五四"以来，所谓的新文学还是难免虚伪、功利的旧俗。相比20年代的激进言论，林语堂在此时对"五四"新文学的思考主要从精神层面和文学自身出发了。可以说，林语堂对"五四"的反思，是为了更好地坚持"五四"启蒙传统，努力建设"人的文学"，实现文学的现代化。

在20世纪30年代，林语堂关于"人的文学"和国民性观念，由"五四"时期的"利群"目的回归到个性自由本身，显示出在中西文化交流中中国文化主体意识的增强。人的现代化问题涉及诸多方面，体现在文学上必然要求作家具有现代的文化人格。

近代以降，中国知识分子在西方文化的强烈冲击之下，开始从传统的文化人格精神向现代文化人格转变。"五四"时期，知识分子高举启蒙旗帜，倡导"人的文学"，寻找"改造国民性"的良方，批判一切旧传统、旧文学，致力于新文化、新文学的建设。由于价值观、知识素养和政治追求不同，现代知识分子群体的文化人格表现出复杂和矛盾的特点。30年代知识分子的文化人格在不断被要求重新认同的过程中，逐渐丧失独立主体。林语堂致力于中国现代批评文化的建设，他所做的文学批评是对"人的文学"在人格健全和文学现代化这两个维度上的延展掘进。林语堂评论文学作品时，通过融汇中西文化的视野，塑造理想中的独立文化人格，以此推动中国文化及文学的现代化转型。

参考文献

[1] 刘锋杰：《中国现代六大批评家》，北京大学出版社2005年版。

[2] 胡适：《中国新文学大系·建设理论集·导言》（影印本），上海文艺出版社2003年版。

［3］周作人：《人的文学》，见胡适：《中国新文学大系·建设理论集》（影印本），上海文艺出版社 2003 年版。

［4］茅盾：《关于"创作"》，见《茅盾全集》（第 21 卷），人民文学出版社 1991 年版。

［5］周作人：《日本的新村》，见《艺术与生活》，河北教育出版社 2002 年版。

［6］陈独秀：《文学革命论》，见任建树：《陈独秀著作选编》（第 1 卷），上海人民出版社 2009 年版。

［7］郭沫若：《文艺论集·序》，光华书局 1929 年版。

［8］林语堂：《言志篇》，见《林语堂名著全集》（第 14 卷），东北师范大学出版社 1994 年版。

［9］林语堂：《论文》，见《林语堂名著全集》（第 14 卷），东北师范大学出版社 1994 年版。

［10］陈寅恪：《冯友兰〈中国哲学史〉审查报告》，见《金明馆丛稿二编》，三联书店 2001 年版。

［11］林语堂：《生活的艺术》，陕西师范大学出版社 2008 年版。

［12］林语堂：《方巾气研究》，见《林语堂名著全集》（第 14 卷），东北师范大学出版社 1994 年版。

浴火自塑：马华抗战小说中的华人形象 (1937—1965) [①]

张建英

一、引言

从 19 世纪起，外国文学作品对华人群体形成了定型化的想象。西方文学中的华人是野蛮、猥琐、奸诈、颓废、愚昧、软弱的代名词。19 世纪 70 年代美国作家布勒特·哈特（Bret Harte）的系列短篇故事中，外表自卑呆板、内心诡计多端的"中国佬约翰"已成为对华人劳工的一个蔑称；英国作家萨克斯·洛莫尔（Sax Rohmer）1912 年开始创作的系列小说中，凶狠狡诈的中国人形象"傅满洲博士"成为 20 世纪西方"黄祸"的化身。华人参与了东南亚的原始开发，为东南亚的发展和繁荣做出了巨大贡献，也以"自私、贪婪和冷漠等负面形象成为东南亚本土文学中的一个建构主题"[1]178。19 世纪马来著名作家阿卜杜拉·门希（Abdolah Munsyi）的代表作《阿卜杜拉传》中，华人被描绘成愚昧落后、自高自大、为非作歹的形象；菲律宾著名作家、政治家何塞·黎萨尔（Jase Rizal）的长篇小说《不许犯我》和《起义者》中，也有一些片段描写华人从事低贱工作，酷爱赌博，阴险贪婪，胆小自私，趋炎附势。

"'形象'作为一种文化隐喻或象征，是对某种缺席的或若有若无的事物的想象性、随意性表现，其中掺杂着认识的与情感的、意识的与无意识的、客观的与主观的、个人的与社会的经验内容。"[2]23 18 世纪以来的西方现代扩张是形成世界性华人形象的重要原因之一。近现代中国在与世界的交往中，被迫签署一系列不平等条约。华人在世界舞台上被蔑视、被排斥，甚至影响到华人看待自己和本族文化的态度。全面爆发的抗日战争是中国历史上最惨烈、也是第一次取得全面胜利的民族解放战争，新的华人

---

① 本文原发表于《现代中国文化与文学》2016 年第 19 辑，人大复印资料，《中国现代、当代文学研究》（2017 年第 4 期）转载。

作者简介：张建英（1966—），女，福建龙岩人，硕士，副教授，主要研究方向为东南亚华文文学、中国现代文学。

形象令世界舆论震惊。东南亚华人抗日救亡运动以马来亚为中心，"强烈的民族文化认同感与危机感、强烈的民族主义激情，创造了华文文学发展的一个黄金时代"[3]3。本文以 1937 年"七·七"卢沟桥事变为起点，至1965 年新加坡独立为终点，分析马华抗战小说塑造的华人形象类型及其特点，探究马华作家华人形象书写的意义。

二、马华抗战小说中的华人形象

中国全面抗战爆发之前，马华小说塑造的华人形象的主要类型有旧式买卖婚姻中痛苦的青年男女（如可九的《伊》，1923 年）；被奴役的、贫困潦倒的华工（如陈桂芳的《苦》，1925 年）；悲惨境遇下劳工猪仔中的奋起反抗者（如曾华丁的《五兄弟墓》，1929 年）；追求奢靡生活、道德沦丧者（如丘士珍的《峇峇与娘惹》，1932 年）；马来亚华侨教育界人士（如林参天的《浓烟》，1936 年）；等等。因言论受到限制，明显反对日本侵略的马华小说可谓寥若晨星。

在战争以及重大社会危机面前，没有人能够心安理得，超然物外。在英殖民统治下，马来亚华人分"移殖华侨和土生华侨"两类。在法律上，他们"还都是中国籍侨民，他们对中国的兴亡都有责任，且救火恤邻，更为人道主义立场所不容袖手的事"；加上日本军阀"尚有南进的海洋占领政策"，因此，"援助中国的救亡运动，也是确保居留地安全的积极活动"[4]3。抗日战争、太平洋战争相继爆发，唤醒并激发了海内外华人的爱国情感和人类正义感。马华抗战小说作为这一历史的有效见证，向世界展现了华人的崭新面貌，为马华文学画廊增添了具有时代特征的华人形象。马华抗战小说主要作家有乳婴（即殷枝扬和周容）、高扬、邱絮絮、铁抗、流冰、金丁、陈南、哈莱、李蕴郎、苗秀（即文之流）、赵戎、姚紫（即黄槐）、韦晕（即上官矛）、林晨、方北方、丘天、夏霖、刘冷、马崙等。马华抗战小说塑造的华人形象主要有以下五种类型：

（一）蒙难者

战争给个体生命带来无尽痛苦和灭顶之灾——家园被毁、生离死别、哀鸿遍野。乳婴《逃难途中》[5] 中农妇李大嫂与日本人"前世没仇，今世没冤"，丈夫被东洋鬼子射杀，唯一的孩子在逃难中饿死，她精神受到强烈刺激，发出"尖利而且悠长的惨叫"。铁抗《试炼时代》[6] 中张健的姊姊和两个表妹已准备好做日本人的顺民，却被闯入门的一队鬼子奸淫，惨死在刺刀下。萧克《码头上小天使》[7] 中小明的父亲在中国被日寇刺死，他和妈妈流落到马来亚，以捡拾菜叶为生，小明被码头上的小混混讥笑是没有父亲的"亡国奴"并遭受欺辱。而《复仇》[8] 中吴仇家中手无寸铁的老少八人瞬间惨遭日寇杀戮。

战争让人们饱受精神上的磨难，优秀的伦理传统和文化规范被摧残，对社会生活产生深广绵长的影响。韦晕《印度洋的守望》[9] 中日寇扫荡了偏远的小渔村，制造了白发人送黑发人的人间惨境。善良的老渔夫在无望之中守望，带着永远无法愈合的精神创伤凄度余生。马崙《刹那亲情》中的温松明是个仁夫慈父，但对在战争中丧父失子被迫改嫁的母亲"憎恨""鄙视"，近 20 年一直拒不接受；他的母亲是无辜的受害者，却以"罪人"的心态自责终生。每个人都有存在的理由和价值，生活中的弱者本应得到更多的关怀和救助，这是基本的人道主义精神的体现。马华抗战小说以弱者的被损害控诉日寇的罪行、战争的残酷，怎能不激发人们对不幸者的同情、对侵略者的仇恨、对战争的反思？

（二）党醒者

生存是最基本的人性。当战争让所有抱存幻想、想苟且偷安的念头都不复存在时，生存遭受威胁的民族将从生命的原始形态中迸发出活力。《试炼时代》中大学生张健有中国传统的孝悌意识，"奉亲持家"的责任感使他脱离了"北大青年学生宣传队"，也承受着"忠孝不能两全"的内心煎熬，与《四世同堂》中的祁瑞宣有高度相似性。逃亡路上，钱财耗尽了，刚出生的儿子被迫抛弃，母亲中流弹身亡。张健和妻子终于意识到有国才有家，走出家庭，成为"战斗的同志"。

马来亚是以移民为主的地区，大多数华人到南洋为的是挣得一笔钱财，在思想意识、社会生活等方面高度服从于英殖民者。《复仇》中吴仇要回国抗战，母亲说："中国那么多人，让他们去打得了，无论如何我不准你去。"父亲认为"红毛人一定会保护我们的"。星洲沦陷之后，日本人肆意"淫""掠""杀""烧"，整个马来亚简直是"恐怖的人间活地狱"。战争烽火消融了小农意识，老人们由逆来顺受到开始理解并支持游击队了，甚至"上层的头家们"也凭良心来捐助那班平日被认为"成事不足，害人有余"的"后生小子们"。

创作颇丰的乳婴呈现了抗日救亡运动中"马华民族在筚路蓝缕的热带垦荒生涯中养成的强悍性格"[10]48。《八九百个》[11] 中秉全在日本人的铁矿上班，因罢工受挫而萎靡消沉。当他得知他们生产的铁矿被制造成杀害"祖国千千万万的同胞"的大炮、飞机时，一方面动员矿工购买"自由公债"救国，一方面鼓动矿工辞职。在日寇攻打南京的背景下，整个马来亚日企华工纷纷辞职，第一次在日本人面前展现出华人的自尊。殷枝扬《牺牲者的治疗》[12] 中林医生是日寇显示人道主义的道具。几十年来不闻不问什么"人类的战斗的事儿"的他，在死囚身上真切体会到为正义而牺牲的崇高，顿时"泪眼朦胧"。民众的觉醒和反抗是战争取得胜利的基础。描写战争中的觉醒者，尽管显得不是那么宏伟壮烈，但更能激发普通民众的生命意识和抗战必胜的信念。

（三）抵抗者

军人是国家的保卫者。高扬《黄浦江中的巨雷》[13] 以淞沪会战（即"八·一三战役"）中国军队用水雷攻击停泊在黄浦江上的日寇"出云号"旗舰为背景。老谢和老黄两个中年人争取到任务，"两条命陪一只出云舰，陪他妈的整个大和魂，王八养的才不去"。在深夜，只听到一队军人粗野的荤话、坚定有力的足音，在死亡临近前发出串串笑声，一声巨响"震动了整个世界"。在全面抗战初期，中国在军事力量上远弱于日本，中国军人群体以死抗敌、不计后果的大无畏精神，突出了军人的壮烈美，"实足以昭示民族独立之精神，奠定中华复兴之基础"（1937 年 11 月 13 日国民政府发表自上海撤退之声明）。同为描写战争中的军人，姚紫《秀子姑娘》[14] 的故事发生在大战后期缅甸的战俘集中营里。为了从日军电信员秀子身上套取重要情报，从南洋回国参战的姚面对这个深受日本军国主义思想毒害、"富有情感的女人"，只能借助"爱的力量"以期达到目的。为了正义的使命，姚终于以国家意志战胜个人情感，也断送了这段异国虐恋。《阎王沟》[15] 通过描写参加"马来亚华侨机工回国服务团"的王司机传奇性的经历，展现战争带给人从肉体到灵魂的洗礼。

马来亚沦陷后，华人积极组建各种形式的抵抗组织，参加各种类型的反侵略行动，对战争进程起到重要作用。马华作家多方位、多角度地展现了马来亚华人的不畏强暴、奋起抗争，塑造了许多坚忍不拔、可歌可泣的华人抵抗者形象。苗秀长篇小说《火浪》[16] 中梅挺秀、姚红雪、夏恩、林玲等不同出身、不同性格的年轻人经历了战前激情澎湃的抗日宣传、筹赈工作，在大轰炸、"大检证"[17] 集体杀戮现场死里逃生。他们中也曾有人对前途、理想产生迷茫、动摇，但抗击法西斯的正义战争、争取自由解放的强烈愿望使他们在腥风血雨中锻炼了坚强的意志，经受住了考验。苗秀《小城忧郁》[18] 刻画了地下工作者形象，表现了战争中的人性之美：锄奸队负责人林铁山表面上嘻笑戏谑、放荡不羁是用来"掩饰内心的忧郁"，他从事危险的锄奸活动，机警沉着，严守秘密，实为"有情有义、通晓人情世故"的知识分子；锄奸队成员阿软，在严酷的地下工作中仍保持知识分子的儒雅飘逸风度，那双"善于表情的眼睛"有时是"迷惑的、神经质的"，让人迷恋，另一刻钟又闪烁出"完全陌生的狼一般的凶光来"，只剩下"兽性的直觉"。铲除叛徒六指查的行动，体现了阿软保护抗日阵营免遭血洗的大局观念，也展现了个人英雄主义色彩；逃亡般的生活让他理智地避过"爱的旋涡"，但又在这旋涡边上痛苦徘徊，这是一个投笔从戎的知识分子独具光彩的形象。《牺牲者的治疗》中狱中抗日青年已被日寇的酷刑折磨成"地狱的鬼相"，他拒绝了临刑前日寇所谓彰显"人道主义"的膏药，彰显了慷慨赴难、视死如归的英雄气概。《复仇》中吴仇要在乡间"学中国八路军的样子弄一个游击队来打打鬼子才痛快"，战后他坚韧地追杀逍遥法外的汉奸杨雄，算清血债，刚烈、执拗的性格特征十分鲜明。

马来亚华人基本来自闽、粤，女性地位低下。马华抗战小说中出现了一批光彩照人的女性抵抗者形象，战争成为她们施展才干的舞台。《复仇》中林姑娘是城市里的摩登女学生，战前曾做过一些筹赈、宣传之类的抗敌工作，主要是出于"骄傲，爱出风头"。避难乡下时，当地的抗日活动点燃了她的热情，她以自由不羁的个性和出色的情报工作被称为"第一次世界大战时期著名的国际女间谍玛黛哈丽"式的人物。陈南《金叶琼思君》[19] 中小店主女儿金叶琼不贪图钱财、享受，与店伙计李七郎一同回国投奔八路军，上前线杀敌。韦晕《旧地》[20] 中妓女阿珍冒生命危险救助被日寇追捕的欧洲人杜邦。赵戎长篇小说《在马六甲海峡》[21] 中女主人公冰战时参加抗日活动，战后投入到反殖民运动中。这些女性形象从传统的男性欲望想象中走出，和男性一起承担起社会、民族的责任，颇具现代色彩，构成马华抗战文学中一道浪漫、亮丽的风景。

在全民抗战的年代，平民百姓以自己的方式表达对日寇的痛恨和反抗，保卫生存的土地，维护人的尊严，战争中的受难者成为反侵略的主动承担者。知识分子俞辉的父母、兄弟死于"一·二八"时中国军队炮火之下，他自己也被淞沪会战中中国军队的火力击伤，但一口回绝日本情报部门的利诱、威逼，说"为了国家，我顾不得家庭"（《在动荡中》[22]）。王老爹在淞沪之战时失去了家产与亲人，当他看到一辆停靠的鬼子的货车"一滴滴地滴着汽油"时，就划燃火柴，用他 75 岁的生命把这一车将杀死几千同胞的军火"在烟火中毁灭了"（《在血泊中微笑》[23]）。上海的小学生杨小宝和他的同学们从上海起步，走向更广大的天地去从事救亡工作，真正是在血与火的洗礼中茁壮成长（《谁说我们年纪小》[24]）。在马来亚，小明向抗日团体检举奸商偷运日货（《码头上小天使》）；章烈因家累不能参加游击队，自己宁愿卖苦力吃饭而绝不出卖灵魂，拒绝做报酬丰厚的日寇报刊编辑（丘絮絮《在大时代中》[25]）；"我"（中国籍穷画家）避难住进苏岛偏僻的小山村，以"同是天涯沦落人"的善良之心帮助落难的荷兰籍上层社会的小姐（《窝浪拉里》[26]）。

（四）投机者

在马来亚华人同仇敌忾、抗日救亡时，却有投机者借机沽名钓誉，为一己私利而置国家、民族利益于不顾。林晨《导演先生》[27] 中导演先生争着在多个戏剧团体担任导演，做组长、顾问，又常常因为各种私事耽误工作，还总表示他对新加坡戏剧人士的蔑视、厌恶。无真才实学、借抗战捞取名利的"导演先生"可谓南洋版的"华威先生"。哈莱《沉滓的浮起》[28] 中之新先生参加抗战活动是想有机会"出人头地、呼风唤雨"，一有风吹草动就惊慌动摇、明哲保身。《在大时代中》中郑宗美当上日寇办的报纸的新闻主编，以自身利益为第一要务。这些都是打着文化人幌子的投机者。铁抗《白蚁》[29] 勾画了一幅南洋华人社会中打着救亡旗号而图谋大发横财的群丑图。投机者虽为少数且历来存在，但马华作家对抗战救亡背景下的投机者给予了无情的解剖和辛辣的讽刺，其目的是希望他们能克服自身缺点，在民族大义面前改邪归正，真正去做有益于抗战的事。

（五）堕落者

世界上光明与黑暗同时存在，汉奸的产生有多种因素，反侵略战争是对人性的最大考验。韦晕长篇小说《浅滩》[30] 中张铎战前是狂嫖滥赌的暴发户，战时为保住身家性命沦为汉奸。战后他成为大商人，常以施小善掩人耳目，安抚自己惴惴不安的心。张铎是马来亚社会堕落者的典型。长期的殖民统治，使一些软弱的台湾人养成奴性，成为日寇在马来亚的帮凶，如刘冷《一个间谍的自述》[31] 中看起来像日本人的间谍课教官说着一口"纯粹的厦门话"，原来是台湾人；也有人是受到欺骗被迫下水，如

《一个间谍的自述》中"我"战时长久失业，有幸应聘职位成功，培训 20 天后才知道被日本人招来做间谍，此时已如"羔羊"，完全身不由己了。马华作家对丧失国格、民族气节的汉奸、走狗坚决痛斥，绝不留情，汉奸们都瞬间死于非命，如姓苏的伪维持会副主席被抗日分子的行动队用一颗手榴弹"送掉狗命"，六指查命毙桥底（《小城忧郁》）；杨雄做汉奸横行霸道，鬼子投降以后终被吴仇射杀（《复仇》）。汉奸生命被轻如鸿毛地处置，有力地震慑了投降派，鼓舞了抗日者的斗志，彰显了马来亚华人的国家民族意识，表现了马华作家对正义战胜邪恶的坚定信念。

三、马华抗战小说华人形象塑造的特点

（一）文学人物形象的塑造：马来亚华人参与和表现社会现实的方式

马华文学滥觞于中国"五四"新文化运动，一开始就以现实主义为创作原则。马华著名文学史家方修指出，现实主义精神"贯串着"马华文艺"全部的创作历史，体现在所有重要的作品里面，成了文学创作的主流，从未间断过"[32]354。铁抗是马华文坛战前阶段最有影响的小说家，在"大检证"中被日寇杀害，其《试炼时代》是反映普通中国人在抗战大潮中生存状态的代表作品。作为本土最著名的作家之一，苗秀的许多小说都被置于日寇入侵新加坡这一悲壮的时代背景下，如其《写在〈火浪〉前面》所言，"我觉得活在这么一个时代里，却让时代留下空白，这是一种罪过。……我还要刻画出那贯串在这些历史事变中间的整个精神世界的汹涌的波澜；写出人民的欢乐与痛苦，表现人民的愿望"[33]1。中国全面抗战激发了马华社会的民族情感，抗战救亡成为马华文学的主题；太平洋战争爆发，唤醒了马来亚华人的本土意识，马华小说由初期的反映中国战场的惨烈转为重在表现马华社会抗战救亡情况。马华抗战小说塑造的华人形象以抗日游击力量和觉醒的民众为主，知识分子的天赋使命感和自我牺牲精神在抗战小说中有突出的体现。战争是试金石，社会、历史、文化等方面的人类积淀在这特殊而真实的场域中得以充沛地展示；战争中新的华人形象确立，新的民族性格形成，人性的美与恶在艰苦卓绝的战争中彰显。

（二）文学人物形象的手法：现实主义主潮下点染些许浪漫主义色彩

马华抗战小说注重在重大事件中塑造带有鲜明倾向性的华人形象。日寇自奉为"大和魂"的"出云号"旗舰用甲午战争清朝赔款定制，罪行累累，在侵华战争中作战超过 10 年。根据中国方面的记载，该舰在淞沪会

战中遭遇中国海陆空轮番袭击，终未果。《黄浦江中的巨雷》在淞沪战役结束几天后就发表。此外，《小根是怎样死的》《在血泊中微笑》《在动荡中》《谁说我们年纪小》等表现上海民众在淞沪会战中遭受灾难以及反抗侵略的故事，均于这场战役后一年左右的时间里发表。抗战初期，中国局势剧烈演变，揭露日寇暴行能激起人们的强烈义愤，奋勇抗敌的壮举能振奋人们的斗志。由于作家缺乏中国抗战的生活实践，人物以群像塑造为主，重在以身报国的抗战氛围的渲染。此外，《老将报国记》《一个女人》以日军对广州狂轰滥炸为背景；《阎王沟》以二战时期的湘桂大撤退为背景；《秀子姑娘》的故事发生在第二次世界大战后期的缅甸决战战场。

　　"在战争作为生存现实的前提下，作家没有别的选择，只有遵守战时道德，走向战争，将文学融入战争机制，成为战争的一个组成部分。"[34]110 "七·七"卢沟桥事变之后，马来亚所有的华文报刊都由零星的、单独的抗日宣传转变为共同的抗战怒吼。马华文学积极推行文艺通俗化运动，叶尼提出几点文学创作原则：成为一种救亡的武器，有暴露和报告的能力；指出群众应该如何参加抗战，作品要大众化，适应大众的需要，使大众理解、拥护。[35]5—6 这些原则对于当时的马华抗战文艺具有很强的实践指导意义。《白蚁》以尖峭的漫画笔法审丑，《导演先生》用白描手法在场面的转换中塑造鲜活的人物形象，陈南以话本小说方式创作《老将报国记》、章回体小说方式创作《金叶琼思君》，都是运用了大众喜闻乐见的文学表现手段或中国传统的文学样式，以达到大众化、通俗化的目的。马华抗战小说讲究情节曲折，在整体布局上常用倒叙手法，产生扣人心弦的艺术效果，如《复仇》《阎王沟》等都是出色的作品。在对比与冲突中刻画人物形象是马华抗战小说的惯常用法，民众在血泊中奋起，明哲保身者觉醒，发国难财而屡教不改的奸商被泼乌油、割耳朵，当汉奸的恶有恶报，终究被炸死、射杀。先抑后扬的表现手法生动形象地反映出马来亚华人抗战救亡的坚定决心和乐观的抗战情绪，具有强烈的艺术感染力，也使马华抗战小说带上积极的浪漫主义色彩。当然，一些小说为满足当时一般民众的阅读能力，不顾人物的个性特征和情节氛围随意安置议论性文字，使作品在叙事节奏上显得较生硬，有了较强的说教成分，也降低了小说的审美品格。

　　（三）文学人物形象的体现：立足马来亚本土的丰富性

　　所谓本土性，是"指本土特质、本土特色、本土立场与本土思维"[36]185。抗战初期，马华作者缺乏战争的直接经验，创作出现公式化、简单化、标语化倾向，严重影响了抗战文艺的质量和读者的态度。经过短暂的无所适从后，"本土性"的追求与实践构成了马华抗战小说人物描写的独特品格。

其一，题材选择与情感探寻。随着日本虎视、吞并整个亚洲的野心一步步膨胀，马华文坛提出"保卫马来亚"口号，"我们华侨大众，更是负有两重的任务，我们必要发动广大资力坚持祖国的抗战，争取彻底的最后的胜利，我们亦欲与马来亚各族的人民共同为马来亚居民的安全与自由幸福而战斗"[37]413。1939年以后，马来亚华人筹赈救亡、打击汉奸走狗、抗击日寇侵略等成为抗战小说的核心题材，作家尤其重视从"本土"的小人物、普通人身上折射大时代里华人的人生选择、精神面貌。《阎王沟》虽然是以中国抗战为背景，但作者及一些评论者认为，男主人公是归国参战的华侨机工，有着在南洋一带的海外赤子的心态与身影。战后阶段，以马来亚各族人民战争经历为题材的小说明显增多，如夏霖《静静的彭亨河》、韦晕《风笛》、姚紫《窝浪拉里》、赵戎《海恋》等。战前阶段，马华抗战小说已经有作品注重人物的心理刻画，描写人物细腻的情感颤动，人物形象较为厚实。李蕴朗《转变》[38] 中的张财伯认为自己与几千里外的中国已毫无关系，但改变不了因中国被侵略而遭日本小商人、公署马来人欺辱的现实，他终于有了朦胧的民族意识：自己的小"咖啡店"不是个孤立的存在，自己的命运是和中国的抗战连在一起的，那个遥远的祖国强大了，自己在南洋才会有立足之地。战后马来亚社会相对安定，社会热点减少。在注重作品的思想性、时代性的同时，作家的关注焦点向抒发个人感受、追求艺术个性转变，主要体现在心理描写手法的采用，探索更加丰富的精神领域。《小城忧郁》中"我"因为被自己的伙伴"抛弃"和担心连累家人，脱离了抗战队伍，但摆脱不了对在原始丛林中的抗战者的挂念、担忧；敬佩"软"文化人的儒雅博学、性格魅力，但不愿意妹妹丽子就此走上一条"在黑暗中挣扎、爬行、反搏"的路。作品笼罩着一层哀伤、彷徨的情绪。《秀子姑娘》中姚在国家意志与个人情感、正义使命与"卑劣"手段之间产生极端冲突的时候，内心被矛盾、困惑、痛苦所缠绕；《刹那亲情》中温松明长期带着战争遗留的精神创伤，挣扎在血缘、伦理的旋涡中难以自拔；等等。这些作品表现人物内心诉求与外部世界的不协调所产生的冲突矛盾，勾勒出在苦闷中挣扎的丰富人性，也直指、逼问人性更深的场域。

其二，自然风光与风土人情。适应"小说马来化"的需要，马华抗战小说从自然风光、风土习俗、社会氛围等方面使人物形象更具浓郁的南洋地域特点。在热带风情小说创作上取得突破的首推赵戎。赵戎以细腻观察和繁密铺叙见长。其《在马六甲海峡》有大量的景观描写：涨潮时，"浩浩荡荡的波浪一阵阵的汹涌而来，冲击着巨石堆成的岸边"；退潮了，"喜欢野游的青年男女、妇人孩子，以及穿'沙笼'的'娘惹'们"，都不约而同地掏"污泥里的蚬蚶"，捉"罅隙里的小蟹"，拾"美丽的贝壳"，抓"深泥里的八爪鱼……"[39]23-24 这些景物描写带有南洋风物的蓬勃壮阔之美，并强化了马来亚人与自然之间紧密相依的联系，浓烈的南洋人文气息扑面而来。在《窝浪拉里》中，"旭日刚升在屋侧的灌木丛上"，"疏疏的椰树挺直着瘦白的腰，叶子在阳光中刷出了油亮，轻轻摆动"，"我"吹着口哨，"走下阿答屋那黑霉的木阶，沿着沙砾的小路走向小溪……"[40]143。姚紫对南洋原生态乡村自然景致和村民古朴生活习俗素描式的勾画，定下了小说中人物的感情基调，为传奇式的异国恋情增添了诗情画意和梦幻色彩。小说以浓郁的南洋地方风情作为人物活动的背景，抗战的意义与前景就融合在这多姿多彩的热带风光里了。

其三，选词用句与语言风格。马华文学历来重视文学的启蒙作用，平实、质朴是马华文学语言的普遍风格。抗战时期的马华文学通俗化运动，其中一项重要内容就是语言通俗。在战后民族独立运动中，文学语言的大众化、通俗化仍然是马华作家追求的主要方向。作家向民间学习语言，方言、土语大量进入小说以突显马来亚地方色彩，是战后持"马华文艺独特性"观点作家的共同特点。苗秀《火浪》中人物众多且来自不同阶层，在人物对话中较多使用着移民社会的粤方言、闽方言、客家方言、英语、马来语、印度语等，人物形象带有一种个性化的心理节奏和独特的地域气息。多种语言的杂糅体现了马华小说在本土性层面的开拓，但若"方言用得不加节制这就带来了小说流传不广的弊端"[41]162。20世纪80年代以来，新、马华文文学加强了与世界华文文学间的交流，方言土语在文学作品中只是一种点缀了。

（四）文学人物形象的走向：由抵御侵略到反对殖民主义

法西斯主义与殖民主义都是采取武力侵略手段对外扩张，掠取资源，进行恐怖统治。马华抗战小说在书写华人的战争体验时，也在思索人类世界是否具有共同的人性。日本铁矿场的巫族、印族矿工和华族矿工一样遭受剥削，过着猪狗般的生活，他们理解、赞同华工的救亡行为（《八九百个》）。阿部信一"永远明了自己和中华抗战大众一样，都是据有千万股票的花猫们以及独裁者们的砧上肉"（《运输兵阿部信一》[42]）。即使是殖民统治者，也会有人性未泯的一面、善性流露的瞬间（《窝浪拉里》）。而《一个日本女间谍》[43] 中的安娜·莎和《小城忧郁》中的混血女医生贝莉拉已投入到世界反法西斯的战斗中。1941 年德国出兵苏联时，马华文学界提出了"反侵略文学运动"，以期加入世界反法西斯文学阵营。战争中共同的命运使马来亚各族人民由隔阂走向理解，由不相往来走向相互渗入。

第二次世界大战后，亚洲殖民地的民主运动兴起，但受到殖民主义者的强力镇压，也还有不少人对殖民者抱有美好幻想。战争贩子又妄图在种族和国籍复杂的南洋煽动仇恨，制造屠杀。马华文学界发出了反对殖民主义的呼声。苗秀 1949 年下半年开始倾情创作《火浪》，"要把近三十年来，马来亚这个殖民地社会的历史动态刻画出来"[44]1。这部长篇小说以丰富、饱满的人物形象展现马来亚华人反侵略的艰难历程，堪称马华文学史上史诗式的著作。姚紫在中篇小说领域的突出成就奠定了他在马华文学史上的重要地位。同为抗战题材，《秀子姑娘》揭露日本军国主义对理性的轰毁、对人性的摧残；《阎王沟》表现日本法西斯发动的战争带给人民的苦难；《窝浪拉里》突出展示殖民者霸权思想所滋生的人性异化，但也不忘揭露日本法西斯的罪行。从对战争残酷现场的关注进入对人性内涵的探寻，战后马华抗战小说对战争的思考更加凝重、理性，蕴含了反对殖民主义、争取民族自由解放的现代意识。

总之，第二次世界大战给马华文学打下了"深刻的烙印""作家生存状态、心理状态、创作状态，文学题材、文体样式、审美格调，文学中心的重新调整，文学传播方式的变迁等，都能够见出抗战带来的深刻影响"[45]133。战前阶段，马华抗战小说以中国为背景塑造的人物形象多为群像，以整体氛围的营造激发马来亚华人同仇敌忾的斗志；以马来亚为背景塑造的人物形象趋于生活化、更具真情实感，点燃了民众积极参与的热情，马华文学形成繁盛期。战后阶段，马华抗战小说中书写华人形象的视角更为丰富，个性化的人物形象增多，注重深入描绘人物的心灵世界、表现丰富的人性，出现了一批代表马华小说最高水平的中、长篇著作，马华文学步入成熟期。

四、马华抗战小说华人形象塑造的功能意义

（一）回望中国，华人形象的另一种视角

出于亡国灭种的恐惧，中国的国民性批判在 1901 年后形成思潮。梁启超以"奴隶根性"[46]268 分析中国国民性；鲁迅借阿 Q 展示国民劣根性的表现："自欺""退守""巧滑""奴性""无特操""虚伪""麻木""健忘""卑怯"[47]21。由于目的、出发点不同，这种"自我再现"与西方作品中对华人的刻板印象完全不同。"每一时代和社会都重新创造自己的'他者'。因此，自我身份或'他者'身份绝非静止的东西，而在很多程度上是一种人为建构的历史、社会、学术和政治过程，……简而言之，身份的建构与每一社会中的权力运作密切相关，因此绝不是一种纯学术的随想（woolgathering）。"[48]426—427 政治、经济、文化等各种权利的存在和变化，必然引发并折射出建构者的观念与态度。姚紫《〈阎王沟〉后记》说，要"从那弥漫着烟尘的记忆里，勾出一个被战火所损伤的女人的影子来"，同时"反映当时神圣的救亡战争中，后方紊乱和腐败的情景"[49]231，表达了海外华人在当时的历史背景下对多灾多难的中华民族能够走向昌盛、人民能够生活安乐的热切呼唤。

作家经历、材料来源、创作时的处境，影响着文学作品人物形象的塑造。在当时的社会背景下，马华作家既有对中国血缘上的天然感情和对悠久中国文化的自豪，又远离中国大陆，由此形成的对华人形象的凝视、想象和书写与中国本土作家不同，或是中国本土作家很少涉及的；对某种事物实质意义的看法也可能别有新意。海外华文作家具有跨文化的自觉意识，站在多元文化之间，跨越空间的隔岸式观照有可能发展出一种别样的理性思考和文化眼光。"我们必须承认自己所站的位置的局限""一种同一语系内的比较文学工作，已经可以展开"[50]16，他者成为反观自我的一面镜子。研究马华抗战小说中的华人形象书写，通过所塑造的"他者"，以开阔的眼界更深入理性地认识自我，研究他者的同时也在研究自我。当然，此中也可能存在对中国人形象误读的现象，也表现了马来亚华人作家双重身份和文化心理下的困惑与尴尬。

（二）民族矛盾、华人优越心态与中国中心意识

经济差异、宗教文化差异、民族政治不平衡、马来亚与中国的关系等

是造成华人与当地其他民族矛盾冲突的主要原因。20 世纪前后，英殖民者将欧洲种族主义观念带到了马来亚，采取一系列殖民政策以巩固其殖民统治，如马来人多从事农业，享有从政的特权；华人多从事工商业，占据经济的优势。由此，马来人和华人的民族意识逐步建立。晚清及民国政府对马来亚华人采取了保护和争取的政策，进一步促进了海外华人民族意识和国家观念的觉醒，"却加深华侨与土著群体的隔阂，也更激起当地殖民政权的忌讳"[51]116，华人主动融入当地社会、与其他民族相交融的意愿和实践被削弱。20 世纪 30 年代，马来亚华人开始把马来亚作为自己的故乡，政治上逐渐认同马来亚。但是，张财伯把南洋当成自己的家，可是公署马来族公职人员因为他是"支那人"处处羞辱他、刁难他（《转变》）；"我"战时在印尼乡村避难，与当地人相处和睦，有了印尼名字"窝浪拉里"，却是"逃难人"的意思（《窝浪拉里》）。马来亚沦陷时期，日本人对华人疯狂屠杀和迫害，同时对马来人、印度人采取怀柔政策，鼓励他们为其战争目标服务，激化了民族矛盾。战争刚结束，华人与马来人之间爆发了一系列矛盾冲突，甚至种族仇杀。第二次世界大战之后，英、美等国出于对即将诞生的中华人民共和国的恐慌，在东南亚散布"黄祸"言论，马来亚华人在当地社会处境较第二次世界大战前更加恶化，但马来亚各民族的共同目标是反对英国殖民统治，战后合作是马来亚民族间关系的主流。

马来亚是多元种族的社会，各族向来敏感，避免冒犯。林之间曾批评林参天长篇小说《浓烟》存有对印度籍教师佛生的不恰当描写，易引发民族间恶感[52]164。受时代局限，马华抗战小说中也存在华人优越心态的无意识流露。一是表现在用词方面，如《火浪》中称马来人"番人"，称印度人"吉灵人"，带有轻蔑、歧视的色彩；二是表现在行为描写上，如《转变》里马来族公务员办事拖拉、强行索贿、轻狂粗暴的工作作风在新的殖民者日本人面前荡然无存，不禁令惯于息事宁人的"老番伯"拍案而起；三是表现在人物心理方面，如《静静的彭亨河》[53] 以马来人里多的视角和心理活动描绘马来人与华人的微妙关系，马来亚成为殖民地以来马、华两个民族积累的恩恩怨怨都在里多的思绪波动里闪现。夏霖是战后新起的青年作家，其小说《静静的彭亨河》被称为马华文艺独特性的代表作。他率先成功地反映了底层社会马来人生存的哀痛、华巫两族深重的隔膜，旨在呼吁经历侵略战争劫难的各民族人民和睦相处，要警惕殖民者

"扶巫制华，分而治之"的故伎重演以及民族沙文主义者煽动仇恨、制造血案的阴谋。但在作品中还有双华人的眼在观察评价马来人里多——依靠英殖民者却被抛弃，生性善良却懒惰散漫，有时心存嫉恨，宗教观念重却不辨是非。尽管结尾暗示了种族融合共处的大趋势，但在他族形象的塑造中包含了华人对自身文化优越的想象。以上分析也许与作家的本意相违，但不可否认，有些马华抗战小说在某种程度上存在着以西方主流文化的认知范式刻画华族及他族形象，可见马来亚各民族和平共处、相互融合的艰难。人们"对与本族群不同的注重同时也过高地估价自身所具有的品质。族群的自我欣赏意味着对其他群体的蔑视和排斥"[54]14。每一种文明都存有种族中心主义的幻想，马华作家不可能脱离这种存在。当马华作家真正地融入其他民族生活中并面临同样的生存境况时，他们的认知方式自然就会发生改变；文学中他族形象将不再是陪衬，而具有独立的艺术生命。

从严格意义上讲，马来亚新文学的基本作家来自中国。20世纪以来有两大批中国文化人南渡马来亚。第一批是"五四"以后至1937年之间，如洪灵菲、巴金、老舍、徐志摩、许杰、艾芜、吴天（叶尼）等。尤其是中国大革命失败，一些知识分子南来避难，20世纪20—30年代的新兴文化运动（其实质是中国的"普罗"文学）就是由他们发动的。第二批是1937—1941年，一大批中国文化人深入马华文化界的方方面面，掀起抗战文艺的狂潮，如郁达夫、胡愈之、王任叔、沈兹九、高云览、王莹、王君实、汪金丁、杨骚、陈残云等。20世纪上半叶，有不少马来亚华人远赴中国求学，温梓川是突出的代表[55]。马华文学作品主要发表在报纸副刊上，郁达夫先后担任《星洲日报》副刊《晨星》与《繁星》的主编、《星槟日报》的《文艺》半月刊编务等，胡愈之主编《南洋商报》副刊《风下周刊》，并任《南侨日报》社长，等等。他们均注重对青年写作者的培养，苗秀、方修、温梓川、艾蒙、刘思等一批本土作者成长起来。太平洋战争爆发后，星华文化界战时工作团成立，团长为郁达夫，副团长为胡愈之，宣传部长为王任叔。由此可见，中国南来作家在这一时期的马华文艺界占据领导地位。在1948年前后引发的关于"马华文艺独特性""侨民文学"的论争中，周容、苗秀等指责"侨民文艺"倾向，认为马华文艺不应是中国文艺的"海外版"，形式上可以暂时是中国的，但内容必须"马来亚"[56]。沙平（胡愈之）、金丁等认为文艺形式是民族的，内容一定是"国际性"的；文艺水准低落的国家应多向外国学习，目前"侨民文艺不影响马来亚文艺的发展",怕的是中国文艺的"海外版"太少[57]。在香港逗留的郭沫若、夏衍也发表意见。在当时复杂的社会、政治背景下,本地文艺论者略占优势。1948 年后紧急法令颁布,以及中华人民共和国成立,倾向中国的作家纷纷回国,留下来的作家如韦晕、姚紫、杏影、柳北岸、方北方、李汝林、丘絮絮等仍居马华文坛成就最高作家之列。

关于文化问题,马克思主义文化批评家雷蒙德·威廉斯(Raymond Williams)认为,处于支配地位的"主导文化"持续不断地"留意""取代"文化和"对抗"文化对它构成的威胁并对其作出"反应",去控制并转换这些因素,甚至达到"协调合作";另一类不能被"化约"的则成为"霸权"术语之下的独立文化[58]121—122。威廉斯关于文化因素与文化动力的分析的一个重要结论是新兴文化对处于支配地位文化的斗争就是反霸权主义,这成为少数族裔话语理论的基础。在"国家主义的大纛下,同声一气的愿景每每遮蔽了历史经验中断裂游移、众声喧哗的事实"[59]7,一些中国南来文化人在马华文学独立性问题的认识上多多少少存在局限性。郁达夫在新加坡注重本地文艺新人培养,提倡南洋文艺,足见其眼光长远。但其本意是以"侨民文艺"为出发点的,希望南洋以后能成为"一个中国文坛已经四散后的海外方面的文化中心地"[60]529。20 世纪 40 年代中后期,东南亚政治环境复杂,在各族人民要求独立、自治的呼声里,胡愈之等虽然强调包括华人在内的马来亚三大主要民族是"马来亚的真正主人,马来亚是和他们的生存、生活离不开的祖国"[61]348,但坚持马来亚华人的侨民身份,以此定位马华文学。这种不顾马来亚华人特殊的社会性存在,仍坚持其在政治和文艺认同上倾向于中国的大中华心态显然是不合时宜的。当然,从中国与马来亚华人的族群根源和文化渊源关系看,他们与属于西方的殖民者立场是决然迥异的,不能混为一谈,但是在处理中国与周边国家关系上历史的教训尤其值得特别警惕。

(三) 作为"他者"的形象

爱德华·W. 萨义德指出:文化首先"指的是描述、交流和表达的艺术等活动",这些活动"通常以美学的方式而存在,主要目的之一是娱乐"。另外,文化"很微妙地包含了一种使人美好高尚的东西,每个社会中被认为是最优秀的因素";在某个时候"积极地与民族或国家联系在一起",而成为"各种政治的、意识形态的力量"较量的舞台[62]2—4。文学作为文化的重要表现形式,除审美的功能外,还与社会、政治、经济等相关联。战争文学中的人物形象塑造，具有了与其他文学种类不同的特殊意义。

战前阶段，无论南来的还是本土的作家，有不少人已经感觉到了在马来亚土地上不适合书写中国背景的故事，具体体现在 1934 年开始的关于"马来亚文艺"的争论。马华作家"马来亚本位"思考的开始，也意味着新的民族国家意识的觉醒。马华抗战小说题材由中国逐渐转为马来亚，以"本地性"华人活动承载抗日救亡的内容，是作者对马来亚感情的自然投射与心灵归宿。战后初期，大多数马来亚华人在情感上仍与中国保持深厚的联系，但也真正领会到所居住的土地的可贵，萌生了成为这里的主人的愿望。《在马六甲海峡》的男主人公张浪萍赞同好友琳回国服务，但他更愿意留在马来亚抗击日寇，他说"这个生我养我的新加坡，他正是我的家乡啦"[63]34。1950 年后，中国大陆出版物被禁止进入，切断了双方文化上的交往，马华文学开始走上独立之路。1956 年，新加坡文艺界提出"爱国主义的大众文学"的口号，强调华人对居住国的归属感。1957 年马来亚独立，大部分华人由侨民成为公民，"在取得当地国家认同的同时，慢慢地放弃了他们的中国民族的认同。与此同时，他们更加意识到自己作为华人的文化认同"[64]248，保持和弘扬中华文化传统与美学气韵仍是战后马华文艺界的主流意识。战后近 20 年，马华文学已在观念、理论层面上为其本土化奠定了坚实的基础；马华作家开始"完全自由地写自己熟悉的生活，完全自由地写自己喜欢写的题材。因此，马华文学才完完全全自由地独立发展起来"[65]62。韦晕南来后长期颠簸于马来亚底层社会的各个角落，其创作大都表现日据至紧急状态时期马来亚的社会风貌，是 20 世纪 60 年代最重要的作家之一。他的小说从侧面深刻反映战争带给马来亚各族人民的苦难，以自由精神、真切之情深受当时读者喜爱并模仿。韦晕于 1991 年荣获第二届"马华文学奖"，被誉为"最具有强烈的马来西亚本土意识和鲜明地方色彩的南来作家"[66]184。

五、结语

海外华人的个人与国家关系意识可以说是由中国的抗战引爆的。"国家"概念，战前理所当然是指遥远的"中国"，战后则渐渐指向脚下的这片土地"马来亚"。马华抗战小说是马华作家对抗日战争"生存经验和精神体验的感性化表现，是形塑族性记忆的重要文化想象场域，也是书写移民文化适应和文化新变的一种美学形式"[67]113。马华抗战小说华人形象塑造的过程是华人审视自我、发现自我和确立自我身份的过程，是一个种族在痛楚与悲壮中蜕变的过程，是对主流文化霸权形成的华人形象的刻板印象进行抵抗、解构和颠覆的过程，是对自我的期待和表达，也是马来亚驶入现代进程的重要原因。

参考文献

[1] 张旭东：《东南亚的中国形象（1937—1945）》，人民文学出版社 2010 年版。

[2] 周宁：《跨文化研究：以中国形象为方法》，商务印书馆 2011 年版。

[3] 庄钟庆、陈育伦、周宁主编：《东南亚华文新文学史·导言》，人民文学出版社 2007 年版。

[4] 许云樵、蔡史君主编：《新马华人抗日史料（1937—1945）》，文史出版私人有限公司 1984 年版。

[5] 乳婴：《逃难途中》，原载 1938 年 6 月 19 日《南洋文艺》，见方修编：《马华新文学大系（1919—1942）》（四），大众书局 2000 年版。

[6] 铁抗：《试炼时代》，原载 1938 年 8 月 26 日—11 月 1 日《晨星》，见方修编：《马华新文学大系（1919—1942）》（四），大众书局 2000 年版。

[7] 萧克：《码头上小天使》，原载 1939 年 4 月 13—14 日《新园地》，见方修编：《马华新文学大系（1919—1942）》（四），大众书局 2000 年版。

[8] 丘天：《复仇》（1947 年），见方修编：《战后新马文学大系（1945—1976）》，华艺出版社 1999 年版。

[9] 韦晕：《印度洋的守望》，见《乌鸦港上黄昏》，吉隆坡文化供应社 1956 年版。

[10] 黄万华：《新马百年华文小说史》，山东文艺出版社 1999 年版。

[11] 乳婴：《八九百个》，原载 1938 年 1 月 11—21 日《星火》，见方修编：《马华新文学大系（1919—1942）》（四），大众书局 2000 年版。

[12] 殷枝扬：《牺牲者的治疗》，见方修编：《战后新马文学大系（1945—1976）》，华艺出版社 1999 年版。

[13] 高扬：《黄浦江中的巨雷》，原载 1937 年 11 月 21 日《文艺》周刊，见方修编：《马华新文学大系（1919—1942）》（四），大众书局 2000 年版。

[14] 姚紫：《秀子姑娘》（1948 年），见《咖啡的诱惑》，鹭江出版社 1987 年版。

[15] 姚紫：《阎王沟》（1952 年），见《咖啡的诱惑》，鹭江出版社 1987 年版。

[16] 苗秀：《火浪》（1950 年完稿，1959 年重改），新加坡青年书局 1960 年版。

[17] 1941 年左右，华侨抗战动员总会民众武装部队组织华人义勇军积极应对新加坡战事危机。英军向华人义勇军配发武器抗击日军。新加坡沦陷后，日军立即对华人展开以"大检证"为名的复仇行动，要将所有的"反日分子"铲除。据统计，有五六万华人被带走集体枪杀、活埋。

[18] 苗秀：《小城忧郁》（1951 年重写，1961 年第三次修改），见《新加坡屋顶下》，漓江出版社 1987 年版。

[19] 陈南：《金叶琼思君》，原载 1938 年 11 月 29 日—12 月 2 日《狮声》，见方修编：《马华新文学大系（1919—1942）》（四），大众书局 2000 年版。

[20] 韦晕：《旧地》，见《风过处，水无痕》，秀威资讯科技股份有限公司 2012 年版。

[21] 赵戎：《在马六甲海峡》，新加坡青年书局 1961 年版。

[22] 铁抗：《在动荡中》，原载 1938 年 8 月 26 日—11 月 1 日《晨星》，见方修编：《马华新文学大系（1919—1942）》（四），大众书局 2000 年版。

[23] 流冰：《在血泊中微笑》，原载 1938 年 5 月 12 日《晨星》，见方修编：《马华新文学大系（1919—1942）》（四），大众书局 2000 年版。

[24] 金丁：《谁说我们年纪小》，原载 1938 年 12 月 2—7 日《狮声》，见方修编：《马华新文学大系（1919—1942）》（四），大众书局 2000 年版。

[25] 丘絮絮：《在大时代中》（1951 年），见《丘絮絮小说选》，新加坡文艺协会 2002 年版。

[26] 姚紫：《窝浪拉里》（1953 年），见《咖啡的诱惑》，鹭江出版社

1987 年版。

　　[27] 林晨:《导演先生》,原载 1941 年 1 月 28 日《狮声》,见方修编:《马华新文学大系(1919—1942)》(四),大众书局 2000 年版。

　　[28] 哈莱:《沉滓的浮起》,原载 1939 年 5 月 3—6 日《晨星》,见方修编:《马华新文学大系(1919—1942)》(四),大众书局 2000 年版。

　　[29] 铁抗:《白蚁》,原载 1939 年 10 月 21 日—31 日《世纪风》,见方修编:《马华新文学大系(1919—1942)》(四),大众书局 2000 年版。

　　[30] 韦晕:《浅滩》,新加坡青年书局 1960 年版。

　　[31] 刘冷:《一个间谍的自述》,原载 1946 年 10 月《大地》半月刊,见方修编:《战后新马文学大系(1945—1976)》,华艺出版社 1999 年版。

　　[32] 方修:《新马文学史论集》,三联书店香港分店、新加坡文学书屋 1986 年版。

　　[33] 苗秀:《写在〈火浪〉前面》,见《火浪》,新加坡青年书局 1960 年版。

　　[34] 房福贤:《抗日文学中的几个理论问题》,《东岳论丛》2005 年第 5 期。

　　[35] 叶尼:《论战时文艺》,原载 1938 年《星中日报·新年特刊》,见方修编:《马华新文学大系(理论批评二集)》(二),大众书局 2000 年版。

　　[36] 朱崇科:《本土性的纠葛——浅论马华文学史书写的主线贯穿》,《学海》2003 年第 2 期。

　　[37]《前置词(〈新流〉发刊词)》,原载 1939 年 10 月 3 日《新》创刊号,见方修编:《马华新文学大系(出版史料)》(十),大众书局 2000 年版。

　　[38] 李蕴郎:《转变》,原载 1939 年 5 月 29—6 月 2 日《世纪风》,见方修编:《马华新文学大系(1919—1942)》(四),大众书局 2000 年版。

　　[39] 赵戎:《在马六甲海峡》,新加坡青年书局 1961 年版。

　　[40] 姚紫:《窝浪拉里》,见《咖啡的诱惑》,鹭江出版社 1987 年版。

　　[41] 潘亚暾:《擅长描绘南洋风情的赵戎》,见《赵戎研究专集》,新加坡文艺协会 2000 年版。

[42] 铁抗：《运输兵阿部信一》，原载 1938 年 1 月 23 日《文艺》周刊，见方修编：《马华新文学大系（1919—1942）》（四），大众书局 2000 年版。

[43] 丁倩：《一个日本女间谍》，原载 1938 年 9 月 20 日《南洋周报》，见方修编：《马华新文学大系（1919—1942）》（四），大众书局 2000 年版。

[44] 苗秀：《写在〈火浪〉前面》，见《火浪》，新加坡青年书局 1960 年版。

[45] 秦弓：《抗战文学研究的概况与问题》，《抗日战争研究》2007 年第 4 期。

[46] 梁启超：《独立论》，见《梁启超全集》（第一册），北京出版社 1999 年版。

[47] 汪卫东：《〈阿Q正传〉：鲁迅国民性批判的小说形态》，《鲁迅研究月刊》2011 年第 11 期。

[48] ［美］爱德华·W. 萨义德：《东方学》，生活·读书·新知三联书店 2007 年版。

[49] 姚紫：《〈阎王沟〉后记》，见《姚紫研究专集》，新加坡文艺协会 1997 年版。

[50] 王德威：《"根"的政治，"势"的诗学：华语论述与中国文学》，《中国现代文学》2013 年第 24 期，秀威信息科技股份有限公司 POD 印制。

[51] 庄国土：《从民族主义到爱国主义：1911—1941 年间南洋华侨对中国认同的变化》，《中山大学学报》（社会科学版）2000 年第 4 期。

[52] 林之间：《关于〈浓烟〉》，原载 1937 年 2 月 3 日《晨星》，转引自郭惠芬：《中国南来作者与新马华文文学》，厦门大学出版社 1999 年版。

[53] 夏霖：《静静的彭亨河》（1946 年），见李廷辉编：《新马华文文学大系（小说二）》（五），教育出版社 1971 年版。

[54] ［法］塔吉耶夫：《种族主义源流》，生活·读书·新知三联书店 2005 年版。

[55] 温梓川 1926 年起先后在广州中山大学、上海暨南大学就读，大学毕业后返回马来亚从事教育、编辑工作。他曾亲承夏丏尊、曹聚仁、梁

实秋、叶公超、傅斯年、沈从文、汪静之、梁遇春、洪深等名师教诲；他积极参加文艺社团活动，参与邀请鲁迅、徐志摩、胡适、张竞生等名流来校演讲；他与郁达夫、戴望舒、邵洵美、丰子恺、徐悲鸿、萧乾等名家有过交往。他热衷于撰写中国文坛回忆录，回忆名家的专门文章就有60余篇。详见钦鸿编：《文人的另一面——民国风景之一种》，广西师范大学出版社2004年版。

［56］周容：《谈马华文艺》，《战友报·新年特刊》，1948年1月1日。

［57］沙平：《朋友，你钻进牛角尖里去了》，《风下周刊》，1948年1月10日。

［58］［英］雷蒙德·威廉斯：《马克思主义与文学》，河南大学出版社2008年版。

［59］王德威：《"根"的政治，"势"的诗学：华语论述与中国文学》，《中国现代文学》2013年第24期，秀威信息科技股份有限公司POD印制。

［60］郁达夫：《看稿的结果》，原载1939年2月26日《文艺两周刊》，见郁风编：《郁达夫海外文集》，生活·读书·新知三联书店1990年版。

［61］胡愈之：《马来亚的今日与明日》，原载1946年1月24日《世界知识》，见《胡愈之文集》第四卷，生活·读书·新知三联出版社1996年版。

［62］［美］爱德华·W. 萨义德：《文化与帝国主义·前言》，生活·读书·新知三联书店2003年版。

［63］赵戎：《在马六甲海峡》，新加坡青年书局1961年版。

［64］王赓武：《中国与海外华人》，商务印书馆（香港）有限公司1994年版。

［65］王润华：《论新加坡华文文学发展阶段与方向》，见王润华、白豪士编：《东南亚华文文学》，新加坡歌德学院1989年版。

［66］潘碧华：《参与的记忆：建国中的马华文学》，《中外文化与文论》2008年第2期。

［67］朱立立：《身份认同与华文文学研究》，上海三联书店2008年版。

第三章 比较文学与世界文学研究

从"激进"走向"学术"①
——论美国当代学院左翼的文艺批评
王予霞

美国学院左翼指那些投身新左翼运动的激进师生，在运动消沉之后，相继返回校园，把往昔的政治激情化为一种"学术"政治，在校园中建立"阵地"，以左翼思想阐释世界。与以往左翼不同的是，他们放弃行动，埋首于文化批判。美国学院左翼的文艺批评包括两部分内容：一是以詹姆逊为代表的新马克思主义批评理论；二是对 30 年代美国左翼文学思潮的全面深入研究，取得突出成就的有沃尔德（Alan Wald）、弗莱（Barbara Foley）、哈维（Teres Harvey）等。当今许多美国大学的一流教授都在该领域广泛阐发马克思主义，积极反思美共领导的左翼文化运动的经验得失，取得举世公认的学术成就。学院左翼所掀起的马克思主义批评和对左翼文学思潮研究的热潮，极大地促进了当代美国文学研究与教学的发展。

一、从激进政治向"学术"政治的演变

20 世纪 60 年代末，新左翼运动消沉之后，激进青年师生返回校园，他们在晦涩高深的理论探讨中继续叩问他们的困惑，在讲台与著述中抒发壮志未酬的遗憾。进入高校的新左翼知识分子不再依附于政治活动和集体信仰，也没有共同的权威与标准，但是由于他们思想相近，在松散中有共

---

① 本文原发表于《文艺理论与批评》2014 年第 1 期，收入本论文集时进行了修改。
作者简介：王予霞（1963—），女，博士，教授，主要从事美国左翼文学思潮研究。

同的追求——自觉追求曾经强烈鼓舞过他们的那种宏大的境界与进步的使命，因此，随着学术左翼力量的不断聚集，到 1971 年詹姆逊出版《马克思主义与形式》止，形成了一个跻身于大学的学院左翼。这样一来，美国大学的学术思想结构、学术建制也发生了巨大变化。如果说新左翼运动作为一种社会思潮已经过去，那么在 70 年代又迎来了其学术话语的时代。

1982 年，美国纽约大学教授奥尔曼（Bertell Ollman）在《学院左翼——美国大学校园的马克思主义学术研究》一书中明确指出："今天，美国的大学里正掀起一场马克思主义的文化革命。越来越多的学生和教师开始研究马克思关于资本主义如何发生作用（它为谁服务得好，为谁服务得差），如何兴起及其发展趋势的解释。不过，这是一场和平的、民主的革命，主要以著述和讲演的形式进行斗争。"[1] 奥尔曼首次关注了学院左翼的著述与批评活动，该书也成为研究学院左翼的最早专著。1992 年，美国历史学家约翰·迪金斯（John Diggins）在新版的《美国左翼之沉浮》一书中，把美国左翼的发展分为浪漫左翼、旧左翼、新左翼和学院左翼四个阶段，其研究的下限延伸至 80 年代末。他梳理了学院左翼的缘起、活动，以及所面临的困境，但对文艺批评涉及不多。2008 年，詹姆逊获挪威的"霍尔堡国际纪念奖"（Holberg International Memorial Prize），该奖被视为人文学科的诺贝尔奖。他的获奖具有特殊的学术意义，是学院左翼文艺批评的一次胜利，不仅显示其强大的学术生命力，而且必将加深对资本主义的认识与批判。

总体上看，学院左翼兴起的社会历史原因主要有四点：①普遍激进化的历史背景是其产生的重要社会原因。20 世纪 60 年代国内外环境使学界普遍激进化，左翼师生得以利用课堂公开宣讲激进观点。新左翼势力进入教研队伍后，使学界进一步激进化。②批评理论自身创新的需求是其产生的内驱力。60 年代的各种国际冲突与社会冲突向主流理论提出挑战，各学科的主流理论无法应对复杂的社会现实，亟需新的理论探索。③学术自由的时代之需是其思想创新的外在推动力。大学必须有反对声音的出现，即与现实社会价值相悖的观点，成为左翼知识分子的诉求，使他们由分散到整合为一个学派。④高校马克思主义批评的非党、非俄、非颠覆性的特点，解除了行政当局的危机感，使其发展获得了宽松的外部环境。

由于上述原因，自 70 年代起，美国几乎所有的人文社会学科都受到新左翼思想的冲击或改造，当今美国众多著名的文学理论家多在 20 世纪六七十年代完成学业，或者在本科或研究生阶段参加过新左翼运动。他们中间较有名望的一批学者，也自认为是经由那场运动开始接触马克思主义理论，继而通过挑战传统而逐步获得自己的学术地位。

总体上看，美国学院左翼文艺批评发展经历了三个时期。

20世纪60年代末至70年代为第一时期。在学院左翼现身之时，美国批评界正受到桑塔格的《反对释义》和利奥塔的《后现代状况》的冲击，遭受叙事危机。詹姆逊坚持总体化、历史化的马克思主义批评原则，出版《马克思主义与形式》，奠定了他在学院左翼文艺批评中的首领地位。在他的带领下，格拉夫（Gerald Graff）、兰特里夏（Frank Lentricchia）、杰伊（Martin Jay）、韦斯特（Cornel West）、伊伯特（Teresa Ebert）等人形成了一个阵容强大的学院左翼批评家群体。他们的研究都体现了学院左翼文艺批评追求方法论至上的特征。

20世纪70年代末至80年代末为第二时期。随着学院左翼不断为社会公众所认知，其批评也呈现出文化研究和后马克思主义特征。在后工业社会文化结构的剧烈变动中，马克思主义在欧美作为一种政治战略业已衰落或失效，然而其生命力却悄然延伸至学院左翼这里，青年学者进入了一个"靠思考而非靠行动"的历史时期。此间，许多青年教师开始质疑整个文学经典，学生也要求广泛阅读另类作品。据此，他们认为，"一个马克思主义教师的任务不仅是要尽可能清晰地展现马克思主义的分析，而且还要找出传递它的材料的方式，重视对教室的情境即教师和学生的角色进行马克思主义的分析……并对削弱学生接受革命理念的许多错误的意识进行分析"[2]278。与此同时，他们开始整合女性批评、族裔文化理论，对美国左翼文学思潮进行全面深入的研究，使众多尘封已久的作品重新进入人们的视野。沃尔德的《纽约文人集群》《左翼写作》，拉比诺维（Paula Rabinowitz）的《劳动与欲望》都在新旧左翼关系的阐发中推进了马克思主义批评。同时，学院左翼文艺批评的弊端——理论化、书斋化倾向也逐渐展露出来。

20世纪80年代末至今为第三时期，处于发展调整时期。80年代末，如何反映中国问题和苏东剧变成了考量学院左翼文艺批评的大事件。关于社会主义的前途引起他们的普遍关注。他们感到马克思主义、结构主义以及后结构主义都难以解释上述问题，他们继续进行理论探索，叩问现实。特别是面临当时的金融危机，学院左翼的文艺批评不断抑制书斋化倾向，加大对 30 年代左翼文学思潮研究的深度与力度，并积极探寻社会主义的经验教训。

二、"学术"政治的基本思想架构

从思想源头上看，学院左翼的文艺批评是在葛兰西的文化霸权理论的启迪下，从法兰克福学派的理论中寻求方法，并广泛汲取法国后结构主义理论，不断拓宽理论视阈而形成其思想架构。

首先，葛兰西的文化霸权理论使学院左翼获得了学术动力。冷战期间，美国激进分子进入了意识形态的终结期，此时葛兰西的理论却备受推崇。文化霸权理论把学院左翼从经典马克思主义的束缚中解放出来，充分认识到社会的上层建筑的重要性。"霸权"表明社会主义的斗争并不必然地发生在工厂和农村，也可以发生在大学剧院这样的文化机构中，以及历史的发展并不必然地要等到生产方式的变化，也可以通过文化宣传改造世风人心。这意味着知识分子（"有机知识分子"）具有无可替代的作用——肩负着批判和战胜旧意识形态、教化无产阶级民众的重任。文化霸权理论为学院左翼在正统马克思主义枯竭之后又找到新的学术兴奋点。他们在马克思主义对生产方式、劳动和阶级关系的视阈之外，探索使人类获得自由的新路径。

他们最先运用葛兰西理论，审视美国共产党（以下简称"美共"）的历史作用。德雷（Theodore Draper）对美共的历史进行爬梳整理，把美共解释为一个鲜明的组织，其成员都是因为政治而投身"社会斗争"，并非受到莫斯科的操纵。他对左翼的构成进行新的界定，并把左翼成员浪漫化为坚定的、不畏艰难的美国人。这样，很多美共成员被改写为左翼的文化英雄，在 20 世纪四五十年代学术界已有定论的东西，均被学院左翼所推翻。虽然学院左翼无法改变新自由主义当道的社会现实，但是葛兰西的理论让他们坚信，美国的主流价值不过是一种"虚假意识"，必将从大众的观念中消失。作为 60 年代的新左翼运动的薪火传承者，他们为新左翼运动带来了第二次生命。

其次，法兰克福学派的批评理论使其实现了方法论的突破。马尔库塞、阿多诺和霍克海默的批评理论深藏着从社会历史语境中观察现实、改变世风的深远意图。这些批评家揭露了那些以"必不可少"面目出现的制约人们生活的工具理性。他们认为工具理性支配了一切，具体表现为各种组织的工具、技术为社会提供了简便、舒适的统治。在学院左翼看来，运用上述理论审视现代生活的方方面面——家庭、教育、大众娱乐、媒体，以揭开它所隐含的权力和控制的符码。这样，学院左翼把新左翼的历史问题视为异化问题，即衍生为那种随处可见、人们已经习焉不察的霸权、控制。学院左翼发现现代化进程中充满了权力、统治、监督和控制，他们要揭露这些制约社会生活的隐性力量。从这种意义上看，法兰克福学派算得上西方历史中摧毁18世纪以来的启蒙理念的第一支左翼劲旅。因为无论马克思，还是其他革命思想家都认为启蒙消除了封建主义，使知识、科学的进步成为可能。而阿多诺和霍克海默则认为启蒙是知识的灾难，它转向了只注重客观，寻求制约环境，致使人与自己生存的环境相疏离。

再次，福柯、德里达的后结构主义理论极大地拓展了学院左翼文艺批评的视阈。学院左翼推崇法国的后结构主义理论。1968年之后，美法新左翼突然感到虚弱乏力，他们发现后结构主义理论可以解答他们的失败和幻灭。法国的后结构主义理论特别强调结构和体系、具体化的各种限制人类的力量——它再生产了人类。随着主体意识从历史上的消除，后结构主义者深刻体察到制约与压抑的结构的存在。福柯认为控制历史的不是经济规律，而是"话语"规则——权力，甚至连医院和福利机构也受到其干预，无一幸免。福柯揭示了权力与知识相互依存、循环渗透的过程，甚至人类历史本身也是权力运作的产物。福柯的理论令新左翼茅塞顿开，找到了失败与幻灭的原因。

德里达重新阐发马克思关于人的劳动，在他看来，人类活动的基础是语言，而不是劳动。没有语言，人们便无法交流、无法思考，而这一切都受到内在结构的制约。当人们这样书写时，事实上它已经存在了，暗示作家的缺席。德里达的理论让学院左翼看到，新批评所提倡的文本研究的狭隘性与封闭性，他们赞同文本是由结构生成，其意义来自话语的观点。他们在德里达、福柯、拉康、克里斯蒂娃等人的后结构主义理论中发现了结构和语言决定主体、表达意识。当他们从街垒战中败退到校园之后，80年代他们以英文教授的身份在课堂上继续其未竟的事业。经典马克思主义把当代社会的一切失当之处归咎为生产方式，而学院左翼则归咎于话语方式，因为在他们看来，所有的存在都是语言结构。自主的语言结构束缚了人们的思想和生产，就像蜘蛛被网所缠绕一样。他们的真正用意恰如欧文·豪（Irving Howe）调侃的那样：解构主义者不是要改变世界，而是要改变文学系，即一切权力归教授。

此后，学院左翼以"解构"的视角阅读文本，旨在洞见资本主义社会中的断裂和冲突，如兰特里夏、伊格尔顿、詹姆逊都试图从重视自身文本的特性而转向社会构成。在学院左翼看来，马克思本人就是一位解构主义者，旧左翼的威尔逊（Edmund Wilson）、伊斯特曼（Marx Eastman）在揭露虚伪的宗教修辞下的科学的"辩证"时，就已经在"解构"了。不像昔日的旧左翼，他们没有与自己所反对的清教主义、资本主义、本土主义同流合污，也不像其他左翼分子那样放弃马克思主义，而是在对自己的失败与挫折进行新的阐发中推进马克思主义。总之，新左翼盘踞在校园中，用学术话语建立了自己的霸权。

最后，在 80 年代末的苏东剧变中，现实无情地挑战了学院左翼所运用的各种后结构主义理论分析，美国本土思想资源再度受到重视。人们看到语言和沟通是解放而不是压抑，因为学生和东欧自由分子通过电视向全世界表达了他们的政治诉求。词语的力量可以改变历史，如果说人的主体死在了巴黎，那它却活在了布拉格，在那里语言服务的精神胜过结构。于是，学院左翼转向了罗蒂（Richard Rorty）和哈贝马斯，他们开始回归美国的实用主义文化传统。作为法兰克福学派的传人，哈贝马斯试图在历史发展的视阈中更新马克思主义——从形形色色的后结构主义的虚无主义和相对主义中拯救现代哲学。如果说福柯与德里达的理论对存在秩序进行了激进的阐发，对学院左翼而言，如何把这些"解构"举措运用于社会体制中，才是他们所关心的。

哈贝马斯的理论之所以吸引了美国学院左翼，主要因为他的某些思想汲取了美国实用主义哲学。皮尔士（Charles S. Peirce）、米德（Georg H. Mead）等人都对哈贝马斯产生深刻的影响。他在新左翼的刊物《统一体》（Continuum）中引用米德的话，"普遍的话语是交流的正规形式。如果交流可以进行且很好地进行，那么就存在某种民主……在这种民主中，每个个体就能够反映他所知晓的，他称之为……那便是使交流极富意义和在其同一体中组织程序的东西"[3]366。哈贝马斯受美国实用主义哲学的启发，把人们的视线由探寻知识起源和基础转向了使用知识的态度。

罗蒂探究了法国后结构主义与美国思想的联系，他把后结构主义与杜威的实用主义相提并论，视杜威为与海德格尔并驾齐驱的美国哲学家。罗蒂认为左翼不应该把美国视为结构中的监狱，而应看到其自由主义的文化遗产——具有自我批评和更新的机制与功能。福柯、德里达认为社会所接受的这些规则是通过忽略那些异议声音构成的，而罗蒂与哈贝马斯提倡通过交流对话达到一致。

美国学院左翼在上述理论流派的综合作用下，主张拓宽文学研究的定义与范畴，对文学文本的释义延伸至所有"社会文本"，以形成更少交流障碍与意识局限的跨学科比较文化研究。布兰克曼（John Blankman）在1983年提出了"文化马克思主义理论"，声称现代社会的交流形式与大众文化发展已从根本上取消了传统人文学术，"作为资本主义社会的文化聚敛中心作用"，当代批评家应将多层复合文化研究作为己任。对于这场文化研究的前景，詹姆逊说："在当前，马克思主义是唯一拥有知识全景观以及跨越传统学术壁垒的整合力量的学术方法论。它因而有希望将分散在经济、政治、文化、心理等不同领域的专业研究统一到综合目标上来。而马克思主义文化研究，借助于新马克思主义、后结构主义、神话研究和阐释学的不同方法，应当也能够显示出整体研究的优越性。"[4]22 很明显，学院左翼不愿自拘一隅，或认同唯一的理论体系，他们更愿意把马克思主义置于平等竞争环境中，并随时准备修正或调整其立场，添加一个开放未定的"post"是比较切合他们的。

这样一来，学院左翼的文艺批评呈现出文化研究、"后学"性、书斋化等特征。这些特征说明学院文艺批评既坚持马克思主义的总体性原则，又能兼收欧陆批评理论，成功应对全球化时代资本主义的各种理论挑战。在这种意义上看，它在当代西方思想文化界所扮演的角色，以及对东西方文学发展进程的影响，特别是其持久的激进思想，远远没有受到学界的重视。

三、学院左翼文艺批评的美国影响与世界意义

学院左翼的文艺批评在当代美国文论中产生重大影响，具有重要的学术价值，体现在以下三点：①它强调用总体性思维在全球化语境中积极挖掘马克思主义理论和左翼文学思潮所蕴含的学术生命力，深刻洞见全球化时代的资本主义文化逻辑，在迎接资本主义文化危机的各种挑战中推进了马克思主义理论，使新学派被建构起来，代表了当代美国文艺批评发展进步的方向。②它成功地整合融通了欧陆最新的批评理论成果，使美国文艺批评的方法论获得了突破性进展，第一次产生了可与欧陆批评家相提并论的本土文艺理论大家，改变了美国文化中根深蒂固的只重实用、不重理论

的倾向，提高了美国高校文科院系的理论水平。③学院左翼文艺批评依然在继续发展，特别注重辩证法和历史化，主张把社会文化现象纳入全球化视野和历史发展进程中考察，强调多种因素的相互作用，值得我们借鉴。

以詹姆逊为代表的新马克思主义批评的影响早已越出国界，产生了世界性的影响。美国新马克思主义文化批判理论已成为欧美的显学，当今许多美国大学的一流教授都在该领域广泛阐发马克思主义，积极反思美共领导的左翼文化运动的经验得失，取得举世公认的成就。特别是在当前的全球化大背景下，资本主义的发展遭遇了前所未有的挑战，新马克思主义文化批判重新挖掘历史资源，反思现实社会问题，让世人看到马克思主义对资本主义社会的批判依然行之有效。它所掀起的马克思主义文化批判，极大地促进了当代美国高校的文学研究与教学的发展。这对于建设中国社会主义核心价值体系，全面提升公民的文化道德思想素质，坚定共产主义信念，具有重要的借鉴和启示意义。

笔者认为对学院左翼的文艺批评研究应从以下四点切入：①厘清学院左翼文艺批评发展的脉络，全面概括其批评特征，阐发它对马克思主义理论的推进。②对学院左翼文艺批评的"后学"（即后马克思主义、后现代主义、后结构主义、后殖民主义）特征进行深入剖析，认真总结其成就与不足，并探寻今后的突破方向。③认真反思学院左翼文艺批评的当下意识，即与当代资本主义发展的互动关系。特别是在当下的金融危机、反全球化浪潮、保护生态运动高涨以及资本主义总体性危机凸显之际，积极思考学院左翼文艺批评如何积极有效地介入、马克思主义在新时代如何发挥作用、左翼文艺批评未来的发展方向等问题。④在此背景下，中国社会主义的建设经验可以发挥积极作用，詹姆逊、齐泽克等人对毛泽东思想的借鉴与分析，充分说明中国文艺理论也参与了国际化进程。

综上所述，美国学院左翼重新激活了马克思主义和左翼文学的文化生命力，这对于建设中国社会主义核心价值体系，并依此对中国文学进行清理与研究具有重要的借鉴意义。中国学界应及时予以关注，并认真开展研究。在学院左翼的文学批评探索中，许多学者都把目光投向中国，试图为身陷泥淖的资本主义寻找出路。目前，中国正不可逆转地、迅速地成为全球化体系中的成员，中国社会和知识界也面临着全球资本主义和美国霸权时代的所有问题。在这样的形势下，全面反思学院左翼的文学批评，无疑对中国的思想文化建设具有重要的启示。

参考文献

［1］ Bertell Ollman and Edward Vernoff, *The Left Academy*：*Marxist Scholarship on American Campuses*, New York：McGraw－Hill, 1982.

［2］ Theodore Mills Norton And Bertell Ollman, "Bruce M. Rappaport, Towards a Marxist Theory and Practice of Teaching, in Studies in Socialist Pedagogy", *Monthly Review*, 1978.

［3］ John Diggins, *The Rise and Fall of the American Left*, W. W. Norton & Company, Inc. , 1992.

［4］ 转引自赵一凡：《马克思主义与美国当代文学批评》,《外国文学评论》1989 年第 4 期。

林格伦儿童文学的经典性与现代性①

张　瑷

　　在相当长的时期内，中国当代儿童文学与"主流文学"的关系，曾是一对形神酷肖的"父子"，自觉或不自觉的成人化倾向使之在某种程度上脱离了儿童本位。因此，重新发掘、认识世界儿童文学经典性的艺术经验，重新探讨、追寻儿童文学的"儿童性"审美理想，成为儿童文学界的一种呼声。

　　1983年，儿童文学老作家、翻译家任溶溶和瑞典文学研究者、翻译家李之义不约而同地将国际安徒生奖获得者、瑞典儿童文学作家阿斯特丽德·林格伦的代表作《长袜子皮皮》译介过来。这篇离经叛道的现代童话正如海洋深处吹来的一股狂野强劲而又清新舒畅的海风，立刻掀起巨大的波澜，不仅激奋了小读者，也强烈地冲击了以教育为本的中国儿童文学观念与模式。自此，引发了持久的"热闹派"与"抒情派"论争。有人认为："热闹派童话所尊崇的是与安徒生有着同样北欧文化背景的林格伦。在热闹派童话的创作背景中，安徒生几乎是一个看不见的存在。……但安徒生童话内蕴的厚重却作为一个背景，昭示出热闹派童话走向极端时的'难以承受之轻'。"[1]67 从这一观点大概可以看出"热闹派"与"抒情派"论争的症结所在，似乎安徒生的传统格调——深刻的意蕴、优美的诗情与林格伦的现代风貌——强烈的游戏精神、热闹的喜剧风格是冲突对立的。就当前儿童文学创作看，尽管事实上确有一些拙劣的作品流于肤浅的"热闹"，但这不能简单地归咎于"传统"的丢失，更不能偏颇地将林格伦视为"热闹"的范本。林格伦儿童文学的美学品格、审美价值是不能仅以"热闹"来概括、限定的；林格伦之于安徒生，也绝对不是"热闹"对"抒情"的背离，而是对"传统"的继承与新变。林格伦以她丰硕的创作

---

　　① 本文最早发表于《外国文学研究》2004年第2期，收入本论文集时，作者对其进行了必要的修改和增补。

　　作者简介：张瑷（1962—），女，江苏沛县人，硕士，教授，主要研究方向为中国现当代文学。

成果，以她富有独创性和多样化的"新的艺术风格、心理学、幽默和叙事情趣"[2]7建构了20世纪儿童文学的经典品格与现代精神，对中国儿童文学审美意识与创作方法的嬗变和发展产生了巨大而深刻的影响。

一

什么样的文学作品才能称为经典？文学的经典性究竟指什么？这本是一种无止境的审美理想和无定义的审美判断。然而，虽然文学接受者与批评者对文学的审美理想和审美判断有着千差万别的立场与眼光，而古今中外的文学大师也因不同的文学观念、美学思想和写作风格创作出繁复多姿的文学作品，但总有那么一些极富个性而又极富魅力的作品能够打破时空、超越民族，经久不衰地流传下来，成为人类公认的精神宝藏。因此，文学的经典性至少应该蕴涵这样的品格。首先，它是深邃而悠远的"发现"——作家对生活的深广洞照、对人类的深刻思考、对人性的深度了解，是深入现实又超越现实的，他能够站在历史与审美的高度将过去、现在、未来连接起来，形成强大的"精神场"，一切现象与本质、矛盾与困惑、幸福与苦难、追求与信念都在这一"精神场"中聚集、碰撞、熔炼、释放，被赋予了深厚悠远的意义；其次，它是独特而天才的"创造"——作家丰富而特殊的人生经历、细腻而敏感的生活体验、卓而不群的艺术天赋与灵性，形成了极富个性的审美意识、审美眼光和审美空间，因而他的发现、他的抒发都能激发人类的潜在欲望和审美想象、唤醒人类的精神梦想和创造热情；再次，它是精湛而绝妙的"艺术"——作家以杰出的智慧和鲜活的灵感将读者带进一个神秘美妙的境界，这是一个似曾相识而又完全陌生的境界，不由得使人为之惊叹、震撼，为之感动、陶醉，身心获得极大愉悦。

就儿童文学来说，由于接受者心理发育不成熟，人生经验和社会实践极为有限，对社会现实和人类困境的认识远远无法达到成人的深度与广度。因此，作家不宜将个人浓厚的忧患意识、深刻的批判精神或复杂的哲学思想灌注到儿童文学之中。那么，构成儿童文学经典品格的灵魂应该就是"童心与童真"——在真正理解儿童愿望、儿童心理、儿童趣味的童心中，却又充盈着作家天才的智慧、灵性、精神气质和艺术个性。正因为童心不泯，作家的灵性和个性才在奇幻的审美空间中自由而尽情地翔舞；也正因为作家的天才智慧，又使他对人类的童年时代和初民般的本真品质给予了最独到、最新颖的发现和最纯美、最诗性的描摹，而这种发现与描摹是其他人不可企及和仿效的。从这个意义上说，安徒生的作品毫无疑问是经典。但若林格伦亦步亦趋模仿、追随安徒生，她便不可能创造出新的经典，这同样是毫无疑问的。然而，不可否认的是，在林格伦儿童文学的经典品格中，必然活着那个与安徒生血脉相承的灵魂。她自己曾多次强调："只有一个孩子能给我灵感，那便是童年时代的我自己。""那个孩子活在我心灵中"，成为一个最忠实的读者和最有鉴别力的批评者，"我总是让他过得快活。我就写我童年时代我喜欢读的书"[3]103—104。由此可见，正是安徒生等经典作家，培育了林格伦的审美理想，安徒生所创造的童真世界，也正是林格伦童心永驻之地。

　　从林格伦 34 岁创作的成名作《长袜子皮皮》，到她 74 岁高龄创作出的《绿林女儿》，35 部作品集之所以以 45 种语言在全世界流传，之所以征服了不同民族的几代读者，就是因为所有的孩子（包括成人）都能从林格伦的童心与童真中找到真实的自我，都能从林格伦大胆超绝的幻想中延伸自己的生活与愿望，进入真正的诗的王国，领略其精神之美。

　　周作人早在 20 世纪初就对"中国向来对儿童，没有正当的理解"进行过反思，"不是将他当作缩小的成人，拿圣经贤传尽量的灌下去，便是将他看作不完全的人，说孩子懂得什么，一笔抹去，不去理解他"[4]。事实上这并不是中国独有的现象，世界儿童文学也在相当长的历史时期内对儿童进行的是宗教信仰、道德伦理等方面的教化和引导，而对儿童的天性是漠视，甚至是压制的，贪玩、冒险、不听话等总是作为坏孩子的缺点被加以否定、指责。直到安徒生的时代，才真正开始了对儿童的本位关怀与童心观照。因此，周作人十分推崇安徒生笔下与"原始人"相似的儿童形象——具有天真浪漫的"小野蛮一样"的思想与行为[5]，儿童不再是被成人刻意揉捏塑造、肆意轻蔑的小人儿，他们坦荡纯真的美好天性——善良、正直、自由、快乐、顽皮、无拘无束、为所欲为……这一切使成人望尘莫及、自惭形秽。安徒生的伟大意义正在于将儿童文学推上了现代里程。从 19 世纪末到 20 世纪初，涌现出蔚为壮观的儿童文学浪潮，而林格伦 20 世纪 40 年代的崛起，便具备了一个历史的高起点、文化的大视野。她已完全不必再像安徒生那样，从民间故事中获得灵感、寄托情思，她笔下所有的小主人公，都是现实的宝贝，又是幻想的精灵。《长袜子皮皮》

《小飞人卡尔松》《淘气包埃米尔》《疯丫头马迪根》《吵闹村的孩子》《大侦探小卡莱》……其中一个个"小野蛮一样"的孩子组成了一个令人心向往之的"篝火与童话"的时代和社会。

9岁的小姑娘皮皮独自住在一幢破旧的房子里，妈妈很早就死了，船长爸爸被海浪卷走了，但她丝毫没有顾影自怜，也不需要任何成人的关怀与帮助，她把自己的生活打造得有声有色、趣味盎然——自己缝制的连衣裙红一块蓝一块，腿上的袜子黑一只、棕一只，穿着小船一样的大鞋子，走路可以倒着走，睡觉也可以倒着睡，鸡蛋用来当球抛，饼干放在地上做，想说谎就顺口编一个，想调皮就随心所欲地疯一阵……绝对没有一个严厉的家长在一边唠唠叨叨，因此皮皮总是那么自信而快乐、自由而狂放。她实在不懂得道德行为中的任何清规戒律，所以，每当她的言行受到别人的指责或规范时，总是一派茫然，不知自己错在哪里；她曾试着去上学，但她完全不明白所谓的"师道尊严"，而是反被动为主动，接二连三地向老师提问；她也从不顾忌社交场合的礼仪俗套，去小朋友家赴咖啡宴时，不管不问地大吃大喝，高谈阔论，使那些故作高雅的太太们忍无可忍。

离奇而神秘的小飞人卡尔松虽然是个矮胖的"叔叔"，但从心态上看，却也是一个"小野蛮"式的顽童。他贪吃贪玩，自私任性，不讲卫生，不讲公德，喜欢恶作剧，为了"找乐子"常常干坏事。若以现代文明社会的教育观念和道德准则去衡量卡尔松，他一定是个没教养的"小无赖"典型，然而卡尔松本人却似乎根本不知道何谓现代文明。他一派天真、快快乐乐，自以为"风华正茂、英俊、绝顶聪明……"他让一些大人气得发疯，但对大人们的气恼和斥骂并不明白，只会撅起大嘴巴说"我不玩了"。

像埃米尔、马迪根这些总在调皮捣蛋的孩子也是每每在被惩罚、挨批评后，才"知道"自己犯错了，但再次淘气的时候却又"不知道"了。这就是孩子的本性和天性，是可爱的童真——真调皮、真捣乱、真撒谎、真自私……藏不住一点点秘密和心计，也绝无一丝儿做作和世故，这份童真便是未被成人世界扭曲、未被僵化教育压制的小小生机，蓬蓬勃勃地自由成长着。

这些"小野蛮一样"的顽童，也具备了人类初民身上种种品德和素质——健康、乐观、正义、勇敢、善良。他们最讨厌居高临下、装腔作势、霸道专制的权贵，也不喜欢猥琐怯懦、喋喋不休、斤斤计较的俗人。

与此相反，他们往往敬佩、热爱那些有爱心、有趣味、有智慧的普通人。

皮皮看到有钱的老小姐卢森布鲁姆为了给贫穷孩子一点点施舍，总是装模作样地充当考官，严厉而无情地用一些无聊的问题去刁难、折磨那一个个吓得发抖的孩子，而回答不出的孩子们都被"记下来"，不仅得不到一份礼物，甚至要站到"反省"的队列里等待体罚。这可惹怒了皮皮，她马上在那些"坏"孩子中组织了一场有趣的问答比赛，并把金币、糖果分给他们，美美地戏弄了一番老小姐。卡尔松装神弄鬼的恶作剧不仅几次惩罚了小偷，也捉弄了固执古板、自以为是的包克小姐。大侦探小卡莱和他的伙伴们都是些不受大人管束的野孩子，深更半夜还要溜出家门去打"玫瑰之战"，但正是由于他们的淘气和机敏、好奇心与冒险精神，才使他们比警察更警察，出色地破获了三起大案。

像《狮心兄弟》《绿林女儿》《米欧，我的米欧》等富有民间传奇色彩的小说，都充分描绘了孩子们心中热爱光明、恐惧黑暗、向往自由、痛恨专制、崇尚正义、反对邪恶的强烈爱憎感情，以及为此而经历的严峻考验和生死搏斗。

林格伦很善于发现孩子天性中的英雄本色，并且给予高度的肯定和颂扬，而不是像现实生活中比较普遍的成人观点，把孩子的这份天性视为瞎胡闹、逞能。在充满戏谑的埃米尔淘气日记中，作者满怀深情地插入一页辉煌而壮丽的英雄诗篇，在一个罕见的暴风雪之夜，埃米尔独自驾车送得了毒血症、奄奄一息的长工阿尔弗雷德去数十里外的医院，狂风大雪袭击着他的眼睛、耳朵，遥远的路途已无路可走，必须将一个个雪堆铲平，最后埃米尔的脚趾、手指、耳朵都冻僵了，连雪铲都拿不住了，失去了理智，愤怒大吼，但当他看到病入膏肓的阿尔弗雷德，继而又气消了，"内心仅仅剩下痛苦。他感到如此独孤"。最后，当实在没有力气、彻底累垮的时候，他在赶车人的座位上坐下，默默地哭泣，哭着哭着睡着了，梦到夏天，阿尔弗雷德教他游泳的情景……阿尔弗雷德的友谊和情义给了埃米尔战胜困难的勇气和力量，他终于在天亮后赶到医院，使阿尔弗雷德死里逃生。整个风雪夜的经历和过程既是壮烈而传奇的，又是现实而严峻的，作者饱蘸感情的笔端，时而激昂挥洒，时而细腻刻画，将一个7岁男孩的真实心态和精神世界淋漓尽致地展现出来，读来撼动人心，永久难忘。

无论是表现孩子的美好心灵，还是展示他们的顽皮行为，林格伦绝不受任何理念或成人偏见的影响，总是从儿童纯真的天性中发现璞玉般的生命形态、山泉般的精神境界。因此，尽管林格伦的作品中听不到一丁点儿的道德说教，也看不到一丝一毫的主题提升，但却在单纯喧闹的儿童生活中蕴含了丰富的人性内涵，闪烁着迷人的童真光辉。这其中，难道没有安徒生的神韵和质涵吗？

幻想是每一个孩子都具有的最高情商，它们常常超越了成人的智商，令人惊诧不已、匪夷所思。因此，任何一个儿童都不甘愿受现实条件的束缚，都不满足于日常生活的秩序，他们对未知世界的强烈好奇、对美好境界的热切向往、对自身能力的伟大设想……都寄托在异想天开之中。那么，进入"童心与童真"的极致，是绝不能缺少想象和幻想这对翅膀的。假如儿童文学不能给儿童带来奇幻之美，那是注定要失败的。但是，在大部分儿童文学作品中，一般只有那些描写遥远仙境的童话故事或古老传说，能为我们展示出奇幻的魅力，而在反映儿童现实生活的小说中，作家的想象力似乎就枯竭了，显得拘谨呆板。所以，安徒生的作品能够无愧于经典，也正在于他把现实与幻想交融于瑰丽的创造中。林格伦深得儿童文学大师的精髓，她说："我希望儿童文学作品都能作为儿童生活的延伸部分而存在，我一生追求的就是这一点。"[3]103 这里所说的"延伸部分"就是儿童的幻想空间，它不仅存在于精灵世界，也存在于现实生活。皮皮这个形象最让孩子们着迷的地方是她力大无穷、所向无敌的"超人"特征。她能不费吹灰之力地举起一匹马到处走；玩木偶似的把马戏团的大力士玩于股掌；警察想教训她时，她一手抓起一个，把他们扔到马路上；还有发疯的公牛、凶恶的鲨鱼、闯入家里的小偷、全副武装的强盗……统统不是皮皮的对手。这样极端的夸张和想象固然不符合现实真实，但却绝对应和了儿童的心理渴望。越是在现实中无法实现的，越是激发起他们的幻想热情；越是生活中得不到满足的，越是期盼在文学的审美空间中获得补偿。于是，寂寞的小弟有了屋顶上的卡尔松，这个会飞翔的伙伴将孩子们带入了一个自由"飞翔"的境界。备受养父母歧视、冷淡的小奥尔松在孤独的绝境中渴求温暖与亲情，结果在精灵的帮助下去遥远之国与生父相会，成为既幸福又有作为的米欧王子。林格伦的小说在揭示现实时并未回避阴暗、苦难和生老病死，然而她又总会依凭着超凡脱俗的想象力，用色彩缤纷的画笔去填涂那"延伸"的超现实空间——"一个无比美好的自由的世界，一个没有恐怖和邪恶的世界"[3]104。当然，要达到这样的世界必须有坚定的信念和勇敢的战斗精神。

　　疾病缠身的小斯科尔班终日躺在阴暗、潮湿的贫民窟里奄奄待毙，对死亡充满了恐惧，又对自己痛苦不堪的小小人生充满了厌倦，但他的哥哥约拿旦却以全身心的爱关怀着、安慰着弟弟。在一次火灾中，为了救出弟弟，牺牲了自己年轻的生命。作者将这样一个悲剧写成一部伟大的浪漫主义小说，让这兄弟俩的亡灵在另一个星球南极亚拉相会，那是一个"篝火与童话"的时代，他们生活在如诗如梦的樱桃谷，享受着大自然的宁静幽美和清新空气。然而，当与樱桃谷相邻的蔷薇谷受到邪恶势力的威胁时，这兄弟俩义无反顾地投身于保卫和平的壮烈斗争，当生命再次不能保全之时，他们又带着新的憧憬和美好愿望纵身跳下悬崖，去寻找另一个叫南极里马的梦幻世界。

　　无论是对梦幻般的仙境的诗情描绘，还是对阴森恐怖的险恶环境的竭力渲染，都使人惊叹于作者那奇妙诡谲的想象和恣肆不拘的文采。比如米欧王子穿过幽暗森林时，看到几百匹白马飘散着马鬃在月光下疯狂奔跑，骑士卡托城堡下黑色的死亡之湖上盘旋哀鸣着无数只鸟儿，那是被魔化的冤魂在惨叫不休，狮心兄弟目睹巨兽卡特拉母龙口喷死亡之火，惊天动地吼叫着吞噬着人类……这些逼真而惊心动魄的场面与满目苍翠的高山峡谷、清澈明丽的溪流瀑布，令人心旷神怡的森林草地、鸟语花香形成极为鲜明的比照，给人以强烈的审美感染，呈现出经典童话的魅力。

二

　　林格伦开始儿童文学创作的时代是 20 世纪 40 年代，正是世界儿童文学经历了由传统进入现代的伟大转变之后开始全面崛起的时期。在林格伦之先，19 世纪后半叶，已经有代表现代儿童教育思想和文学观念的著名作品产生了世界性的影响。比如英国作家路易斯·卡洛尔的《艾丽丝漫游奇境记》、意大利作家科洛迪的《木偶奇遇记》、美国作家马克·吐温的《汤姆·索亚历险记》《荒岛探险记》等，这些童话和小说虽然也还会有一定的道德意识或宗教思想，但其创作动机已不是以"教育为本"，而是转向"儿童为本"，即注重表现儿童的天性、幻想和快乐。在林格伦成名之后，20 世纪五六十年代，则是儿童文学创作空前繁盛的时期，涌现出一批具有现代经典风范的儿童文学大师。著名的有英国的皮尔斯、加纳，德国的恩台、克斯特纳，美国的怀特、奥布赖恩，日本的松谷美代子，挪威的埃格纳，意大利的罗大里，芬兰的扬森，奥地利的涅斯玲格等。这些与林格伦同时代的作家尽管在美学追求、创作风格上各不相同，但他们共同经历了20世纪的历史文化发展与变化。因此，儿童文学一如所有的文学样式，其生命中既遗传了前辈的基因，流淌着传统的血液，却又必然在新的历史文化语境中获得生存与发展的土壤和养分。因此，林格伦作为一名中年知识分子，其思想意识、文学观念和审美理想不可能不受到20世纪哲学思潮与文学思潮的浸染和影响。特别是现代儿童心理学（精神分析方法）、现代社会伦理学及现代教育思想等领域的重大进展和成果、广泛论争和探索，都将直接辐射到林格伦的创作中，赋予其崭新而独特的现代品格。

皮皮这一艺术形象的诞生，也就意味着具有现代品格的"世纪儿童"的出世，她象征着一个充满自由和欢乐、充满活力和热情、充满幻想和创造的儿童时代。因此，作者在皮皮这一代"世纪儿童"身上寄托了现代审美理想，"本位"地观照、展示出儿童的主体意识、独立精神和创造欲望。这里之所以没有使用"肯定""尊重""激励"等修饰用语，就是特别要强调作者的叙事立场和观点。如果站在成人的立场，我们往往会不自觉地对孩子施舍我们的"肯定""尊重""激励"，但这必然形成居高临下的叙事，不管我们怎样慷慨，那总是一种有目的的施舍，最终就是要规范他们，实现道德品质教育或人文素质教育等功利目的。因此，尽管有些儿童文学作品一再挖掘主题意蕴以追求所谓的深度，或希望以"动之以情晓之以理"式的启蒙打动读者，但他们所描述的一切只是在传达成人的潜在愿望和思想，怎能让小读者获得真正的审美愉悦？而另一些被指责为肤浅、幼稚、无深度的作品，同样归咎于叙事者不能摆脱的成人立场与观念，在这样的立场和观念中，儿童性便被庸俗地理解为无意义的"热闹"，如此"热闹派"当然也是不能给小读者带来美感的。因此，"本位"并不是一个容易达到的境界。

在林格伦开始儿童文学创作的时代，正是儿童本位的现代教育思想与权威性的灌输式教育理念发生冲突、碰撞的变革时期。许多有卓见的儿童教育学家和儿童心理学家以自己科学的态度和严谨的研究，积极探索儿童成长的规律和特点，发现僵硬专制的道德教育和知识填塞，并不利于人格健全和能力培养；严厉的、绝对服从的教育方式和教育结果，使无数儿童产生厌倦、压抑和自卑感，甚至在成年后产生精神危机。林格伦显然是痛恨这种摧残儿童天性、剥夺儿童快乐的法西斯主义教育模式，因而她的作品立场鲜明地站在了儿童本位上，她塑造的小主人公都是些有主见、有个性、独立自由、快乐狂放的"皮"孩子。

埃米尔这个调皮绝顶的淘气包整天搅得到处鸡飞狗跳、不得安宁，而且他的调皮总是"连环套"——一波未平，一波又起。但是你不能不承认，他的每一次调皮捣蛋都包含着可气又可爱的善良用意和聪明智慧，或体现出不寻常的独立意志和冒险精神，出人意料又令人叹为观止。他把妹妹当国旗升上旗杆，让妹妹得意地观赏了伦纳贝亚的风景；当他无数次被关在木工房思过时，却削出 184 个木头老头给自己解闷，这不是天才的创造吗？他在乱哄哄的大集上与父母走失，不惊不慌地靠"卖唱"解决了温饱，还用木枪吓住了一个小偷，这不是大侠的气魄吗？如果没有平时的淘气"经验"，他怎么会轻而易举降服并赢得一匹不肯钉掌的小骏马？如果没有调皮时的种种冒险"经历"，又怎么会有风雪之夜驾车送阿尔弗雷德去医院的英雄壮举？

与调皮孩子相对比的乖孩子们，习惯于顺从地接受一切教育，他们懂得种种"应该的"或"不应该"的规矩，却不懂得逆向思维，不懂得怀疑现有秩序，久而久之，便丧失了自己的主体意识、独立精神和创造潜能，只是被动地任凭社会来塑造自己。皮皮的小伙伴杜米和阿妮卡就是正规教育下的好孩子——温顺、礼貌、干净、品行正、功课好。虽然他们心底十分羡慕皮皮为所欲为的自由，也常常忘记"规范"与皮皮一起尽情玩耍放肆一阵子，但他们却常常不自觉地用成人的道德观念和行为准则去要求皮皮，如劝皮皮上学，指责皮皮说谎，不理解皮皮诸如倒着走路、倒着睡觉等古怪行为，而且他们最终是离不开已经被规范的生活模式，离不开父母庇护下的温室。所以，杜米和阿妮卡在皮皮的陪衬下，总显得那么娇弱无力、苍白可怜，不仅在对付困难和险境时手足无措，就是在游戏中也缺乏想象力、创造力和能动性。比如，一天早晨皮皮突然想到"斯彭克"这个词，她为自己发现这个词而激动万分，决定要找到它，看看它究竟是什么东西，于是她带动杜米和阿妮卡开始了轰轰烈烈的"寻找斯彭克"，去糕点铺、去五金店、去诊所……最后在自家门口看见一只甲虫，于是恍然大悟，原来神秘的"斯彭克"就是它！这个游戏过程看似荒唐不经，却体现出皮皮的游戏精神——一种自我发现和创造、一种幻想和实践带来的愉悦。但是杜米和阿妮卡却未必能从中获得乐趣，他们只是盲从、被动地跟着皮皮，对皮皮不时闪现出的智慧火花和奇特想象，他们无法以同样的智慧和想象去应和，而是往往提出愚昧的问题。当皮皮想"一根涂成蓝色旗杆的顶点有没有可能叫斯彭克"时，阿妮卡却正儿八经地说"大概没有一根旗杆是涂成蓝色的"；当皮皮惊喜地将小甲虫认定为"斯彭克"，杜米则疑惑而呆板地问："你能保证吗？"林格伦创造的这一情节是非常"儿童本位"的，同时又是蕴涵深刻而悠远的。相信每个人的童年都经历过如此轰轰烈烈、如痴如醉的"寻找"，尽管我们早已忘却"寻找"的结果，但那过程却伴随了我们一生的成长。这不正是人类的终极意义吗？当然，对儿童而言，他们的主体意识、独立精神及创造欲望往往是非理性的，它不带有崇高的目的性或使命感，而是更多地出自游戏和娱乐需要，因此，儿童文学创作就不宜刻意"拔高"这种童心和童趣。林格伦的作品之所以给人"热闹"感，也正是因为她将儿童的游戏精神放在了最突出的位置。

从林格伦的这一写作姿态中，可以看出西方现代精神分析学说的潜在影响。早在 20 世纪 20 年代，西方的心理学家就围绕儿童发展的"天性与培育"问题展开过论争，由此促使儿童文学作家、理论家进一步从心理学角度去探索儿童的精神世界。精神分析学鼻祖弗洛伊德认为儿童表达感情和幻想是儿童成长过程中的必然内容。美国精神分析学派代表人物布鲁诺·贝提黑姆则进一步提出：有必要给儿童提供体验童话生活的机会，因为"童话中的大量信息体现着人类意识、前意识和潜意识，这些信息会不同程度地起作用。在克服自然人面临的困难时、在克服心理障碍时，这些故事总会影响儿童的心灵，帮助他们以意志战胜前意识和潜意识中的心理压力"[6]133。这位著名心理学家和精神病学教授在多年的临床实践中发现，那些存在心理问题的青少年大多数在童年时期被迫过早地用成人的方式看待现实，从而丧失了魔力幻想，而没有经历一个相信魔力幻想的童年阶段，长大后就难以经受成年生活的疑难和困苦，往往逃避现实，甚至在药物制造的幻觉中寻求解脱。因此，贝提黑姆也认为童话故事是向儿童提供魔力的最好资源[7]128。林格伦的每一部作品，无论是充满幻想色彩的现代童话，还是洋溢着喜剧风格的现实小说，都正是能够给儿童提供这种魔力的经典之作。

身处于急剧发展变化中的现代社会，林格伦深深地体验到人的生存困境和精神压力，这一切无疑也将在孩子们的小小心灵中投下阴影。高楼大厦对人与自然、人与人之间的隔离；社会竞争、快节奏生活给家庭带来的紧张气氛；父母、学校及社会对儿童的过高期望、古板的教育方式给他们造成的心理压力；物质享受、现代娱乐对儿童想象力和创造力的限制与剥蚀……使大部分城市儿童或轻或重地感染上"孤独症"，虽然他们被"爱"包裹着，却感到压抑、不快活。《小飞人卡尔松》中的小弟，便是很有代表性的一个生活在无聊与寂寞中的男孩。于是，屋顶上的小飞人——矮胖滑稽的卡尔松与小弟家的保姆——高大威严的包克小姐就构成双重隐喻：前者正是对现实的反抗、超越、戏弄；后者则是对秩序的维护、固守、愚忠。小弟在卡尔松身上得到幻想的补偿，排遣了焦虑，得以轻松"飞翔"，而卡尔松通过对包克小姐、朱利尤斯叔叔施展"魔法"，让人们窥见到了人性中脆弱而真实的一面，帮助他们打开"虚幻世界的大门"，从而摆脱一本正经的成人嘴脸，获得天性的释放。

《狮心兄弟》中的斯科尔班和《米欧，我的米欧》中的奥尔松本来都是胆小、自卑、孤独的儿童，作者却给他们安排了狂野幻想的命运，让他们在历险与生死战斗中变得英勇无畏、所向无敌。这样的作品必然会使儿童产生强烈的魔力幻想，极大地安慰着他们对现实的失望和不满情绪，实现超我的人格力量。

从林格伦的写作姿态中，还可以看出一定的女权主义倾向和色彩。当然，林格伦未必直接受到女权主义理论的影响，也未曾宣称自己就是女权主义者。但她身为女性——从女儿角色到妻子角色再到母亲角色，深刻的性别体验与感觉势必形成女性特有的视角和叙事立场。因此，林格伦与格林兄弟、安徒生等经典作家比较，就突显出了她的性别意识。尽管格林兄弟、安徒生等经典作家在他们的童话中塑造了许多美丽多情、令人喜爱和难忘的女性形象，但这些女性的命运往往是被男性所操纵、所支配、所改变的。比如灰姑娘、白雪公主、美人鱼等，都具有善良、温顺、忠贞、纯洁的美德，但她们也都是以这些美德期待男性的爱慕并供他们选择；当她们身处逆境时，也总不能以自己的力量摆脱围困，最终必然依靠英俊勇敢的王子来拯救。这既反映出男权文化环境中的两性关系，也折射出男权意识对女性的审美要求和期待。在林格伦的作品中，女孩子们却个个都是自立自强、大胆主动、快乐无忧的"小野蛮"。那些象征着权力与威严的"父者"形象，在她们眼里不过是大玩偶、游戏伙伴。像警察、小偷、大力士这样令人惧怕的男人到了皮皮面前，却乖乖地陪她玩"拍人游戏"，陪她跳舞。漂流到霍屯督岛当上国王的父亲回来看望皮皮，父女俩一见面，就扳手腕较量起来，硕壮无比的船长父亲已不是女儿的对手，父女俩兴致所至，又玩起"抛人"游戏，父亲将女儿扔到帽架上，女儿则把父亲扔进了木柴箱里，结果被女儿当马骑的父亲只好连连认输。

在《疯丫头马迪根》这部小说中，作者刻画了一位自私、空虚、懒惰、窝囊的"父者"形象尼尔松先生。他让未成年的儿子烤面包，让妻子去卖面包，自己则终日躺在沙发上睡觉、空想、夸夸其谈，需要解闷时搂着妻子唱酸曲，喝醉了就拿老婆出气，斥之为"梦魔"。这样一个毫无责任感和羞耻心的大男子，招来邻家小姑娘马迪根困惑而不满的注视。这部小说的结尾也是深有寓意的，马迪根和妹妹丽莎贝特热切盼望快快出生的"小弟弟"，结果又是个小妹妹，可她们的爸爸却无比喜悦自豪地给这个小女儿取名为小卡伊萨——与她妈妈的名字一样，体现出对妻子和女儿一样的深情。在这样一个民主、平等、和谐、快乐的家庭中，马迪根三姐妹完全不会遭遇"第二性"的歧视和待遇，她们的身心都将得到最健康的成长。

《吵闹村的孩子》是一部带有自传成分的小说，作品以"我"7岁生日时得到最称心的礼物——一间自己的屋子，拉开故事序幕，到"我"体验保姆角色失败而告终，是否也暗合了作者的性别立场呢？总之，在林格伦的所有作品中，绝对看不到"女儿经"的道德说教，在女性的审美表现中渗透着强烈的现代精神。

三

林格伦的作品题材内容丰富多样，风格变化很大，总能给人异彩纷呈的惊奇感。但无论是奇丽迷人的现代童话，还是朴实有趣的现实小说，她在叙事的审美追求上，十分注重接受者的审美心理，因而遵从儿童文学经典的叙事策略。和谐、舒缓、平静的开头（娓娓动听地开始讲故事，拉开故事的时空帷幕，很快将读者带入境界）——打破和谐、舒缓、平静（以狂野的想象、出人意料的变化使故事进入情节波折）——重归和谐、舒缓、平静（好事多磨、心想事成、美梦成真）……这种叙事结构最符合儿童的心理需要，可以立竿见影地激起他们愉悦、紧张、愤怒、悲伤、欢喜、向往等情绪反应，实现自己的审美期待。当然，林格伦在接受经典影响的同时，也力避模式化、僵硬化。首先，在叙事的时间上，打破了传统文学一概从"从前"说起的模式，而是直接由空间入笔，展示出我们既陌生又熟悉的"童年环境"。于是，接受者的审美理想就发生了悄悄的逆转——从"很久很久以前，愿望能变成现实……"的想象限制中解放出来，转向"现实中的所有愿望都可以在幻想中实现……"的开放空间。

　　传统儿童文学的叙事者往往是全知的讲故事人，事实上就是老于世故的成人站在他们的叙事立场上讲故事，因而总是不自觉地把他们的经验和大道理统统灌输到了故事中。情节的发展、人物命运的变化、性格的形成，也多由这些叙事者主观断定，因此在这样的作品中就无法避免"成人化"的倾向和烙印。林格伦的叙事中，大胆借鉴了现代叙事美学中的视角转换、立场转移等策略，更充分地实现了"童心"视角和"童真"立场。《小飞人卡尔松》中，叙事者与叙事对象相对应的位置和状态就处于多层面和多向度的变化中，作者在全知的叙事视角中，介入人物自身的"内聚焦视角"——体现卡尔松的自命不凡："英俊潇洒""风华正茂""无所不知无所不晓""聪明有绝招"，是"世界上最好的×××"；在小弟父母、哥哥姐姐及包克小姐、朱利尤斯叔叔等"外聚焦视角"中，卡尔松是"孤独孩子的幻觉"，是搅得人不得安宁的"麻烦"，是爱偷吃甜饼的"讨厌"，也是打开虚幻之门的"鬼怪"；而在小弟所代表的儿童立场与视角中，卡尔松的一切都是令人愉快和佩服的，他正是孩子们"愿望的延伸"、幻想的实现，因而这部小说便丝毫不存在叙事者的教育引导和强加于人的审美意义。不同年龄的读者将从中获得不同的，然而却是极为丰富的审美感受。这样的作品也就具备了流传后世的经典意义。

参考文献

　　[1] 李红叶：《安徒生童话经典品格的追寻与叩问——兼论其对当代中国儿童文学的意义》，《漳州师范学院学报》2002年第1期。

　　[2] 瑞典文学院院士阿托尔·隆德克维斯特在1971年瑞典文学院授予林格伦金质大奖章的授奖仪式上的评语，转引自李之义：《林格伦和她创造的儿童世界》，见《"地球村"系列丛书·林格伦作品集·前言》，中国少年儿童出版社2002年版。

　　[3] [苏联] 柳德米拉·勃拉乌苔、韦苇：《反顾你的童年时代——林格伦访问感得录》，《浙江师范大学学报》1990年第4期。

　　[4] 周作人：《儿童的文学》，《新青年》第8卷第4号，1920年

12 月。

　　[5] 周作人：《读安徒生的十之九》，《新青年》第 5 卷第 2 号，1918年 9 月。

　　[6] B. Betteiheim，*The Uses of Enchantment*（1991），参见克里斯蒂·霍尔、米克·桑德斯、吴学先：《当代英国儿童文学概述——兼谈几种流行理论对儿童文学的影响》，《外国文学评论》1996 年第 1 期。

　　[7] 参见舒伟、丁素萍：《20 世纪美国精神分析学对童话文学的新阐释》，《外国文学研究》2001 年第 1 期。

改变世界的戏剧[①]
——20世纪西方左翼戏剧理论的建构

李时学

　　纵观20世纪西方体系化且产生了世界影响的左翼戏剧理论，我们发现在皮斯卡托、布莱希特与博亚尔之间存在着一条明显的传承轨迹。皮斯卡托政治戏剧理论的影响主要在20世纪二三十年代的工人演剧活动上得以体现。布莱希特史诗剧理论的影响从二战后直到70年代末，范围不仅限于西方，也不仅限于左翼戏剧阵营，但对左翼戏剧的影响却是广泛而深刻的。博亚尔的被压迫者诗学对西方左翼戏剧造成的影响相对较小，但它是20世纪后半叶对后现代戏剧理论的吸收和对此前左翼戏剧理论的一种总结。

一

　　戏剧艺术比其他艺术有着更加直接和更大程度的社会参与性。德国著名戏剧家皮斯卡托在《政治戏剧》一书中首次为"政治戏剧"划定了一块明确的领地，使"政治戏剧"这一概念得以确立。他的理论和实践赋予戏剧明确的社会政治目的，这也是他执著于戏剧创新的原动力。正如他自己所言："我主要同无产者一道工作。……他们和我一样，相信革命运动是他们创造活动的原动力和中心。"[1]263

　　皮斯卡托的戏剧活动具有马克思主义的哲学背景和社会主义的历史背景。马克思的名言："哲学家们只是用不同的方式解释世界，而问题在于改变世界。"其意在告诉人们如何去改造现存的、不合理的社会。在某种意义上说，马克思主义哲学是一种具有强烈实践性与积极的社会介入倾向

---

　　① 本文发表于《戏剧文学》2006年第6期，2006年第6期人大复印资料《舞台艺术》全文转载。
　　作者简介：李时学（1966—），男，四川泸州人，博士，副教授，主要研究方向为西方左翼戏剧。

的政治哲学。1918 年 12 月，皮斯卡托加入了德国共产党。他的戏剧活动在很大程度上是为了他的政治信仰，为了他的党，为了他所同情的无产阶级而进行的。他在戏剧技巧上不断革新的根本目的就是为了寻找到一种能最大限度地获得宣传鼓动效果的戏剧手段，让戏剧介入无产阶级的社会运动中，成为"德共"政治活动的一部分，或者干脆将戏剧活动变成一场政治活动，使之成为打破旧的资产阶级的社会意识形态的强有力的工具。他创办"无产者剧院"的宗旨就是要使之"成为大柏林工人们的宣传鼓动讲坛"。他声言："它不是一个将给无产者提供艺术的戏剧问题，而是个有意识地进行宣传鼓动的问题；……我们的'戏'都是些号召，企图对当前的事件发生影响，企图成为一种'政治活动'的形式。"[1]256—258

　　为了实现他的戏剧目的，皮斯卡托创立了"宣传鼓动剧"、"文献纪实剧"以及"叙事剧"等新型戏剧。他给予戏剧的最好的赞词就是戏剧已经不是它本身，而是"现实"，是与社会形势密切相关的一个事件，"挤满屋子的人们多数都已卷入了这样的时刻，我们正向他们展示的是他们自己对命运的真实感受，他们自己的悲剧正在眼前上演着。戏剧成了现实。很快观众面对的已经不是舞台，而是一次盛大集会，一个巨大的战场，一场大规模的示威活动"[2]96—97。他试图创造一种从总体上展现现实生活中的重大事件及其某种本质的戏剧手段。这里有一种"让赤裸裸的事实自己说话"的意图。他坚信任何属于"事实"的东西，包括剪报、真实人物、新闻纪录片等，都将比虚构的戏剧再现更可靠、更真实。在许多看似无关的材料被并列或连续地展现出来的时候，一种蒙太奇的效果就出现了。这种效果会打破或者悬置自然主义戏剧所追求"真实的幻觉"，在这一点上它是与自然主义相对立的。

　　当皮斯卡托把剪报、统计图表、声明宣言展现在观众面前，当他把真实的讲话录音播放给观众，当他在电影屏幕上放映纪录片中的真实事件和场景，当他让扮演列宁的演员直接对观众发表演说。总之，当他将这一切与舞台上活生生的表演混合在一起的时候，那种极大地影响了左翼戏剧的新的戏剧类型——"文献纪实剧"便产生了。这种新的戏剧类型背后蕴涵着一种新的戏剧观念，即戏剧是社会政治活动的一个组成部分，可以成为人们改造社会现实的一种政治力量。这种力量来自舞台的现场表演与各种真实的"文献"资料之间的相互支持、补充，"文献"使有限的舞台演出得以扩展和延伸，将舞台行动直接导入现实世界，这样就"在舞台小世界与历史世界中的政治事件大舞台之间建立一种连续的相互参照的系统。……迫使观众用平行或对比的方法将他们在舞台上看到的同在外面大世界中正在发生着的事件联系起来"[3]111。《红旗》报曾经对"无产者剧院"的演出进行过这样描述："关于这个剧院的新奇之处，最根本的是它那奇特的方法，把现实和戏剧掺和在了一起。你常常不知道你究竟是在剧场内，还是在一个群众集会上，你感觉到你应当参加进去，给予帮助，或者应当说点什么。戏剧和现实的分界线变得模糊不清了……观众感觉到他们是在观看现实生活，是在观看现实生活的一个片段，而不是观看一部戏剧作品……观众被卷进了戏中，舞台上发生的一切都与他们有关。"[1]268

皮斯卡托为戏剧发展所奉献的另一项影响深远的成果是发明了"史诗剧"。它往往表现众多的社会政治事件，由一系列松散的短剧场面构成。"混合媒介"的运用使他的戏剧完全不受时间和地点的限制，在时空转换上获得了空前的自由。在演出中综合运用音乐、歌舞、灯光等舞台要素，将观众厅与舞台融合在一起，让演员直接对观众说话、对舞台人物进行介绍、对舞台行动发表评论等，令人想起布莱希特所说的"陌生化效果"。这种"陌生化"的根本目的在于唤醒观众的理智，以打破传统的资产阶级剧场所制造的富于欺骗性的剧场幻觉；让观众摆脱所谓的"情感共鸣"，保持批判的态度，以达到现实的目的。皮斯卡托曾经指出："戏剧不再单只诉诸于观众的感情了，不再捉摸观众的感情反应了——他有意识地诉诸于观众的理智，不再只是表达热情、热忱和狂喜，而是要有效地表达对观众的启迪作用和透彻性。"[1]263布莱希特直接继承了这一观念，并以此来指导他的"史诗剧"理论建构和戏剧实践。

对于左翼戏剧，皮斯卡托的理论与戏剧实践具有内容和形式创新的双重意义。在内容上，他追求一种严肃的社会政治意义，一种能够让观众参与到政治活动中去并对现实进行改造的意义。在形式上，他试图打破传统的"亚里士多德式"的戏剧结构，超越主流商业戏剧存在的自然主义和纯表现主义的倾向。《日耳曼人》曾经这样评论他的戏剧在这两方面所得到的剧场成功，"皮斯卡托成就的伟大之处在于：他扩展了我们对戏剧的体验领域，时间和空间在我们眼前以一种伸缩自如的幻觉场面有控制有节奏地掠过……楼上包厢传来的有力掌声也许主要是针对这种为'政治目标'服务的戏剧而发的；然而前排池座里响起的震耳欲聋的掌声则无疑是赞扬导演所作的大胆的艺术处理，称赞他在新的艺术指导方面作的大胆而成功的探险"[4]。

皮斯卡托的政治剧理论具有强烈的社会政治目的，强调戏剧与现实的相互渗透与交融，力图将以虚幻为特征的剧场引入真实的社会。这种现实目的驱使他在戏剧技巧创新方面不断地努力；而他的努力又在戏剧形式改造上获得了意义。他让人们更真切地感受到戏剧这种艺术形式在介入社会现实方面较其他艺术形式所具有的优势，检验了戏剧究竟能够在多大程度上参与政治生活、影响政治活动和改变政治形势。

二

布莱希特深受马克思主义强烈的实践性与社会介入倾向影响。他曾与皮斯卡托进行过亲密而成功的合作，对皮斯卡托所提倡的政治戏剧在意识形态批判和舞台技术革新方面的积极意义十分了解和推崇。他不仅从皮斯卡托那里接受了"史诗剧"这个术语，而且从他那里接受了大量能够支持史诗剧理论构成的思想观念和艺术方法。史诗剧理论的历史意义正如著名理论家瓦尔特·本雅明所言："布莱希特以其史诗性戏剧同以亚里士多德的理论为代表的狭义的戏剧性戏剧分庭抗礼。因此，可以说，布莱希特创立了相应的非亚里士多德式的戏剧理论，就像利曼创立了非欧几里得几何学一样。"[5]13

皮斯卡托对布莱希特的影响主要表现在两个方面。一方面表现在对戏剧社会功能的认识上。布莱希特对戏剧介入社会生活的要求、对戏剧教育意义和意识形态批判功能的强调，其根本思路显然来自皮斯卡托。另一方面表现在戏剧导演手法与舞台技巧的运用上。皮斯卡托新奇的舞台技巧变成了布莱希特用于打破剧场幻觉、制造陌生化效果的手段。这两个方面构成了布莱希特史诗剧理论和实践的基本骨架。恰如他自己所言："真正的非亚里士多德式戏剧理论和加强陌生化效果应归功于剧作者，但是皮斯卡托也采用了许多陌生化手段，而且完全是自己独立搞的、真正的陌生化手段。皮斯卡托的功劳在于他首先使戏剧为政治服务，而没有这种转变剧作者的戏剧几乎是不能想象的。"[6]166

布莱希特建立史诗剧理论的基点是反叛传统的"亚里士多德式的戏剧"。传统的"亚里士多德式戏剧"排斥叙述，拒绝穿插复杂的事件，强调情节的整一性；它使用激发情感的方式，借引起人的怜悯与恐惧来发挥戏剧的社会功能。相反，布莱希特试图创立一种采用叙述方式的、挣脱了传统戏剧在时空转换上所受的各种限制，能够像史诗般自由地展现广阔而复杂的社会生活的新型戏剧。它不像传统的亚里士多德式的戏剧那样依靠调动情感来引起共鸣，让观众沉溺于戏剧情节之中，与剧中人物同喜同悲。它告诉人们一切都在变化着，一切都是可以改变的。它力图唤醒观众的理智，让他们面对舞台时成为冷静的旁观者，能动地对待剧情，采取批判的态度，去判断、认识与剧情相对应的社会本质，最终达到唤起观众去改造社会的目的。布莱希特曾经说"史诗剧形式是一种反映世界全面图像的戏剧的唯一可以把握内容的形式"[6]338，它"主要是对人与人之间有重大社会、历史意义（典型性）的关系感兴趣。……干预这些社会进程，……史诗剧的兴趣完全是具有实践性的"[6]331，它"具有明显的评论和描述特点，……使剧情变成观众批判的对象。……可以比较容易地处理新的题材，表现最尖锐的阶级斗争的复杂过程，因为这种方法可以从因果关系上表现社会现象"[6]78。

"陌生化效果"是史诗剧理论的核心，它要将人们自认为熟悉的事物、自以为理所应当的事件通过各种手段改头换面，变得不再熟悉，触目惊心，以便使他们在震惊之余，用一种批判性的目光去追寻那掩蔽在熟悉的假象背后的"事件的因果律"，最终获得对事物本质的认识。其次，正因为"陌生化"手法这种在认识论上的意义，使得它更多地是唤起人们的理性而不是感情。陌生化效果诉诸人的理智，使人们从"共鸣"所造成的感情激动中解脱出来，冲破传统舞台用"同化"法制造的幻觉迷雾，用批判的态度对待眼前所看到的事件。第三，使用了陌生化方法的戏剧是一种新型的戏剧，这种戏剧使用叙述的方法，情节发展是不连贯的，其中穿插了许多能够让观众不断跳出剧情之外的成分，如评论、歌舞、序幕、尾声等。这种戏剧结构与现实生活的复杂性是相对应的，它那种自由的、无拘无束的、能展现社会之纷繁复杂的结构形式本身，也是让人感到"陌生"的。从这个意义上讲，史诗剧编剧、导演手法的本质就是一种"陌生化"。第四，陌生化效果在剧场中应该是这样一种情况和效果，即演出中演员与所表演的角色之间是"间离"的，演员一刻也没有使自己完全变为剧中人物；观众与演员之间是"间离"的，他们清醒地意识到台上表演着的人只是在"表演"着人物，而不是人物本身；观众与角色之间也是"间离"的，他们不会从任何角度与剧中人在感情上完全融合，对舞台上的人物保持着一种审视、批判的态度。

布莱希特对传统戏剧的反感、对新型的史诗剧形式的执著，源自他对戏剧的特定的社会目的的追求。他对新的戏剧形式的追求又有着深刻的社会意识形态意义。在他看来，传统戏剧不仅内容是构成资产阶级意识形态的一部分，其形式本身便是一种向观众灌输这种意识的有效工具。要建立适合于新的、科学时代的、能够调动无产阶级观众改变世界的主观能动性的戏剧，首先必须改造旧戏剧的形式。正如传记作者弗尔克尔所言："布莱希特把他为创造一种戏剧形式，即叙事剧的努力同争取一个好的社会制度的斗争结合在一起。"[7]163 在布莱希特看来，"就是在现时，戏剧还一直沿用亚里士多德的制造净化的处方（观众灵魂的净化）。……舞台上发生的所有事件都是为了使主人公产生激烈的内心冲突。这使人想起百老汇的低级歌舞表演，……这样每一个人（包括观众）都会听任舞台上所发生的事件的摆布"[6]312。像这样的戏剧，它们有的从"歌德时代那种'对自然主义的要求'已经发展成了一种幻觉主义"[6]177；有的"企图通过在表面形式上的近似疯狂的变幻风格，来使千篇一律的反动的内容变得有趣"[6]114。这些"戏剧中的抒情和主观成分掩盖了其表现世界时的公式化和机械性"[6]147。布莱希特把这样的戏剧称为资产阶级戏剧，认为它们"对生活的表现，总是从调和矛盾、制造虚假的和谐、把事物理想化出发"[6]46。这种戏剧必然会堕落成为"资产阶级麻醉商业的一个分店"[6]4。布莱希特曾在《戏剧小工具篇》中十分形象地描述过处于"麻醉"状态中的观众，"一种奇怪状态中的、颇为无动于衷的形象：观众似乎处在一种强烈的紧张状态中，所有的肌肉都绷得紧紧的，虽极度疲惫，亦毫不松弛。他们互相之间几乎毫无交往，像一群睡眠的人相聚在一起，而且是些心神不安地做梦的人，……当然他们睁着眼睛，他们在瞪着，却并没有看见；他们听着，却并没有听见。他们呆呆地望着舞台上，从中世纪——女巫和教士的时代——以来，一直就是这样一副神情。……这些人似乎脱离了一切活动，像中了邪的人一般。演员表演得越好，这种入迷状态就越深刻"。这种痴迷状态中的观众完全被剧情所左右，"被迫接受主要人物的感受、见解和冲动"[6]15-19，失去了平常的理性和批判能力。当从剧院中出来的时候，他们已经毫无反抗地接受了戏剧所制造的虚假的和谐。面对沉迷于戏剧情感的无力的观众，资产阶级意识形态幻象便能轻而易举地深入人心了。

　　法国著名的左翼哲学家路易·阿尔都塞曾经通过分析西方传统戏剧与时代的关系得出这样的结论，即"一个没有真正自我批判的时代（这个时代在政治、道德和宗教等方面没有建立一种真正理论的手段和需要）必然倾向于通过非批判的戏剧（这种戏剧的意识形态素材要求具有自我意识的美学的明确条件）来表现自己和承认自己"。在对待传统戏剧的态度上，他同布莱希特是完全一致的。他说："传统戏剧的素材或题材（政治、道德、宗教、名誉、荣誉、激情等）恰恰正是意识形态的题材，并且这些题材的意识形态性质从没有受到批判或非议（同'义务'和'荣誉'相对立的'激情'本身只是意识形态的装饰品，它从不是意识形态的真正解体）。具体地说，这种未经批判的意识形态无非是一个社会或一个时代可以从中认出（不是认识自己）的那些家喻户晓和众所周知的神话，也就是它为了认出自己而去照的那面镜子，而它如果要认识自己，那就必须把这面镜子打碎。"[8]120 布莱希特毕其一生所从事的就是一项"打碎镜子"的事业。他要打破的正是传统的和流行的那些只能让时代社会和人认出自己而无法认识自己的戏剧，废除那些构成资产阶级意识形态的、作为"神话和毒药"而存在着的资产阶级的戏剧。

　　至此，我们可以从两个相互表里的层面来概括布莱希特所创立的史诗剧理论。一个是形式结构层面，另一个是意识形态层面。它们都建立在布莱希特对传统的、资产阶级"幻觉剧场"的独特认识基础上。布莱希特认为，这些戏剧在形式结构上是锁闭的、不自由的，"整一性"就使它再现今天广阔而复杂的社会生活变得越来越困难；他还假设这些戏剧代表着腐朽的资产阶级过时、有害的意识形态，是消磨无产阶级革命意志的"迷幻剂"。同时，他认识到不仅是构成这些戏剧的题材具有意识形态意义，就是它们的内在结构本身也以引起共鸣而起着腐蚀观众的意识形态作用。旧戏剧的内容与形式实际上是一而二、二而一的东西。阿尔都塞指出："批判归根到底不是由言词进行的，而是通过剧本结构各要素间的内在关系和非内在关系进行的。"[8]119 因此，布莱希特清醒地意识到必须"完全改变戏剧艺术手段"，颠覆旧戏剧的结构形式，为"科学时代的孩子们"建立一种全新的戏剧。这种戏剧拥有开放、自由的形式，能够展现当今复杂的世界；不再制造麻痹意志的剧场幻觉，能够唤起观众的理智和批判态度，激发他们改变世界的热情。

三

博亚尔致力于创立所谓"被压迫者诗学",它既不同于亚里士多德《诗学》传统的理论,又区别于布莱希特的史诗剧理论。他继承了自皮斯卡托、布莱希特以来富于左翼反叛精神与革命性的戏剧理论传统,并在吸收了后现代戏剧美学的基础上建立起一种行动的、解放的诗学,进一步丰富和发展了左翼戏剧理论。

同布莱希特一样,博亚尔建立其"被压迫者诗学"的理论起点也在于对《诗学》传统的反叛。他认为亚里士多德建构了第一个威力强大的诗学政治系统,政治是一项最广泛的主宰性艺术,控制着全人类所发生的一切关系。《诗学》是为剧场的惩戒性社会功能所设计的完美策略,它建立了一套悲剧压制系统,剧场成为实行压制的最完美的艺术形式。这套系统通过制造一项冲突,建立一种"移情"关系,使观众与舞台事件产生"共鸣",将他的思考和行为能力委托给剧中人,为角色人物的经验所带领,从而涤净他们身上的反社会特质。"这个系统的功能在于,把可能破坏平衡的元素——所有转变的潜能,包括革命性的——全数予以消解、怀柔、安抚、驱除。"[9]66—67 它抑制个性,灌输一种宗教般虔诚的态度来看待现状,教导人们顺应既存的社会秩序。

一种与亚里士多德所了解的史诗完全背道而驰的剧场为皮斯卡托所创立。这种形式"切断了传统的移情牢结,制造了一种距离效果——一种后来被布莱希特发扬光大的效果"。博亚尔认为,布莱希特的史诗剧理论是一种"唯物论的诗学""它的目的不只是诠释这个世界,更重要的是要改变它,最后让这个世界适于人生存——有义务将这个世界可以如何改造的办法呈现出来"[9]120—121。这种诗学是启蒙先锋,它呈现世界的失衡和不完整状态,追索社会不平衡的原因,谋求改造这个不平等的世界;其史诗剧场追求观众批判性的自觉意识的苏醒,不再将思考的权力委托给剧中人,要求观众在剧场中保持思考、批判和行动的能力。不过,博亚尔指出,史诗剧理论强调的基本上在于对行为理由的清楚了解,即启蒙,它揭示的是意识觉醒的层次而非全面性的行动层次。因此,如果想要刺激观众加入革命性的行动,去改变他的社会,还必须寻找一种新的诗学——被压迫者诗学。这是一种解放的诗学,它鼓吹解放运动。观众不仅要解放自己的批判意识,而且要解放自己的身体,要行动,侵入舞台并改变那里展示的形象，以便使被资本压迫的所有阶级获得全面解放。资产阶级的剧场是完全的死寂剧场，而被压迫的人们重新恢复了原本属于他们的酒神颂歌般的剧场：人民自由自在地在户外高歌，戏剧成为狂欢节、成为人民自己的庆典。他们不再将权力委托给角色人物或演员，"他们自己扮演主角的角色，改变了戏剧行为，尝试各种可能的解决方法，讨论出各种改变的策略——简单地说，就是训练自己从事真实的行动。此时，或许剧场本身不是革命性的，但它确实是一项革命的预演。被解放的观赏者，作为一个全人，踏出了行动的步伐。……它是一项行动"。这样的"预演激励了现实生活中的行动实践。……它唤起了观赏者将剧场里排练的行动放在真实生活中实践的欲望……创造了对于不健全事物的焦虑感，而且必须经由真实行动才能得到满足"[9]165—166。在《立法的戏剧》中，博亚尔让观众真正地行动起来，向人们展示了戏剧如何直接地介入了现实的社会政治、如何改变了现存的法律制度。戏剧变成了真正的革命行动，尽管不是疾风暴雨似的暴力革命。被压迫者成了真正能够影响政治生活的立法者。正如该书的英译者杰克逊所言："论坛剧场的方式代表了动词'行动'的两层意思：表演和采取行动。在这本书里博亚尔创造了新的、戏剧的和真正革命的方法，这些方法将每个人都卷入民主化的进程之中。"[10]

博亚尔的戏剧理论在强调了与皮斯卡托和布莱希特等人理论中一致的戏剧的政治性、革命性和反叛现存秩序的精神的同时，还在两个层面上有所发展。一是它扩大了关怀的人群，除无产者以外，他把关注对象扩展到一切被压迫的社群——"被支配的阶级、种族、性别或年龄族群"，亦即在社会中处于弱势的群体；二是它将观众参与的程度推进到了极致，观众自己在表演，剧场变成了革命的排练场，变成了行动本身，参与的彻底性甚至超过"生活剧院"，令人想起后期格洛托夫斯基的实验戏剧。

四

从皮斯卡托、布莱希特到博亚尔的戏剧理论大体上涵盖了 20 世纪西方左翼戏剧在政治意识形态和戏剧美学两方面的根本诉求，是指导纲领也是理论总结。皮斯卡托关于"政治剧"的阐述、布莱希特著名的"史诗剧"理论对于整个 20 世纪西方左翼戏剧来讲，可以说是纲领性的；而博亚尔关于被压迫者的戏剧理论则代表了 20 世纪后半期左翼戏剧理论的最高成就。离开了这些理论的启示和滋养，左翼戏剧的发展与繁荣是不可想象的。

　　皮斯卡托所倡导政治戏剧实际上是指一种具有激进左翼倾向的、革命的、无产阶级戏剧。他毫不掩饰戏剧明确的社会目的和宣传鼓动作用。他试图将舞台变成"一次盛大集会、一个巨大的战场、一场大规模的示威活动"，并为此创造了大量新的舞台技巧。布莱希特接受和借鉴了皮斯卡托的戏剧理念及舞台技巧，并在此基础上建构其史诗剧理论。该理论极力提升理性在戏剧中的作用，强调以陌生化手法最大限度地实现戏剧在社会学意义上的功能。他假设理性能够使剧场中的观众保持清醒的头脑和批判态度，能够消除资产阶级戏剧使人沉醉的剧场幻象。这样，戏剧才能教育观众，激起他们改造世界的热情。他给后世的影响是美学的，也是政治的。因此，皮斯卡托和布莱希特对西方各国左翼戏剧的深刻影响体现在两个层面上。其一是对戏剧介入社会政治的直接性，在意识形态批判和宣传鼓动意义上的功用的强调。其二是为有效达到这些戏剧目的和社会功用所创造的戏剧手段和舞台技巧。它们为 20 世纪西方左翼戏剧运动所普遍接受和采用，成为他们最重要的理论武器和实践指南。英国理论家麦考坴指出："我们称为'布莱希特主义'的影响同样可以从两个层面来加以描述。一方面是对布莱希特风格的外部附属物的借用——半截幕、告示牌、不自然的明亮灯光以及冷静的表演风格，所有这些都可以在没有任何与之相匹配的意识形态目的的情况下得以展开。另一方面是布莱希特的理论和实践对左翼激进戏剧的重大影响——从战前的联合剧院到当代像 7:84 那样的剧团。"[11]121-122 当然，其理论影响还波及了海峡对岸的普朗雄、太阳剧社，并远及大洋彼岸的生活剧团、面包与木偶剧团以及整个 20 世纪西方左翼戏剧阵营。博亚尔的戏剧诗学在意识形态上受西方新左派影响，戏剧美学上融合了后现代戏剧理念。它是后现代语境中左翼戏剧和理论的集大成者，又是后现代戏剧和理论的重要而独特的组成部分。强烈的左翼色彩，则使它具备了独特的戏剧美学价值和意识形态意义，更多地代表了 20 世纪后半期西方左翼戏剧的追求和生存状态。

　　左翼戏剧理论在戏剧美学上从反叛传统的亚里士多德式的戏剧和以自然主义为代表的"幻觉剧场"出发，以介入社会政治为起点，强调观众的参与，将观众参与与戏剧的社会政治介入功能联系在一起，从而突破了传统戏剧惯例的戏剧学基点，为 20 世纪西方左翼戏剧独特的审美意识形态意义的生成提供了丰厚的理论资源。

参考文献

［1］［德］皮斯卡托：《政治戏剧》，聂晶译，《世界艺术与美学（第五辑）》，文化艺术出版社 1985 年版。

［2］Piscator，Erwin，*The Political Theatre*，New York：AVON Publishers of Bard，Camelot and Discus Books，1978.

［3］Holderness，Graham，"Shaustuck and Lehrstuck：Erwin Piscator and the Politics of Theatre"，Holderness，Graham. Eds.，*The Politics of Theatre and Drama*，New York：St. Martin's Press，1992.

［4］爱德华·布朗：《皮斯卡托在柏林》（原文见皮斯卡托《政治戏剧》英文版第 219 页），《戏剧艺术》1987 年第三期。

［5］张黎编选：《布莱希特研究》，中国社会科学出版社 1984 年版。

［6］［德］布莱希特：《布莱希特论戏剧》，中国戏剧出版社 1990 年版。

［7］［德］克劳斯·弗尔克尔：《布莱希特传》，中国戏剧出版社 1986 年版。

［8］［法］路易·阿尔都塞：《保卫马克思》，商务印书馆 1984 年版。

［9］［巴西］博亚尔（波瓦）：《被压迫者剧场》，扬智文化事业股份有限公司，2000 年。

［10］Boal，Augusto，*Legislative Theatre*，London and New York：Routledge，1998.

［11］Mccullough，J.，"From Brecht to Brechtian：Estrangement and Appropriation"，Holderness，Graham. Eds.，*The Politics of Theatre and Drama*，New York：St. Martin's Press，1992.

论《紫颜色》中的妇女主义思想①

曾丽华

艾丽斯·沃克（Alice Walker）从 20 世纪 70 年代开始文学创作，发表了大量优秀的诗歌、散文和小说，社会反响巨大，是当代美国伟大的黑人女作家和黑人女权主义文学理论家。1982 年发表的小说《紫颜色》获得美国普利策文学奖，成为她的重要代表作。《紫颜色》深刻揭示种族、性别歧视下黑人女性的生存状态和苦难抗争，倡导姐妹情谊的女性同盟力量，以救赎的爱重建女性身份意识，用爱的感召救赎黑人男性，引领黑人男性共同成长，获得两性平等和谐与全人类完整的生存。小说比较完整地体现了沃克的"妇女主义"的思想。

沃克关注黑人妇女的生存境遇与两性和谐发展的可能性，第一个明确提出独特的"妇女主义"理论。她认为女权主义者只维护白人女性的权利，而"妇女主义者"又有别于广义的黑人女性主义。在《寻找我们母亲的花园：妇女主义散文》的扉页上，沃克阐述了她的理论，"妇女主义者是黑人或有色人种女性主义者……妇女主义者热爱其他女人（有性欲方面和没有性欲方面的），喜欢或偏爱女人的文化、女人的感情变化和女人的力量。妇女主义者以整个人类（包括男人和女人）的生存和完整为己任。她不是分裂主义者，而是传统上的大同主义者，明白各民族就像一个花园，开着各种颜色的花朵" "妇女主义者和女性主义者的关系犹如紫色之于淡紫色"。[1]7—8 下面试阐述沃克在《紫颜色》中所表现的妇女主义思想的内涵。

一、反对性别歧视

《紫颜色》以独特的书信体方式，描述了以西丽为代表的黑人女性的悲惨生活。主人公西丽的不幸生活正是万千黑人女性生活的缩影。她是一

---

① 本文发表于《湘潭大学学报》2017 年第 1 期，收入本论文集时进行了修改。

作者简介：曾丽华（1970—），女，福建仙游人，副教授，主要研究方向为女性文学、比较文学。

个年仅 14 岁的黑人女孩,遭到继父的奸污,生下了一男一女两个孩子,不久孩子也在继父的强行掠夺下被送掉,去向不明。她每天要干繁重的农活,遭受母亲的冷眼与责骂,承受着巨大的精神痛苦,包括成为继父泄欲的工具。苦闷的生活压得她喘不过气,然而她却没有可以诉说的对象。她只有通过写信给上帝,才能宣泄自我压抑的情感。因为继父告诉她,"你最好什么人都不告诉,只告诉上帝。否则,会害了你的妈妈"[2]3。可见,在继父的威慑力下,西丽的话语权已经被狠狠扼杀,什么苦都得自个儿往下咽。在西丽写给上帝的第一封信中,"我曾经是个好女孩",说明西丽开始否定自我,对自己的身份产生质疑。可悲的是,她以为继父就是自己的父亲,并为此产生深重的罪孽感。随着西丽年龄的增长,继父像打发奴隶一样把她卖给某某先生,同时附赠一头西丽喂养的母牛。然而,某某先生需要的仅仅是一个可以务农、持家、带孩子的奴隶,因而当他上下打量过相貌丑陋的西丽之后,他关心的是,那一头牛还跟不跟来。可怜的西丽沦为了"世上的骡子",她已经失去作为人应有的身份和存在感。

20 世纪 30 至 40 年代,在美国南方佐治亚州,男人永远掌握着话语权,而女人只有保持缄默和顺从,依赖于她们的父亲或丈夫,没有职业、没有地位。西丽从小就屈从于继父的强权淫威,因为继父叫她最好闭上嘴,学会这一套,习惯它。显然西丽是无法习惯的,可是,她能做的也只有顺从。后来,生下来的孩子又被抱走,母亲也被活活气死了。母亲死后,西丽继续活在继父的压迫下。这一切在西丽眼里似乎是理所当然的,因为她的母亲就是这样顺从而沉默的,也许死亡才是所有苦难的终结。西丽和她的母亲一样,都是继父这个男性霸权下的牺牲品。经过继父和某某先生的廉价交易,西丽被卖给了她连姓名都不愿称呼的男人,继续忍受夫权专制的毒害。结婚的当天,她就被某某先生的儿子拿石头砸得头破血流。

西丽的妹妹耐蒂也从继父家里逃出来,投靠西丽后一起住在某某先生家里。某某先生喜欢耐蒂,时常挑逗她。为了保护妹妹不受某某先生的侵害,西丽忍痛送走了耐蒂。姐妹俩约定写信保持联络,但西丽从此再也没有收到来信,她渐渐以为耐蒂死了。耐蒂逃亡结局的未知加深了西丽反抗的无力感,她似乎更宁愿接受摆布。某某先生的妹妹也遭受兄长的压制,她鼓励西丽要同丈夫和孩子作斗争,西丽沉默着想起了耐蒂。她得出了结论,安分守己才能活着不死。于是,她把自己变成了一棵树,一棵沉默站着挨打的"怕人"的树。在这个男权至上的社会里,西丽的命运注定是悲惨的,不顺从就要挨打,就像继父对某某先生说的那样,他们想怎样对待她都可以。男性的暴力压迫已经将西丽残酷地物化了。

某某先生的儿子哈波也具有歧视妇女的思想,他一点儿也没把西丽当作继母,西丽来的第一天就用石头打她,农活、重活常常让她一个人干。小小年纪目睹了父亲对继母的压迫,他已经耳濡目染上男尊女卑的观念。他教训殴打妻子索非亚,想让她如西丽一样忍耐顺从,导致索非亚的离家出走及最终的悲剧。索非亚的母亲也是被丈夫踩在脚底下过日子,不管他说什么,他的话就是圣旨。她从来不回嘴,从来不为自己争辩。有时候她替孩子们争几句,结果反而不好,越是受虐待。[2]33 同样,非洲奥林卡人也认为女人是丈夫的财产,女孩用不着接受教育,女孩自身毫无价值,只有对丈夫还有点用处,那就是当孩子的母亲。

二、反对种族主义

种族主义是一种极其复杂的现象,除了显而易见的身体攻击之外,还有一些更加微妙的隐蔽的形式,包括从体制化的歧视实践到对黑人和白人差别的刻板的表征形式的宣传。[3]15 黑人被贩卖到美洲大陆以来,就遭受到严重的种族歧视。在以"唯白论"横行的社会中,宣扬白种人是卓越的种族,从形体比例、相貌到智力教养都是优秀高尚的。黑人自然地沦为二等公民,其存在的合法性受到蔑视。

黑人牧师塞缪尔夫妇到非洲传教,用英语宣讲宗教知识,遭遇黑人土著的敌视排斥。来到英国教会寻求帮助时因黑人身份而遭受漠视。他们看着非洲奥林卡部落被毁也是束手无策。白人殖民者入侵后,古老参天的桉树和各种树木、猎物以及树林里的一切都被砍伐杀死,土地被迫休种,修建的公路横穿奥林卡村庄。作者尖锐批判了入侵者的野蛮行为,白人殖民者带来军队进行残暴控制,迫使奥林卡人流离失所,逃入更深的原始森林中。

白人对黑人的种族压迫是西丽悲惨生活的源头。西丽的父亲是一个经营友善的商人,他开的铁铺生意兴隆,从而招致白人同行的嫉妒和坑害,被用私刑处死了。在当时毫无公平正义的社会上,白人杀死黑人的行为丝毫不用受到法律的制裁。父亲的离世导致家庭的支离破碎,加上母亲的无能与顺从,西丽从小就生活在继父的奴役下。白人的非难间接导致了西丽的不幸，这也是所有黑人女性的苦难写照。

在性别歧视和种族歧视的双重压迫下，黑人女性逐渐失去自我，沉默着沦陷于社会底层。索菲亚身材高大魁梧，性格直率刚烈，爱憎分明，敢作敢当。她一直在跟男人打架，不盲目顺从父亲、兄弟、叔伯，不容许丈夫施行暴力，甚至把丈夫打得鼻青脸肿。然而，她的反抗在种族主义社会中是无力的。当市长夫人挑选索菲亚为女佣遭到拒绝时，白人的种族优越感令市长深受侮辱，于是市长夫妇扇了索菲亚一巴掌，不料被她还手一拳打倒在地。由于顶撞冒犯了白人，她被关进了监狱，被打得半死不活，"她浑身青紫，像个茄子似的"。西丽询问她监狱生活的时候，索菲亚回答道"他们一叫我干活，西丽小姐，我就像你那样，马上跳起来照他们说的去干"[2]70。可怜的索菲亚神色慌乱，再也没有反抗的勇气和力量，只能惊恐地顺从，成为统治者的劳动工具。在沦于沉默的同时，原本鲜活的女性主体也被无情地抹杀了。索菲亚的悲惨遭遇虽然昭示着女性反压迫力量的薄弱，但在某种程度上激发了西丽内心的身份意识和主体存在感。在白人的社会等级中，黑人是低等人，种族差异尖锐。索菲亚为自己的不顺从付出了惨痛的代价，被飞扬跋扈的白人定罪关进了监狱。出狱后，她又被迫在市长太太家做了10多年的佣人，毫无反抗的能力。市长太太让索菲亚教她开车，但是却不愿意与之坐在同一排，她说"你什么时候看见白人跟黑人并排坐在一辆车里？除非是一个在教另一个开车或者擦洗车子的时候"[2]81。看似滑稽的对话却讽刺意味浓厚，白人的优雅精致生活离不开黑人的服侍和奉献，黑人女性在种族歧视的非难下逆来顺受，被奴役得毫无自我主体，身份缺失情况极其严重。

身份并不是由血统决定的，而是社会与文化交互作用的结果。黑人女性的身份缺失问题，归根究底不是黑白肤色的分歧问题，而是奴隶制造成的复杂的历史问题。西丽对妹妹的处境表露了深切的担忧，她说"一想到她可能会嫁给一个像某某先生那样的男人，或者到某个白人太太的厨房里做帮工，我心里就难受得不行"[2]15。黑人女性的命运不外乎以上两种，本质上就是性别歧视和种族歧视的叠加，在丧失主体的情况下，谈不上任何选择权。唯一的生存方式就是接受非难，保持顺从，落后文化的精神重负最终导致黑人女性群体的失语和麻木。

三、女性同盟力量，带动男性的成长

女性同盟力量也称为"姐妹情谊"，是黑人女性传统文化的一个重要

特征，因而常常成为黑人女作家浓墨重彩书写的主题。黑人女性的传统更多地强调个人与他人、个人与群体、个人与社会的相互影响，她们之间的姐妹情谊是促进个人发展的重要因素。[4]117《紫颜色》书写了西丽艰难的心灵成长，也表现了一群女性之间的紧密关系，姐妹情谊加强了她们的力量，带动了男性的成长。

莎格是沃克着力刻画的新女性形象的代表，是西丽崇拜敬慕的"女王"形象。她独立自主，热爱唱歌，有着强烈的女性自我意识。她反抗父权、夫权和世俗偏见，不依附于男性而存在，在经济上独立自主，在情感上积极奔放。当莎格被某某先生接到家中养病的时候，西丽无微不至地照顾她，并以莎格为自己学习的榜样。为了表示感谢，莎格为西丽写了一首《西丽小姐之歌》。这是一首以西丽名字命名的布鲁斯音乐，也是西丽第一次收到如此富有心意的礼物。这份特殊的礼物激发了西丽内心潜藏已久的自我。当莎格发现西丽对性一无所知时，她非常惊讶。女性的身体结构和生理知识是女性基本的自我认知。长期遭受性虐待的西丽根本没有这方面的身体意识，更别说精神上的身份意识了。莎格坦然欣赏自己的美丽身体，引领西丽认识女性的身体奥秘，从而发现女性主体的存在。精神上的交流和鼓舞终于使西丽意识到自我骨子里的狭隘和自卑，激发了西丽缺失已久的女性身份意识。

真正促使西丽从沉默中爆发的导火索是发现耐蒂的来信。西丽向莎格诉说妹妹的遭遇，莎格想尽办法和某某先生套近乎，终于知道耐蒂的来信都被某某先生藏起来了，并且帮助西丽一起找到了私藏已久的信件。看到耐蒂的来信，西丽萌生了宰杀卑劣无耻的某某先生的冲动，但遭到莎格的理智劝说。有了莎格的陪伴与安慰，加上得知妹妹还活着的消息，西丽的生活又充满了希望。不久，西丽从耐蒂的信件中得知原来"爸"不是自己的亲生父亲，自己的父亲被白人害死了。复杂的身世使西丽身上乱伦的罪恶感得到了解脱，她意识到自己也是有家的人了。妹妹在非洲传教的见闻和传教士们的崇高人格，扩大了西丽的关注视野。这一系列事件遣散了西丽心中的无知和郁结，她终于放弃了给上帝写信，而改为写信给妹妹耐蒂。

在莎格的理解与支持下，西丽真正收获了温暖和关爱，有足够的勇气站起来做人，痛斥了某某先生的恶行后勇敢地离开了他，开始了自己新的人生历程。莎格外出唱歌表演的时候，西丽就在房子里给她做裤子，她在手工针线上的天赋被发掘出来。她制作的各式裤子得到了莎格的赞美，慢慢地越来越多人喜欢她的产品。于是，西丽开了一家裤子公司，建立起属于自己的事业。她在写给耐蒂的信中第一次署上了自己的名字，连同公司的名称和地址，言辞之中洋溢着幸福和喜悦。信件的署名毫无疑问地彰显了西丽自我主体的回归以及身份意识的觉醒与认知。身份认同的过程需要被分享，在分享和团结中共同的身份才得到了确立、保护和维持。西丽、索菲亚、吱吱叫、塔希都重获自信自尊，女性之间的姐妹情谊使她们团结一致，共同对抗男权专制的社会，取得女性个人的最终解放。西丽在自己经济获得独立的情况下，毫不吝啬自己的爱心，懂得分享与感恩，让更多的黑人女性到她的公司上班，为她们提供工作岗位。于是，她获得更多的经济收入，并结交了更多的朋友，巩固了黑人女性的友爱联盟，在真正意义上为黑人女性的主权身份构建贡献力量。

女性的姐妹情谊及女性同盟力量，能够化解黑人女性孤独心灵的失语麻木，传递友情重建信心。在爱的感召下，莎格以姐妹情谊勇敢地爱着西丽，使之认识到躯体的美妙和人间情感的温暖，西丽终于能够自信自然地大笑。西丽和索菲亚共同缝制百纳被，在莎格捐出的黄色连衣裙布料基础上，把不同颜色的布料拼制缝合，创造出优美、想象力丰富的图案，命名为"姐妹的选择"。这条象征团结友爱的被子陪伴着索菲亚顽强的一生。百纳被是黑人女性姐妹情谊的典型象征，体现出黑人妇女文化的艺术魅力。一向顽固野蛮的某某先生见到西丽的变化非常惊讶，经过一番痛苦的反思，他努力信起基督教来，肯卖力气干活，像女人一样收拾房子，还会做饭洗碗盏。他认识到自己男权主义思想的错误，向西丽做了检讨，最后西丽原谅了他，接受了他雕刻的紫色青蛙礼物，两人成了知心朋友。哈波也在一系列事件的触动下发生转变，懂得照顾父亲，热爱妻子、孩子，使之成为团结一致的充满激情、互相尊重的大家庭。女性同盟力量促进了女性的心理重建，也引领带动了黑人男性的共同成长，从而建立两性间新型的平等与和谐关系，实现整个人类的完整和完美的生存。这正体现出艾丽斯·沃克的人道主义精神的高度。

四、生态主义思想

生态女性主义认为，人类对自然的掠夺与男性对女性的压迫存在逻辑联系，所以它在反抗男权统治的同时也把拯救大自然的生死斗争视为己任。[5]59 沃克提出的"妇女主义"是一种生态的女性主义，如生态主义者一样倡导保护自然，热爱大自然的美丽花园。《紫颜色》描述了大量的自然事物，崇尚自然界的协调平衡，充分体现作者的生态主义思想。耐蒂跟随牧师塞缪尔夫妇到非洲传教，发现非洲奥林卡部落的自然环境中丛林密布，到处是树、蔓藤、蕨草、小动物、青蛙，部落人爱护每一种动植物，认为一切自然之物皆有神性，坚守万物有灵的"泛灵论"。所有屋顶都用树叶铺起来，屋顶树叶成了他们崇拜的东西。可惜白人殖民者入侵后，奥林卡村庄的生态环境被改造得面目全非。

小说描述了多种颜色用以揭示深刻的主题。在英语文化语境中，"紫色"被视为一种帝位、王权和尊贵的象征。红色象征热烈、激进、危险、放荡等意义。蓝色在西方文化中的象征意义稍多一些，既象征高远、深沉、严厉，又象征着忧郁、沮丧、紧张不安等。粉红色象征精华、极致、上流社会。在小说开端，西丽在小姑子凯特的帮助下获得第一次为自己买衣服的权利，她十分渴慕紫颜色带点红的衣服，店里却没有紫颜色的衣服。在西丽想象中，莎格受人欢迎崇拜，应该是如"女王"一样穿着大红大紫的衣服。过于鲜艳活泼的红色又为某某先生所不容许，她只好选择符合她处境和阴郁心情的蓝色。在莎格的启迪下，西丽意识到自己如同大自然万物一样存在着，具有意义和价值。"你要是走过一块地，没注意到地里的紫颜色，上帝就会很生气。"[2]150 在小说的结尾，西丽拥有自己的房屋、地产后，她大胆穿上自己喜爱的紫色衣服，把房屋涂饰上紫色，期待着孩子和妹妹回家团聚，预示着她独立自由、美丽完整的人生的开始。沃克借用"紫颜色"为书名，"把跪着的黑人妇女拉起来，把她们提到了王权的高度"[6]78。

传统观点认为黑色代表着低贱、懦弱、悲哀或神秘等意思。某某先生的父亲厌恶莎格的放荡不羁，不同意儿子与莎格结婚，认为她低贱"黑得像炭一样"。西丽拥有了自我意识后，提出要同莎格一起出走，到没有家庭束缚的孟菲斯去寻求发展。某某先生不同意，黑人骨子里的自卑以及对黑人女性的偏见令他张狂嘲笑，"你是个黑人，你很穷，你长得难看，你是个女人。你一钱不值"[2]159 事实上，西丽睁开蒙昧的双眼后，极力赞叹莎格有着光滑的黑亮皮肤，穿着时髦红裙子、红皮鞋的魄力。小说中极力渲染红色的张扬活力，黄色的觉醒和生命冲动。西丽挣脱伦理羁绊回老家探问父母墓地时，和莎格穿上新做的颜色配得很好的蓝色花裤，戴上复活节软帽，莎格帽子上的玫瑰是红颜色的，西丽的是黄的。最终女主人公都拥有了自己喜爱的一间屋子，莎格为自己设计的是一幢又大又圆的粉红色房子；西丽将自己的房间装扮一新，一切都是紫色的，只有地板漆成鲜黄色。"对美的热爱和对力量的尊重是份遗产。在这份遗产的指引下——寻找我的母亲的花园，我也找到了自己的花园。"[1]243 缤纷多样的色彩象征着女性生存和精神的自由空间。

　　小说中对上帝形象的解读非同一般。《紫颜色》却对上帝形象进行颠覆式的另类阐释，把上帝视为自然界万物的一部分。妹妹离开后久无音信，西丽在被奴役的沉默中只能给上帝写信，倾诉痛苦心事。无论她多么虔诚地向上帝祈祷，如"树木"般被随意挨打的境遇一点也没有改善。当莎格问及上帝模样时，她幡然醒悟，原来她脑中的上帝是白人男性的威严形象，上帝"给我一个被私刑处死的爸爸，一个疯妈妈，一个卑鄙的混蛋后爹，还有一个我这辈子也许永远见不着的妹妹"[2]145。失望于上帝如她所认识的男人一样健忘、卑鄙，西丽愤恨不已，肆意发表亵渎上帝的话。随后，莎格以譬喻开导，帮助西丽树立起正确的人生观和世界观。莎格说，当你眼睛里没有了男人，你才能看到一切。摆脱白老头上帝的第一步是从身边的树木中发现生命力，在空气中、在鸟儿身上发现生命力，从中得到乐趣。她认为热爱生活、享受生活、待人以爱并为人所爱是崇拜上帝的最好方式，上帝在大家的心里。"上帝既不是他，也不是她，而是它。我相信上帝就是一切……它是万物的一部分。"[2]149 在莎格热爱自然、享受快乐的思想感染下，西丽对上帝的理解进一步成熟，认识到"自己跟大自然、跟奇妙的天地万物中任何其他东西一样是个珍贵的生命"[2]2。有了妹妹的来信和儿女的音信，有了莎格、艾伯特的友谊，西丽对个人命运的改变充满感激，她成长为一个有爱心、有自尊的心灵丰富的女性。小说中的最后一封信，是西丽难以抑制感动而重新致信于上帝，"亲爱的上帝。亲爱的星星，亲爱的树木，亲爱的天空，亲爱的人们，亲爱的一切，亲爱的上帝"[2]227。这里，上帝是融自然与人性为一体的具体可感的物象，令西丽发自内心去热爱和赞颂。艾丽斯·沃克在纪念《紫颜色》出版10周年的再版前言中写道："也许因为我像个异教徒一样把上帝从一个高高在上的人变成了树木、星辰、风和一切其他的东西，许多读者可能看不清我写此书的目的：有的人在来到这个世界时就已经成了精神的囚徒。但是，通过自己的勇气和别人的帮助，她认识到，她自己也和自然界本身一样，正是迄今为止被视作遥远的神灵的光辉体现，而我所探索的就是这种人奋斗的艰难历程。"[7]52

五、结论

非裔美国女作家艾丽斯·沃克被誉为"黑皮肤的弗吉尼亚·伍尔芙"，一生致力于通过文学创作揭示黑人妇女的生存状态和身份构建问题，独创性地提出"妇女主义"理论。它是一种生态的女性主义理论，超越了早期女权主义的男女两性对抗的观点，超越了白人女权主义对黑人女性的遮蔽。小说《紫颜色》典型体现了沃克的理论思想，关注种族主义与性别压迫下的黑人女性命运，强调黑人传统文化的传承与回归，倡导黑人女性的姐妹情谊，通过女性同盟力量获取黑人女性的自我主体和自尊，以博爱精神引领黑人男性的共同成长，寻求男女两性的和谐与全人类的完整生存。"妇女主义"反对性别歧视和种族压迫，包含着人道主义、生态主义思想倾向，以独特的内蕴和思想高度丰富了现代女性主义理论。

参考文献

[1] Alice Walker, *In Search of Our Mothers' Gardens*：*Womanist Prose*, New York：Harcourt Brace Jovanovich, 1983.

[2]［美］艾丽斯·沃克：《紫颜色》，陶洁译，译林出版社 1998 年版。

[3] 王淑芹：《美国黑人女性主义文学批评研究》，山东大学出版社 2014 年版。

[4] 王晓英：《走向完整生存的追寻：艾丽丝·沃克妇女主义文学创作研究》，苏州大学出版社 2008 年版。

[5] 金莉：《生态女权主义》，《外国文学》2004（5）。

[6] 邹溱：《〈紫颜色〉中的颜色与主题》，《外国文学评论》1994（4）。

[7] Dina Benevol, *Excel Studies in Literature*：*Alice Walker's The Color Purple*, Dascal Press：Glebe NSW，1994.

从古老治疗仪式到当代戏剧治疗^①

郝薇莉

一、作为当代探索戏剧实践的戏剧治疗

对于当代探索戏剧来说，仪式化回归是一种普遍的趋向，它反映了探索戏剧家们发掘戏剧实效功能来改造社会生活或个体心灵的努力。在探索戏剧的实践中，与古老治疗仪式最为接近的当属戏剧治疗。诞生于 20 世纪的戏剧治疗是当代心理治疗的新兴分支，属于表达性艺术治疗的范畴。它在戏剧历程中加入心理疗愈的意图，可谓戏剧与治疗的跨学科结合。

戏剧治疗建立在剧场表演的基础上，也许因为它跨越的领域已经超过当代戏剧界所能接受的范围，戏剧治疗的实践者通常不被认为是戏剧家。比如作为戏剧治疗分支之一的心理剧，它的创始人莫雷诺早年出于兴趣积极进行剧场改革，发展出心理剧的雏形——自发性剧场。在这种剧场中，"演员团体听从观众建议表演出自发性的戏剧，或是用'活报剧'的方式再现出每天的新闻事件，抑或扮演完全即兴的主题"[1]13。但莫雷诺在戏剧界的地位并未得到正式承认，自发性剧场和心理剧也被视为非专业的戏剧或"反戏剧"，或者被归入医学领域。戏剧治疗也有同样的命运。

然而，仔细考量戏剧治疗，它的形态就是一种仪式性质浓厚的开放式剧场形态。20 世纪以来，戏剧治疗界的先驱们对摹仿论的传统剧场进行了整体革新，将其改造为具有身心净化功能的治疗剧场，这里典型地体现了当代探索剧场的三股转向潮流：从幻觉剧场向反幻觉剧场的转向，从剧本中心向表演中心的转向，从艺术表演向仪式的转向。[2]110—111 转向的目标是希望人们恢复行动的自觉，主动改变自身的异化状态，并对剧场/世界进行有效干预，这就回到古老仪式的治疗传统中，因此戏剧治疗可以称为当代仪式化程度最高的探索戏剧实践之一。

---

① 本文最早发表于《福建论坛》2015 年第 1 期，收入本论文集时进行了修改。

作者简介：郝薇莉（1982—），女，福建惠安人，博士，讲师，主要研究方向为戏剧戏曲学。

　　许多学者希望探讨古老仪式的治疗力量，从传统与跨文化中寻找戏剧治疗的依据。然而，原始治疗仪式的经验能否直接运用于当代戏剧治疗？原始仪式往往具有宗教色彩，其效用也建立在对神秘力量的信仰上。现代社会能否让这种神秘力量重新发挥作用，或者只能作为一种理论的阐述？对此，学术界有不同观点，一些学者积极寻求戏剧治疗与原始仪式之间的亲缘关系，莫雷诺的学生封薛特认为，巫术驱魔仪式具有很强的戏剧性，作为戏剧治疗分支的心理剧和这类巫术仪式之间一定存在着血缘关系。[3]374 对萨满传统进行了 30 多年研究的戏剧治疗师斯诺也认为，戏剧治疗是建立在萨满治疗仪式本质结构的基础上。[4]119

　　不过，也有不少学者对古老治疗仪式的经验能否直接搬用到当代表示质疑，如戏剧治疗师菲尔指出，"戏剧治疗法是快速的以致无法将其他文化的施行纳入其中，太激进而找不出与仪式的平衡点。戏剧治疗不是一种仪式。戏剧治疗师不是巫医。要在戏剧治疗师和巫医找到连结，就好比认定巫医运用角色扮演的方式，或者是当代的治疗师在一种完全不同的文化种族环境中，可以'运用'来自其他文化种族的仪式，而完全忽略这个领域的复杂程度"[5]281。对此，笔者认为，戏剧治疗无论功能或形态，都与治疗仪式有着密切的相关性，这就像学者查尔斯在《萨满驱魔中的戏剧》中指出，"在对疾病驱魔中，萨满的主要功能是心理治疗；他的方法是戏剧性的"[6]97。治疗仪式与戏剧治疗在本质上具有相通性，对两者之间的承继关系不能否认；然而，时代语境的变迁使得当代戏剧治疗不可能全然复原古老治疗仪式，那么戏剧治疗将如何在治疗仪式的基础上继续演进，成为当代人的精神仪式呢？

　　下面对萨满仪式和戏剧治疗的两幕场景进行考察：

　　　　韩国济州岛，一位男子希望萨满能帮他找到"丢失的灵魂"。二十年前，他的父亲离家出走，当时年仅十几岁的他曾想过自杀，此后又对强盗产生了莫名恐惧，这些都被认为是灵魂走失的表征。在这场萨满治疗仪式中，鼓声不断，催促萨满进入迷狂状态，通过象征性的表演寻求神灵的帮助，男子的家人也围在旁边进行祈祷。表演中的萨满用衣服盖住男子，衣服边缘浸在象征生命与净化的水中。他还将一把仪式用刀按在男子第七根椎骨上，等待神灵将男子的灵魂送回，因为这根椎骨通常代表灵魂归来之处。最后，鼓击打得越来越快，萨满将水喷到男子头上，表示仪式的高潮与结束。[7]189

美国纽约，一位名叫德瑞克的男子希望戏剧治疗师兰迪帮助他从童年被父亲虐待的阴影中走出，并改善与父亲的关系。简单暖身之后，兰迪让德瑞克根据他想探讨的话题讲述一个故事，故事中需要有三个角色，以形成角色—反角色—向导的结构。德瑞克讲述了爸爸、儿子与痛苦的故事，故事的结尾部分以儿子爬山隐喻德瑞克自己的成长，虽然痛苦总是跟随儿子，但不断跌跤的儿子仍坚持到达山顶，并等待爸爸跟他说"对不起"。兰迪将这一部分作为表演材料，因为它包含着德瑞克的悲伤与希望，对它的演绎将有助于德瑞克进行情感宣泄与整合。在表演环节中，德瑞克分别扮演了几个重要角色，兰迪偶尔参与表演，更多时候是作为一名引导者，对表演进行结构性控制，将其导向治疗的目标。表演结束后，兰迪有意询问这个童话般的故事和德瑞克的真实生活有什么联系，这种反思性的提问有助于德瑞克将故事中得到的启发和安慰带入现实生活中，实现自我的真实转化。[8]98—107

从这两个治疗场景中可看出，戏剧治疗与萨满仪式治疗的形态非常接近。第一，它们有着相似的治疗性表演结构，即被治疗者与治疗者进入表演空间，通过扮演某种角色形象进入更深的心理领域、实施表演并进行结构性的控制，结束表演并离开表演空间。第二，它们的表演空间都是具有转化性的阈限空间，被治疗者从失序混乱转化到清晰有序的状态，实现了身心的净化、平衡与整合。第三，它们的表演空间都是观演互动的开放空间，治疗者与被治疗者同时在场，一同参与到治疗性表演历程中。

不同之处主要有以下两点。第一，表演者的身份发生了变化。萨满治疗仪式的表演者主要是萨满，具有通神能力的萨满扮演神灵的角色，与假想的邪灵展开搏斗，或者找寻迷失的灵魂。病人则被动参与到表演中，接受萨满施加的影响或指示。戏剧治疗的表演者主要是被治疗者，他在治疗师的指引下，将内心世界以具体可感的形象呈现出来，并以假想的角色来转化现实自我，获得自我疗愈的能力。可以说，他取代了仪式中萨满的位置，成为一名主动的表演者。第二，治疗空间的性质发生了变化。萨满治疗仪式中，参与者认为神魔是真实存在的，萨满象征性的表演意味着他在凡人不可进入的灵界中与神魔展开了真实斗争。戏剧治疗的当事人则能辨识出表演空间的虚构性，将治疗过程当作发生在想象性领域中的疗愈之旅，他所扮演的角色也是与自身心理状态相关的现实或虚构形象。这意味着神圣空间向游戏空间的转变，人不再依赖于神灵，而转为发掘内在精神力量，成为自己的英雄。

下面将对这两点重要变化展开探讨。

二、净化观的演变与表演者的诞生

古老治疗仪式意在祛除致病的邪灵，当今戏剧治疗力图祛除现代文明的压抑性导致的心理郁积，二者都将净化视为治疗的核心，但净化的内涵却发生了变化。与之相应，病人的身份也有所转变，由治疗仪式中被动的观看者走上舞台，成为戏剧治疗中主动的表演者。表演者身份的凸显体现了一种新治疗精神的兴起，也即在仪式盛行的年代，人们尚可将驱魔的希望寄托在神灵身上；到了当代，人类面临的危机更为深重，传统仪式却失去了以往的影响力，只在少数地区拥有信众，身处无神论环境的人们开始意识到，没有神灵的庇佑，就必须依靠自身的行动力，发挥自我疗愈的潜能，才能解决这一精神危机引发的诸种心理疾症，实现身心的彻底净化。

从古至今，普罗大众难得拥有自觉自发的行动力。古老治疗仪式中的表演者虽然由巫士担当，但他的治疗力量来自神灵。原始时代的人们将疾病或灾祸的原因视为某种灵性力量所为，巫士需要找到致病的原因——邪灵或其他不洁之物的入侵或者灵魂的迷失，并借助神灵的力量加以解决。在整场仪式中，卖力表演的巫士不过是通神的媒介，他暂时将自己的身体交由神灵掌管，在迷狂的状态中全然忘我；病人则如台下凝视表演的观众，虽然许多时候也被邀请进行特定的表演，但疗愈的关键在于巫士的神圣表演施予自身的净化作用。

从仪式向戏剧的演化过程中，净化功能得到保留。今天的学者从人类学角度分析古希腊悲剧《俄狄浦斯王》时，常将俄狄浦斯王的经历与古希腊的治疗仪式联系起来，认为他为拯救城邦免受灾疫之苦，作为替罪羊被放逐，这正是公元前 430 年至 426 年间几乎将雅典毁于一旦的大瘟疫之后，治疗仪式的净化程序在戏剧中的反映。[9]59-77 不过，由于希腊后期理性主义兴起，哲人王的地位开始取代传统祭司的地位，具有宗教祭祀性质的仪式戏剧也逐渐演变成忠于剧本情节的审美戏剧，戏剧的治疗功能脱离了神学的立场，导向世俗的层面。亚里士多德立足现实，不再谈论"神灵凭附"等神秘主义观点，而从观众接受心理的角度出发来讨论悲剧的净化功能，"悲剧……通过引发怜悯和恐惧使这些情感得到疏泄"[10]63。这句话通常被理解为悲剧引发了观众的怜悯与恐惧之情，有助于排遣观众内在郁结的情感积淀，使其产生舒畅的快感，维持了心理的健康。尽管这里的"疏泄"也即"净化"，仍具有治疗之义，但最初的非理性色彩已经被抹去了。

到了现代社会，人们不再相信疾病是由神魔的力量引发的，却不得不被困在一个更大的梦魇中，这就是现代性带来的普遍困扰。主流意识形态的控制、科学技术的发达、消费经济的诱惑、普遍的教育驯化，使得人在精神和价值观上产生了严重危机。当代戏剧敏锐地捕捉到了现代人的心灵状态，意象主义、表现主义等现代主义戏剧流派对人类的孤独心境进行了细腻的描写，荒诞派戏剧中充斥着各种病态场景，同样表达了人类深刻的虚无感，这正是戏剧治疗兴起的背景。考察神经官能症等现代人频发的心理疾病，从个体层面来说，它往往与本能、欲望、情感受到压抑有关，如果心理长期被压抑，处于持续紧张和焦虑状态，机体的"自我防御"能力就会渐渐减弱以致丧失，从而引发诸多精神问题；从社会层面来说，则与文明之弊有关，人类需要反抗文明施加的种种压迫与异化措施，对身心进行深层净化，才能恢复清明状态。

戏剧治疗如何才能秉承治疗仪式的净化功能，治疗现代人的精神危机？倘若仍然停留在亚里士多德悲剧净化观的认识层面来谈论戏剧对于观众的治疗作用，显然是不够彻底的。在布莱希特等富有批判精神的戏剧家眼中，亚里士多德的净化观主张戏剧成为人们精神的麻醉剂，通过观戏人们可以获得情感的宣泄和心理的调适，从而安心地接受统治者加诸己身的压迫与控制。至于亚里士多德式幻觉剧场中的演员，也并未真正获得自主性，他们是巫士的继承者，进入剧作家设定好的角色后便融入其中，仿佛丧失了自己的身份，完全化身为角色来感受与思考。即便在当代探索剧场中，戏剧家们已经意识到演员进行自我净化的必要性，让观众成为自主行动的表演者仍非易事。布莱希特的史诗剧场依靠演员间离化的表演增强观众对意识形态幻象的洞察与批判；阿尔托的残酷戏剧要求演员以富有强烈感官冲击力的表演来震醒观众；格洛托夫斯基在早期的质朴戏剧实践中主张圣洁演员以自我的牺牲来净化观众的心灵。这些看似激进的表演策略中仍然隐含着一个前提——观众需要被唤醒和教导，因而演员必须充当巫士的角色，帮助观众从蒙昧状态中获得精神的觉悟与净化。

　　然而，"一个个体并不能长久地满足于对英雄的认同所带来的短暂的慰藉。……一个真实的认同转化，具体现身为英雄本身是被强烈地要求着"[3]382。到了 20 世纪六七十年代，一种新的戏剧观念得到加强——每个人都有创作戏剧的天赋，每个人都可在戏剧中获益。美国的后现代主义戏剧运动、英国的戏剧教育运动、博奥的被压迫者剧场等开始尝试邀请观众参与到表演事件中，为自己而行动。戏剧治疗在这一阶段得到了蓬勃的发展。对戏剧治疗而言，戏剧不再只是演员精心制作出来的艺术品，它要求每个人成为自身的表演者，不断改变自己、创造自己，治疗的力量就蕴含在这样的改变中。这种行动中的个体才是可以依靠自身力量克服精神异化、完成净化之旅的现代英雄。

三、从神圣空间到游戏空间

　　戏剧治疗师苏珊娜指出，"萨满们似乎知道这个事实，即在想象世界中的表演具有治疗潜能。而这个潜能正是演员们通常没有发挥到的"[11]83。萨满治疗性表演的核心包括入迷和驱魔两个部分，这两个环节都依靠对于神圣力量的信仰将虚幻的表演转化为有效的治疗行动。到了当代，曾经是治疗仪式核心的灵性世界观已经失去普遍存在的根基，戏剧治疗能否还原仪式的治疗精神。

　　有的学者悲观地谈到，艺术从仪式中分离后就无法超越自身的个体性存在，融合到集体性存在的仪式情境中，因而看重仪式救世作用的阿尔托只能通过艺术教化的途径来实现净化功能；格洛托夫斯基已经意识到戏剧在"传统神话"与"今天的局势"的存在方式有了巨大区别，因此他的戏剧理念更注重仪式形式而不是仪式功能，更注重艺术的个体性经验而不是仪式的集体性理想。[12]531,534 这一思考说明了戏剧继承仪式传统面临的挑战。谢克纳就指出，从戏剧到仪式的转变在格洛托夫斯基的作品以及生活剧场的节目中很突出，但创作的仪式却不稳定，因为它们不附属于戏剧之外实际的社会结构。[13]177—178 依格洛托夫斯基自己的说法，"我所谓的仪式并不是指某种典礼或庆祝活动，更不是指有外人参与的某种即兴创作。……我提到仪式时，主要是指其客观性，意即'行动'的各个元素，乃行者用来锻炼身体、心和头脑的工具"[14]167。

　　虽然表面看来，仪式中用于神人沟通的象征性表演在此时已经失去了灵性世界观的基础，但人们对于精神性和超越性的追求在今日并没有消失。现实主义剧场如火如荼的年代，斯坦尼斯拉夫斯基就在《剧场是圣殿，演员是祭司》一文中表达了演出艺术的最高理想，"要让纯洁的意图、崇高的思想和高尚的情感的祭司式演员、教士式演员大量出现，那时候艺术也就自然而然地产生"[15]472。现代人再造的戏剧性仪式很难具有原始仪式浑朴神圣的力量，但它仍保留了仪式的净化性质。格洛托夫斯基正是借由这些"二分之前的"，也即尚未受文化语言约束和污染的身体技术，激发起"行者"独特的身心反应和身体脉动，实现能量的自由转化与身心的彻底净化。这不只是个人的事件，它还唤起了集体潜意识的情感，可帮助人们返回生命的源头，重建与神性自然的天然联系。也许，当代人所需要的不是已经形式化的宗教仪式和理性神学，而是与生命本源保持密切关系的精神化生活。这种精神化的生活可以抚慰在现代性困境中焦虑孤独的人类灵魂，帮助人们找回人生的意义和价值感。

作为当代探索戏剧实践之一的戏剧治疗，以一种新的视野适应了时代精神的世俗化变化。戏剧治疗非常重视创造力的开发和人的整体性发展，不少戏剧治疗师也在超个人维度上进行探索，如从原型中发掘人类内在能量的源泉，将古老精神训练法，如冥想、呼吸练习等作为重要治疗资源。不过，相较于重建一种理想化的仪式戏剧形态，戏剧治疗更关注如何将戏剧作为一种心理治疗方法运用于临床实践中，也即它对于现代精神危机的解决主要是在心理学层面。若要使戏剧的治疗效用得到最大限度的发挥，就需要结合当代心理治疗的成果，对治疗性表演进行精心架构，乃至在戏剧历程经验中加入治疗性干预的因素。

戏剧治疗师埃莉诺曾谈到，许多年前她参加了一个即兴剧团的表演，这个剧场邀请观众讲出他们的梦，并由专业演员将这些梦表演出来。这种表演探索已经深入到观众的梦与无意识中，与戏剧治疗非常接近了，但由于演员缺乏心理治疗的训练，未能很好理解与阐释他人的梦境，因此很难帮助观众厘清梦的含义及其内心状态。埃莉诺意识到，如果要使这样的剧场形态更具治疗性，可以让观众上场表演自己的梦，并在治疗师引导下对梦的意义进行阐释，从而揭示和处理梦境所透露的内在心理问题。[4]241 这也意味着戏剧治疗需要形成自身的治疗构架，才可能使治疗潜能得到深入发掘。

戏剧治疗师兰迪将戏剧治疗称为一种行动心理治疗，他认为，"在行动心理治疗中，案主不被认为是生了病，而是受了伤，造成了不平衡。通过对旅程的觉知，他们能够到达一种更平衡和更完整的状态"[8]181。"旅程"的概念也说明了创造一个用于容纳完整治疗历程的游戏空间的必要性，在这里可以建立起人与内在世界及外在世界的联结，实现心灵的平衡与整合。这个空间如同巫士们施展法术的神圣领域，具有超越现实的无限性，想象与真实的界限消失了，人们能够自由出入其中，驰骋想象。如果说巫士们会在治疗仪式中"创造出神圣空间，让奇迹在其中发生，引导人踏入无限，在超脱现世时间的情况下从经验到启迪"[16]28，那么褪去了神圣性之后，戏剧治疗的游戏空间还可以发掘出什么治疗因子，来帮助受伤的表演者与其自身的精神性存在取得联结，实现疗愈与转化。

第一，游戏空间可以帮助人们探索内在真实，了解过往的创伤经验或潜意识对于自身的影响，满足情感表达的需求。艺术与仪式向来都是情感的容器和塑形物，如斯里兰卡人在亲人逝世后举行的哀悼仪式，"用正当的、族群认可的机会哭泣并且在越来越长的时间间隔中表达自己的失落感，给失去亲人的人提供了一种模式化的程序去遵循、一种能够塑造和容纳他们情感的形式"[17]79。在戏剧治疗的游戏空间中，当事人同样可以自由表达情绪与隐私，不必担心秘密泄露或者遭到排斥与拒绝。一方面，压抑的情绪通过当事人戏剧性的身体动作得到释放；另一方面，角色成为当事人呈现真实自我的"蹦床"[18]27，表演的意义不再是为了演绎某个虚构的角色，如巫士饰演的神灵，或者舞台剧场中演员扮演的虚拟角色，反之，当事人可借助想象去探索真实，形成与过往事件和情绪经验的连接，并使那些意识无法负荷的压抑情感得到适当宣泄。这种内在自我的探索是必要的，马斯洛曾说过，"不让自己进入地狱，等于切断进入天堂的路"[19]142。人类黑暗混沌的内在世界包括梦、潜意识、经验记忆等，它们以不可忽视的力量暗中影响着我们的意识生活。对于有心理疾痛的人来说，如果能深入到生命的困境与创伤中，与自我精神本质相联结，他就能找到内在力量的源泉，从中滋生出成长与改变的勇气。

第二，游戏空间可以帮助人们从新的观点和角度来看待自身及所处的困境，扩展自我实现的可能性。人类学家特纳对原始治疗仪式进行考察后总结道："治疗过程在一定程度上就是使隐秘之物变得可见的过程，若这些事物有害的话，也就由此可以实施矫正和疗救的过程。"[20]309这一治疗观同样适用于戏剧治疗，当人们内在世界的隐秘透过表演得到呈现时，他就有可能超越这些情感与经验，获得真正的自由与转化。转化的关键在于游戏空间可以解构人们心理困境的"真实性"和"完整性"。游戏空间构建起来的象征性世界是日常生活的缩影，表演者既真实地存在于其中，又清醒地意识到这是一种"假装"的状态，这可使他们卸下现实生活的沉重感，获得净化与超越之感，就像莫雷诺所说的，"在演出你自己的同时，你可以在自身之镜里看到你自己……此一映照自身之镜激起他人的笑声也激起你自己对自己的笑声，因为，你看见你自身所经历的种种苦难消解成一连串的想象事件。突然地，存在不再是一件痛苦和艰难之事，而只是诙谐和引人会心一笑之事。所有过去的忧伤、气愤、欲望、喜悦、兴奋、成功、得意，皆从其自身消失，失去了它们存在的理由。你现在得以自问你自己：'这种种的过去之我，真的是我自己吗？'"[3]379—380 此刻，获得极大自由感的人们将发觉内在自发的创造力和自我实现的可能性。

第三，游戏空间可以提供实践新行为方式的机会，为人们从当前受限的状态迈向一个更为自由开放的未来架起了通道。这与游戏空间介于虚构与真实之间的双重性质有关，虚构使得游戏空间发生的表演事件具有可逆转性，人们可以尝试生活的新可能，包括内在自我的深层表达、行为模式的改变、角色特质的扩充等，甚至可以反复"排演，停下来，再重复，从剧情的中间开始练，反复排练，使它'更好'"[13]150，而不必担心对现实造成威胁或直接改变生活的进程。游戏空间又具有拟真性，虚拟的表演能直接移植到生活中，成为现实的经验。此外，在游戏空间中大胆尝试的经历也将对今后的生活产生潜移默化的影响，使人们拥有创造自我的冒险精神和行动力。

第四，游戏空间可以激发人们的创造力与自发性，带来自由愉悦的感受，促进心灵的疗愈与转化。罗洛梅认为，创造的过程意味着情绪的健康发展。[21]40 戏剧表演是一种创造性活动，能帮助人们从现实的困顿中暂时解脱出来，找回内在孩童的游戏天性，获得创造的自由与快乐。自由和愉悦的感受又进而帮助人们卸下防御、敞开心灵，以更大的勇气和耐性来面对治疗中会遭遇的考验。一个人的转变不是一蹴而就的，它需要耐心地守护。当能接受自己的创造潜能时，人们就不再局限于自身的问题，而开始欣然地接受自己，迈向全然的存在，这将成为心灵疗愈与转化的动力。

以上可以看出，虽然戏剧治疗的游戏空间中不再上演神灵附体的一幕，但古老治疗仪式对于精神性的追求并未遗落，只不过这种追求已经由对于外在神灵的期待渴慕转入对于内在精神的主动探求，它所要求的是在个体生命或意识体验的基础上实现身体、情感及精神各层次的平衡、整合与发展，并通过人们自身的行动力来创造生活和更美好的世界。

四、结语

在游戏空间中，陷入混乱无序的人们通过戏剧表演行动得到转化，恢复以往的平衡与整合状态。这样的描述很容易让人们想到神话中英雄的冒险之旅，"英雄从日常生活的世界出发，冒种种危险，进入一个超自然的神奇领域；在那神奇的领域中，和各种难以置信的有威力的超自然体相遭遇，并且取得决定性的胜利；于是英雄完成那神秘的冒险，带着能够为他的同类造福的力量归来"[22]24。尽管到了当代社会，神话已经凋敝了，但对于英雄的追慕是人类永恒的情结。只不过，当代人已不需要潜入古老的神话与仪式中才能倾听英雄的故事。致力于成为当代精神仪式的戏剧治疗，为人们指出了一条成长为英雄的旅程。人们需要做的，就是去行动、去表演，在自己的戏剧中带着创伤去经历苦难（表演苦难），经受住考验，找到解决困境的办法，最后成为英雄。这样的表演者就像波兰戏剧家格洛托夫斯基在他颇具精神治疗性质的仪式表演实践中解释的，"'表演者'（Performer），该词带有一个大写字母，指一个行动的人。他不是扮演另外一个人的某个人，他是一个行动者（doer），一个祭司（priest），一个斗士（warrior）——他处于美学样式之外"[23]4。

参考文献

[1] Hare, A. P. and Hare, J. R. J. L, *Moreno*, Sage, 1996.

[2] 周宁：《西方戏剧理论史（上）》，厦门大学出版社 2008 年版。

[3] 蓝剑虹：《回到斯坦尼斯拉夫斯基——人作为一种技艺》，唐山出版社 2002 年版。

[4] David Read Johnson, Renee Emunah, *Current Approaches in Drama Therapy（2th edition）*, Charles C. Thomas, 2009.

[5] ［英］菲尔·琼斯：《戏剧治疗》，五南图书出版公司 2002 年版。

[6] Charles, L. H, "Dramna in Shaman Exorcism", *Journal of American Folklore*, 1953（66）.

[7] ［美］丹尼尔·基斯特：《韩国萨满入会礼（入法礼）的过程》，转自《无萨满时代的萨满》，民族出版社 2010 年版。

[8]［美］罗伯特·兰迪：《躺椅和舞台——心理治疗中的语言与行动》，华东师范大学出版社 2012 年版。

[9] Burkert，Walter，*Structure and History in Greek Mythology and Ritual*，University of California Press，1979.

[10]［古希腊］亚里士多德：《诗学》，商务印书馆 1996 年版。

[11] Pendzik，Susana，"Drama Therapy as a form of Modern Shamanism"，*Journal of Transpersonal Psychology*，1988，20（1）.

[12] 汪晓云：《中西戏剧发生学》，国家出版社 2010 年版。

[13]［美］理查·谢克纳：《人类表演学系列：谢克纳专辑》，文化艺术出版社 2010 年版。

[14] 钟明德：《从贫穷剧场到艺乘——薪传葛罗托斯基》，书林出版有限公司 2002 年版。

[15]［苏］斯坦尼斯拉夫斯基：《斯坦尼斯拉夫斯基全集（第 5 卷）》，中国电影出版社 1983 年版。

[16]［秘鲁］维洛多：《印加能量疗法——一位人类学家的巫士学习之旅》，台北生命潜能文化事业有限公司 2002 年版。

[17]［美］埃伦·迪萨纳亚克：《审美的人》，商务印书馆 2005 年版。

[18]［波兰］耶日·格洛托夫斯基：《迈向质朴的戏剧》，中国戏剧出版社 1984 年版。

[19] Maslow，A.，*Toward a Psychology of Being*（2nd ed.），Van Nostrand Reinhold，1968.

[20]［英］维克多特纳：《象征之林——恩登布人仪式散论》，商务印书馆 2006 年版。

[21] May，R.，*The Courage to Create*，Norton，1975.

[22]［美］约瑟夫·坎贝尔：《千面英雄》，上海文艺出版社 2000 年版。

[23]［波兰］耶日·格洛托夫斯基：《表演者》，《戏剧艺术》2002 年第 2 期。

第四章 文艺学研究

玛丽苏神话的历史理据、叙事范式和审美趣味①

管雪莲

自 20 世纪末以来，在"女性向"的通俗文艺创作中，出现了表达女性英雄主义幻梦的玛丽苏倾向。玛丽苏，最早是美国作家葆拉·史密斯（Paula Smith）在写《星际迷航》同人文时虚构的一个人物，作品名字叫 *A Trekkie's Tale*，发表在 1974 年的科幻同人志 *Menagerie* 第 2 期，其中的女主人公 Mary Sue 上尉，拥有绝世美貌和超级本领，最后拯救了全人类，征服了最顶级、最优秀、最英俊的众男士的心。在这之后，玛丽苏开始风靡大众文化圈，成为现代人所制造的大众神话体系中的一个分支。

国内互联网文学网站上，有不计其数的玛丽苏文本，各种妃、各种后、各种首席执行官，总之，各种超级女性。仅以其中最著名的为例，就有改编成电视剧并有很高知名度的《后宫·甄嬛传》（流潋紫著）、《三生三世十里桃花》（唐七公子著）、《步步惊心》（桐华著）、《大漠谣》（桐华著）、《云中歌》（桐华著）、《独步天下》（李歆著）、《步步惊华》（穆丹枫著）、《芈月传》（蒋胜男著）、《花千骨》（fresh 果果著）、《武媚娘传奇》（高翊浚著）、《太子妃升职记》（鲜橙著）、《魅天下——明妃传》（步绯雨著）、《欢乐颂》（阿耐著）等。在这些热门小说中，每一部都有一个闪闪发光的玛丽苏式主人公让我们耳熟能详。而 2015 年的热播剧《琅琊榜》，

---

① 本文发表于《文学评论》2016 年第 4 期，收入本论文集时进行了修改。

作者简介：管雪莲，女，江西广丰人，博士，副教授，主要研究方向为后现代美学与后现代文化思潮。

其原著被业界认为是男版玛丽苏文，就是因为该文先是在起点女生网的耽美小说区域中发布，后才转移到历史权谋小说中，以耽美小说论，梅长苏最早的性别身份设置就是男同中的女方，就是玛丽苏。网剧、电视剧对玛丽苏文的大量翻拍，其数量已经统摄了当前大众文化的半壁江山。

一

　　玛丽苏神话诞生在 20 世纪 70 年代的美国，其宏观社会背景有这样四个方面：

　　第一，以制造业为基础的工业社会退潮，以信息技术、数字技术、电子技术为基础的后工业社会来临并成为发达资本主义的一个表征。1973 年，丹尼尔·贝尔（Daniel Bell）出版了《后工业社会的来临》一书，其中的观点得到了社会的普遍认可，引发"后工业社会"这个词在公众领域和学界广泛流行。到 1999 年再版的时候，他在前言中归纳道："……这一切清楚表明，西方领导人认为他们的社会是'后工业'的，世界其他国家和地区的问题是如何向后工业状态过渡。"[1] 后工业社会被认为是一种比工业社会更高级、更文明、更先进的社会形态。这种社会形态造成了新的产业分工，其中最显著的特点是脑力劳动取代体力劳动成为主要的生产方式；专业化和知识化的行业专家和技术精英成为社会生产的主体；第三产业上升到经济结构中的最重要位置；与之相关的，在后工业社会"（高等）教育已经成为社会流动的基础"[1]。在这种新的社会分工情况下，女性通过接受高等教育将可能重塑自己的社会命运。

　　第二，从 19 世纪 70 年代到 20 世纪 70 年代，美国有过两次规模非常大的妇女解放运动，尤其是 20 世纪六七十年代的这一次，女作家和女学者发挥了重要作用，如 1963 年贝蒂·弗里丹出版了《女性的奥秘》，1969 年加特·米里特出版了《两性政治》，1970 年基曼芮·格里尔出版了《女性的弱点》。这些著作有一个共同的认知，那就是女性要想获得真正的解放必须回到社会生产中去。而在前工业时代和工业时代，女性因为体能、生理、知识上的劣势，她们的生活空间基本被限定在家庭内。比如被启蒙意识唤醒的娜拉（易卜生《玩偶之家》中的女主人公）离家出走了，作者便留下悬念，故事终止。《玩偶之家》引进中国后，"娜拉走后怎样"成为一个时期重要的文学主题，在整个"五四"新文学的"娜拉"叙事中，我们发现出走的娜拉要么回归家庭、要么堕落为娼妓，又或者是死了。总之，"她们"不是依靠家庭中固定的男性来生存、便是依靠社会上流动的男性来生存，否则便没有立足之地。1936 年的美国文学中有思嘉丽（《飘》）这样熠熠生辉的人物，但其作者玛格丽特·米切尔（Margaret Mitchell）也在文本中表达了主流社会舆论对这一人物的否定和攻击，毕竟像思嘉丽这样的女性英雄主义气派，要到 70 年代才水到渠成地发展为一种风潮。

第三，二战后的 50 年代到 70 年代，是资本主义经济增长的一个黄金时期，而美国作为头号经济强国，率先进入了消费主义（consumerism）的时代。在消费主义时代，一切都进入商业系统成为被消费的对象，艺术发展转向产业化，文化消费成为日常商品消费的一部分，忠实的消费者组成了类型化的粉丝迷群。高建平在《消费主义时代的生产主义》中谈到，"消费社会来临，带来日常生活审美化，推动了一种艺术走向生活的倾向"[2]。在消费主义时代"艺术要别有一种追求，要针对生活的现状发言。这里，艺术与美分离了，艺术是生活的救赎，是解毒剂。它不再是滋补的营养品，而是医治社会之病的药品"[2]。这个"病"应该被理解为心理上的个人痛苦，而不是社会结构上的弊端，因为消费主义文化的重要功能是提供心理幻觉的满足。迈克·费瑟斯通（Mike Featherstone）在《消费主义与后现代文化》中说："商品自由地承担了广泛的文化联系与幻觉的功能。独具匠心的广告就能够利用这一点，把罗曼蒂克、奇珍异宝、欲望、美、成功、共同体、科学进步与舒适生活等各种意象附着于肥皂、洗衣机、摩托车以及酒精饮品等平庸的消费品上。"[3]21 无关平庸与否，能随心随意即可。文化堕落为商品，文化消费者当然有权利用新媒介传播条件的便利，根据自己在生活中的感知和思考，对文化消费品进行点评、链接、再造，以疗治自己的心灵创伤或表达自己的内心幻想和需要。

玛丽苏神话就诞生在这样的文化产业背景中，以它的母本《星际迷航》为例，"在 20 世纪 60 年代晚期，电视剧《星际迷航》热播，以后历时 39 年的持续演播造就了'迷航之谜'或称迷航者（以女性为主体），她们开始集中研究电视和电影，深入分析人物和叙事，做视频或续集以延续这个文本"[4]。玛丽苏上尉作为一个粉丝自我代入式的、对完美自我 YY 的幻想型形象，因为极为吻合现代女性的内心愿望，能够如迷幻剂一样抚慰现代女性在独立之路上所遇到的心灵危机和困境，而获得了她的大量拥趸。

第四，随着后现代电子文化的发展，文艺创作中出现了引人注目的"神话复兴"或"新神话主义"倾向，也是玛丽苏神话出现的一个重要文化背景。叶舒宪在《人类学想象与新神话主义》一文中曾这样描述："从世纪中期的托尔金《指环王》（《魔戒》），到世纪后期的《星球大战》和《哈利·波特》系列，乃至新世纪伊始的《达·芬奇密码》，现代人仿佛又重新回到了神话想象的奇幻世界。"[5] 玛丽苏神话与文艺创作中的"新神话主义"相关，它的原生作品《星际迷航》就是一部科幻神话小说；但玛丽苏神话作为一种叙事范畴并不一定强调"神迹"，而是强调把一种超越常态经验的超级女性英雄形象放置到一个个合理的、虚拟的、可经验性体验的情境世界里，这些情境世界也许玄幻、也许科幻，也许完全世俗化。

不过，用罗兰·巴特（Roland Barthes）的理论来说，现代神话的概念本就不限于神话题材，而是更广泛地指代那些在当代文化中出现的所有超越经验的符号象征。他认为每一套象征符号体系中都有着历史限定的理据性，而且和古典神话主要推崇较为纯粹的审美性、哲理性相比，现代神话叙事被统摄在商品和消费的资本主义意识形态之下，主要提供一种被服务的、幻觉化的快感。"神话是通过历史而选择的言谈。"[6]169 从具体的历史条件出发，产生于后工业社会、消费主义社会、新技术革命之时代的玛丽苏神话，它的女性英雄主义崇拜中融合了科技崇拜、知识崇拜、技能崇拜、理性崇拜、商品崇拜、消费崇拜等大众心理意识，成为20世纪70年代以来大众文化现代神话叙事中的一道亮丽风景。而玛丽苏神话诞生的这些历史条件，在90年代中国的城市化进程中被复制、被再生产。正如张慧瑜指出："90年代中后期随着中国城市化加速以及新世纪以来的经济崛起，在中国沿海地区成为对外出口的世界加工厂的同时，中国都市尤其是大都市开始向后工业社会转型，消费社会及其消费主义的逻辑成为90年代以来大众文化的主旋律。"[7] 正是这种相似的社会转型和社会复制，才促成了玛丽苏神话在当代中国都市文化中的凯旋而进。但值得一提的是，作为一种模仿、复制的"中国"玛丽苏神话，它的大多数故事叙述还是非常深谙中国叙事的深层规律的。这点在下文中重点展开。

二

齐泽克（Slavoj Žižek）认为学科革新有两种基本方式：一种是"哥白

尼式"的革命，彻底转换基本框架；一种是"托勒密化"，具体来说就是对着陈旧范式，"在其基本框架内补充其观点"[8]1。把这个二分法的比喻放置到叙事形式的变迁问题上，我们可以说，精英艺术往往追求哥白尼式的革命，喜欢做全新的叙事实验；大众艺术则往往喜欢在旧有的叙事框架内进行缓慢的托勒密化，把新的叙事元素慢慢地、渗透式地组合进已经被市场验证过的、那些稳妥的叙事模式里。作为大众艺术的一员，玛丽苏神话的中国进程选择的就是托勒密化的有效途径，作者们把玛丽苏神话的精神理念和一些表征性的符号元素分别结合在源远流长的、中国通俗小说的叙事传统中。托勒密化的好处是一切的事件和情节发展都在大家所熟悉的文本世界图式中，可以确保审美期待视野在阅读过程中顺向对位，增强阅读的直接快感。在作为消费和娱乐的阅读行为中，这种直接快感会被作为第一重要的生产目标来对待，且被市场认为是正确的。

当然，玛丽苏式叙事模式的特点，也必须要体现在一些新型元素在微观方面改造着这些旧有的文本世界图式上。旧有文本世界图式的玛丽苏化，主要运用了如穿越重生、高水平竞技、废柴逆袭、理性情爱观等来完成与现实中女性心理渴望的对话，它的内核是英雄主义的、女性主体性精神的建立。先来说穿越，穿越情节的出现，在科学上有时空隧道理论假说的有力支持；在技术实践上，有魔幻 3D 技术可以提供虚拟真实性的体验，可以把想象性的时空转换呈现为心理真实性的时空；而在审美的角度上，小说叙事让穿越和重生相伴相生，穿越就等于重生。通过穿越，即重生的情节设置，玛丽苏式小说有效而合理地把一种本属未来的现代平等、民主、自由理念放置到遥远过去的历史时空中，一方面喻示了在旧有世界内部进行女性拯救、女性自强并承担社会责任的可能性，表达出一种对独立、崇高而又有理想的女性幻梦的热切渴望；另一方面无论是魂穿还是身穿，超级女主都是突然意外"闯入"一个旧有的世界图式，而这个按现代女性英雄主义思想打造的女主的出现，必然引起与旧世界之间的观念冲突与利益冲突，它在引发一系列剧情冲突、增强故事的好看性外，也强化了现代女性是旧世界图式中的他者形象。尤其是魂穿类型的玛丽苏式女主，她穿越后得到的那个身体前身往往是受尽凌辱的，如穆丹枫的《步步惊华》中，女主魂穿过去后是附在一个狼孩身上，而她之所以会变成狼孩，就是因为其幼年丧母，而在一夫一妻多妾的复杂家庭状况中被陷害、被抛弃。银瓶的作品《妃常嚣张：毒医大小姐》中的季疏云遭庶母与庶妹的多年栽赃陷害，导致其未婚夫对她深感厌恶。在一次外出采药中，在另一公主女配的精心设计下，她竟被自己一直深爱的这位未婚夫硬生生拍下悬崖。总之，穿越的重点在于重生，但重生之前必有一段苦涩的、含恨的记忆。

在玛丽苏文本追求卡里斯玛型的、充满英雄主义救赎色彩的女性主体形象时，"竞技"成为女主成长的必备环节，穿越是可选项，竞技是必选项。与经过男性意识形态"纯化"的前现代幻梦型女性形象灰姑娘相比，现代或后现代色彩的玛丽苏形象则更为复杂、更为立体，玛丽苏式女主拥有强大的能力，有时甚至是全面智能型，在各种斗争环境中立于不败之地，如《穿越时空的爱恋》中小玩子具有绝世神偷的技能，而张楚楚是高能警察；《甄嬛传》里的甄嬛不是只懂琴棋书画的传统女性，而是隐蔽着光芒的宝珠，有超人的政治智慧和胆识；《武媚娘传奇》中的武媚娘不但政治智慧一流，而且舞艺、书法、骑射、胆识全都卓尔不群；《芈月传》中的芈月也是凭借着过人的才华和智慧赢得人生的辉煌；而那些架空类、穿越类的玛丽苏人物则更是王牌杀手、王牌毒医、王牌降妖师、王牌设计师……而且常常带着高智能和高科技装备穿越，定要确保她真正天下无敌。而现代都市题材的玛丽苏文中，女主往往是有逆天才华的音乐家（如《夏梦狂诗曲》中的裴诗）、天才财务官（如《欢乐颂》中的安迪）、天才设计师……总之是活跃在各种热门行业中的超级人物。玛丽苏化文本的这种形式特点，赋予了"竞技"一种抽象概念，在此类文本中各个领域的社会阶层分化使"竞技"成为必要，也使"竞技"充满了人格独立和完善的意义，并在"竞技巅峰"中女性达到自我成长和自我社会化的完满幻觉，而且这也可以很好地对应丹尼尔·贝尔所说的"在后现代社会……，受过教育和培训的专业人员是社会的中心人物"[9]35。

废柴逆袭的意义同样不可小觑。在玛丽苏文中，不但有大量直接以废柴入名的小说，如慕容凌清的《废柴三小姐》、肖七爷的《废柴要逆天：魔帝狂妃》、苏小暖的《邪帝追妻：废柴逆天小姐》、欲念无罪的《我本倾城：废柴狂妃驯冷王》等，而且在那些不以"废柴"入名的小说中也都基本存有废柴逆袭的情节。废柴逆袭，从绝对的弱者到绝对的强者，这种极端对立形象之间的变迁，当然可以无端增加许多非常精彩的戏剧冲突、增加阅读快感，但更给读者带来心理快感的是文本提供给那些在现实中往往是真废柴的读者一种虚拟的替代性满足，尤其是当"逆袭"过程与"为废柴的惨痛经历报仇"结合在一起时，则会让这种快感更为强烈和激越，因为它补偿了读者在现实中的不满足和缺憾。这正如弗洛伊德（Sigmund Freud）所说："由被抑制的愿望的实现所导致的满意感，其强度绝对可以抵消白天残余的痛苦情感。"[10]290 所以，这类小说情节永远都有粉丝基础，尽管它需要以不同的变体来展开。

玛丽苏女性个个集美貌与才能于一身，与那些傻白甜的、幼稚得仅想通过婚姻来改变命运的灰姑娘相比，玛丽苏的理性始终节制着她的情感，在自我拯救的成长之路上，玛丽苏女性绝不会凭着一时的激愤和冲动在不恰当的冲突中暴露自己、无谓牺牲自己；在面对那些同样完美的男性时，她也是绝对以人格的独立为先，把自我成长和自我社会化的过程看作自身的使命和任务，追求一种理性而平等的爱情。在男权思维主导的社会里，女性往往被纯化、被驯化为情感载体，情绪化是传统女性的重要表征。齐泽克曾经分析过传统母亲的形象案例，其实案例中的传统母亲形象对于中国人来说也是比较熟悉的，在这里可以引用来作为一个对比：

> 为了弄清这一点，且以作为"家庭栋梁"的苦难母亲的焦虑为例：家庭的全部其他成员——她的丈夫、孩子——都在残酷地利用她；她承担了全部家务劳动，她当然要不停地叹息，抱怨她一生都在默默忍受苦难，都在默默地做着牺牲，而没有任何回报。不过，要点在于"默默地做着牺牲"，只是她的想象性认同（imaginary identification）："默默地做着牺牲"为她的自我同一性（self－identity）提供一致性（consistency），如果我们不再让她不停地做出牺牲，她就会一无所有；那样，她就会真的"大厦将倾"。[8]274－275

在玛丽苏化的文本中，女配反角就属于这种情绪化、对传统自我观念僵化式认同，一旦遭到玛丽苏式女主完全新型的观念进攻就"大厦将倾"的人。在玛丽苏化文本中，这新、旧两种女性基本上完全处在对立状态，水火不容。而女配正角则属于从旧到新观念的成长型人物，会在女主带领下向独立自主的现代理智型女性发展。

三

玛丽苏式的女性形象，从其最具意义的部分而言，是在启蒙与神话的交相辉映中完成了对女性英雄主义的幻梦型形象及叙事范式的升级——当然，这是就好的作品而言的；那些坏的作品无非是套路化的、同质化的跟风。对于中国文学来说，在古典狭义类作品和现代武侠类作品中，都曾出现过一些经典的、有卓绝能力的女英雄形象，如唐传奇中的聂隐娘、《儿女英雄传》中的十三妹何玉凤、《白发魔女》中的练霓裳、《射雕英雄传》中的黄蓉、《神雕侠侣》中的小龙女、《倚天屠龙记》中的赵敏等，这些女性形象的共同点是美貌与能力都很卓越，但在观念上还是不具备独立的女性意识。除了赵敏以外，其他的这几位女侠都甘愿在婚姻关系中依附于男性，而赵敏处理得比较含糊，就像童话故事的叙事一样，在其结婚之后就让张无忌以一句甘愿为夫人画眉结束了故事，幸福突然就变得好抽象、好虚无。黄蓉呢，结婚之后夫唱妇随，在郭靖这个"直男癌"晚期患者的带领下她也几乎成了女"直男癌"患者，但"她"又很具有现实性，是从传统向现代转型过程中一些婚前接受过新思想的女性，结婚之后重归家庭伦理相夫教子的镜像存在。玛丽苏式的女性则在婚前、婚后都能坚持统一的独立自我形象的建构。

每一种文化形象的塑造，都有其特定的历史条件和历史关系基础，表达着特定群体的生存理解和内心诉求。即便是幻梦型人物形象的塑造，要想获得成功，其想象虚构也必须要与对时代的理性分析保持平衡，在"想象的经验"中必须表现出与"普遍的现实经验"的联结。金庸在创作黄蓉、赵敏等女性形象时，香港社会的历史条件和意识形态状况，决定了在现代文明和前现代文明的交相作用下，这些女性有一定的启蒙主体意识，但在现实主义理性原则的限制下，这些女性形象又很容易退回到传统伦理格局中，与广泛的读者意识形态保持协调，从而确保作品在市场上的流通价值，而且塑造这些女性形象的作者都是男性，其读者群设定也并不针对女性。

相比之下，塑造玛丽苏式女性形象的作者基本为女性，且大多数是受过高等教育的女性，一些作者在连载过程中和读者解释停更原因时，会透露出自身的一些学历信息，如《甄嬛传》的作者流潋紫毕业于浙江师范大学，《醉玲珑》的作者十四夜是外籍华人，《步步惊心》的作者桐华有在国外求学与生活的经历，而《夏梦狂诗曲》的作者君子以泽毕业于英国伦敦威斯敏斯特大学商务管理专业……现代高等教育帮助女性从启蒙意识中获得理性的洞察力，这有助于她们在女性自我的主体性建设上充满力量，而且这种启蒙力量和神话想象充分结合，便交织成一幅幅令人迷醉的女性图景，它一面细节性地再现女性的焦虑和痛苦，一面浪漫地勾勒那个可以笑傲天下的理想状态。随着后工业社会特征和消费社会特征的进一步发展，女性在社会生活和工作中的作用进一步提高，女性的主体性诉求便进一步提高，与男性之间的意识形态冲突便进一步加剧，和金庸时代的香港状况相比，在今天的都市生活中剩女问题、年轻一代的高离婚率问题，都说明了横亘在两性之间的鸿沟变得难以通过妥协去弥合。如果遵循现实主义原则去创作，如《爱的捆绑》《绝望的主妇》《蜗居》《昼颜》等作品，当它们无情地撕去包裹着传统家庭的意识形态面纱时，我们会感受到灵魂如临深渊般的无助。

卡伦·阿姆斯特朗（Karen Armstrong）认为，现代神话就是通过一套套的虚拟（make-believe）游戏，帮助我们在破碎的、悲惨的世界面前看到新的可能性。的确，大多数现代女性的现状是事业尚未成功，情感更加失败，双重的追求导致双重的匮乏和缺失，但理想之光已经在感召，这时不如通过神话般的幻想，去建一个充满了"重生"意味的、高度达成自己潜意识愿望的梦境世界。虽然在这个幻想的梦境中，痛苦的观念会通过改变和伪装进入，但已变成容易被自我（玛丽苏女神）克服和战胜的对象。卡西尔（Ernst Cassirer）在谈到神话与宗教时说："神话仿佛具有一副双重面目。一方面它向我们展示一个概念的结构，另一方面则又展示一个感性的结构。"[11]97 感性的结构是神话所展现出来的一个戏剧般的世界，充满了人物、行动和各种冲突力量；而概念的结构则是指神话透过感知层所传递的观念。现代大众文化中的玛丽苏神话也是如此。

从观念的层面来讲，玛丽苏神话兴起于传统女性伦理原则崩溃和现代女性伦理原则建构之际，它回应了后工业时代、消费主义时代中，女性主义意识快速增强和社会对女性的身份意识缓慢变迁之间的矛盾。这是一个连接了"死亡痛苦"与"新生狂喜"的转折点，在不快乐的尽头孕育着更大、更充分的快乐。玛丽苏式现代幻梦型女性形象塑造很好地运用这个崩溃之点，就会充满崇高意味，因为它在软弱旧自我死亡的瞬间催生出一个无比强大完美的新自我。再加之以附加在形象上的知识崇拜、技术崇拜、理性崇拜等，就会具有较丰富的精神内容；相比之下，另外一个在通俗文艺中长盛不衰的女性幻梦型形象"灰姑娘"在美学上是纯粹的"优美"，一味地雅化和纯化。从"优美"到"崇高美"，代表了形象范式及审美追求的升级。齐泽克认为："对于优美而言，崇高是崩溃点（point of break-down），是调停点（point of mediation），是自我指涉的否定性之点（point of self – referential negativity）。"[8]257 通过旧自我的崩溃、对旧自我的否定，玛丽苏神话插上了想象的翅膀，凭借强大的能力所向披靡，在审美的世界中与被疏远、被敌视、被征服的现实困境想象性地言归于好。

让·波德里亚（Jean Baudrillard）说："大众阅读扮演着联络符号的角色。"[12]78 跟什么联络？就是跟那个文本中反复渲染的抽象共同体。通过读者对文本中那个共同体的体验和模仿，把自我的缺乏与愿望联结到那个神话的纽带中，我们相信文学经验可以指引人们走向普遍经验，文学行动可以领先于社会行动。在《通俗文化、媒介和日常生活中的叙事》里，作者写道"人们阅读通俗文化样式小说主要是为了有趣和娱乐，但我要提出，他们从这些文本中得到的东西比他们想象的要多。所有的文本都教给我们一些东西，无论是关于人类个性、动机、道德，还是关于爱的本质。我们读书，部分是为了从日常生存中逃脱出来，去通过他人间接地生活——去冒险，去会见各种有趣的人，去获得将会帮助我们生活得更好的洞察力"[13]133。更哲学的回答，借用齐泽克总结黑格尔观点的一段话来说明，就是：

> 这是黑格尔为我们提供的基本教益：在我们主动时，在我们通过具体行为干预世界时，真正的行为不是这个具体的、经验的、实际的干预（或不干预）；真正的行为具有严格符号的性质，真正的行为在于下列模式：我们以这种模式预先结构世界，预先结构我们对世界的感知，以便使我们的干预成为可能，以便在世界上为我们的活动（或不活动）开辟空间。因此，真正的行为（real act）领先于具体的、实际的活动（activity）；真正的行为在于，提前重构我们的符号世界，而我们具体的、实际的行为将铭刻于这一符号世界。[8]274

在领先于具体的、实际的活动之前，提前重构我们的符号世界，以便使我们的干预成为可能，以便在世界上为我们的活动（或不活动）开辟空间。——我认为，这就是我关注玛丽苏神话，期待它产生诗性效果的真正原因所在。当然，这种诗性效果是在通俗文艺大众化层面提出的，如果阅读者在享受了那种超级女英雄故事所带来的畅快感之后，潜移默化地以她们的观念和行为方式来引导自身的个性之转变，那么这个符号世界就是非常有意义的。可由此我们更呼吁玛丽苏神话塑造的经典化。

参考文献

[1]［美］丹尼尔·贝尔：《技术轴心时代（上）——〈后工业社会的来临〉1999 年版前言》，《当代世界社会主义问题》2003 年第 2 期。

[2] 高建平：《消费主义时代的生产主义》，《读书》2013 年第 3 期。

[3]［英］迈克·费瑟斯通：《消费文化与后现代主义》，译林出版社 2000 年版。

[4] 鲍震培：《媒介粉丝文化与女性主义》，《南开学报：哲学社会科学版》（津）2013 年第 6 期。

[5] 叶舒宪：《后现代的神话观——兼评〈神话简史〉》，《中国比较文学》2007 年第 1 期。

[6]［法］罗兰·巴特：《神话：大众文化诠释》，上海人民出版社 1999 年版。

[7] 张慧瑜：《后工业社会的基本形态与文化逻辑》，《艺术广角》2014 年第 6 期。

[8]［斯］斯拉沃热·齐泽克：《意识形态的崇高客体》，中央编译出版社 2014 年版。

[9]［美］丹尼尔·贝尔：《后工业社会的来临——对社会预测的一项探索》，新华出版社 1997 年版。

[10]［奥］弗洛伊德：《梦的解析》，上海三联书店 2008 年版。

[11]［德］恩斯特·卡西尔：《人论》，上海译文出版社 1985 年版。

[12]［法］让·波德里亚：《消费社会》，南京大学出版社 2006 年版。

[13]［美］阿瑟·阿萨·伯杰：《通俗文化、媒介和日常生活中的叙事》，南京大学出版社 2000 年版。

关于"真实"的历史建构与知识者的身份认同①
——现代小说叙述人称的变迁及其思想史意义

谢慧英 周伟薇

对小说创作来说，叙述人称似乎是一个陈旧的理论问题，不足以引起人们的重视。不过，在小说发展的历史中，特别是在某些特殊的历史阶段，人称在小说创作中的运用却与特定的历史潮流、文化动向以及意识形态的要求、知识分子的身份认同等问题构成了微妙的呼应——即使是在某些碎片式的言说中，文学与时代、文学与社会以及更为复杂的社会心理之间的密切关联，也会得到意味深长的呈现。本文将人称问题置于中国小说从"五四"新文学的个性解放思潮向三四十年代以后的大众化、民族化转型的特殊时期加以考察，以图更为细致地反观现代小说是如何在包括意识形态的制约、文学自身独立性诉求与其历史使命和现实承担等诸多纠结中被建构，并在急剧变化的历史潮流中如何被调整。同时，这又与承担了叙述使命的小说家（知识阶层）的身份认同问题相互缠结，不可开解。

一、人称策略：对于"真实"的建构与表现

作为虚构叙述，小说存在的前提是在虚拟的情境中建构起被公众依据历史逻辑、现实逻辑以及情态逻辑所公认的"真实"。"这种真实感首先来自小说世界与生活世界的同构。"[1]100—101 不过，"真实"这一概念本身又是极具历史性的范畴，并且往往是包含着鲜明价值立场的范畴。正如福斯特在《小说面面观》中指出，"故事是叙述时间生活的，而小说——如果是好小说——则必须包含价值生活"[2]25。这里的时间生活，强调的是客观性的外部事实，而"价值生活"则在物理事实之外更包含着叙述主体和叙述对象的"情感生活"。这种情感生活，连同小说叙述修辞所衍生的情感

---

① 本文最早发表于《文艺理论研究》2014 年第 3 期，收入本论文集时进行了修改。
作者简介：谢慧英，新疆玛纳斯县人，文学博士，副教授，主要研究方向为文艺理论与中国现代文学。周伟薇，女，讲师，从事美学、文艺学与中国现当代文学研究。

取向、价值判断、艺术技巧等方面的因素，构成了小说的"超故事性"的意义。可以说，叙述人称正是形成小说"价值生活"的一个方面。

作为叙述修辞的基本要素，叙述人称在很大程度上决定了叙述对象的呈现方式，参与了小说对"真实"的建构和表现，也内在地衍生出小说的价值层面，进而影响到接受者的心理和意志。布斯更明确地指出："说出一个故事是以第一人称或第三人称叙述来讲述的，并没有告诉我们什么重要的东西，除非我们更精确一些，描述叙述者的特性如何与特殊的效果有关。"[3]168 不少小说家表示自己的成败正取决于人称选择的适合与否，这说明人称的选用毕竟经过了作家构思时的反复思量。而这种思量和选择显然与最终的叙事效果密切相关。如果对某些小说杰作进行考察，总会发现人称的选择虽看似漫不经意，但事实上总是与叙事主体对叙事文本的总体效果和全盘结构的整体考虑相关联。所以，在某种意义上，不同的人称选用往往决定了不同的小说叙事格局，使叙述人、隐含作者与读者、人物等不同要素之间产生相互作用，衍生出多样化的叙事技巧，从而造成了形态各异的叙事风貌。

一般来说，小说的叙事人称分为"第一人称叙述"与"第三人称叙述"两种。它们的实质性区别在于"二者与作品塑造的那个虚构的艺术世界的距离不同"[4]169。第一人称叙述者生活在虚构的小说世界中，而第三人称叙述者则处于其外。第一人称的优势在于真实感强，"叙述行为本身便是与自我经验相联系的，可以说是自我体验的完成和总结"[4]170。而第三人称则具有"非人格性"的特点，看不见摸不着，如同一个只闻其声不见其人的"幽灵"。这样，叙述者可以在各个人物之间任意穿梭，也可以在物理时间与心理时间中自由出入。同时，叙事对象和叙事主体之间在心理上拉开了距离。无论选择第一人称或第三人称，首先都是基于对最大化地呈现"真实"而进行权衡的结果。从人称策略的选择本身，已经内在地包含了对"真实"内涵的不同理解与规约。倘若把人称选择置于中国小说从崇尚个人主义的"五四"新文学至民族化、大众化转型的三四十年代这一特殊历史时段，则会发现叙事形式并非纯然的技巧问题，它与更为深隐的社会现实、意识形态的演进以及知识阶层的身份问题存在微妙的互动与牵连。

二、第一人称：启蒙者形象的自我塑造与身份确认

呼唤个性解放并承担启蒙重任的新文学，在反对"贵族文学""古典

文学"的宣言中打出了"国民文学""社会文学"（陈独秀）的旗帜。不管是陈独秀、胡适，还是周作人等，都强调文学应当从传统的、狭隘的文人趣味中走出来。不过，就实际的情形而论，一方面，当时的新文学的倡导者、实践者和追随者，毕竟都在传统文化的根子里浸淫已久，一旦面对西方新思潮对中国传统伦理规范与价值观念的冲击，势必还需要情感和理性方面的接受和思考过程。也就是说，新文化的"启蒙"使命潜在地包含了对启蒙者自身的"启蒙"。另一方面，在新旧对峙、冲撞或决裂的过程中，启蒙者自身的身份确认也成为某种隐在的、但也许是更为迫切的心理诉求，因而"五四"新文学虽然表现出强烈的启蒙冲动，但事实上，理论上的被启蒙者——"大众"——在文学叙事中更多是作为承受社会压迫和奴役的形象，以类型化、符号化的方式来表现的。而以启蒙者自居的知识分子却得到了更为具体、完整的呈现，不少作品甚至可以看作是"先觉者"（启蒙者）的内心独白和精神造像。

早在 1925 年，茅盾已经注意到"牺牲了动作的描写而移以主义与人物心理变化的描写"[5]390，乃是西方近代小说艺术上的一大进步，也是"五四"小说艺术的一大进步。在"五四"新小说中，"人"的解放、"平民文学"的主题，更多地呈现为知识者的自我言说。陈平原先生在探讨中国小说叙事模式的现代转型时也指出："'五四'作家突出小说中的非情节因素，借用容易产生强烈感情色彩的第一人称叙事（包括日记体、书信体），以及根据人物内心感受重新剪辑情节时间，这一切当然都是为了突出作家的主观感受和艺术个性。而所有这些，跟'五四'时代个性主义思潮之强调尊重个性、尊重自我无疑是一脉相承的。"[6]15 从叙述方式看，第一人称叙述恰好符合了启蒙者自我认知、自我发现和自我反思的需要。第一人称的叙述者与作者的现实身份之间的同一性，在故事层面之外，更使启蒙者的价值立场得到了直接而充分的呈现。通过一个被放大了的精神主体以及对其心理情态的细腻呈现，新小说同时成为启蒙者形象的自我塑造。

鲁迅的小说《狂人日记》非常突出地表现了这个特点。小说以日记体的方式，通过第一人称描述了"狂人"眼中的世界，种种令人惊诧、错乱、诡异的感觉和意识碎片，通过"我"的叙说而变得真实可感，小说由此让我们进入了一个"精神病患者"的心理时空。很明显，所有这些跟意识和心理领域密切相关的内容，采用第三人称转述的方式是不可想象的。

最起码从"真实性"需要出发，第一人称则能够毫无隔阂地呈现一种完全不同于古典意义的"真实"。通过第一人称，这篇小说在确认"先觉者"身份的同时，也完成了启蒙者形象的自我建构。从接受层面看，第一人称叙述则历史性地消解了传统的古典小说阅读中读者与叙事对象之间的隔阂：读者不仅仅是作为听故事的人或者与故事无关的旁观者，或在意或不在意地"看"／"听"着小说中发生的一切。事实上，初次阅读小说，就像是面对一个谜团，谜面似乎将一切都宛然呈于目前，谜底却在重重迷雾的笼罩中不知指向何处。"猜谜"的过程则一次次让读者重返文本，重返文本的结果使读者与日记主人公"狂人"的心灵再度遭遇。这种遭遇带来的不是阅读古典小说的消遣式的快感，反而带来一种沉重的压迫感和精神的紧张。阅读本身不是愉快的享受，而是令人绷紧神经的压抑、滞重、艰涩。不过，这种内在的紧张同时也逼迫读者一步步贴近了日记主人公"疯狂"的内心，"狂人"一开始让人感到难以理解的"疯狂"体验逐渐地内化为读者的感同身受，并促使他们由文本中的象征情境延伸到对现实的理性追问和思考之中。如果不是选用第一人称，狂人的"疯狂"体验就不可能以强烈的现场感诉诸读者的感受。同样，在以自我抒发和心理呈现为主要特征的郁达夫自叙体小说和丁玲的日记体小说中情形亦大致如此。

大致说来，"五四"时期的小说叙述中，第一人称所蕴含的"人的解放"的文化内涵，使它具有了区别于中国古典小说叙事模式的现代性特质，成为"五四"文学精神的一个表征。第一人称叙述所建构的"真实"，其主要内容指向知识阶层的精神层面。通过第一人称叙述，知识阶层作为启蒙者的形象获得了非常具体的凸显，同时他们作为时代潮流的引领者，其"启蒙者"的身份亦得到了比较完整的自我确认。因此，陈平原先生在考察了中国小说在叙事模式的现代转型之后指出"五四"新小说"不是比古典小说更大众化，而是更加文人化"[6]247。更进一步，我们发现，第一人称的叙述策略，其内在动力与其说是来自文学审美功能的需要，不如说它首先是出于知识阶层在变动的历史和现实中强烈的自我身份确认的内在诉求以及历史使命感的驱动。到了三四十年代以后，新形势迫使文学进入了"由'自我之表现'转变到'社会之表现'的时代"，文学形式也相应随之开始产生新的变化。如果说"五四"小说中第一人称叙述所建构的"真实"代表了知识分子夸大了的自我形象的塑造，随着时代的步伐日益紧促，那个在启蒙语境中一直被强调但在实际文学叙述中却被搁置的"大众"，必然会在新的历史情境中浮现出来。

三、第三人称的复归：被质疑的"真实"与知识者的身份危机

20世纪30年代，关于小说的人称问题曾有过一段小小的争论。这个争论虽然并未在文学史上产生很大的影响，但却可以帮助我们了解三四十年代小说叙事模式继"五四"以来发生的又一次转变，即知识阶层在"五四"新文化思潮中刚刚确认的身份意识、主体意识，在紧迫的民族危机和战争境况中不可避免地陷入了自我怀疑和焦虑之中。

1933—1934年，穆木天撰文指出有些青年作家"因为他们用第一人称的写法，便减少了那些小说的真实味"，认为这种"浪漫主义者所惯用的第一人称的写法"作为旧形式被他们盲目地利用了，这种倾向"是会把小说中的有生命的现实化成为机械的公式"。他以草明的小说《倾跌》为例强调以底层人物为主人公的小说使用第一人称不适合，"很容易使作者把他的人物理想化""有害于艺术的真实性"，并且明确提出"那种第一人称的自白式的手法，是不能表现客观的复杂的现实的"。[7]220—223 文章发表后陈君治提出了反对意见，认为不能把第一人称当作旧形式；第一人称也能作为写实的手法之一；强调"作品的真实性，是要归于作者对于现实的认识和表现的手段所达到的程度的高下的问题"[8]230—231，为"第一人称"的"合法性"加以辩护。继之，穆、陈二人又相继对对方的观点进行批驳，穆指出在"由'自我之表现'转变到'社会之表现'的时代"，这种"自我肯定的个人主义的抒情主义"（即第一人称写法——笔者注）要被抛弃了，坚持文学形式的时代性，"写实的小说主要地须用第三人称"。[9]231—233、236—238 陈则坚持"旧的形式适合于新的内容的时候而当作表现手法被采用的时候，这形式已再不是旧的"，指责穆"犯着了自然主义的理论的根本的缺陷"。[10]234—236

从此次争论的焦点可以看出"第一人称"的合法性在30年代开始受到质疑，时代风向的变换迫使作家和理论家急切地寻求着与之适应的新的叙事方式。"五四"时代备受青睐的"第一人称"叙事方式已然成为被人非议的"旧形式"，而"第三人称"似乎成了承载时代风向的新的选择。事实上，这次争论的缘起是因为穆木天发现，青年作家们以底层农工大众为主人公，"本心上是要现实主义描写社会的"，但是第一人称叙述者所采

用的"自白式"手法，使得语体和人物的身份不相吻合而破坏了真实性。从根本上说，作为现代叙事模式标志之一的"第一人称"如此之快就被目为"旧形式"，实在是因为文学的表现对象和重心发生了转变——知识分子的"自我言说"所呈现的"真实"，无论是从启蒙的法理上还是从时代诉之于文学的使命都变得不合时宜；而如何更切近地呈现"农工大众"的"真实"，成了更紧迫的现实。在这一背景下，既有的第一人称叙述策略明显成了抵达"真实"的障碍。成仿吾曾在评论一篇小说时对人称问题的见解就显得颇有意味：

> 《一叶》全体用的都是第三人称，这是很好的。我时常觉得写感情深厚的小说，如用第一人称，弄得不好，便难免不变为单调的伤感或狂热的 sentimentalism or hystery，如用第三人称，纵不能得到那种动的 dynamic 效果，然而它所能传到的静的 static 效果，往往有更缠绵的动人的能力，并且我觉得用第一人称，似乎比用第三人称，易于使我们感到"有人在说小说"，就是易于在我们的世界与作品的世界之间，筑起一层超越不过的墙壁。[11]183

很显然，当叙事重心转向对现实社会和"劳农生活"的再现时，原本长于表现知识者自我内心的第一人称叙述在叙述行为与叙述对象之间制造了明显多余的隔离带。

而在穆木天和陈君治之间的争论中，双方无论是为"第一人称"辩护还是表达对"第三人称"的推重，都同样是从它所具有的社会功能出发的，即强调在现实层面的"摹仿"（再现）意义上所谓的"作品的真实性"。此"真实"乃是以对底层民众的现实生活是否得到了客观再现为标准——这是他们都承认的一个前提，是否及如何达到作品的"真实"亦是他们关心的共同问题。换言之，比之于"五四"时期知识者的自我言说，小说"真实性"的具体内容已经明显转向对底层民众及其生活状况的把握和再现。我们由此可以看到社会风向对文学主题和文学观念的深刻影响。同时，新文学继"五四"之后的"大众化"转向，既是紧迫现实的推动和民族意识的催发，也是其中知识阶层的身份问题、它所承担的社会使命势必重新接受新的质疑与检阅。

在这样的背景下，知识阶层既有的主体意识开始分裂，启蒙意识中

"启蒙者（先觉者）/被启蒙者（庸众）"之间的等级结构面临崩溃，知识阶层在精神领域的自我优越感不仅显得脱离实际，而且已被目为不合时宜的、"旧"的东西了。战争的现实和新的意识形态更唤起了知识分子较为普遍的原罪意识和道德焦虑，文学观念相应进入了新的调整和过渡。随着此后抗战爆发和"民族形式"论争，无论是现实语境的外在制约还是观念转换的内在逻辑，都更加紧迫地驱动作家去探索能为大众所接受的文艺形式，文学的表现形式和接受对象越来越具体地沿着"大众"—"普罗阶级"—"工农兵"的线路推进，"五四"时代知识分子念兹在兹的"自我"受到严重的贬抑。启蒙文学中俨然缺席的"大众"，已经成为负有巨大历史使命的社会力量，成为文学表现的重心和主体。30年代这场关于叙事人称的小小争论中透露"五四"之后文学风向的微妙转移，同时我们也能大略窥见历史语境对文学场域的建构、改写及知识阶层的身份认同的重新书写。

四、"真实"范畴的意识形态化与知识分子的身份抉择

历史语境变迁、意识形态的强化，乃至知识分子身份危机导致的道德焦虑，文学观念越来越侧重于对"社会性"的强调，第三人称叙事方式在三四十年代逐渐占据主导地位。王任叔曾统计了当时他能看到的七八月份的杂志上的小说，特别关注了人称选择的问题，"第一，第一人称的写法绝对减少。在这五十三篇中，仅有七篇用第一人称写法"[12]387。

客观地说，第三人称的确可以比较有效地抑制第一人称抒情"自我"的过度泛滥（如陈平原所说），也确实与小说创作主要以表现底层大众人物的身份的内容更相切合（如穆木天所说）。不过，这也与三四十年代以降小说观念的转变密切相关。正如吴福辉先生所指出的"人物典型化的理论和人物心理表现的理论，在这时期发展迅猛"，"三十年代'正格'的写实小说是人物小说"。[13]8

这一时期，塑造"典型性格"成了小说家和理论家们关注的核心问题。茅盾在总结抗战一年来文艺的情况时一再主张作家们去"写典型人物"，并不无鼓舞之意地指出"新时代的各种典型已经在我们作家笔下出现了"[14]5—14。老舍也提出"创造人物是小说家的第一项任务"[15]75，另有欧阳凡海则明确指出1940年上半年的文学创作的倾向之一"着力于性格的描写"[16]76。至于人物如何写法、性格怎样塑造，一般都强调通过动作、

对话来展现，如茅盾在谈及文艺"大众化"问题时认为必须使用"大众所能懂的形式"，而它的三个原则之一即是"多对话，多动作；故事的发展在对话中叙出，人物的性格则用叙述说明"[17]765。其后他又更加具体地指出写小说在"观察人"时"不可把人孤立起来看。凡人皆是社会人，他的思想与意识在与别人接触时显现出来的，他的社会价值也是放在复杂的社会关系中而始确定的。所以看人的时候，应当与他的周围联系起来看，换言之，即是要在他的社会关系上去看，要在他怎样应付人事等行动的总体上去看"[18]26-27。

不难看出，这些观点都是对恩格斯的经典理论"典型环境中的典型人物"的引申和发挥；另一方面，又显然与中国古典小说的叙述模式有暗合之处，与"五四"新小说第一人称叙述中的浪漫主义特征相比，这种通过动作、对话刻画人物、塑造性格的叙事观念已经隐露出后来文学主潮所强调的"民族形式"的明显特征了。注重人物的社会性，包括身份、职业特征、阶级归属、社会关系，把人物放在社会的规定性情境中加以展现，这样人物的"性格"中就突出了社会属性的一面，这种"典型性格"的塑造是要求从人物身上折射出"类"的普遍性和社会生活的广阔性，从而显示出"社会人"特质。基于此，第三人称叙述显然既具备了历史的合理性，切合了文学主题对时代的呼应，并且它使得作家在创作中可以尽量抑制个人主观的感性因素，而从社会、时代的公共立场来审度人物和环境的关系，按照所谓的"性格逻辑"来调控对人物的描写。

30年代以来，由于"典型"理论逐渐被确认为小说创作的基本法则，小说创作无论是在内容还是在形式上的限定都开始变得明确、具体，第一人称叙述中不受节制的自我言说的方式得到了有效抑制。作为小说创作的理论指导，它确实能使作家对小说的形式和技巧给予更为冷静的体悟和思考，同时以更为理性的方式考量文学自身的规律。这一阶段，以第三人称为主的叙述策略在某种程度上修正了"五四"时期第一人称叙事所带来的自我泛滥。尽管如此，当将小说的主题和形式的明确规定作为文学创作的普遍原则之时，"典型"理论也会背离文学自身发展的内在规律，存在将文学创作引入模式化的危险。

与此同时，自"五四"以来至30年代的知识阶层日益严重的身份焦虑，已经从个体的心理困境进入在社会历史巨轮推促下的必须面对的自我抉择。在这样急剧变动的时代风云面前，每个个体的身份认同和选择呈现了复杂、曲折的多元化形态。在"左转"的知识分子中，不乏有如何其芳、冯至那样出于对"新社会"的乌托邦式的想象，充满激情地热烈拥抱、顺利适应"转折期"的一批，当然更多的人经历了程度不同的"磨合"或抵牾，如历经改造而成为革命文学代表作家的丁玲、怀着"疑惧"谨慎靠拢的萧乾、与新意识形态共生共长的赵树理，以及最终选择拒绝的沈从文等。① 然而，不管他们在身份抉择上存在多少差异，但抉择本身并不意味着知识阶层的身份问题就此得到了一锤定音的了结。在随后开始的知识分子思想改造运动中，有关知识者的身份事实上进入了一个波谲云诡的历史过程。

上文我们对中国现代小说自"五四"以来在人称问题上的变迁进行了简要的梳理。在现代文学发生、发展最初这二三十年中，作为小说叙述形式的人称问题与不断变换的历史语境之间始终存在着密切的互动。倘若以历史的眼光来看，20世纪初开始，从西方移植过来的诸多文艺思潮中，基于现代文学对于宏大社会历史使命之承担的内在诉求，"现实主义"最终成为几乎贯穿了整个20世纪中国文学的主导范式。而"现实主义"的核心范畴"真实"，几乎在每个时段都成为评判文学价值最核心、最不容置疑，但同时其内涵也最富于争议的一个关键词。这之中，即使是看似无足轻重的叙述人称策略的选择、调整，亦可窥出文学的"真实"的内涵，与其移植之初的意义并非完全吻合，而是与特定的历史语境处于动态的建构过程。这意味着，所谓"真实"，当其从理论的法则进入实践之时必定与其时代存在着或隐或现的"对话"关系。而对于20世纪30年代以后的中国文学来说，由于知识阶层的身份与意识形态场域的调整之间越来越微妙的关系，人称问题背后又折射出知识阶层身份的自我认同不可避免地与具体的社会现实、意识形态的转型等时代的风云际会错综复杂地交织在一起。虽然这只是浩浩历史中极其微小的一个细节，但也足以值得我们从中细细勘悟中国现代文学的玄奥与离奇。

---

① 贺桂梅在著作《转折的时代——40—50年代作家研究》一书中曾以上述作家为个案，较为细致和全面地研究了"转折期"作家基于不同原因和不同立场对于新意识形态所采取的各种态度，山东教育出版社2003年版。

参考文献

[1] 徐岱：《小说叙事学》，中国社会科学出版社1992年版。

[2] ［英］福斯特：《小说面面观》，花城出版社1984年版。

[3] ［美］韦恩·布斯：《小说修辞学》，北京大学出版社1987年版。

[4] 罗钢：《叙事学导论》，云南人民出版社1992年版。

[5] 沈雁冰：《人物的研究》，载严家炎：《二十世纪中国小说理论资料》第二卷，北京大学出版社1997年版。

[6] 陈平原：《中国小说叙事模式的转变》，北京大学出版社2003年版。

[7] 穆木天：《谈写实的小说与第一人称写法》，载吴福辉：《二十世纪中国小说理论资料》第三卷，北京大学出版社1997年版。

[8] 陈君冶：《谈第一人称写法与写实小说》，载吴福辉：《二十世纪中国小说理论资料》第三卷，北京大学出版社1997年版。

[9] 穆木天：《再谈写实的小说与第一人称写法》《关于写实的小说与第一人称写法之最后答辩》，载吴福辉：《二十世纪中国小说理论资料》第三卷，北京大学出版社1997年版。

[10] 陈君冶：《论写实小说答穆木天》，载吴福辉：《二十世纪中国小说理论资料》第三卷，北京大学出版社1997年版。

[11] 成仿吾：《〈一叶〉的评论》，载冯光廉、刘增人：《王统照研究资料》，宁夏人民出版社1983年版。

[12] 王任叔：《中国现代小说发展的动向的蠡测》，载吴福辉：《二十世纪中国小说理论资料》第三卷，北京大学出版社1997年版。

[13] 吴福辉：《二十世纪中国小说理论资料·前言》第三卷，北京大学出版社1997年版。

[14] 茅盾：《八月的感想——抗战文艺一年来的回顾》，载黄俊英：《小说研究史料选》，四川教育出版社1988年版。

[15] 老舍：《怎样写小说》，载钱理群：《二十世纪中国小说理论资料》第四卷，北京大学出版社1997年版。

[16] 欧阳凡海：《一九四〇年上半期文学创作的一般倾向》，载黄俊英：《小说研究史料选》，四川教育出版社1988年版。

[17] 茅盾：《文艺大众化问题——上月在汉口量才图书馆的讲演》，载北京师范大学中文系现当代文学教研室：《中国现代文学史参考资料》

（五四—1942）第一卷，高等教育出版社 1955 年版。

　　[18] 茅盾：《关于小说中的人物》，载黄俊英：《小说研究史料选》，四川教育出版社 1988 年版。

李长之的《红楼梦批判》与德国古典美学①

罗伟文

　　李长之是中国现代文坛声名显赫的学者，在文学研究的诸多领域都有不俗的成就。他于 1933 年写就的《红楼梦批判》，自觉运用德国古典美学观念系统而周密地探讨了《红楼梦》的艺术成就，是红学研究史上取得的重要成果，但由于特殊的历史原因，李长之遭逢了多舛的命运，《红楼梦批判》具有的学术价值长期受到遮蔽。直至 2006 年，李长之的这一成果才引起学界的关注。于天池、李书在《红楼梦学刊》发表论文，肯定李长之《红楼梦批判》在红学史上"灼灼其华"的魅力。[1]176 笔者认为，李长之在青年时代就对德国美学的思想家表现出特别的崇拜，"总以为德国的东西好"。受此濡染，他在理解文学的本质、文学的价值和文学范畴等重要问题时，都自觉地利用这些思想资源为自己提供"哲学、美学的精神供养"②。因此，要深入体会《红楼梦批判》的魅力，还须认真挖掘和阐明李长之吸纳了德国古典美学的哪些资源研究《红楼梦》，从而更深刻地理解《红楼梦批判》的独特内涵。

一

　　以审美自律推动中国文学观念的现代转型是李长之长期思考的一个重要命题。他将审美视为促使文学独立的关键，认为文学本质上是一种审美

---

　　① 本文最早发表于《红楼梦学刊》2013 年第 1 期，收入本论文集时，作者对其进行了必要的修改和增补。

　　作者简介：罗伟文（1968—），男，江西临川人，博士，副教授，主要研究文学理论和中国现代文学。

　　② 俞兆平先生在《浪漫主义在中国的四种范式》一文中曾说，中国现代文坛有一个值得关注的现象，那就是许多现代大家身后都站着一个或几个西方学术巨擘，给予他们"哲学、美学的精神供养"。这应该成为我们解读现代大家的基本原则。

活动，具有无功利的特征。在不同时期的文章中，李长之都反复廓清文学与其他精神活动的区别，强调它所属的领域是"纯粹直观的领域"。在《我对于"美学和文艺批评的关系"的看法》中写道："凡是正当的创作的态度，必是无所为的，所谓无所为，就是只以创作本身为目的，没有其次的目的，一有其次的目的，这种作品决没有价值。在这点上，我很赞成'为艺术而艺术'的信条。"[2]6 艺术的本质是无目的的，是超乎于利害之外的。艺术作品的成功则在于满足了我们一个理想的条件，即符合了"美的概念"。显然，在李长之心目中，文艺的真精神只能是审美的，纯文艺才是衡量作品成功与否的重要标准。

在李长之看来，作家的创作态度是衡量作品价值高低的关键，因而欲判断一个文学者的作品，需要先知道他对于文学的态度。在考察曹雪芹的文学态度时，李长之秉持的是纯文艺的眼光。他认为，曹雪芹写作《红楼梦》，是把它作为"一种事业、一种使命来动笔的"，因此应该将之视为纯文艺的大作品。李长之在分析曹雪芹的创作态度时写道：

> 认为艺术作品，只可以本身为目的，不能另有目的，而把艺术当作是手段。他说，"那野史中，或讪谤君相，或贬人妻女"，这他不赞成的。更有像贾母指出来的，"编这样书的，有一等妒人家富贵的，或者有求不遂心，所以编出来糟蹋人家"；还有，"再一等人，他自己看这些书，看邪了，想着得一个佳人才好，所以编出来取笑儿"。为什么另有目的，就不可以？我替答复是：防害忠实。艺术必须是忠实的；倘若我们要达到某种艺术以外的目的，势必要迁就这种目的，那艺术的忠实，当然要有损失。[3]18—19

在这段文字中，李长之肯定了曹雪芹批评世间流俗之人对待文学的错误态度，将文学作为诽谤别人和发泄私愤的工具，服务于艺术以外的目的，从而损失了艺术的忠实。他以自己的文学信念"艺术以自身为目的"为立足点，生发出曹雪芹对待文艺的基本态度：痛斥艺术追求自身以外的目的，而崇尚艺术必须忠实于自身，即"重视纯文艺"。正是因为曹雪芹保持了"无所为"的审美态度，《红楼梦》才能被认作出自有文学素养的大家之作。李长之对文学的这种态度是一贯的，早在1926年所写的《我对于"美学和文艺批评的关系"的看法》一文中，他就以歌德的《维特》

为例，认为假如歌德太用理智或真如维特这个人物一样，而失却"对人生所持的审美的态度"，是不可能创作出这一部小说的。因而，李长之确信，创作时只遵循"为艺术而艺术"的态度，对于所有的艺术创作来说都是不可或缺的，也是美学必须解答的大问题。

李长之从纯文艺立场对曹雪芹文学态度的思考，其思想源端可以追溯至德国古典美学。作为德国古典美学的奠基人，康德在《判断力批判》中从"质""量""关系""模态"四个方面对审美的特征进行了规定。在这四个方面中，"质"的特征和"关系"的特征最为根本。他认为，从质的方面来看，"鉴赏是通过不带任何利害的愉悦或不悦而对一个对象或一个表象方式作评判的能力"[4]45。鉴赏判断是不涉及任何利害关系的审美愉悦，它采取"纯然淡漠"的态度观照对象，给人的是纯粹的愉悦感受。而从关系方面来看，鉴赏判断则具有"无目的的合目的性"特征。这样，审美就与认识和伦理有了质的区别，而审美也拥有自己独立的领域，可以说，"审美无利害"是康德建立审美范畴的基石，对现代美学的发展产生了深远影响。

康德的"审美无利害"命题在"五四"前后影响巨大，它几乎"成为汉语美学界最为普遍的成说"[5]151。受其师杨秉辰影响，李长之曾认真研读过《判断力批判》，对康德美学的这个命题也十分认同，并把它作为分析创作态度的美学基础。他说："在一个艺术家（文学家也在内）是观照人生的态度就必须是审美的而后可，所谓审美，就是正如康德所说是居于知识界与意志界之间……即是既不忘情、又不沉溺的态度。"[2]6 在李长之看来，创作家对人生所持的这种审美态度，异于常人所持的知识态度和意志态度，它属于审美的领域。对康德美学的接受，为李长之理解文学本质和文学创作提供了新的理论基础：无利害。李长之强调指出，与现实生活关心利害不同，艺术世界的根本特征正在于"超乎利害之外"。人们能撇却利害的打算，而入于审美的宝殿。以此为理据，他对传统红学研究中无视小说审美特质的倾向给予了严厉的批评。他认为，考据派和索隐派误解《红楼梦》的病根在于"一是咬文嚼字的习惯，一是政治上的压迫久了的奴性"[3]5。前者是方法，后者是动机，它们是束缚中国人精神的两个圈。这些束缚使中国人只能生出许多穿凿附会的怪东西，而不能以无利害的眼光估量作品。李长之说，我们读《红楼梦》并不喜欢讲实际和利害的薛宝钗，反而觉得林黛玉可爱，就是根源于我们"无所为"的态度，即"没有任何目的，同时也没有任何利害打算于其间"[2]8。这种"为下泪而下泪"而不夹杂利害打算于其间的活动，是一种摆脱了功利束缚的审美态度，这才是赋予作品伟大价值的根本。李长之提出的这套以"审美"为核心考察文学价值的观念，完全是一套迥异于传统的学术理念。它不仅标志着审美意识在现代学人心中的自觉，而且表明在观念意识上承续了王国维等前辈所倡导的审美独立观念。王国维在 1904 年发表的《红楼梦评论》中已从审美的角度阐释了《红楼梦》的伦理价值，开了从纯文艺角度评论中国小说的先河。李长之的批评工作，不仅促进了现代批评中审美话语的成熟，而且有利于中国现代文学批评中审美主义思潮的发展。

二

刻画人物是小说这一文学样式的显著特征，也是衡量作品艺术价值的重要标尺。因此，传统的文学理论家们都热衷于从不同的理论视角阐述各自的批评主张。在这个论题上，李长之亦有自己的深刻洞见：艺术应该有理想，并以理想作为批评的美学标准。

李长之通过对《红楼梦》中贾母批评才子佳人小说的一段话的精彩引申，颇具说服力地提出了小说刻画人物的要求，即人物应是理想的。他写道：

> 书中的主要人物，应该是理想的。他也是借贾母的口，论得很尽致，"把人家的女儿编的这么坏，还说是佳人，……只见了一个清俊男人，不管是亲是友，想起他的终身大事来，父母也忘了，书也忘了，鬼不成鬼，贼不成贼，那一点像个佳人。……比如一个男人家，满腹的文章去做贼，难道那王法，就看他是个才子，不入贼情一案了不成，可知那编书的是自己堵自己的嘴"。贾母所说的话中，最中肯的是"那一点像个佳人"，这显然在心目中有个理想的标准。就这点看，又证明我认为书中有理想人物的不错。在一般的小说，未必有理想，在《红楼梦》却确是有理想的，他书中理想的人物，便由作者赋予一种美丽的灵魂。[3]20

李长之特别肯定了贾母对佳人写得不像个佳人的批评，认为这一批评其实已经隐含了一个理想标准的存在，并将这个标准确立为小说人物塑造的核心追求。他指出，《红楼梦》之所以超出一般的小说，正是因为该书中有理想的人物在。因此，曹雪芹塑造的人物"不是行尸走肉"，而是有着灵魂，有着"理想的色彩"。何谓"理想"，李长之并未做深入的分析，但从其文意来看，这里说的其实就是典型。而他强调的理想人物应具有作者赋予的灵魂，指的是典型人物身上富有鲜明的特征性。一个人物只要有了这种突出的特征，他就"活"了，拥有美丽的灵魂了。为达此艺术目的，艺术家甚至可以在写真中进行虚构和创造，而不必像匣子上的照相机那样机械地记录生活。李长之十分赞赏《红楼梦》第四十回描写刘姥姥吃鸽子蛋的那个场景，夸赞出场的那些人物写得精致，如同"刻画在作者的心上"。这一成功的"写真"，正是源于在这个场景中作者赋予了各个人物以灵魂。在李长之看来，《红楼梦》所创造的那些拥有生命的人物，"都有着美丽的灵魂"。

李长之所使用的"理想"这个概念，其理论来源于德国古典美学。理想是德国古典美学的一个核心范畴，康德、黑格尔都曾对艺术中的理想问题进行过深入的思考。康德在《判断力批判》中专节论述了"美的理想"问题，他说：

> 观念在本质上是一种理性概念，而理想（ideal）则是把个别事物作为适合于表现某一观念的形象显现。因此，这种趣味的原型一方面既涉及关于一种最高度（maximum）的不确定的理性概念；另一方面又不能用概念来表达，只能在个别形象里表达出来，它可以更恰当地叫做美的理想。[6]47

可以看出，美的理想涉及两个相互依存的方面，形象显现和理性概念，以具体形象来显现理性概念被称为理想。其后，黑格尔深化了对理想问题的理解，他根据"美是理念的感性显现"这一总体原则，进一步致力于阐明形象与精神的融合，在《美学》中他写道"理想所要求的，却不仅要显现为普遍性，而且还要显现为具体的特殊性，显现为原来各自独立的这两方面的完整的调解和互相渗透，这就形成完整的性格"[7]301。黑格尔认为，在成功的艺术里，普遍性应通过独特的"这一个"来表现。而形象与意蕴完满结合的"这一个"，就是审美理想，即典型。黑格尔直接称典型为理想，认为它是"心灵"创造的产物[8]213。典型的创造是通过"特征化"的方式达成的，所谓"特征化"则是"艺术形象中个别细节把所要表现的内容突出地表现出来的那种妥帖性"。一个人物拥有了这种"特征化的东西",就被赋予了统摄生命的活的灵魂,从而具有了"生命的魅力"。

受其师杨丙辰的影响,李长之对康德、黑格尔的思想颇为钟情,认为康德的思想"是德国古典精神的一个基石",称赞黑格尔的艺术哲学乃"前无古人之作,精粹无与伦比"。对这些大师思想的钻研,李长之敏锐地捕捉到了德国古典美学关注的一个核心问题:理想。在德国古典美学中,理想的实质就是普遍性与特殊性的统一,即抽象的本质获得具体的感性形象。1925 年,在《论文艺作品之艺术技巧》一文中李长之明确指出,一切艺术家的课题所在正是"以特殊表现普遍,以具体表现抽象"[2]54。在他看来,艺术家处理的是两个基本方面:抽象的普遍概念和具体的特殊事物,而艺术家的根本任务在于借特殊的事物表现抽象的概念。这里,李长之所论述的其实已是艺术创造中的理想(典型)问题了。在该书评论《红楼梦》的一段文字中,李长之明确指出我们赞美《红楼梦》的一个原因是书中写出了人物的典型。他说书中的"王熙凤是王熙凤",因为"那人物的一举一动,都符合那个人的性格的中心"。而在论述贾宝玉的魅力时,李长之说这个人物之所以让人感到亲切、活泼,是因为这个人物"加上了作者的理想",使他"比作者本人更完全起来",即更富有审美理想的魅力。

尽管在《红楼梦批判》中,李长之没有就理想问题进行概念上的明确阐述,但从他的论述中,我们依然能够体会到李长之用理想作为标准来评判人物塑造优劣的理论自觉。在《红楼梦批判》中,李长之肯定《红楼梦》艺术技巧的一个重要方面即是写人物的成功。他认为,《红楼梦》塑造人物的成功之处就在于写出了"清晰的个性的人物"。他说,《红楼梦》中的人物给人的印象是那样的深刻,"个个都有个性",仿佛就"活现在那儿"。尤其是那几个"要脚",他们的个性都塑造得"真切得不能再真切",是充分显现作者"描写个性的技巧"成功的典范。可以说,这里所论及的已是典型塑造的关键话题:这一个。李长之用形象的语言表述道,《红楼梦》塑造的人物有这样的品格,"一方面有那人物的特色特点,在另一方面却离不开共通的人性"[3]98。这正是对独特的"这一个"的准确解读。应该说,李长之以理想为标准审视、评判小说人物塑造的批评实践,在中国现代文学批评发展史上具有重要的理论意义。

首先,促进了文学批评进一步向现代的转换。与当时盛行的考证派研究不同，李长之更重视小说的审美特质，明确主张以艺术之眼批评《红楼梦》。他拈出的"理想"一词，无疑能有效地阐释小说这类写实型文学在人物塑造上的追求，更准确地把握了西方写实型小说崇尚典型这一艺术至境的发展趋势。李长之以典型作为衡量作家才华的根本标尺，强调塑造得成功的人物应写出人物的个性，为达此目的，在写真之中还可进行虚构和创造。这种艺术观已完全超出了传统小说以善恶的伦理观来品鉴人物观念的局限，有利于文学批评在观念上和话语形态上的现代转型。

其次，阐明了以理想为旨归的新的小说批评观。在中国文学批评的早期实践中，前辈学者王国维曾从康德的思想武库里吸纳了实践理性这个概念，主张以人格为标准衡量人物塑造的成败。王国维十分肯定《三国演义》中关云长这个人物，认为他在华容道"义释"曹操体现了个人的自由意志，因此这个人物具有伦理学上的价值。显然，王国维大胆整合文学与哲学的尝试令人敬佩，但他这种强合而两伤的"硬扣"式批评态度，终因太生硬而无法进入小说的艺术世界，更难以作出符合艺术真谛的文学批评。而李长之确立和使用的理想标准，重视小说人物塑造的特征性和逼真性，完全从美学的角度考察小说的形象塑造课题，这是一种具有现代意蕴的小说批评观。

三

为维护文学的审美独立性，李长之格外重视文学的形式（技巧）问题。在他看来，文学与非文学的唯一区别在于技巧，"其所以为艺术者，不在内容，而在技巧"[2]17。而真正优秀的作品是离不开形式而又超乎形式的，即内容与形式的有机统一。本着这样的形式观，李长之对《红楼梦》的艺术形式设专节进行了批评，是他批评眼光和卓越见识的鲜明体现，值得今日学者深入挖掘和领会。

在"艺术的形式——《红楼梦》文学技巧的总说"这一节文字中，李长之扼要论述了自己对形式的理解。李长之认为，所谓形式"就是大艺术家表现的方式。也就是文学家的文学技巧"。任何作品的形式都不是空洞的纯形式，而是"透漏"着内容的美的形式，即"形式就是内容经过艺术的观照而具体化了"[3]24。也就是说，作家所创造的那个特有形式，已表现了他的整个精神乃至全部人生，是蕴含着丰富的内容的。李长之阐述道，艺术作品：

> 决不是说不要材料，却是材料被形式取消了，也就是材料就在那形式里，也就是当你欣赏那艺术品时，你对于内容的要求，已由形式上被你直觉的锐感所深深感印，你就是要用什么理智分析的绕弯的办法，也令你无能为力，你已慑服于那美的形式之下，你已不暇作那乏味的钻牛角的呆想，这因为那内容在形式里已好好地传给你了。[3]23

李长之肯定形式背后的内容传达，认为理想的艺术应该是内容与形式的完美融合，即技巧的极致就是内容的极致。他认为艺术家的独特之处，就在于"能把他所感到的所想到的'赋以面貌'（gestatten）"。为此，他独具匠心地阐释《红楼梦》的文学技巧，将之概括为"由着清晰的深刻的具体的印象，处之以从容的经济的音乐的节奏，表现出美丽的苦痛的心。换一句话讲，便是，根据着真切的感印，施用着方便的手段，传达了高洁的悲剧情操"[3]24。这里，作为文学艺术而存在的作品本身，其形式已"表现"和"传达"了作者的体验和精神，即蕴蓄着作家的个性和内容，也就是说，形式与内容结为一体了。在解释《红楼梦》的这一特征时，李长之分析说，《红楼梦》特有的"会铺排的条理的叙述"，道出的是作者"苦味的太清晰的回忆"。在《司马迁之人格与风格》一书中，李长之解读司马迁对屈原《天问》的理解时，认为司马迁是从人性的深处去体会屈原的"问天体"的，这种"人穷则反本"式的追问后面蕴含的则是司马迁"意有所郁结，不得通其道"的心灵苦闷。

李长之对形式的理解，其思想来源是德国古典美学的重要理论家席勒。可以说，席勒的美学思想中，形式是一个基本概念。席勒认为，所谓艺术美就是克服了质料的形式美。在《给克尔纳论美的信》中，他明确地指出，艺术大师的真正秘密在于，用形式去消除质料。也就是说，在艺术作品中质料应该消融在形式中。李长之在阐述对艺术形式的理解时，引证了席勒的这句话并做了如下的解读，"我们对着一种大艺术品时，我们只就那形式，便获得了它的内容，我们就直接地感受那艺术家的启示，我们却不必另外考核或探求那艺术作品的意义，我们的精神活动浸入埋伏于当前即是的艺术品的形式之中，我们与作者立在同一的情绪里，材料的痕迹化为乌有了，我们与作者共同得到那艺术品的形式之美"[3]23。李长之所阐释的形式概念，实际上已经包含了内容与形式这两个要素的内在统一。这一解读是符合席勒本意的，在席勒的艺术理论里，形式已不是空无内容的先验形式，而是完成了内容的形式，即"活的形象"，它的根本特性就是内容与形式的统一。

对于席勒的思想，李长之较为熟悉。据他在《杨丙辰先生论》一文中所述，早在清华求学时，杨丙辰在督促李长之赶快读书所涉及的书目中，除康德的《判断力批判》外，另外一本就是席勒的《论直抒与婉致》。而李长之在《红楼梦批判》中引用的"由形式里把材料取消了"这句话，就见于席勒 1793 年 2 月 28 日写给克尔纳的题为"艺术的美"这封信中。在这封信中，席勒阐述了形式美学的一个重要命题：形式必须克服（消融）质料。他说："在艺术作品中，素材（模仿媒介的自然）必须消融在（被模仿对象的）形式中，物质必须消融在意念中，现实必须消融在形象显现中。"[9]179 可以说，李长之的形式观就是以席勒的形式美学为根基的，他宣称，当"内容经过幻想力之有效的影响"而生成"一个生动的形式（Form）"时，艺术才获得了它的本质。一切艺术往深刻处讲都应该征服、战胜材料，达到与人格的合一。从某种意义上说，这一思想是对席勒形式观的更通俗化表达。从符号学美学的视阈来看，李长之的形式观与卡西尔的思想高度暗合，他们都认为艺术的独特之处在于心灵主动赋予内容以形式，它是人类精神世界的一种主动表达。

长之对小说形式问题的关注，为小说批评确立了新的阐释方向。受制于中国传统的"载道"文学观，传统的小说批评一直秉承重伦理教化的解读思路，将小说视为一种教化的具体方式。这种解读思路虽然也肯定小说具有的价值，但它却往往从"劝诫""功利"两个方面赞赏小说"有补于人心世道"。可以说，以政教、伦理为核心价值的批评观念，是完全忽视小说的独立价值的。而李长之却把形式作为理解小说本质的新理念，重视小说自身价值的阐发。这一批评理念不仅成功地颠覆了传统的文学观念，而且为小说的批评发展奠定了新的学理依据。可以说，李长之形式论的"见解之高"，是以前"评《红楼梦》所未曾有"的。此后，遵从审美—形式的模式来建构小说的批评话语，成为诸多现代文论家的自觉追求。从20 世纪 80 年代的小说批评实践中，理论家在审视小说这一文体时，就将如何"叙述"抬到了小说本体的高度，"叙述"具有了神圣的地位。形式的创新成为小说葆有生命力的关键，从这种观念中我们依然能够看到前辈探索者的身影。

参考文献

［1］于天池、李书：《〈红楼梦批判〉和李长之对于〈红楼梦〉的研究》，《红楼梦学刊》2006 年第 2 期。

［2］李长之：《李长之文集》（第 3 卷），河北教育出版社 2006 年版。

［3］李长之、李辰东：《李长之李辰东点评红楼梦》，团结出版社2006 年版。

［4］［德］康德：《判断力批判》，人民出版社 2002 年版。

［5］牛宏宝等：《汉语语境中的西方美学》，安徽教育出版社 2001年版。

［6］朱光潜：《朱光潜全集》（第 7 卷），安徽教育出版社 1991 年版。

［7］［德］黑格尔：《美学》（第 1 卷），商务印书馆 1979 年版。

［8］童庆炳：《文学理论教程》（第四版），高等教育出版社 2008年版。

［9］［德］席勒：《美育书简》，中国文联出版公司 1984 年版。

生态美学视阈下的许地山创作①

周伟薇

在生态美学视阈下，现代作家许地山先生尤其值得关注。许地山，宋益乔先生谓之为"追求终极的灵魂"[1]，沈从文先生谓其创作"把近代文明与古旧情绪揉和在一处，毫不牵强地融成一片"[2]。许地山，因蕴其诗心，是"最为本质的使散文发展到一个和谐的境界的作者之一"[2]。下面从世界的返魅、反人类中心主义、生态自我三个角度论述许地山创作的生态美学特征。

一、世界的返魅

现代化的进程是一个祛魅的过程。这世界逐渐被剥离原有的神秘与值得敬畏的特性，逐渐沦为人类的工具。中国现代性的发生比西方要迟，直到明清时期，中国人还是以"天人合一"为最高理想，鸦片战争之后才转向学习西方，而世界也在中国人的眼中逐渐失去了神性与灵性。"五四"之后中国人多以物理的、化学的眼光来打量世界。关心科学、关心民主、关心进化论，却不再关心世界是否具有灵性。许地山以其深厚的底蕴构建了一个灵异的文学世界。在许地山的笔下，世界是一个诸灵赞叹、摇曳生姿的有情世间。宋益乔先生曾以"灵异"二字来概括其创作特点[3]2。有必要指出的是，其灵异有别于传统的志怪小说中那种炽热的情仇爱恨，而多了一份明慧和超脱，其诗心独标，如朗月当空。世界在许地山笔下得到返魅，所谓"魅"，包含两个方面：一是指魅力，一种具有强烈吸引力的审美的世界；二是指鬼魅，童话的世界和灵异的世界。

其一，诗意的审美世界。"破晓起来，不但可以静观彩云底变幻和细听鸟语底婉转；有时还从山巅、树表、溪影、村容之中给我们许多不可说

① 本文原发表于《华侨大学学报》（哲学社会科学版）2013 年第 3 期，收入本论文集时，进行了必要的修改和删除。

作者简介：周伟薇，女，讲师，从事美学、文艺学与中国现当代文学研究。

的愉快。"[4]37 "一切景语皆情语",这句话用在许地山的创作上是非常合适的。世界落赞堃心（"赞堃"是许地山的名字）中，无一不着其心性色彩。许地山写景多是与情交融，笔端常带感情，纯粹的景在其笔下也生发出情趣来。"在覆茅涂泥底山居里，那阻不住底花香和雾气从疏帘窜进来，直扑到一对梦人身上。"[5]46 花香与雾气的自然升腾，在许地山的笔下变为有意识的"扑"，一字之用，妙趣横生。"春光在万山环抱里，更是泄露得迟。那里底桃花还是开着；漫游底薄云从这峰飞过那峰，有时稍停一会，为底是挡住太阳，教地面底花草在它底荫下避避光焰底威吓。"[6]44 即使是云的停留，也是出于友情遮挡阳光。许地山以他的慈心映照万物，使得万物皆有情。

在许地山创造的审美世界中，有一个心所造化的隐喻世界。他对世界的感觉、他的感情、他的心灵，以一种世界图像的方式呈现出来，世界不仅是许地山居住的地方，而且是他心中情感表达的舟楫，情感与世界、情与景极美地交融在一起。

其二，有情的童话世界。诗意的审美的世界，在文学作品中所见甚多，许地山还未因此在众作家中彰显自己的特色。使他的创作卓然而立的是"鬼"、"狐"、"猫"、"蜜蜂"、"桃金娘"、彼此谈得呼呼作响的"群峰"所组成的有情的童话世界。在许地山的笔下，自然界从非生物到生物都拥有自己的主体、性格、思想与感觉。许地山在《女儿心》中写道："南海底月亮虽然没有特别动人的容貌，因为只有它来陪着孤零的轮船走，所以船上很有些与它默契的人。"[7]430 如果说在这里自然界虽有其情性，但只是作为"景"出现在许地山的作品中，那么在《山响》《蜜蜂和农人》《光底死》《萤灯》《桃金娘》等作品中，自然界的万物已成为作品中的角色，有着各自的性情与想法、经验和感觉。

《山响》中，原来在我们印象中沉默的山在许地山的笔下说起话来，"群峰彼此谈得呼呼地响"，山峰像人一样拥有了对外衣的感觉——新旧、形状、颜色。而群峰"身上穿底"衣服，都出声哀求"饶了我们，让我们歇歇罢。我们底形态都变尽了，再不能为你们争体面了"[8]33 于是，群山负气褪下衣裳。四季时序的变化，在许地山的笔下变作一场群峰与山衣的对话，山与衣都有了人一样的性情。更妙的一笔是，许地山在结尾处写道："我们都是天衣，那不可思议的灵，不晓得甚时要把我们穿得非常破烂，才把我们收入天橱。愿它多用一点气力，及时用我们，使我们得以早早休息。"[8]13 人在许地山的眼中如这山衣一样，被不可思议的灵所穿。许地山似乎别具灵眼，看到常人所无法觉察到的灵。而这一笔，也正像是谶语，上天果真在许地山身上多用了气力，并使他早早得以安息天怀。

二、反对人类中心主义

在许地山所写的诸灵世界中，始终贯彻着一个"众生平等"观，也可以称之为反人类中心主义、生态平等主义，但实际上是比生态平等主义更为彻底的"平等观"。"众生"一词此处非特指人类，而是指一切有情万物的内在都是有意识的，"平等"指其内在价值都是平等的。

许地山对于生命有着异于常人的理解。在许地山的审美世界中，抽象之世界本质——光明与黑暗、亡灵存在——鬼、可视的物质存在——山、植物……都是其笔下活泼的生灵，都有其品格，其生之热烈、思之高远，与人无异。许地山的创作融合了存在的哲思、宗教的悲悯、文学的美。诸生灵在许地山温情又慧睿的观照中，与存在达成了高度和谐，万物各得其所。在他的笔下，生命样态有此在的、有彼岸的、有抽象的。

其一，此在的生命样态。花、草、动物、人等在我们这个地球上所见的生命体，都是此在的生命样态，对这些生命的平等观照与护念，即是狭义上的生态平等主义。许地山对此在的生命样态的观照，一是人与人之间的，二是人与其他生物之间的。

人与人之间，许地山是极为平等视之的。作为一个男性，他尊重女性；作为一个脑力工作者，他尊重体力工作者。许地山一生有两位妻子，第一位是林月森，第二位是周俟松。他以自己与林月森夫人的感情为底子，加之以文学家的想象，写出了颇多出彩之作，在作品集《空山灵雨》中有《心有事》《笑》《香》《愿》《别话》等篇，在作品集《缀网劳蛛》中有《黄昏后》等篇。他对周俟松也是充满爱与尊重，并且把这种爱拓展到对所有女性的尊重上，《缀网劳蛛》《枯杨生花》《春桃》等无一不是写给女性的赞歌。在《别话》中他借着素辉的口说出了对于男女之间爱与智慧的关系，堪称经典，"人要懂得怎样爱女人，才能懂得怎样爱智慧。不会爱或拒绝爱女人底，纵然他没有烦恼，他是万灵中最愚蠢的人"[9]84。在《补破衣的老妇人》中，他指出一个体力工作者老妇人与一个脑力工作者的父亲都一样是"医生"，只是分工不同罢了。补破衣的老妇人是"衣服底外科医生"，爱惜筐里美丽的零剪绸缎，而脑力工作者的父亲，爱惜小册里的零碎文件，也是医生的一种。"在几十年的漫长生活道路上，许地山一直执拗地坚持着一种非功利主义。他不愿在应该享有平等地位的人们心中生出任何差别心。"[1]180

在人与其他生物之间，许地山用其灵眼洞察，万物无一不显出一种勃然的生命气息。如果说荷尔德林凝视四季，感受到一种非凡的大生命的呼吸——一种来自永恒之神的节律，那么季节在许地山的笔下，更具有一种平凡的小生命的欢欣。《蜜蜂与农人》《蛇》《暗途》等文章读来都让人觉得意趣盎然。在《蜜蜂与农人》中，春来之时，蜜蜂与农人各有各的忙碌，各有各的功夫诗。蜜蜂唱道："乘机会把蜜酿，别误了好时光。"农人唱道："村中鸡一鸣，阳光便上升，太阳上升好插秧。"[10]160 万物生灵无论寿命短长，都有其天职。《蛇》一文中对蛇的描写只有寥寥数笔，但妻子对丈夫怕蛇的点评却颇耐人寻味，"在你眼中，他是毒蛇；在他眼中，你比他更毒呢"[11]6。许多世纪以来，人类对地球与其他生灵的戕害也许真的比毒蛇还毒。在这篇文章里作者说人蛇之间"要双方互相惧怕，才有和平。若有一方大胆一点，不是他伤了我，便是我伤了他"[11]6。这是一种生命对于另一种生命的敬畏，这种敬畏带来生态平衡。

其二，彼岸的生命样态。在生死的大槛上，人类总是求生避死。人们称另一世界的亡灵为鬼，对鬼充满恐惧。许地山的《鬼赞》可直追艾米丽·迪金森的经典之作《因为我不能停步等候死亡》。迪金森将死神比作一位彬彬有礼、耐心等候的绅士，而死亡则是不能停步等候的赴约，这是一部极为动人的作品。而许地山的《鬼赞》与之相比丝毫也不逊色。

许地山笔下的鬼，是具备五官六感、看过这世界明暗、听过这世界五音、嗅过这人界香味、尝过人间的苦甘、触过世间的粗细冷暖的鬼——曾为人，而今弃绝一切的感官，不辨明暗、声音、香味、苦甘、粗细与冷暖。这被人所恐惧的死后光景，许地山却赋予其赞歌，"我们的骷髅是该赞美的。我们要赞美我们的骷髅"[12]40 此时哭不会有泪、怒不会有气息、悲哀不再皱眉、微笑无唇挡齿、受赞美无血液奔流，而时间再也无法拨弄他们了！生当热烈，死当有福！"那弃绝一切感官的有福了！我们的骷髅有福了！"[12]40 如泰戈尔之语，生如夏花之绚烂，死如秋叶之静美。

许地山对于"众生平等"融彻入骨，对鬼也有着精深的情思。"人哪，你在当生、来生的时候，有泪就得尽量流；有声就得尽量唱；有苦就得尽量尝；有情就得尽量施；有欲就得尽量取；有事就得尽量成就。等到你疲劳、等到你歇息的时候，你就有福了！"[12]40 他对于生命所必然经历的一切以顺应的心态接受、热烈的姿态拥抱，这种透彻深悟的人生意识、酣畅淋漓的人生态度，通过审美的想象达到了一种哲学的高度、走向通往真理之路。

其三，抽象的生命样态。关于世界的本质曾有过二分法——光明与黑暗，即是二分法中的一种。我们通常本能地趋向光明、逃避黑暗，趋利避害的本能使得我们赞美光明、诅咒黑暗。这是常人的境界，而许地山却有常人之上的境界。

在《暾将出兮东方》中，许地山写道："本来，黑暗是不足诅咒，光明是毋须赞美的。光明不能增益你什么，黑暗不能妨害你什么，你以何因缘而生出差别心来？若说要赞美的话：在早晨就该赞美早晨；在日中就该赞美日中；在黄昏就该赞美黄昏；在长夜就该赞美长夜；在过去、现在、将来一切时间，就该赞美过去、现在、将来一切时间。说到诅咒，亦复如是。"[4]38 这是对存在的一种深刻的洞见，且因着深刻的理解而拥有了最佳的生存姿态。当泯灭了分别心，看出宇宙的恒常；看出了宇宙的恒常，泯灭了分别心，所以光明毋须赞美，黑暗不足诅咒。若赞美就赞美所有的时间以及在时间中出现的！再高一层的境界，是赞美与诅咒都无分别，所以"说到诅咒，亦复如是"[4]38。

三、生态自我

我们的价值体系是否隐含着一种危机的深层根源？许地山及其创作可以在何种程度上提供良性的价值取向？其散文、小说等创作展示了一种什么形式和样态的"自我实现"？这样的"自我"与形而上学中孤立的、与对象分离的"自我"有何区别？

许地山笔下人物的位格与奈斯"生态自我"的概念高度契合。这样的自我，正是纳入人类共同体、宇宙共同体的关系中的自我。在深层的自我实现过程中，人不断地扩大自我认同对象的范围，把他者的利益视为自我的利益。

人对于自然的存在具有一种尊重与敬畏，人对于自身的存在具有一种清醒的认识，人在自然面前是友善、谦卑的。人知道自然对人生存的物质性给予，人也知道自然对人生存的精神性赋予。许地山很清醒地意识到生命与生命之间的关联，并进行了审美的表述：

> 我底生活好像我手里这管笛子。它在竹林里长着底时候，许
> 多好鸟歌唱给它听；许多猛兽长啸给它听；甚至天中的风雨雷电
> 都不时教给它发音底方法。
>
> 它长大了，一切教师所教的都纳入它的记忆里。然而它身中
> 仍是空空洞洞，没有什么。做乐器者把它截下来，开几个气孔，
> 搁在唇边一吹，它从前学底都吐露出来了。[13]77

人在自然面前谦卑，但不匍匐于自然，也不完全地依赖自然。自然给予人类物质与精神需求，人类也看护着大自然。人，作为地球的管理者，同时也是地球与其上面的生命的守望者。作为守望者，就应满怀爱意地注目、养护她，而不是一味地掠夺、占有。

许地山的《愿》写的只是一个雨后树荫下与妻闲谈，却把人所应具有的守望者意识阐释得非常恰切。男女共修之境、升华之爱，所实现的不是那个孤独的自我，而是一切世间诸有情的看护者。妻子希望许地山"作无边宝华盖，能普荫一切世间诸有情。愿你为如意净明珠，能普照一切世间诸有情。愿你为降魔金刚杵，能破坏一切世间诸障碍。愿你为多宝盂兰盆，能盛百味，滋养一切世间诸饥渴者。愿你有六手，十二手，百手，千万手，无量数那由他如意手，能成全一切世间等等美善事"[14]11。这是妻子对"大丈夫"的期望。这种期望已越出了男女之爱、小我之家，直抵圣人、觉者的守护者境界。这无量的愿力或许对人的今世而言太过遥远，许地山赞叹"极善，极妙"！或许是高山仰止，非常人之可为，许地山在这伟大的愿力前先从"盐"做起，"但我愿做调味的精盐，渗入等等食品中，把自己的形骸融散，且回复当时在海里的面目，使一切有情得尝咸味，而不见盐体"[15]12。许地山在这里巧妙地让东西方的文化进行了一次对话，意蕴深远，羚羊挂角，透彻玲珑。

这种愿力，在许地山的生活与写作中多有体现。无论是身边的还是远方的朋友，无论是人类还是飞禽走兽，许地山都用一颗极为充溢的爱心护念这一切。

作为一个守望者，许地山守望的不仅仅是人，还有那飞禽走兽。他有一些观念来自亘古却又非常超前。我们不得不承认，有些宝贵观念可以穿越时空，不受时空的限制。许地山所写的《暗途》是一篇非常具有象征意义的生态美文。

以《暗途》为题名，指向、暗喻着"心灯"——"这是均哥想不到，

也是他所不能为我点的灯"[16]25。灯,是照亮暗途的。物质的灯,照亮了物质的世界;心灵的灯,照亮了灵性的世界,也带来了对存在的真实感知,一种信任的关系被建立起来了。在世的存在物,必须建立一种信任。信任,使安全感不仅仅存在于感觉与心灵的领域,而且改变存在物之间的紧张关系。心灵的信任与安全感所带来的场力量是强大的。如果我们仅有物质的灯,而心灵与存在却有着隔膜,那么手中有灯,那种安全却只是"看似安全"。求安全的外护措施,却搅扰了世界原有的光影秩序,打破了山中的宁静——"累得满山的昆虫都不安"[16]24。放下那使所有动物害怕的物质"灯火",而我们天赋的神奇眼睛却可以自行调节以适应初看是幽暗的世界。这样一种信任,建立在对世界的深层感知上,也带来了一种最为自然的护持与守望——"那晚上他没有跌倒;也没有遇见毒虫野兽;安然地到他家里"[16]25。尊重、敬畏自然,在极小的细节中看护生命,对生命的尊重越是深层,其体现越是在枝末的细节。山途、幽暗、点灯、叮咛、密林、小路、萤火,在这诗意而审美的叙述中,一种深层的生态美学被呈现出来。自然不是审美主体心灵的外在投射,也不是审美主体心灵的外化,而是审美主体的心灵与审美现象的尊重与交融。审美主体与审美对象,不是主体与客体的关系,而是都具有某种程度的主体性。在许地山笔下,守望者,既是一个看护生命的主体,又融入生态的整体性中。

四、结语

莱切尔·卡逊在《寂静的春天》中写道:"现在,我们正站在两条道路的交叉口上。这两条道路完全不一样……我们长期以来一直行驶的这条道路使人容易认为是一条舒适的、平坦的超级公路,我们能在上面高速前进。实际上,在这条路的终点却有灾难等待着。这条路的另一条岔路——一条很少有人走的岔路——为我们提供了最后唯一的机会让我们保住我们的地球。"[17]292 许地山的创作呈现出一种人与万物和谐共处的境界。许地山的世界,是一个诗意和审美的世界,他以悲悯同情之心观照着世间。在许地山笔下自然是被敬畏的,他的作品彰显出自然所本有的意识与精神,将存在引向一种更高的存在(没有神性之光的射入,人只是一种属世的存在;当神性的光芒射入人的心中,人的存在就超越了属世的存在,趋近神性的存在)。近代以来,人类猛然从谦卑状态跃进到一种自我肯定的状态,再从自我肯定走向了自我膨胀。许地山的美学是一种可以穿越时空隧道的美学。对于现代化危机的毒素，许地山给出了一种可以称之为"解药"的生态美学处方。

参考文献

［1］宋益乔：《追求终极的灵魂——许地山传》，海峡文艺出版社1989年版。

［2］沈从文：《论落花生》，《读书月刊》1930年第1期。

［3］宋益乔：《许地山灵异小说·序》，上海文艺出版社1996年版。

［4］许地山：《暾将出今东方》，转引自高巍：《许地山文集》（上册），新华出版社1998年版。

［5］许地山：《花香雾气中底梦》，转引自高巍：《许地山文集》（上册），新华出版社1998年版。

［6］许地山：《春底林野》，转引自高巍：《许地山文集》（上册），新华出版社1998年版。

［7］许地山：《女儿心》，转引自高巍：《许地山文集》（上册），新华出版社1998年版。

［8］许地山：《山响》，转引自高巍：《许地山文集》（上册），新华出版社1998年版。

［9］许地山：《别话》，转引自高巍：《许地山文集》（上册），新华出版社1998年版。

［10］许地山：《蜜蜂与农人》，转引自高巍：《许地山文集》（上册），新华出版社1998年版。

［11］许地山：《蛇》，转引自高巍：《许地山文集》（上册），新华出版社1998年版。

［12］许地山：《鬼赞》，转引自高巍：《许地山文集》（上册），新华出版社1998年版。

［13］许地山：《生》，转引自高巍：《许地山文集》（上册），新华出版社1998年版。

［14］许地山：《愿》，转引自高巍：《许地山文集》（上册），新华出版社1998年版。

［15］许地山：《蛇》，转引自高巍：《许地山文集》（上册），新华出版社1998年版。

［16］许地山：《暗途》，转引自高巍：《许地山文集》（上册），新华出版社 1998 年版。

［17］［美］莱切尔·卡逊：《寂静的春天》，科学出版社 1979 年版。

第五章 语言学研究

社会流动：安徽无为傅村父亲称谓变化动因[①]
付义荣

　　改革开放以来，在我国许多地区，汉语中的父亲称谓都呈现"爸爸"化趋势。然而，当前关于父亲称谓的变化研究还只流于浅层的描写，尚存有许多疑问。比如究竟是什么力量在推动"爸爸"取代其他父亲称谓，为什么直到改革开放后很多地区才出现明显的"爸爸"化趋势，"爸爸"又以怎样的方式在一个地区扩散开来的，其变化趋势终将如何等。本文拟从社会语言学的角度，以傅村为个案，将就相关问题展开调查并作出回答。

一、调查程序、结果

　　傅村是个自然村，隶属安徽省无为县洪巷乡龙泉行政村，距县城约37千米。依据龙泉行政村 2003 年的统计，傅村共有 76 户、307 人，属于我国最为常见的中等村庄。傅村的交通还算便利，有一条柏油公路穿村而过，将其与外界联系在一起。这是一个以种植农作物为主的村子，人均耕地约 867 平方米，可种植水稻、油菜等作物。根据龙泉行政村 2003 年的统计，傅村 2002 年的人均纯收入为 2250 元，略低于该年全国农村人均纯收入的 2476 元[1]341。

　　据本人了解，在傅村，父亲称谓主要有"大大"、"阿爷"和"爸

　　① 本文最早发表于《中国语文》2008 年第 2 期，收入本论文集时，作者对其进行了必要的修改和增补。

　　作者简介：付义荣（1972—），男，安徽无为人，博士，教授，主要研究方向为社会语言学。

爸"①，它们既可作面称，也可作背称。傅村人有时还用"老头子"作父亲背称，但不能用作父亲面称，否则就是大不敬。此外，傅村父亲称谓还有一种从儿称，即说话人有时按照子女的辈分称呼自己的父亲。鉴于"老头子"和从儿称都不是父亲的专有称谓，本文所探讨的只是父亲面称，为此我们设计了以下问题在傅村进行了访问式调查：

（1）你现在怎么称呼自己的父亲？

（2）过去你一般怎么称呼自己的父亲？

（3）在称呼这个之前，你还称呼过别的吗？

（4）你的孩子现在称呼你什么？

（5）在称呼这个之前，你的孩子还称呼过别的吗？

第一个问题是针对父亲仍健在的那些人；第二个问题则是针对父亲已经去世的那些人；第三个问题是针对所有被试者；最后两个问题则是针对自己也身为父亲的那些人。此外，第三个、第五个问题也是想了解傅村人对其父亲的称呼有无出现改口的情况，这将是辨别语言中"进行中的变化"（change in progress）和"年龄层级的变化"（age-graded change）的重要依据。在进行访问的同时，本人也没有放弃对被试进行局外观察的机会，如果有幸观察到某个被试正在面称他的父亲，那么我们就以此为准而不管他之前是如何回答第一个问题的。

确定好调查方式后，本人利用 2004 年 5 月—2005 年 3 月之间的节假日在傅村进行了挨家挨户的调查。调查中我们排除了那些自幼丧父的人、聋哑人、智障人以及在其他省市长大后才迁居傅村的人等，如此共有 10 位。考虑到年龄太小的被试理解能力有限等因素，我们访问调查的对象主要是≥10 岁（本文所涉年龄皆以 2004 年为限）的傅村人，最终我们获取了 249 名被试的数据（见表 1）。

---

① 在傅村也有人使用"爸""大"，但本文中我们都将其归入相应的"爸爸""大大"。

表 1　傅村父亲称谓之年龄分布

年龄（岁）	大大		阿爷		爸爸		总人数
	人数	百分比	人数	百分比	人数	百分比	
10—14	2	6.9	0	0	27	93.1	29
15—24	11	36.7	4	13.3	15	50.0	30
25—34	47	68.1	21	30.4	1	1.5	69
35—44	31	59.6	19	36.5	2	3.9	52
45—54	18	72.0	7	28.0	0	0	25
55—64	18	69.2	8	30.8	0	0	26
65+	13	72.2	5	27.8	0	0	18
总人数	140		64		45		249

　　由表 1 看，"大大"使用者最多，可算是傅村时下最主要的父亲称谓，但在不同的年龄组，各种称谓的使用比例却大有不同。在 ≥25 岁各年龄组中，约有 60%—75% 的人使用"大大"，25%—40% 的人使用"阿爷"，仅有 0—5% 的人使用"爸爸"；但在 <25 岁各年龄组中，一切都发生了变化，"爸爸"使用者急剧增多，完全超越"大大""阿爷"，因而成为 10—24 岁傅村人中最流行的父亲称谓。总体来看，在今天的傅村，"爸爸"在年轻一代中最为流行，而"大大""阿爷"也只是在年龄较大的群体中较为流行。那么，这是一种"进行中的变化"，还是"年龄层级的变化"呢？

　　"年龄层级的变化"往往是指同一代人在不同年龄阶段表现出来的语言变化，具有"改口"和"重复"的特点。然而，就被试们对第三个、第五个问题的回答看，我们并未发现傅村父亲称谓有"改口"的现象。此外，我还对傅村 10 多位 60 岁以上的老人进行了特别访谈，他们都表示没有见过某人本来说"爸爸"，长大后改说"大大"或"阿爷"的情况。这些事实都表明，在傅村确实没有先说"爸爸"，若干年后又说"大大"或"阿爷"这种循环出现的情况，因此傅村父亲称谓所显示的年龄分布情况只能是"进行中的语言变化"。那么，这一变化的原因又是什么呢？

二、变化中的创新者

　　语言的变化，归根结底是人的变化。要弄清语言变化的原因，就必须找到是哪些人在推动变化，即要找到语言变化中的创新者。由表 1 看，

"爸爸"使用者主要集中于＜25岁的年轻人。那么，我们是否可以认为，这些年轻的"爸爸"使用者就是推动傅村父亲称谓发生变化的创新者。就父亲称谓的特点以及所发现的事实来看，答案是否定的。

日常生活中，这样的场景并不鲜见：年轻的妈妈正在逗自己怀中的孩子，"叫'妈妈'""叫'爸爸'"。本人在傅村调查时，就曾见过类似的场景。可以说，父母称谓是一个孩子最早习得的话语之一，而父母就是他最早的语言老师。当然，爷爷奶奶、远亲近邻都可以成为一个孩子牙牙学语的老师，但抚育其成长的父母无疑在其中起着决定性作用，更何况父亲就是父亲称谓的直接承受者，他或许从来没有教过孩子任何话语，但他至少同意或认可自己的孩子所用的父亲称谓，否则他的孩子怎么可能自小就用这个父亲称谓。而从孩子的角度看，一旦学会了某个父亲称谓就极少有改口的情况，我们在前面的调查也已证实了这一点。之所以如此，主要是因为父亲称谓不同于一般的词语，更不同于某个语音或句法规则，父亲称谓的所指就是自己的父亲。这就意味着父亲称谓的改口不止是说话人一个人的事情，还牵涉到说话人的父亲，只有父子（女）双方重新"达成协议"，这样的改口才有望成功。然而按常理来讲，做父亲的并不习惯于这样的改口。这一点可以通过以下事实得到印证。在此次调查的249名被试中，共有54对同胞，总计117人，平均年龄最小的一对是7.5岁，最大的一对是74.5岁，各自分家生活的26对，仍在一起生活的28对。经比较，其中任何一对都使用相同的父亲称谓，也就是说在傅村，只要是同胞，所用的父亲称谓也相同，不存在老大说"大大"，老二说"阿爷"或"爸爸"这类情况。如果说每个人可以自行选择某个父亲称谓，那么我们将无法解释这一高度规整的现象。

可见，父亲称谓具有"亲子传承"和"使用一贯"的特点，一个人用什么父亲称谓，往往不是由他自己决定的，而是与他的父母及家庭密切相关。这一发现对于我们探求傅村父亲称谓的变化原因至关重要。这意味着傅村父亲称谓变化中的创新者并不是"爸爸"的使用者，而是他们的家庭，尤其是他们的父母。因此，在探求傅村父亲称谓变化的原因时，我们不仅要关注说话者本人，更要关注他的父母及家庭。

三、改革开放前的傅村父亲称谓

由表1看，傅村≥25岁的共有190人，经调查，他们出生于1925—

1979 年之间，可算是改革开放之前出生的。其中，一共只有 3 位"爸爸"使用者，具体情况如下：

　　（1）卞某 1，男，1960 年生于上海，1962 年随父母由上海下放至傅村。

　　（2）卞某 2，男，1968 年生于傅村，卞某 1 的弟弟。

　　（3）蒋某 3，男，1974 年生于傅村，其父母于 1964 年由安徽蚌埠下放至傅村。

　　如今，卞、蒋两家的第一代男主人都已去世，据这两家的第一代女主人讲，他们的丈夫在老家就是用"爸爸"来称呼父亲的。此外，卞、蒋两家也是傅村仅有的两个移民家庭。由此我们不难做出这样的判断：①卞、蒋等人之所以使用"爸爸"，不过是延续了他们老家的传统而已；②"爸爸"主要在卞、蒋两家使用，尚未在傅村扩散开来。如果不是这样的话，那么我们将无法解释在今天傅村≥25 岁的人中，竟然没有一位"爸爸"使用者来自卞、蒋之外的家庭。

　　然而，当我们将"仅有的 3 个'爸爸'使用者"和"仅有的两个移民家庭"联系在一起的时候，不得不面对这样一个事实，即在今天的傅村土著居民中，出生于改革开放前的竟无一人是"爸爸"使用者。那么，这是否意味着傅村在历史上从未有过土著的"爸爸"使用者，甚至无为话中本就没有"爸爸"这个称谓呢？恐怕还不能确定，因为我们今天已无从调查那些已经亡故或迁离的傅村人，他们中间究竟有无"爸爸"使用者。而从《无为县志》[2]528 的记载看，父亲称谓只有一个"大大〔$ta^{31}ta$〕"。很显然，该县志漏记了"阿爷"，因此很有可能也漏记了"爸爸"。就进一步调查看，事实也正是如此。比如在无为县城，本人有一位亲戚（女性，55 岁，无为县妇联干部），自小成长于无为县城，她就是一位"爸爸"使用者。据她说，在县城，有很多家庭都是一直使用"爸爸"的。不只县城，我们在洪巷乡也发现早就使用"爸爸"的家庭，不过这些家庭往往都是一些干部、知识分子家庭。可见，无为话中很早就有"爸爸"称谓，只不过使用范围还不大而已。

　　其实，普通话和方言之间往往是你中有我、我中有你，而非绝然的对立。"爸爸"并非普通话专有的父亲称谓，许多汉语方言是很早就有"爸爸"这个称谓的，不一定就是普通话推广的结果。《集韵·祃韵》中就有

"爸,吴人呼父曰爸"的记载,胡士云曾翻阅大量的方言资料,结果发现"爸爸"分布于各大方言区[3]。而在江淮官话区,如南京话,也是有"爸爸"这个父亲称谓的[4]163。

至此,我们虽不能认定傅村在历史上究竟有无土著居民使用过"爸爸",但就前面的分析看,若说改革开放前的傅村有很多"爸爸"使用者,那也不大可能。就此问题,本人还曾咨询了傅村 10 多位 60 岁以上的老人,他们都说在 20 世纪 80 年代之前并没有发现土著傅村人使用过"爸爸"称谓。综合这些信息来看,改革开放前的傅村并无多少"爸爸"使用者,即便有,也主要集中于移民家庭。

四、改革开放后的傅村父亲称谓

由表 1 看,出生于 20 世纪 80 年代(即 15—24 岁年龄组)的共有 30 人,其中"爸爸"使用者占到了半数,而且大多数来自傅村的土著家庭而非卞、蒋两家。可见,在 20 世纪 80 年代,"爸爸"已一跃成为傅村新增人口最主要的父亲称谓。那么,是什么原因导致这一变化呢?

在这 30 位被试中,有一对兄妹来自卞家,其父就是前面提到的卞某 1。对于这对兄妹之所以使用"爸爸",我们不难理解,因为这是他们家的传统。其他 28 人都来自傅村土著住户,都没有使用"爸爸"的传统,但为何在 20 世纪 80 年代一下子出现分化:多数人使用起了"爸爸",少数人依旧使用"大大"或"阿爷"。据调查,这 28 人一共来自 24 户家庭。经分析发现,这些人使用什么父亲称谓,往往与其父母的"年龄"或"教育"有着明显的共变关系:父母相对年轻或受过教育的说话人倾向于使用"爸爸",反之则倾向于使用"大大"或"阿爷"(相关数据见表 2)。

表 2　说话人父母的年龄＼教育状况一览

说话人	人数	户数	父母平均年龄	父母教育	
				文盲户	非文盲户
"爸爸"使用者	13	11	41.5 岁	2(18.2)	9(81.8)
"大大"使用者	11	9	51.3 岁	5(55.6)	4(44.4)
"阿爷"使用者	4	4	54.8 岁	2(50.0)	2(50.0)

注:"文盲户"是指父母皆没有受过教育的家庭,若父母至少有一人受过教育(小学及小学以上)即为"非文盲户";括号前数字为户数,括号内数字为百分比。

然而，这一发现不过是对 80 年代傅村父亲称谓使用特点的一种概括，并不能解释这一时期发生的变化。因为在此前的几个年代，傅村都不乏相对年轻或受过教育的父母，但为何没有出现使用"爸爸"的案例。为什么偏偏在 80 年代这两类父母才让自己的孩子用起了"爸爸"？即使在 80 年代，也有与该发现相左的案例。有一对父母平均年龄达到 47.5 岁，而且都是文盲，但他们的孩子（1982 年生）用的却是"爸爸"；而另外一对父母平均年龄仅有 41.5 岁，都是初中毕业，但他们的孩子（1989 年生）说的却是"大大"。可见，年轻、受过教育只是一种表象，其背后或许还有一个更深层次的社会动因，而且这种动因肯定具有 80 年代的特色，否则它将难以解释傅村父亲称谓在这一时期的巨大变化。那么，这个具有 80 年代特色的因素是什么呢？

经调查发现，在 20 世纪 80 年代，"爸爸"使用者所在的这 11 户家庭绝大多数除了种田还干别的，如做瓦匠、跑运输，甚至进城打工等，而"大大"或"阿爷"使用者所在的 13 户绝大多数只靠种田为生。这一发现不免让我把傅村父亲称谓的变化与当时中国农民出现的分化联系在了一起，而农民分化正是 20 世纪 80 年代中国社会的重要特征和内容。

1979 年以后，中国开始实施改革开放的政策，中国农村随之发生了重大变化。首先，人民公社制度被"家庭联产承包责任制"所取代，农民从此可以根据自己的能力从事符合自己意愿的劳动；其次，户籍制度亦有所松动，农民被允许进城做事了；最后，国家的工作重心转向了经济建设，政治身份也不再那么重要了。在此背景下，原本都是公社社员的中国农民开始出现了分化，他们大致分化为这样 8 个阶层：农业劳动者阶层、农民工阶层、雇工阶层、农民知识分子阶层、个体劳动者和个体工商户阶层、私营企业主阶层、乡镇企业管理者阶层、农村管理者阶层[5]172—173。

全国农村如此，傅村也概莫能外。若按照刚才所述的 8 个阶层来看，80 年代的傅村大致具有这样几个阶层：①农业劳动者阶层；②农民工阶层；③农村知识分子阶层；④个体劳动者与个体工商户阶层；⑤农村管理者阶层。其中，农业劳动者阶层是最基础的阶层，是其他阶层的母体，当时的傅村，每家每户都有属于这一阶层的人。与改革开放前相比，1、3 和 5 阶层在人民公社时期就已存在，而 2、4 阶层却是 80 年代才出现的新阶层，这也是当时傅村社会流动①最为活跃的一批人。

回过头来再让我们打量前面那 28 位 80 年代出生的傅村人，他们的父母在当时又属于什么阶层。相关数据见表 3。

表3　说话人父母②所属阶层一览

单位：户

社会阶层	"爸爸"使用者之父母	"大大"使用者之父母	"阿爷"使用者之父母
农业劳动者阶层	1	9	3
农民工阶层	3	0	0
个体劳动者阶层	7	0	1
总计	11	9	4

由表 3 看，"大大"或"阿爷"使用者的父母绝大多数仍只靠种田为生，而"爸爸"使用者的父母绝大多数还干别的，即便其中有一户属于农业劳动者阶层，但经调查得知，该户中的"父亲"却是一位刚退伍的军人，而参军在当时也是许多中国农民改变自身命运的一种途径。很显然，社会流动越是活跃的父母，他们的孩子就越有可能使用"爸爸"。由此我们不难理解说话人使用什么父亲称谓与其父母是否年轻或受过教育具有共变关系，因为年轻或受过教育正是社会流动的有利条件，这两类人是最容易发生社会流动的。

那么，社会流动较为活跃的父母们为什么倾向于选择"爸爸"这一称谓呢？这或许与"爸爸"称谓在傅村当地所具有的社会意义不无关系。虽然中华人民共和国成立后直至改革开放这段时期，中国农村不存在明显的经济分层，却存在两种泾渭分明的身份等级：①政治身份。早在 1950 年，为了给土地改革和成分划分提供依据，当时的政务院发布了《关于农村划分阶级成分》的决定；根据这个文件，农村人口被划分为地主、资本家、富农、中农、贫农等 13 个阶级和阶层。②户籍身份。在中国农村，享有

---

① 所谓社会流动，即社会成员从一种社会地位或职业向另一种社会地位或职业的变动。

② 这里的"父母"是作为一个整体来统计的。若父母二人都只从事农业劳动，即划为农业劳动者阶层；若父母二人都从事非农业劳动，即以父亲为准；若父母二人只有一人从事非农业劳动，即以从事非农业劳动的人为准。

非农户口的人在社会地位上明显高于其他人，这些人一般都是担任农村管理者的干部们。不过这类人很少，一个公社只二十来人，如公社书记、社长、武装部长、农林助理等，他们实际上是人民公社内部地位最高的阶层[5]167。

当时的洪巷公社，情形也大致如此。使用"爸爸"的群体除了那些城市下放户外，就是这些身份等级处于高位的人。可见，当时的"爸爸"使用者群体在当地是一个颇具声望的群体，反观"大大"或"阿爷"使用者群体，一般都是土生土长并且专以种地为生的当地人，就像我们在傅村所揭示的那样。因此，改革开放之前，虽然傅村当地只有极小一部分人使用"爸爸"称谓，但由于使用群体的强势，便使得"爸爸"不只是一个普通的父亲称谓，更是话语中一个能够体现社会差别的标记，一种有身份、有地位、有声望的标记。这也使得"爸爸"成为社会流动日趋活跃的傅村人首选的父亲称谓。

当然，我们并不是说80年代在傅村出现的非农业劳动者阶层就一定比农业劳动者阶层的社会地位高。其实，从整个社会结构看，农村内部的这些非农业劳动者阶层与原有的农业劳动者阶层一样，仍旧同属于农民阶层，同处于全社会的中下层，乃至最底层[5]9。但即便如此，我们至少可以认定非农业劳动者阶层比农业劳动者阶层社会流动的欲望更强烈，他们所从事的非农业劳动本身就是一种极力改变自身传统地位的体现。因此可以说，非农业劳动者阶层是整个农民阶层中社会流动较为活跃的一个群体，而他们选择有声望的"爸爸"只不过是他们向往更高社会地位的一种外在体现而已。

中华人民共和国成立后直至70年代末，傅村农民的社会流动几近停顿，因而傅村的父亲称谓也相对稳定，但步入80年代后，一切都比以前松动许多，改变世代相袭的农民职业或农民身份都不再是一件可望不可及的事情。因此，一批相对年轻、有文化的人开始大胆尝试新的职业，进而成为社会流动中的活跃者。与此同时，他们也开始沿用曾经只有那些有声望的群体才使用的父亲称谓——"爸爸"来表达他们向上流动的愿望。

在我们用社会流动来解释傅村父亲称谓的变化时，有一户引起了我们的注意，即父母属于个体劳动者阶层而说话人却说"阿爷"的那户家庭（见表3）。该说话人的父母算是社会流动比较活跃的一类人，但她为什么没有使用"爸爸"而用了"阿爷"。经调查，这位说话人名叫H，上面还有两个姐姐和一个哥哥，他们都出生于 70 年代，所用的父亲称谓都是"阿爷"。前文已叙，父亲称谓的使用往往具有"亲子传承"和"使用一贯"的特点。因此，我们并不难理解 H 为什么要使用"阿爷"了。在 70 年代，H 的父母与其他村民一样，都是公社社员，孩子们基本上都是承袭父母所用的父亲称谓，因此，H 的姐姐与哥哥用的都是"阿爷"。进入 80 年代后，H 的父母虽然跻身于个体劳动者阶层，但 H 的父亲早已习惯于被称作"阿爷"，因此 H 仍旧与其姐姐、哥哥一样使用了"阿爷"这个称谓。可见，对于 80 年代出生的傅村人来说，一个人使用"爸爸"称谓，往往取决于这样两个条件：一是父母的社会流动比较活跃，即不是纯粹的农业劳动者；二是还没有哥哥或姐姐已经称呼父亲为"大大"或"阿爷"。在 80 年代出生的那 28 人中，能够同时满足这两个条件的正好都是"爸爸"使用者，而"大大"或"阿爷"使用者们或者一个条件也不符合，或者只满足其中之一。显而易见，我们的结论还是能够解释傅村父亲称谓在 80 年代所发生的巨变的。

时至 90 年代，"爸爸"的使用者持续增多。在 10—14 岁年龄组，"爸爸"使用者已占了绝大多数（见表1）。在对≥10 岁以上傅村人进行调查的同时，我们也顺便调查了傅村 10 岁以下儿童的父亲称谓使用情况，考虑这些人年龄太小、不便沟通，我们一般都是让其父母、爷爷或奶奶代答。由此，我们共调查了 32 名 10 岁以下儿童，约占傅村 10 岁以下儿童总数（38 人）的 84.2%。结果发现，这 32 名儿童没有一个使用"大大"或"阿爷"，一律都使用"爸爸"。此外，我们还有幸调查到两个正牙牙学语的婴幼儿，问他们的母亲打算教他们什么父亲称谓，这两位母亲都毫不犹豫地选择了"爸爸"。以上这些事实都表明，"爸爸"已经完胜"大大"或"阿爷"成为傅村新生代最流行的父亲称谓。那么，形成这种局面的原因又是什么呢？

就 10—14 岁这一群体看，我们关于 80 年代的结论依旧适用。比如 27 名"爸爸"使用者，他们来自 24 户家庭，在家都是老大，而他们的父母在当时皆是非农业劳动者阶层；仅有的两位"大大"使用者，他们来自两户家庭，分别有一个姐姐和哥哥出生于 80 年代，并已使用"大大"。不止于此，我们的结论也照样适用于 10 岁以下的傅村儿童，他们的父母在当时全部属于非农业劳动者阶层，且其中的父亲也都是初为人父。至此，我们亦不难理解自 90 年代以来为什么有这么多的人使用"爸爸"了，其最主要的原因就在于此时的傅村社会流动已蔚然成风。可见，90 年代以来傅村父亲称谓的变化依旧是 80 年代的一种延续，其变化的主要社会动因仍在于社会流动。

但与 80 年代稍有不同的是，90 年代的傅村已普遍认可了"爸爸"称谓。本人在调查中曾问及一些新生代的父母，问他们自己说的是"大大"或"阿爷"，但为何让自己的孩子说"爸爸"，而他们一般都回答"现在的孩子都这么喊"。这说明父母让孩子使用"爸爸"不一定就像 80 年代那样只是出于社会流动的心理需求，也就是说"爸爸"的社会意义正有所削弱，它正成为傅村约定俗成的父亲称谓。不过，我们还不能断言整个傅村将来只有"爸爸"这个称谓。比如自始至终的人口流动，尤其是那些从外地或迁或嫁进来的人，他们不一定都是"爸爸"使用者。可以说，这一类的未知因素都在制约、影响着傅村父亲称谓的发展，从而使得我们的预测变得异常困难。但就发展趋势而言，我们却可预测，在不久的将来，"爸爸"势必超越"大大""阿爷"成为傅村最主要的父亲称谓。

五、结论

英国语言学家简·爱切生（Jean Aitchison）说过："语言变化的扩散，从本质上来说，是一种社会现象，它反映了正在变化的社会情况。除非产生了一些有威望的模式，否则变化就不会产生。这些模式正是一个集团的标志，而在集团外的人们会有意识地，或者下意识地想从属于这个集团。"[6]94 此番话无疑也切合傅村父亲称谓发生的变化，但需要补充的是，整个社会还要为集团外的人进入某个集团提供正常的社会流动渠道，否则即便产生一些有威望的模式，变化也不会发生。当然，在这场变化中，父亲称谓自身所具有的特点也自始至终地发挥着影响，可以说，傅村父亲称谓今天的格局正是几十年来社会因素和语言因素综合形成的结果。

参考文献

［1］中华人民共和国国家统计局：《中国统计年鉴——2003》，中国统计出版社 2003 年版。

［2］无为县地方志编纂委员会：《无为县志》，社会科学文献出版社1993 年版。

［3］胡士云：《"爸爸"疏证》，中国社会语言学国际学术研讨会（澳

门）论文，2003 年。

　　〔4〕南京市地方志编纂委员会：《南京方言志》，南京出版社 1993
年版。

　　〔5〕陆学艺：《当代中国社会阶层研究报告》，社会科学文献出版社
2002 年版。

　　〔6〕〔英〕简·爱切生：《语言的变化：进步还是退化？》，语文出版社
1997 年版。

闽台闽南方言的反复问句①

陈曼君

一、关于反复问句的界定

自 1985 年朱德熙发表《汉语方言里的两种反复问句》以来，汉语方言学界陆续有这方面的成果问世。学者们既有方言事实的挖掘，也有理论上的探讨。大家争论较大的是"可 VP"问句究竟是什么类型的问句，它到底该不该归入反复问句。朱德熙（1985 年）[1]、余霭芹（1992 年）[2]、袁毓林（1993 年）[3] 等学者把它归入反复问句。余霭芹认为"可 VP"问句是广义的反复问句。②袁毓林从历史演变和类型比较两方面进行论证。另有一些学者持相反的观点。李小凡（1991 年）通过苏州方言和普通话的比较，认为"可 VP"问句是是非问句。[4] 游汝杰（1993 年）着眼于语法形式判断"可 VP"问句不是反复问句。[5] 刘丹青（1991 年）从苏州方言事实和语法形式的特点出发，认为把"可 VP"问句归为反复问句是不妥的。[6]

我们也倾向于把"可 VP"型问句归入是非问句，更主要的是因为它具备是非问句的特点。尽管闽台闽南方言③出现的是"敢 VP"问句（下称"敢"字问句），"敢"和"可"在历史上是不同的两个字，不像在众多

---

① 本文最早发表于《方言》2011 年第 2 期，收入本论文集时，作者对其进行了修改。本文获法国国家科研署"闽南方言历时研究项目"（DIAMINN. ANR－08－BLAN－0174）资助，并曾在"Workshop on Diachronic Change in Southern Min Syntax"（2010 年 3 月 30 日—4 月 1 日，巴黎）上宣读。

作者简介：陈曼君（1969—），女，福建惠安人，博士，教授，主要研究方向为汉语方言语法。

② 余霭芹先生认为反复问句是一种中性的问句，字面上不表示问话人的意见和态度。

③ "闽台闽南方言"指福建南部和台湾地区的闽南方言。厦门、泉州的语料是笔者实地调查所得；漳州、台湾地区的语料主要是通过调查在厦门的漳州人、在泉州上学和前来大陆经商、开会的台湾地区学生、商人、学者、农民得到的，有的则是通过电话调查或收看电视台闽南语节目获得，或者引自其他学者的调查语料。

方言中出现的"克""阿""格"都是"可"的变体（江蓝生，2000年）[7]，但是两个字在历史上演变为是非问句里的疑问副词的路径如出一辙。因此，我们把"敢 VP"问句纳入"可 VP"问句系统，排除在反复问句之外。不过本文为了比较闽台闽南方言反复问句并展示其发展趋势，讨论时也涉及该类问句。

除了对"可 VP"问句的归属有争议外，语法学界对"VP‑neg"的归属也莫衷一是。以朱德熙先生为首的多数学者都理所当然地认为它是反复问句。仅有少数学者持有异议，如游汝杰（1993 年）[5]。反复问句又叫正反问句，以往指的是谓语的肯定形式和否定形式叠用、要求答话人从中作出选择的一种问话形式。这是针对普通话而言。殊不知，各地的方言纷繁复杂，况且语言也是处于变化之中。如果拘守框框，把本该归入此类的排除在外，就有可能违背当时立类的初衷。针对方言的实际情况，我们认为在形式上要放宽尺度：本文把凡是从正反两面提出问题、要求答话人从中作出选择的疑问句都归入反复问句。

二、闽南方言反复问句的类型

闽南方言反复问句可以分为以下 6 个类型："VP‑neg"型，"VP‑neg‑V"型，"VP‑neg‑VP"型，"V‑neg‑VP"型，"neg‑VP/NP‑抑（还是）‑y（‑VP/NP）"型，"y‑neg（‑y）"型。①

1. "VP‑neg"型

厦、泉、漳、台四地反复问句以此类为主，总是通过一对对肯定词和否定词的正反对举，如"有‑无（没有）""会‑勿会/无（不会）""卜（要）‑嗯/无（不要）""通/会使（咧）/会应（咧）（可以）‑嗯通/勿会使（咧）/勿会应（咧）（不可以）""着（有必要）‑免/嗯着/无（没必要）""是‑嗯是/无（不是）"等来构成的。其中的"咧"常常都省略，否定词"嗯通""嗯着""嗯是"与"勿会使（咧）、勿会应（咧）"则总是分别省略为"嗯""勿会/无"。根据表义情况，此类问句又可以分为以下 7 个小类：

A. "有‑NP/VP‑无"。

B. "会‑VP/NP‑勿会/无"。

---

① VP 为谓词性词语，NP 为名词性词语，neg 为否定词，y 为肯定词。

C. "卜 - VP -嗵/无"。

D. "通 - VP -嗵（通）" ｜ "会使/会通 - VP -无/勿会"。

E. "着 - VP -嗵/免/无" ｜ "爱 - VP -无/勿会" ｜ "使 - VP -（抑）-嗵"。

F. "是 - VP/NP -嗵/无" ｜ "VP - NP -嗵"。

G. "VP -未"。

这 7 类中，A 类和 G 类在闽台闽南方言的对应最为一致。A 类中的"有"既可以是表存在、领有的动词，也可以是表强调、确认的助动词。闽台两地都普遍使用下列说法：

（1）有四五亇人无？（有没有四五个人？）

（2）伊有抱囝仔去日头曝无？（他把小孩抱到太阳底下去晒了没有？）

（3）伊有水无？（她漂亮不漂亮？）

G 类中的"未"表示还没有实现某个动作行为。在闽台，常常会听到这样的问句：

（4）汝甲恁阿公买菜未？（你给你爷爷买菜了没有？）

单个动词直接带"未"来发问在闽台各地就用得更频繁了，如"食未？（吃了没有？）""去未？（去了没有？）""煮未？（煮了没有？）"。

B 类、C 类和 F 类在闽台略有不同。差别就在句末否定词"勿会"与"无"的使用上。B 类句的句末否定词，泉州、厦门和漳州大部分地区用"勿会"，台湾地区和漳州部分地区用"无"。句中的"会"除了表估计，还表能力：

（5）泉州、厦门、漳州：王先会礼拜日来勿会？（王老师会不会星期天来？）

（6）台湾、漳州：汝会唱歌无？（你会不会唱歌？）

C 类中的"卜"表意愿，如"汝卜去嗵/无？"意为"你要不要去？"。一般情况下，句末否定词，泉州用"嗵"；厦门"嗵"与"无"并用，其中岛内主要使用"嗵"，岛外两者都说，老年人倾向于说"嗵"，年轻人倾向于说"无"；台湾地区一般都用"无"，漳州常用"无"，有时也用"嗵"。

F 类的否定词泉州和厦门市区都用"嗵"。例如：

（7）泉州：汝是大学生嗵？（你是不是大学生？）

（8）泉州：是伊将物件送去阮厝内嗵？（是否是他把东西送到我家？）

（9）厦门：汝八许分人嗬？（你认识不认识那个人？）

漳台使用此类的人数也占有一定比例。厦门岛外和漳台使用此类反复问句时，否定词用得较多的是"无"。与此同时，漳州也有用"嗬"的情况。其中，"VP - NP - 嗬"里的"V"主要是"八"之类心理动词，如（9）。（9）之类句子在泉、厦、台也可以用"有""无"构成反复问"汝有八许分人无？"；在漳州则常常用"会""勿会"构成反复问"汝会八许分人勿会？"。（7）、（8）类句子消亡比较快，尽管泉、厦年轻一代仍有相当一部分人使用，但这种情况在漳州就比较少见了，在台湾地区更是难以出现。

D类和E类在闽台的差别最大。D类是表可能与否的反复问句，如"我可不可以去？"，就有"我通去嗬（通）/无？""我会应去勿会？""我会使/会通去无/勿会？"等多种表达法，其中厦门岛外和诏安"嗬通"中的"通"往往不省略。E类是表必要与否的反复问句，如"我着去嗬/无/免？""我爱去勿会/无？""我使去嗬？"等都表示"我要不要去？"。

这7类在漳台（台湾地区除G类外）都可以不同程度地用"敢"字问句来表达。闽台使用"VP - neg"型问句和"敢"字问句的主要情况见下表1（表中按照上述7个类别的顺序排序，选取的VP或NP都具有代表性）。

表 1   闽南方言"VP - neg"型问句和"敢"字问句使用情况

问句类型	泉州	厦门岛内	厦门岛外	台北年长	台北年少	桃园	台南年长	台南年少	市区	龙海年长	龙海年少	长泰年长	长泰年少	华安	南靖年长	南靖年少	平和	漳浦	云霄	东山	诏安
有-VP-无	+	+	+	+		+		+		+		+	+				+	+	+	+	+
敢-有-VP				+			+	+	+	+					+	+	+	+			
敢-有-VP-无				+																	
会-VP-勿会	+	+	+									+									
会-VP-无				+	+	+	+	+						+	+						
敢-会-VP							+	+	+						少						
敢-会-VP-勿会										少											
敢-会-VP-无				+																	
卜-VP-嗬	+	+	+							+										+	+
卜-VP-无	+	+	+	+	+		+	+							多		+		+		
敢-卜-VP					+			+					+		+						
敢-卜-VP-无															少						

续表

问句类型	泉州	厦门		台湾					漳州												
		岛内	岛外	台北		桃园	台南		市区	龙海		长泰		华安	南靖		平和	漳浦	云霄	东山	诏安
				年长	年少		年长	年少		年长	年少	年长	年少		年长	年少					
通-VP-嗎	+	少	+							+										+	+
会应-VP-勿会	+		+							+											
通-VP-无	+		+							+											
会使-VP-勿会		+	+			+				+		+			+	+	+			+	+
会使-VP-无				+	+		+							+							
会通-VP-无				+	+	+															
会通-VP-勿会				+	+																
敢-通-VP				+																	
敢-会使-VP				+			+	+	+	+	+	+			+	+	+				
敢-会通-VP				+				+													
敢-通-VP-嗎										+											
敢-会使-VP-勿会								+													
敢-会使-VP-无					+		+							+							
敢-会通-VP-无					+																
敢-会通-VP-勿会								+													
着-VP-嗎	+	+	+							+							+			+	
着-VP-无			+	+			少			+											
着-VP-免	+	+	+				少			+		+							+	+	+
爱-VP-无								+													
爱-VP-勿会																+	+				
使-VP-嗎										+											
敢-着-VP							+		+				+	+	+						
敢-爱-VP						+		+								+	+				
敢-使-VP										+								+			
敢-爱-着-VP											+										
敢-着-VP-嗎														+	+						
敢-爱-VP-勿会																+	+				
是-NP-嗎	+	+	+						少	少							+				+
是-NP-无			+	少		+															
敢-是-NP						+	+	+	+	+	+	+	+	+	+	+	+	+			
敢-是-NP-嗎																		+			
VP-未	+	+	+	+	+	+	+	+	+	+	+	+	+	+	+	+	+	+	+	+	+
敢-VP-未											+										

表 1 显示，泉州和厦门只有"VP‐neg"型问句，没有"敢"字问句。"敢"字问句出现于漳台两地，且情况各不相同。漳州市区不用反复问句，只用"敢"字问句。其下属各县中，诏安、云霄、东山仍普遍使用反复问句，不用"敢"字问句，其他县总体上看则是反复问句和"敢"字问句并存。虽然漳州我们列举了 10 个点，但反映的也只能是大致的情况，更深入的如东山内部也已开始被"敢"字问句侵入，市区、郊区还夹杂着反复问句等情况就没有得到体现。由于受篇幅限制，台湾地区我们仅列举 3 个点作代表，台北、台南、桃园所使用的闽南方言分别是传统上所说的偏泉腔、亦漳亦泉腔、偏漳腔。总之，闽台两地的实际使用情况远比此复杂，具体详见下文。

在闽台，上述 7 类"VP‐neg"型问句肯定项和否定项之间有时可以带上连词"抑（还是）"，甚至句末还可以出现语气词"啊"。当然，这也有一个习惯问题，带不带"抑"会因人而异。用不用"抑"，有的在说者看来两者并无区别；有的则被认为有语用上的差别，主要起强调作用。前带"抑"的否定词一律读本调。前不带"抑"的"无"，闽南三地一般读轻声，但如果是强调否定部分则读本调；台湾地区也往往读轻声，在某些时候也会读本调，但是年轻的受访者几乎一致读为轻声，甚至弱化到闭唇动作，或是元音。（王本瑛、连金发 1994 年[8]）前不带"抑"的"免"，除在漳州见到轻读外，一般都读本调。"免"和"唔免"的意思一样，除厦门岛外少数地方外，"唔"往往可以省略。其他不带"抑"的否定词一般都轻读。

有时，闽台两地人们会把 A 类中的"有"和 C 类中的"卜"省略，泉州有相当一部分人甚至把 B 类中的"会"省略，都变为"VP‐否定词"。省略以后，句末否定词只读轻声。

2. "VP‐neg‐V"型

此类主要见于谓语动词是"是"和"知影（知道）"之类判断、心理动词的反复问句：

（10）汝是大学生（抑）唔是？（你是不是大学生?）

（11）汝知影这件代志唔知？（你知不知道这件事?）

例（10）主要见于漳州，其他闽南语区常常是强调时才使用。例（11）主要见于厦门、台湾地区。

3. "VP‐neg‐VP"型

此类使用起来不自如，主要是受句法结构限制。如果 VP 的结构复杂、冗长，问话人表达时不但显得啰唆、吃力，而且会影响表达效果，因此用得不多。闽台两地往往是 VP 结构简单、词语少的反复问句用得多点，且主要是为了强调正反两面。例如：

（12）恁阿姊会来（抑）勿会来？（你姐姐会不会来？）

4. "V - neg - VP" 型

"V - neg - VP" 型在台湾地区出现得比较多。据汤廷池（1994 年）研究，在台湾地区，例（13）至例（15）a 式成立，b 式不成立。[9] 当然，这不是绝对的，其他说法我们也都听到过，如台湾地区也出现例（11）的说法。

（13）a 汝是唔是学生？ ＊ b 汝是学生唔是？（你是不是学生？）

（14）a 汝知影唔知影伊的名？ ＊ b 汝知影伊的名唔知影？（你知不知道他的名字？）

（15）a 汝爱唔爱汝的某？ ＊ b 汝爱汝的某唔爱？（你爱不爱你老婆？）

反观闽南地区，情况有所不同。根据我们的调查，在最容易向普通话靠拢的 "是" 字反复问句中，一般是年轻一代才使用 "V - neg - VP" 型，况且大多与 "VP - neg" 型或 "VP - neg - V" 型并存使用。只有少数人仅使用 "V - neg - VP" 型。有的地方，如厦门集美，此类问句已经蔓延到 "八" 字问句，但绝大多数人 "八" 字问句使用的还是 "VP - neg" 型。至于其他的反复问句，闽南目前还没有见到像台湾地区那样明显出现 "V - neg - VP" 型。

5. "neg - VP/NP - 抑 - y（- VP/NP）" 型

闽台两地一般情况下很少使用此类反复问句，只有在特殊的语境中某些人才会使用。

上述几对肯定词和否定词，都可以变换语序进入此类反复问句。例如：

（16）恁阿姊今日无去抑有（去）啊？（你姐姐今天到底去没去呀？）

（17）汝兮电话唔是即爻号码抑是（即爻号码）啊？（你的电话号码到底是不是这个？）

说者一般是在对方倾向于肯定某行为或事物时有疑而问的，如例（17）里的发问人是在对方确定是 "即爻号码" 时有疑而问。发问人语意急促时可省略肯定词之后的 VP 或 NP，反之不省略。不管省略不省略，句末常常要带语气词 "啊"。

6．"y‑neg（‑y）"型

此类问句在闽台两地的使用情况不尽相同。厦门、泉州和漳州部分地方有一个共同点，就是"有‑无""会‑勿会""卜‑唔/无""通/会使‑唔（通）/无/勿会""着‑唔（着）/无""是‑唔（是）/无"等这几对肯定词和否定词可以连用出现于句末构成附加问的现象越来越多。其中，"有‑无""会‑勿会"的配对使用在这三地最为一致。例如：

（18）汝借我十箍银，有无？（你有没有十块钱可以借给我？）

（19）汝共我买十斤面来，会勿会？（你帮我买十斤面条，行不行？）

而其他四对肯定词和否定词的配对使用情况不完全一致，具体情况见表 2。

表 2　闽南地区多数附加问句中肯定词和否定词的配对使用情况

地点 ＼ y‑neg	卜唔/无	卜唔	会使勿会/无通唔/无	通唔	着唔/无	着唔	是唔/无	是唔
泉州		+		+		+		+
厦门、漳州	+		+		+		+	

厦门还常常把"通唔""着唔"分别说成"通唔通""着唔着"，台湾地区也使用后者的说法。漳州市区及周边部分县很少使用表 2 里的各种说法，当地人通常把"是唔/无"说成"敢是"，把其他"y‑neg"表达为"敢好"。此外，"敢有""敢卜""敢会使"等说法也时有所见。这些说法有的已混入其他县中。台湾地区除了上述提及的外，通常把"是唔/无"说为"是无/是不是"，把其他"y‑neg"表述为"好无/好唔好"，有时候也使用"敢好"的说法。

三、闽南方言反复问句反映的语言事实

闽南方言的反复问句是我们透视闽南方言历史和现实的一面镜子，也是我们观瞻闽南方言语法内部纷繁复杂的一面镜子。概括起来，闽南方言反复问句反映了以下几个语言事实。

（1）闽南方言保留着非常古老的反复问句形式。关于何种类型的反复问句是最古老的，目前语言学界仍有纷争，较为普遍的说法是"VP‑neg"型反复问句。据张敏（1990 年）考察，"VP‑neg"型是先秦到南北朝，除了睡虎地秦墓竹简之外，唯一出现的反复问句类型。[10] 虽然目前

难以确认它是否是最古老的类型，然而这已足够证明其古老了。尽管闽南方言内部之间在使用反复问句中存在着不同程度的差异，但总体来说至今所使用的反复问句仍是"VP－neg"型占据主导地位。不仅闽南地区主要使用的是"VP－neg"型反复问句，而且连发展步伐较快的台湾地区用得最多的还是"VP－neg"型反复问句。因此，闽南方言当属"VP－neg"型方言。

（2）闽台闽南方言反复问句大同小异。之所以说大同，是因为两地闽南方言反复问句都是依靠动词或助动词的正反搭配来发问的；闽南三地方言反复问句的类型都完整地保留在台湾闽南方言里，且台湾闽南方言各类反复问句沿袭的多是闽南三地闽南方言的说法。这表明，厦、泉、漳闽南方言和台湾闽南方言是源和流的关系。之所以说小异，是因为台湾闽南方言反复问句和闽南三地闽南方言内部之间存在不同程度的差异，具体情况见下文。

（3）闽台闽南方言反复问句的发展状况不相一致。两岸同样都是在推广普通话（台湾地区称"国语"），但台湾地区推广的力度大于大陆。因此，台湾闽南方言反复问句向普通话靠拢的速度自然就快于闽南地区闽南方言。

（4）闽南三地方言反复问句的发展速度存在差异。泉州各县、市区方言的反复问句内部之间相当一致、相当稳固，保存古汉语的东西最多，受外界的干扰最少，"VP－neg"型牢牢地根植于百姓口中。厦门各地方言反复问句的差别主要是岛内和岛外的差别。岛内方言使用的反复问句比较单一，岛外方言则多种说法混杂，尤其是同安、集美方言更甚。总体上看，厦门方言反复问句既带有泉州方言反复问句的特点，又兼具漳州方言反复问句的特点，说厦门方言是泉州方言和漳州方言的融合在这里再次得到印证。两种方言在厦门方言竞争的结果是保留泉州方言的东西比较多。在闽南地区，发展最快的要算漳州方言的反复问句。漳州方言内部之间的反复问句发展不平衡，往往是越为偏僻、离市区越远的地方保留古老的东西越多，交通越发达、离市区越近的地方，其发展步伐越快。起先是引入"敢"字问句，以迈出向"可VP"型发展的第一步，接着是出现反复问句和"敢"字问句的混合式，再接下来是摆脱反复问句，壮大"敢"字问句和反复问句与"敢"字问句的混合式，最后完全发展为"敢"字问句。而发展速度最快的当属漳州市区，它已步入"可VP"型方言的行列。如果说闽南地区闽南方言是"VP‐neg"型方言有例外的话，那就是漳州市区方言。随着交通状况的改善、人们之间往来的增多，漳州市区新的语言形式已向周边地区渗透，并渐渐向偏远的地区延伸，由此造成了漳州下属各县存在多种不同的说法，使各县"可VP"问句呈现出阶梯式的发展格式。在周边各县中，年纪越轻，受市区影响越大，有些已完全被市区同化了。漳州方言所出现的"可VP"问句还随着赴台的漳州人传入了台湾地区。

（5）台湾闽南方言和厦门方言一样都是漳泉方言融合的结果，但两种方言反复问句的发展情况不同。由上述可知，厦门方言反复问句虽然吸收一些漳州方言的成分，但主要吸收的是它的一些如"会使（唎）"之类词汇成分，至于句法形式则主要是使用泉州方言的格式。这也是我们在厦门方言里见不到"可VP"型问句，而见到的是"VP‐neg"型反复问句的缘故了。台湾闽南方言的情况较为复杂。据洪惟仁先生（1992年）研究，在语音方面，台湾漳腔常混入泉腔，但泉腔则甚少混入漳腔。[11] 在反复问句方面，台湾闽南方言反复问句也是漳腔混入泉腔的多，泉腔混入漳腔的少。尽管偏漳腔和偏泉腔内部会有一些小差别，但是台湾各地闽南方言反复问句通行的说法相当一致，因此全岛反复问句保留的主要是漳腔的说法。至于"敢"字问句在台湾闽南方言的发展速度，则不及漳州地区。我们调查过来自台北、台南、高雄、桃园、苗栗、金门、嘉义、新竹等地的台湾同胞，仅有个别年轻人不使用反复问句，而全部使用"敢"字问句。来自泉腔区中有的仅使用反复问句，如果使用"敢"字发问，那是反问，不是中性问，甚至偏漳腔区的人也有此语感。其他大多以"VP‐neg"型为主，并不同程度地使用"敢"字问句，有些是反复问句和"敢"字问句并行，而且出现反复问和"敢"字问句的混合式，甚至这种情况也出现在台北地区的年轻人中。即使是同一地区同一年龄层，他们的使用情况也有差别。总体上看，在台湾地区还是"VP‐neg"型占主流，但"可VP"问句已渗透到泉腔区了。越是年轻，使用"敢"字问句的频率越高。

台湾闽南方言反复问句之所以会与厦门方言反复问句有如此的差异，大概是因为早期汇集厦门的泉州人和漳州人没有聚合而居，而是混杂而居，即使是聚居在一起，也是以泉州人居多，且泉州人的势力盖过漳州人，造成厦门方言保留泉州方言的语法成分较多。而迁居台湾地区的漳州人和泉州人，往往是一批一批过去的，一开始常常是集群而居，因而便有了漳腔区和泉腔区之分。但由于交通便利、商业往来、通婚等种种原因，导致人口不断流动，因而也形成了部分漳州人和泉州人混杂而居的局面。时至今日，虽然已经没有很纯粹的漳腔区和泉腔区，但偏漳腔区和偏泉腔区还是脉络分明的。据洪惟仁先生（1992 年）考察，到台湾地区的漳州人多处在交通比较发达的平原、山麓地带；到台湾地区的泉州人多分布于交通不便的海边、山区。[11] 交通发达的地区与外界往来势必比较频繁，交通不便的地区与外界往来势必比较稀少。可以想见，漳州人与外界接触的机会比较多，这样就很容易使漳州方言渗透到泉州方言等其他方言中。由此，漳腔的"可 VP"型问句渗透到泉腔里就不难解释了。而台湾闽南方言"可 VP"型问句的发展之所以慢于漳州方言，我们认为，应主要是泉腔在起牵制作用。

（6）闽南方言上述第五类反复问句出现的频率很低，以致很多人都没有此语感，在众多汉语方言中也不多见①。这是因为否定式居于肯定式之前，疑性太大，有不信任人的口吻，有违礼貌原则。与此相反，闽南方言反复问句中的肯定词有后移、与否定词一起置于句末的倾向，致使第六类附加问句出现的频率越来越高。闽南方言反复问句主要有能愿类、存在类、判断类。存在类中的肯定词后移到句末，有追究的意味，用得比较少。用得较多的是能愿类和判断类。判断类中的肯定词后移至句末，信度增大，疑度减小，语气比较和缓，容易使对方接受。肯定词居于"VP"前的能愿类内部又有两种情况：一是主要询问对方在能愿方面的情况，如"会"与"勿会"、"卜"和"唔"等的配对使用；一是要对方决定自己有没有必要那么做，如"通"与"唔"、"着"和"唔"等的配对使用。两者都取决于对方的态度，表面看起来好像是尊重对方，实则有时在对方难以取舍或有难言之隐时往往会给对方出难题。如果把句中的肯定词后移至句末与否定词构成反复问，不管是前者还是后者，此时都融入发问人主观请求、商量的语气，在态度上诚恳了许多。因此，肯定词后移也是礼貌原则在起作用。在这一点上，漳台闽南方言更前进一步，句末能愿类反复问逐渐向或已经向更具礼貌性的用语，如"敢好"或"好无"转化。

（7）方言口语语法随意性较大，这就给老百姓的创造性留下了广阔的空间。除非这种语言受外界的干扰少，自身的语法体系相当稳固，否则当

---

① 目前所见只有陕西华县话（黄伯荣 1996[15]）和粤客方言。后者材料由刘丹青先生提供，谨表示感谢。

语言发生接触时，老百姓肯定会受影响，只是所受的影响有大小之分而已。当我们问受访者，尤其是方言接触频繁的受访者这句问话该如何表达时，他们总是会滔滔不绝地说这有很多说法，怎么说都行。这时便会弄得你一头雾水，但当你再继续追问，往往也就能抓住他们中最常用的东西。尽管说法可能很多，但不同年龄阶层，甚至小到不同的个体，他们多多少少都有自己的习惯用法。有时，即使是同一语法格式，表达的语用意义也不一定相同。

四、漳台闽南方言反复问句向是非问句发展的规律及其发展成因

（1）以上分析显示，漳州和台湾闽南方言的反复问句系统已经出现分化、瓦解的现象，向是非问句系统发展的步伐是难以阻止的。具体来说，它正处于一个动态发展变化过程中，在共时平面上呈现出四个不同的发展阶段：

a. 反复问句、"敢 VP"问句并存。

b. 反复问句、"敢 VP"问句、"敢 VP‑neg"问句并存。

c. "敢 VP"问句、"敢 VP‑neg"问句并存。

d. 只用"敢 VP"问句。

从 a 到 d 是漳台闽南方言由反复问句向"可 VP"问句发展的整个过程。在 a、b、c 各个阶段中，并不是指反复问句系统里的每个类别都同时并存的，一开始总是先从某一个格式寻找突破口，然后渐渐扩散到其他类别。到了这最后一个阶段，也是由某一个格式逐渐向其他格式扩散。虽然漳州市区如今可算是"可 VP"型方言，但实际上还有"VP 未"反复问句几乎没有被"可 VP"问句侵入，"可 VP 未"仅偶尔出现。而市区周边各县虽还不算"可 VP"型方言，但有的或有些格式已发展为"可 VP"问句了。

同是闽南语系，为何漳台闽南方言反复问句发展的速度快，而泉、厦闽南方言反复问句发展的速度慢呢？这既有语言内部发展不平衡的原因，也有外部因素的影响所致。

（2）先来看看内因。"敢"字在闽台闽南方言里用得非常普遍、广泛，主要用法有：

①有胆量，有勇气：伊～行暗路（他敢走夜路）。

②表示有把握做某种事：我～说伊（他）会来。

③大概，或许，可能：伊～会去口面趁食（他可能会到外面去谋生）。

④表反问，岂敢，哪里，难道：伊赫否死，我敢讲伊（他那么刁蛮，我岂敢讲他）？

江蓝生（2000 年）指出"'敢'是个助动词，有'可、能、会'等义。早在上古，当'敢'出现在反问句时，就相当于'岂敢'……汉魏六朝时期，此用法仍在延续……我们认为助动词'敢'虚化为疑问副词是在反问句这种语境中形成的，即助动词'敢'位于动词之前，其位置与疑问副词相当；在反问句中，'敢'的语义与它原来的意义正相反，犹'不敢'，用疑问形式表示就是'安敢''岂敢'。由于这种句式的惯用，便使'敢'沾带上了反诘副词的意味，进而虚化为一个疑问副词。'敢'作疑问副词，最初以及多数场合下都表反诘，但如同既有岂₁、宁₁、可₁（表反诘）也就有岂₂、宁₂、可₂（表推度或中性询问）一样，'敢'也有中性询问的用法……"[7] 关于反诘问句向推度问句或中性问句的发展，江蓝生先生这样解释："反诘是用疑问的形式表示否定，疑问是虚，否定为实，当这种疑问形式不表示否定时，疑问就成了真性（中性）的，这样就由反诘引申为推度。"[7] 江先生的推理十分在理。泉州方言至今仍然保留着"敢"的反问用法，却没有向推度问句或中性问句发展，这是闽南方言保留早期汉语的又一佐证。江先生的观点表明，反问用法是"敢"向中性问句用法发展的前提条件。同样是具备了这样的前提条件，泉州、厦门方言"敢"字反问句没有继续向前发展，而漳台闽南方言"敢"字反问句却能发展为中性问句，这是闽南方言内部发展不平衡的表现。那么，漳台闽南方言"敢"字问句何时产生的呢？上述可知，台湾闽南方言"敢"字问句是由漳州方言传过去的。追溯漳州方言"敢"字问句产生的年代，自然也就知道台湾闽南方言"敢"字问句产生的年代。由于有关漳州方言的历史文献匮乏，我们无从考证漳州"敢"字问句用法产生的确切年代，但我们可以从其他方面来寻找其蛛丝马迹。

（3）台湾闽南方言的"敢"字问句是由漳州方言传入的，说明在传入台湾地区之前，漳州方言已经存在此类中性问句了。据史料记载，漳州大规模移民台湾是明清时期。郑成功带领三万人左右的部队驱逐荷兰侵略者，收复台湾，士将主要是漳、泉人民。据不完全统计，明代漳州人迁台人口大多是明郑时期（郑成功父子收复和开发台湾时期）迁去的。清代康熙、乾隆年间是漳州向台湾移民的最高峰期。台湾闽南方言漳腔大概在明郑时期就开始出现。所以，漳州方言"敢"字问句应该是在明郑时期之前，至迟是在乾隆时期之前就产生了。另据江蓝生（2000 年）的考察，较早出现"敢"字中性问句用法是北宋，明清时期渐渐退出汉语的舞台，其用法保留在方言里。[7] 这是可信的，因为根据吴福祥（1996 年）的研究，产生于晚唐五代的《敦煌变文》里的"敢"全是用于反诘问。[13] 我们猜测，漳州方言"敢"字问句当是宋代以后产生的，一开始数量很少。到了明代，漳州月港的兴盛使漳州与外界的往来日益频繁，同时明清时期漳州读书科举风气大盛。因此，漳州人当时接触明清文学一定不在少数。而表中性问句的"可$_2$"恰恰大量出现于明清白话小说里。由于类化的作用，"可"字中性问句的大量使用又反过来加速漳州方言"敢"字中性问句的发展。

五、漳台闽南方言反复问句向是非问句发展具有类型学意义

（1）综观汉语方言反复问句系统的发展历史，主要有两种情况：一是没有突破反复问句系统的结构而作的演变，这种情况不在本文的讨论之列；一是突破反复问句系统的结构而作的演变，即由反复问句向是非问句发展。后一种发展不是一蹴而就的，而是渐变的。具体地说，大致要经历4 个突破。首先是小突破，开始引入是非问句，但量少，处于弱势，反复问句占绝对优势；其次是与反复问句抗衡性的突破，此时非反复问句量大，与反复问句势均力敌；而后是大突破，是非问句占绝对优势，反复问句处于弱势；最后是彻底突破，是非问句完全取代反复问句。这4 种不同的突破在今天的漳台闽南方言反复问句与"敢 VP"问句的关系中得到完整的体现。

漳台闽南方言反复问句向是非问句的动态发展过程在今天的汉语方言中具有类型学上的意义。以前研究反问句大多是孤立地看待某一个结构，缺乏发展的眼光就会割裂该结构与其他结构千丝万缕的关系，乃至导致像朱德熙那样的"'可 VP'和'VP 不 VP'不能共存"说。漳台闽南方言反复问句向"敢"字问句的发展给我们的启示是，每个结构的形成都有一个发展链，在这个链中它不可避免地要与这个或那个结构发生这样那样的链接。这种链接本身就是一种竞争。也就是说，一种结构的发展必须受到语

言结构内部竞争机制的约束。当然，不同的语言或方言又有自己的个性，其发展可能是不平衡的。就像现代汉语方言反复问句系统向是非问句系统的发展，其内部也是不平衡的，有的发展速度快，有的发展速度慢。然而基本上都逃脱不了前面所列漳台闽南方言反复问句的 4 个发展阶段。这 4 个发展阶段其实就代表着 4 种不同的发展类型。在现有的研究成果中，我们发现现代汉语方言反复问句向是非问句的发展都能分别与这 4 种发展类型一一对号入座。属于 a 种情况的有安徽霍丘话、金寨话（李孝娴 2006 年[14]）等，都是"VP 不 VP"和"可 VP"并用。属于 b 种情况的有广东汕头话（施其生 1990 年[15]）、江苏扬州江淮话（黄伯荣 1996 年[12]）等，都是"可 VP"、"VP 不 VP"和"可 VP 不 VP"共存。属于 c 种情况的有安徽东流话、合肥话（朱德熙 1985[1]）等，都是"可 VP""可 VP 不 VP"并存。属于 d 种情况的有安徽蚌埠话、五河话（朱德熙 1985 年[1]）等，则都只有"可 VP"一种。这 4 种类型以 d 种情况居多，主要分布在吴语区、江淮官话区、西南官话区和北方方言部分地区。前 3 种共存的情况不多。这表明"可 VP"是非问句已经是一种发展比较成熟的问句了。

（2）仅在今天的方言里可以看到"可 VP"问句的发展脉络，追溯历史，我们也发现"可 VP"在历史上的发展轨迹和今天共存于各地方言的类型是相吻合的。

普遍认为最早的反复问句是"VP - neg"。

唐五代出现少量的"可 VP"式（江蓝生 2000 年[11]），更多的是"VP - neg"问句。此外，还有为数不多的"VP - neg - VP"问句。

宋以后，尤其是元明清时期，出现"可 VP"问句与"VP - neg"问句、"VP 不 VP"问句以及"可 VP - neg"问句、"可 VP 不 VP"问句共存的局面（刘子瑜 1998 年[16]；江蓝生 2000 年[7]；唐韵 2001 年[17]；张美兰 2003 年[18]）。总体上看，这一时期反复问句的基本形式还是"VP - neg"问句、"VP 不 VP"问句，尽管元明清时期出现相当数量的"可 VP"问句，"可 VP 不 VP"问句、"可 VP - neg"问句也分别开始出现于宋代、明代，但是"可 VP"到了清朝都还是一种处于发展中的不成熟的问句。

就目前所掌握的历史文献资料，我们还没有看到"可 VP""可 VP 不 VP"并存以及纯"可 VP"型问句这两种类型，它们分别是比较成熟的问句和已经成熟的问句。或许有，我们没发现。不过，历史的发展与现实的活语言交汇在一起。今天的安徽东流话、合肥话等方言和安徽蚌埠话、五河话等方言分别延续了历史的发展。

需要指出，上述 4 种突破与 4 个发展阶段并不是完全对应的。4 种突破是语言结构一般要遵循的普遍发展规律。但 4 个发展阶段是充分条件，不是必要条件，因此并不排除有例外出现。我们发现，漳州市区已是"可VP"型问句，这必然加速下属县向"可 VP"问句发展的进程，有些人尤其是年轻人受市区方言影响很大，接受能力特别强，省去中间的发展阶段也是可能的。

六、小结

闽台闽南方言的反复问句都可以分为"VP－neg"、"VP－neg－V"、"VP－neg－VP"、"V－neg－VP"、"neg－VP/NP－抑（还是）－y（－VP/NP）"和"y－neg（－y）" 6 大类，且大都以"VP－neg"型为主，以其他 5 类为辅。闽南地区闽南方言反复问句有不少共同点，但内部发展不平衡，分化现象明显。它和台湾闽南方言反复问句是源和流的关系。漳台方言不同程度地出现"敢"字问句。

在闽南三地方言中，泉州方言反复问句系统最为一致、最为稳固，绝大多数都是"VP－neg"型，其他 5 类比较少见，并没有出现"敢 VP"问句。漳州方言反复问句系统变化最快，"VP－neg"型不断萎缩，市区方言基本上已发展为"敢 VP"问句，并带动周边乃至偏远地区方言向或逐渐向"敢 VP"问句发展。厦门方言反复问句虽然是泉漳方言的混合，但吸收漳州方言的主要是词汇成分，而吸收泉州方言的主要是语法格式，因此也是"VP－neg"型占大多数。此外，"VP－neg－V"型、"VP－neg－VP"型较泉州方言用得多些。台湾闽南方言的各类反复问句沿袭的基本上是闽南三地闽南方言的说法，且通行的说法比较多。总体上看，台湾闽南方言大多以"VP－neg"型为主，其他 5 类中"VP－neg－VP"用得较多，"V－neg－VP"型有扩散的趋势。台湾漳腔和泉腔的反复问句在向"敢 VP"问句发展方面不像漳州方言和泉州方言那么泾渭分明，"敢 VP"问句已不同程度地侵入到泉腔区，而漳腔区"敢 VP"问句的发展速度也不及漳州地区。漳台两地都是年纪越轻，使用"敢"字问句的频率越高。闽台各地闽南方言"y－neg（－y）"型都有增多的趋势。

漳台闽南方言反复问句向"敢 VP"问句的演变具有类型学意义。它为我们探索汉语方言反复问句向"可 VP"问句发展的规律提供了活生生的范本。

附：闽台四地闽南方言"有、无、会"等词语的标音

	有	无	会	勿会	卜	喂	敢	通	会用	会使	会通	着	免	爱	使	是	未
泉州	u^{22}	bo^{35}	e^{22}	bu e^{22}	b^4	m^{22}	ka^{55}	thaŋ^{33}	e^{22}i ŋ^{42}	e^{22} sai^{55}	e^{22}t haŋ^{33}	tioh^{13}	bian^{55}	ai^{42}	sai^{55}	si^{22}	b^{42}
厦门	u^{11}	bo^{24}	e^{11}	bu e^{11}	beh^{32}	m^{11}	ka^{53}/kam^{53}	thaŋ^{33}	e^{11}i ŋ^{11}	e^{11} sai^{53}	e^{11}t haŋ^{33}	tioh^5	bian^{53}	ai^{21}	sai^{53}	si^{11}	be^{11}
漳州	u^{22}	bo^{12}	e^{22}	be^{22}	beh^{32}	m^{22}	ka^{53}/kam^{53}	haŋ^{44}/thaŋ^{44}	e^{22}i ŋ^{22}	e^{22} sai^{53}	e^{22} haŋ^{44}	tioh^{121}	bian^{53}	ai^{21}	sai^{53}	si^{22}	bue^{22}
台湾	u^{33}	bo^{24}	e^{33}	漳：be^{33}；泉：bu e^{22}	漳：beh^{21}；泉：bu eh^{21}	m^{33}	kam^{53}	thaŋ^{55}	e^{33}i ŋ^{33}	e^{33} sai^{53}	e^{33}t haŋ^{55}	tioh^{53}	bian^{53}	ai^{21}	sai^{53}	si^{33}	漳：bue^{33}；泉：be^{33}

参考文献

[1] 朱德熙：《汉语方言里的两种反复问句》，《中国语文》1985 年第 1 期。

[2] 余霭芹：《广东开平方言的中性问句》，《中国语文》1992 年第 4 期。

[3] 袁毓林：《正反问句及相关的类型学参项》，《中国语文》1993 年第 2 期。

[4] 李小凡：《也谈反复问句》，载胡盛仑主编：《语言学和汉语教学》，北京语言学院出版社 1991 年版。

[5] 游汝杰：《吴语里的反复问句》，《中国语文》1993 年第 2 期。

[6] 刘丹青：《苏州方言的发问词与"可 VP"句式》，《中国语文》1991 年第 1 期。

[7] 江蓝生：《近代汉语探源》，商务印书馆 2000 年版。

[8] 王本瑛、连金发：《台湾闽南语中的反复问句》，载曹逢甫、蔡美兰：《台湾闽南语论文集》，清华大学闽南语研讨会，1994 年。

[9] 汤廷池：《闽南话否定词的语意内涵与句法表现》，载《汉语词法句法五集》，台湾学生书局 1994 年版。

［10］张敏：《汉语方言反复问句的类型学研究》，北京大学博士学位论文，1990 年。

［11］洪惟仁：《台湾方言之旅》，前卫出版社 1992 年版。

［12］黄伯荣：《汉语方言语法类编》，青岛出版社 1996 年版。

［13］吴福祥：《敦煌变文语法研究》，岳麓书社 1996 年版。

［14］李孝娴：《固始方言"可 VP"问句考察》，《信阳师范学院学报》2006 年第 6 期。

［15］施其生：《汕头方言的反复问句》，《中国语文》1990 年第 3 期。

［16］刘子瑜：《汉语反复问句的历史发展》，载郭锡良：《古汉语语法论集》，语文出版社 1998 年版。

［17］唐韵：《〈元曲选〉宾白中的正反问》，《西南民族学院学报》2001 年第 7 期。

［18］张美兰：《〈祖堂集〉语法研究》，商务印书馆 2003 年版。

战国私玺中所见古代复姓及其源流考[①]

陈光田

　　许多年来，姓氏研究一直是学术界的热点话题。"姓氏"在现代社会生活中一般是指一个人的姓。其实，上古时期的姓和氏是两个不同的概念，二者存在较为严格的区别。郑樵曾云："三代之前，姓氏分而为二，男子称氏，妇人称姓。"又云："生民之本，在于姓氏。帝王之制，各有区分，男子称氏，所以别贵贱；女子称氏，所以别婚姻，不相紊滥。"[1] 王国维先生认为，姓与氏的区别在周代更为严格。他说："男女之别，周亦比前代较严，男子称氏，女子称姓，此周之通制也。"[2] 所以，商周时期的命氏是严格的，必须符合礼制的要求和规范。战国时期的古玺中，有不少姓氏私玺也可以印证当时命氏制度的严格性。

　　战国古玺一般是指战国时期的印章，包括官玺、姓名私玺和吉语格言玺等，是春秋战国时期政治制度、社会秩序剧烈变革的产物。在一定程度上，古玺印成为记录春秋战国时期列国发展和兴衰的重要载体。秦始皇统一中国以后，玺印才成为当权者用以表征权益的法物。[3] 春秋战国时期，虽然列国之间战争不断，但社会发展的步伐并没有因此而停止，个人或诸侯国之间的交往反而更频繁，玺印就成为人们进行社会活动的重要信物。姓名私玺除了具有表明个人的身份之外，还具有信物的功能。在众多的姓名私玺中，复姓玺是重要的组成部分，这些复姓有的到今天仍然存在，有的随着历史的发展已经湮灭不传。通过对《古玺汇编》及相关印谱中所见战国姓名私玺中的复姓玺进行一番系统的整理，并对其源流进行一番详细的考查，可以对古代姓氏发展的研究提供一些参考。大体来说，古代私玺中姓氏的命氏制度规则基本上是以国为氏、以官为氏、以邑为氏和以王父字为氏等为主。下面我们对在战国玺印中所见到的复姓根据其来源分别进

---

　　① 本文最早发表于《河南师范大学学报》2008 年第 2 期，收入本论文集时作者进行了必要的补充和修改。

　　作者简介：陈光田（1970—），山东临沂人，博士，教授，主要研究方向为古文字学和出土文献学。

行介绍。

一、以国为氏

西周建立以后，随着分封制的推行，出现了大量的诸侯国，从而出现"胙之土而命之氏"的情况，正所谓"有德之人必有美报，报之以土，谓封之以国名，以为之氏，诸侯之氏，则国名也"[4]。随着社会的发展，以国为氏的情况也日益复杂起来，概括起来主要有以下几种情况：第一，在外交礼仪场合，诸侯皆称国氏，如践土之盟中有晋重、鲁申、卫武、郑捷、莒期等（《左传·定公四年》）。第二，逃亡他国者也经常以国为氏，这种情况往往是因为公族成员在政治斗争中失败而逃亡他国，并居住于此，为了表示对故国的怀念或以明其族源所出，而以本国的国名为氏，如陈公子完为陈厉公之子，因陈国发生内乱而逃亡于齐，齐桓公使之为工正，世居于齐而称为陈氏。第三，卿大夫被封为诸侯之后，其邑氏亦可成为国氏，如公元前453年，韩、赵、魏三家分晋，其后人就以邑为国氏。古玺中所见复姓主要包括以下内容：

"夏侯"，夏侯氏。《通志·氏族略·以国爵为氏》云："姒姓，夏禹之后。至东楼公，封为杞侯。至简公，为楚惠王所灭。弟他奔鲁，悼公以他夏后，受爵为侯，因氏焉。"

"鲜于"，文献一般作"鲜虞"，本为春秋时期狄人建立的一个小国，其地在今河北境内，后被晋国所灭。《左传·昭公十二年》云："晋伐鲜虞。"《左传·定公三年》云："秋九月，鲜虞人败晋师于严中。"其后人以国为氏，或以为鲜于氏属于以邑为氏。《风俗通·姓氏》云："周武王封箕子于朝鲜，其支子仲食采于鲜于，因以鲜于为氏。"也有以鲜虞（于）为名者，文献中有载。《左传·襄公二十三年》云："齐侯伐卫，以申鲜虞之子傅挚为申驱之右。"我们认为二者并不矛盾，它们可能属于两个不同的来源。

"淳于"，原为国名，其地在今山东安丘，战国时为齐之属国。淳于，复姓。《通志·氏族略·以国为氏》云："淳于氏，亦曰州公，姜姓。"《风俗通·姓氏》云："春秋时小国也。桓五年不复其国，子孙以国为氏。"

"九矦（侯）"，玺文第一字旧不识，应释为九。[5] "九"当为古国名，其地在今河北临漳。《史记·殷本纪》云："以西伯昌、九侯、鄂侯为三公。"裴骃集解引徐广曰："邺县有九侯城。"

　　复姓私玺中以国为氏者的数量不是太多，我们怀疑战国时期由于诸侯国之间的兼并，战争不断，昔日众多的小国已经所剩不多，而且有的可能为避免因使用昔日的旧姓而遭到迫害，于是改为其他姓氏。

二、以官为氏

　　以官为氏就是以祖先的官名为氏，这种情况多适用于异姓卿大夫。正如《左传·隐公八年》所云：“官有世功，则有官族。”世袭某一官职在西周时期比较普遍，见于周代金文记载的，如《士上尊》中有士上，周成王时为周之大士；西周中期的《士父钟》中有士父、《克钟》中有士舀，周夷王时任大士；《貉子卣》中有士道，为康王时的大士。该族之人在西周时期曾世代担任周王朝的大士，故以士为氏。春秋以后，世官制度逐渐被打破，由于战争频繁，出现了一大批因立战功而被授予官职的人，从而出现了新的以官为氏的情况，即以功绩命官氏。也许正因为如此，古玺中以官为氏的复姓显得相对比较多。

　　“司马”，司马氏。《通志·氏族略·以官为氏》云：“重黎之后，唐、虞、夏商代掌天地。周宣王时，裔孙程伯休父为司马，克平徐方，赐以官族，为司马氏。其后世或在卫，或在赵，或在秦。”

　　“司寇”，司寇氏。《元和姓纂（二）》引《世本》云：“卫灵公之子公子郢之后也。”

　　“司徒”，司徒氏。《通志·氏族略·以官为氏》云：“帝王世纪曰，舜为尧司徒，支孙氏焉。卫有司徒瞒成，宋有司徒边卬，陈有司徒公子招，其后皆为司徒氏。”

　　“司工”，司工氏，即司空氏。《通志·氏族略·以官为氏》云：“禹为尧司空，支孙氏焉。尧后有隰叔，孙士荐为晋司空，亦因氏焉。晋大夫胥臣号司空季子，又有司空靖、司空督，惟晋官备司空，余国无之，言司空氏者系出于晋。”

　　“右行”，右行氏。《通志·氏族略·以官为氏》云：“晋屠击将右行，因氏焉。晋右行贾华，右行辛为司空。”

　　“公族”，公族氏。《史记·晋世家》云：“晋‘成公元年，赐赵氏为公族’。”《通志·氏族略·以官为氏》云：“公族，大夫也。以官为氏。”

　　“公师”。公师本是战国时期掌管冶造事务的工官，公师氏当属以官为氏。《竹书纪年》云：“越王使公师隅来献乘舟。”

"相里"，相里氏。《通志·氏族略·以官为氏》云："咎繇之后为理氏，商末，理征孙仲师，遭难去'王'为'里'，至晋大夫里克，为惠公所戮，克妻司城氏携少子季连，逃居相城，因为相里氏。"

"乘马"，乘马氏。《广韵》马字下注云："《沟洫志》有谏议大夫乘马延年。"从文献记载和玺文来看，战国时期已经有乘马氏。该氏之来源当与管理车辆、马匹的职官有关。

"马师"，马师氏。《通志·氏族略·以官为氏》云："马师氏，郑穆公之孙公孙鉏为马师，因以为氏。子羽之孙羽颉为马师，亦氏焉。"

"公（工）上"，本义是指官府。《汉书·杨恽传》云："是故身率妻子，勠力耕桑，灌园治产，以给公上。"后用为复姓，《汉书·高惠高后文功臣表》有公上不害，古玺中"公上"或作工上。

从总体上来看，战国时期因社会长期处于动荡变革之中，以官为氏的现象在这一时期比较普遍地出现。古玺中所见到的以官为氏者只是其中的一部分，在当时的文献典籍中也有很多以官为氏者。

三、以王父字为氏

以王父字为氏的情况当属于周代出自公室的贵族，是最典型的一种命氏方法。《礼记·丧服》云："诸侯之子称公子，公子之孙称公孙。"公子、公孙属于公族成员，在通常情况下不分族而另立新氏，但公孙之子因"其亲已远，不得上连于公"①。所以，便以王父字为氏，与公族脱离，分族另立。这种现象在古玺中也有充分体现，如"窒（室）孙□"（3937②）、"窒（室）孙丘"（3938）；"公孙□"（3912）、"公孙只"（3914）、"公孙正孙□鉢（玺）"（3939）；"公孙□"（3916）、"公孙□"（3917）、"公孙□"（3918）；"正孙□鉢（玺）"（3939）；"长孙得"（3933）；"王孙生怀"（3929）；"方正□芝"（3749）；"夕孙□"（《分域》230）[6] 等。

子孙以王父字为氏，反映了周代社会公孙为祖父继体的习俗。从历史发展的角度来说，当时在宗庙祭祀中，昭穆的排列次序，往往是祖与孙同为昭或穆。在祭祖时，是以孙为王父尸，而不是以子为父尸。究其原因，

---

① 见于《礼记·大传》。
② 括号中的数字为该玺在《古玺汇编》中的编号。

它是"君子抱孙不抱子"①这一古老风俗的反映。这种风俗可以追溯到母系氏族社会时期。当时，在两个互相通婚的氏族中，由于子女皆从母系，不从父系，所以子女出生后均留在母亲的氏族内。子女往往只知其母不知其父，父子属于不同的氏族。对父亲而言，子也不与其父亲同一氏族，而其父与其子则在同一氏族，即祖孙同族。在母亲的血缘上属于同系亲属，父亲则被排斥到旁系，这就造成了祖孙的相亲性。周代的公孙之子以王父字为氏正是母系氏族社会这种遗风的体现。

四、以邑为氏

西周以降，随着分封制的推行，在畿外形成了数量可观的畿外诸侯，在畿内则形成了大批的畿内采邑。畿外诸侯以国为氏，而畿内采邑则以采邑为氏。一般来说，畿内采邑就是王畿内的诸侯国，它们是天子赐予在王朝任职的卿大夫或未任职的王室懿亲的封地。春秋战国时期，随着诸侯国之间兼并战争的频繁发生，出现了一批军功贵族，他们从国君那里得到采邑的封赏，采邑主在受封之后，邑名则很自然地成为其家族之姓氏。复姓古玺中有不少就属于以邑为氏者。

"臧孙"，臧孙氏。《通志·氏族略·以邑为氏》云："臧孙氏，姬姓，鲁公子彄食邑于臧，其后谓之臧孙。"

"甘士"，甘士氏。《通志·氏族略·以邑为氏》云："甘士氏，周甘平公为王卿士，因氏焉。"

"闾丘"，闾丘氏。《通志·氏族略·以邑为氏》云："闾丘氏，齐大夫闾丘婴之后，或单言闾氏，从省文也。后改为卢氏。"

"公户"，公户氏，《汉书·儒林传》中有礼官大夫公户满意。颜师古注曰："姓公户，名满意也。"公户亦写作公扈，《广韵·东韵》"公"字下有"公扈"氏。《公羊传·昭公三十一年》云："公扈子者，邾娄之父兄也。"何休注曰："公扈，氏也。"

"令狐"，令狐氏。《通志·氏族略·以邑为氏》云："春秋晋毕万之后魏颗，食采令狐，为令狐氏。"

"高堂"，高堂氏。《通志·氏族略·以邑为氏》云："高堂氏，齐公族也。齐卿高敬仲食采于高堂，因氏焉。"

---

① 见于《礼记·曲礼上》。

"太叔"，郑武公之子共叔段曾谓京城太叔，复姓。《左传·隐公元年》云："请京，谓之京城太叔。"

"戏阳"，戏阳氏。《通志·氏族略·以邑为氏》云："晋邑也，旧属卫，今相州安阳县永和镇东二十五里戏阳城。"

"五鹿"，五鹿氏。《通志·氏族略·以邑为氏》云："五鹿氏，姬姓。"《风俗通·姓氏》云："卫邑也，晋公子重耳，封舅犯于五鹿，子孙氏焉。"

"上官"，上官氏，源出于楚。《通志·氏族略·以邑为氏》云："楚王子兰为上官邑大夫，因以为氏。"《广韵》官字下注："楚庄王少子为上官大夫，以上官为氏。"

"枯（苦）成"，枯、苦古音同，枯成氏，即苦成氏。《国语·晋语》云："晋郤犨食采苦成，有因以为氏。"枯成乃复姓。《通志·氏族略·以邑为氏》云："苦成氏，姬姓，郤犨别封于苦，为苦成子。"

"邯郸"，邯郸氏。《通志·氏族略·以邑为氏》云："嬴姓，晋赵盾从父昆子弟曰赵穿，食邑邯郸，因以为氏。"

"马是（氏）"在古玺中一般为合文形式，"是"当为"氏"字的假借。《通志·氏族略·以邑为氏》云："马氏，即马服氏，嬴姓。伯益之后，赵奢封马服君，因以为氏，或去服为马。"

古玺中的以邑为氏者，当为西周时期分封制的孑遗，春秋战国时期由于采邑的大量出现，形成了诸多以邑为氏者。这种命氏方法在形成过程中几乎没有任何制度加以约束，所以，造成了以邑为氏的纷繁性和复杂性的特点。

五、以地为氏

以地为氏也就是以自己祖先的居住地为自己的姓氏。这种情况的出现应该比上述集中的命氏方法相对较迟一些。

"少曲"，玺文第二字旧不识，应释为曲。[7] 少曲本为地名。云梦睡虎地秦简《编年记》云："（秦昭王）四十二年，攻少曲。"整理小组注曰："少曲，韩地，今河南济源东北少水弯曲处。"

"申屠"，申屠氏。《通志·氏族略·以地为氏》云："申屠氏，姜姓，周幽王申后申侯之后，支子居安定屠原，因以为氏；一说申徒狄，夏贤人，后音转，改为申屠氏。"文献中"申屠"也作"申徒""信都"等，皆为同音假借。

"白杨"，白杨为地名，但文献无载，具体地望待考。汉印中有白羊氏，二者当属同宗。

"胡匋"，胡匋为地名，具体地望待考。汉印中有"姑陶"氏，其实就是胡匋。

"诸余"，古山、水名。《山海经·北山经》云："又北三百八十里曰诸余之山，其上多铜玉，其下多松柏。诸余之水出焉。"该姓应属以地为氏。

"空侗"，空侗氏。《通志·氏族略·以地为氏》云："世本云，子姓，盖因空同山也。"罗振玉在《玺印姓氏征》中亦云："《史记》，商本子姓，其后分封，以国为氏，故有空侗氏。"《史记·赵世家》云："赵襄子其后娶空侗氏，生五子。"

"东乡"，东乡为地名，具体地望待考。先秦文献中没有东乡氏，古玺中的东乡氏可以弥补史料之阙。《古今姓氏辨证》云："汉有并州护军东乡子琴。"

"东野"，东野本为地名。《左传·定公五年》云："六月，季平子行东野。"注曰："东野，季氏邑。"东野氏，当属以地为氏。《庄子·达生》中有东野稷。

"东郭"，东郭氏。《通志·氏族略·以地为氏》云："姜姓，齐公族，桓公之后也。"

"吾（虞）丘"，吾丘为古代地名，亦作虞丘，具体地望待考。战国时期的中山国有吾丘鸠。《左传·襄公十六年》云："虞丘书为乘马御。"

"城圌"。《通志·氏族略·以字为氏》云："凡氏于事者，城、郭、圌、池皆姓也。"《通志》所载有点可疑，我们认为"城圌"可能是以地为氏。

"安次"，安次为地名，具体地望待考，先秦时期属齐。汉代有安次县，属渤海郡。

"东里"，东里氏。《通志·氏族略·以地为氏》云："姬姓。郑大夫子产居东里，因氏焉。"

"东方"，东方氏。《通志·氏族略·以地为氏》云："伏羲之后。帝出于震，位主东方，子孙因氏焉。"

"西方"，西方氏。《姓苑》云："少昊金天氏位主西方金，因氏焉。"

"新成（城）"，新成当读作新城，地名，具体地望待考。《左传·文公三年》云："晋侯伐秦，围新城。"新城氏当属以地为氏。周初韩国，平王时为晋所灭，战国时属魏少梁邑，其地在今陕西。

"句犊（渎）"，玺文第一字旧不识，当释为"句犊"，读作句渎，即《左传·桓公十二年》的"句渎之丘"。"句渎"用为复姓，当是以地为氏。

"丌（綦）母"，"丌母"即文献中的"綦毋"，綦毋为复姓。《风俗通·姓氏》云："綦毋，姓。"《左传·成公二年》："晋有綦毋张。"

"马帝（适）"，玺文"帝"应读为适，马适为地名，具体地望待考。古玺中的马适氏从风格看均属于晋系，这说明马适氏早在战国时期就生活在晋地。《汉书·功臣表》中有马适育。

"阳诚（成）"，阳城氏即阳成氏。《风俗通·姓氏》云："春秋时期，晋国有隐士阳成胥梁。"

"西阂（门）"，玺文"阂"当读作门，西门为地名。《通志·氏族略·以地为氏》云："郑大夫居西门，因氏焉。"

"南郭"，南郭氏。《古今姓氏书辨证》云："出自齐大夫，居于南郭，因氏焉。"《左传·哀公六年》云："阳生驾而见南郭且于。"《宣公十七年》有南郭偃。《庄子·齐物论》中有南郭子綦。《韩非子·内储说上》中有南郭处士等。

"在（菑）丘（邱）"，在丘或读作淄（菑）丘（邱）。[8]菑丘氏，《通志·氏族略·以地为氏》云："淄邱氏，《英贤传》齐勇士淄邱许。"

"疋（胥）于"，疋于为地名，具体地望待考。疋于氏，即汉印中的复姓"胥于"。[9]

"东谷"，东谷为地名，汉印中有东谷广德等。东阳氏和下池氏，东阳、下池本均为地名，但文献无载，具体地望待考。

古代以地为氏者比较常见，它与以邑为氏者之间最大的不同在于，前者是根据自己祖先的居住地所定，后者是根据自己受封的采邑而定。一般来说，以邑为氏者的地位和身份均比以地为氏者要高一些。

六、其他命氏者

除了以上所述的命氏方式外，古玺中还有一些其他的命氏方式，由于它们的数量不大，故把它们放在一起讨论。这些命氏方式主要有以下几种。

（1）以爵命氏。这种命氏方式即以祖先曾经所任的爵位为自己的姓氏。

"成公氏"。《通志·氏族略·以爵谥为氏》云："成公氏，卫成公之后，以谥为氏。"

"公乘氏"。《元和姓纂》云："公乘，古爵也，子孙氏焉。"《通志·氏族略·以爵为氏》云："古爵也。久居是爵者，子孙氏焉。"

（2）以乡为氏。所谓以乡为氏，就是以祖先曾经居住的乡为氏，如"胡女（毋）"（3569）。玺文前两字旧不识，或释为胡女，读作胡毋，又作胡母。胡母，复姓，《通志·氏族略·以乡为氏》云："妫姓。齐宣王封母弟于母乡，其乡本胡国，因曰胡母氏。"

（3）以名为氏。所谓以名为氏，就是以祖先曾经使用的名字为氏。

"无咎"，古人有以"无咎"为名者。《左传·成公十七年》云："齐高无咎出奔莒。"《左传·襄公二十七年》云："东郭以孤入，曰棠无咎，与东郭偃相崔氏。"

"咎单"，咎单本系商汤之臣，凌迪知《万姓统谱》有复姓"咎单"，并谓源出汤臣咎单氏。《通志·氏族略·以名为氏》云："'咎单'氏，为以名为氏。"

"夷吾"，夷吾氏。《通志·氏族略·以名为氏》云："夷吾氏，姬姓。晋惠公名夷吾，怀公继之，不享其位，其后支庶以名为氏也。"汉印中有"夷吾遂"等。

七、结语

总体来说，中国古代姓氏的命氏方法是复杂的，以国为氏、以王父字为氏、以官为氏和以邑为氏这4种是周代最基本的命氏方法。后来《风俗通》又归纳出5种，《通志·氏族略》则归纳出28种命氏方法。这些众多的命氏方法中大部分并非周代之制，而是后人衍生而成。虽然有的氏在周代已经出现，但并未形成系统的制度，只能看作是某种变例，以作为周代4种命氏方法的补充。随着社会的发展，有的姓氏已经湮灭不传，有的也分离出其他姓氏，但无论怎么变化，几乎所有的姓氏均可以通过考查追寻到它的源头。所以，我们所见古玺中的复姓大多属于正统的命氏方法，或从中衍生而成，而那些相对生僻或文献所载甚少的复姓，当属于那个特殊社会时段的产物。通过对其源头的考证，可以为古代命氏方法或社会风貌等方面的研究提供较为重要的参考。

参考文献

[1] 郑樵撰、王树民点校：《通志》（二十略），中华书局 1995 年版。

[2] 王国维：《殷周制度论》（观堂集林卷十），中华书局 1959 年版。

[3] 罗福颐、王人聪：《印章概述》，三联书店 1963 年版。

[4] 孔颖达著、李学勤编：《春秋左传正义》，北京大学出版社 1999 年版。

[5] 施谢捷：《〈古玺汇编〉释文校订》，载《容庚先生百年诞辰纪念文集》，广东人民出版社 1998 年版。

[6] 庄新兴：《战国玺印分域编》，上海书店出版社 2001 年版。

[7] 李零：《战国鸟书箴铭带钩考释》，载《古文字研究》第 8 辑，中华书局 1983 年版。

[8] 施谢捷：《古玺复姓杂考（六则）》，载《中国古玺印学国际研讨会论文集》，香港中文大学文物馆 2000 年版。

[9] 朱德熙、裘锡圭：《战国文字研究（六种）》，《考古学报》1972 年第 1 期。

战国秦汉出土简帛的词典学价值①

杨志贤

20 世纪 70 年代以来，不断有新的大宗的简牍帛书出土，所包含的内容十分丰富，包括六艺、诸子、诗赋、兵书、数术、方技和法律文书等。这些资料在词典学上有很高的价值。

一、语料丰富，所属时代明确

秦汉传世文献相对较少，内容也比较狭隘，而"出土的简牍帛书中有许多是历史上已经佚失的古籍，这些已经佚失的古籍极大地丰富了先秦两汉古籍的内容，扩充了先秦两汉古籍的内涵，如在出土的简牍帛书中，有关数术方技类的书籍所占比重很大，这是当时书籍情况的真实反映"[1]。战国秦汉出土的简牍帛书材料众多，既有狭义的书籍，也有文书档案，内容十分丰富，包括六艺、诸子、诗赋、兵书、数术、方技和法律文书等。其中，大宗的就有长沙马王堆汉墓帛书、上海博物馆藏楚简、湖北荆门郭店楚简、山东临沂银雀山汉墓竹简、湖北江陵张家山汉墓竹简、湖北云梦睡虎地秦简等，包含丰富的语料。再者，这些语料所属时代明确，没有经过后人的改动，基本上反映了当时语言的实际状况，可以保证词条、书证时代的准确性。这有利于提高词典编撰的准确性、科学性。

二、补充新的词条

出土文献中有一些词语不见或少见于传世文献，可能是因为传世文献多少经过了后人改动的缘故。这些词语可以为词典的编撰补充、提供新的词条。兹举例如下：

（大）莫嚣、连嚣：

---

① 本文最早发表于《东南学术》2009 年第 3 期，收入本论文集时作者对其进行了必要的修改和增补。

作者简介：杨志贤（1972—），女，福建漳州人，博士，副教授，主要研究方向为古代汉语。

王廷於蓝郢之游宫，女命（令）大莫嚣屈昜为命。（包山简7)[2]

缶莫嚣。（包山简177)[3]

新官连嚣。（包山简6)[4]

按：传世文献有"莫敖""连敖"的记载，皆为古代楚国的官名。《左传·桓公十一年》："楚屈瑕将盟贰轸，郧人军於蒲骚……莫敖患之。"杜预注："莫敖，楚官名，即屈瑕。"《战国策·楚策一》："威王問於莫敖子華曰：'自從先君文王以至不穀之身，亦有不爲爵勸，不爲祿勉，以憂社稷者乎？'"《史记·淮阴侯列传》："信亡楚歸漢，未得知名，爲連敖。"裴駰集解引徐广曰："典客也。"司马贞索隐引张晏曰："司馬也。"

亦有"莫嚣""大莫嚣"的记载。《汉书·五行志》："《左氏传》桓公十三年，楚屈瑕伐罗……还谓其驭曰：'莫嚣必败。'"颜师古注曰："屈瑕，即莫嚣也……莫嚣，楚官名也。字或作敖，其音同。"《汉书·曹参列传》："凡下二国，县百二十二，得王二人，相三人，将军六人，大莫嚣、郡守、司马、侯、御史各一人。"如淳注曰："嚣，音敖。"

敖、嚣，古音皆为疑母宵部，音同相通，古书中亦常通用。朱骏声《说文通训定声·小部》："敖，又为嚣。《荀子·强国》：'百姓讙敖。'"又《潜夫论贤难》："诗云：无罪无辜，谗口敖敖。"汪继培注曰："十月之交。敖敖，今诗作嚣嚣。"故"莫嚣""连嚣"亦即"莫敖""连敖"，《汉语大词典》收"莫敖""连敖"，未收"莫嚣""连嚣"，可据以补之。

敖童：

匿敖童，及占癃不审，典、老赎耐，百姓不当老，至老时不用请，敢为酢（诈）伪者，赀二甲。（《睡虎地秦律杂抄》三一)[5]

可（何）謂"匿戶"及"敖童弗傅"？匿戶弗徭（繇）、使，弗令出戶賦之謂（也）。（《睡虎地法律答问》一六五)[6]

整理小组于"敖童"义未明释。

按：敖，有"逸遊"之意。"敖童"即指"逸遊在外的成童"。《汉书·食货志上》："圣王量能授事，四民陈力受职，故朝亡废官，邑亡敖民，地亡旷土。"颜师古注曰："敖，谓逸游也。"古时男子15岁以上未冠者，称为成童。据《睡虎地秦墓竹简·编年记》记载可知，秦代规定男子满 17 岁应傅籍，年龄还属于成童的范围。从上引《法律答问》中的"敖童弗傅"来看，"敖童"之"童"指的是已满 17 岁应该傅籍的成童。应该傅籍而未傅籍，故称之为"敖童"。敖、傲，古谐声相通，皆为疑母宵部，古书中亦常通用，朱骏声《说文通训定声·小部》"敖"字下多有收录，故"敖童"即为"傲童"。《汉语大词典》收"傲童"，释为"遨游的儿童"。引汉代贾谊《新书·春秋》的例子："鄹穆公之死，百姓若失慈父……傲童不謳歌，春筑者不相杵。"未收"敖童"一词，可据以补之。

乘马：

> 乘马驲。（曾侯乙简 167）[7]

裘锡圭、李家浩《曾侯乙墓竹简释文与考释》："此'乘马'为职官名。《左传》成公十八年'程郑为乘马御，六驯属焉，使训群驺知礼'，杜预注：'乘马御，乘马之仆也。'疑简文'乘马'与此'乘马御'相当。"[8]

按：此"乘马"可能是驯马官。《汉语大词典》等未收此词条，可据以补之。

離邑：

> 县啬夫若丞及仓、乡相杂以印之，而遗仓啬夫及离邑仓佐主稟者各一户以气（饩），自封印，皆辄出，餘之索而更为发户。（《睡虎地秦律十八种》二一）[9]

整理小组注："離，附屬，離邑即屬邑，指鄉，《說文》：'鄉，國離邑。'"

按：《说文》"國離邑"即都城近边之邑。"离邑"在古书中又称为"离乡"。《墨子·备城门》："城小人众，葆离乡老弱国中及也（他）大城。"意思是说城小人多不好守，应遣其老弱保于都城及其他大城之中。《汉语大词典》未收此词条，可据以补之。

度縣：

> 啬夫免，效者发，见杂封者，以隄（题）效之，而复杂封之，勿度县，唯仓自封印者是度縣。（《睡虎地秦律十八种》二三）[10]

整理小组注："度縣，稱量。"

按：度，即"计量"，如《大戴礼记·五帝德》"度四方"。王聘珍解诂："度，计量也。"《新唐书·辛替否传》："今計倉廩，度府庫，百僚共給，萬事用度，臣恐不能卒歲。"縣，亦是"称量"之意，如汉王充《论衡·答佞》"權衡之縣輕重也"。《汉书·刑法志》："曰縣石之一。"颜师古注引服虔曰："縣，称也。"盖古代计算仓廩府库所囤积的粮食货物，往往是丈量体积与称量重量并行。《汉语大词典》未收此词条，可据以补之。

将司：

> 葆子以上居赎刑以上到赎死，居於官府，皆勿将司。（《睡虎地秦律十八种》一三五）[11]

整理小组注："將司，监管。"

按：将，意为"控制、约束"。《汉书·兒宽传》："寬爲人温良，有廉知自將，善屬文。"司，意为"掌管、主管"。《书·高宗肜日》："嗚呼！王司敬民，罔非天胤，典祀無豐于昵。"故"將司"意为"监管、掌管"，此用法亦见于传世史书。《宋史·卷一八八》："欲仍依旧法，及诸军除转排补，并隶将司，州县无复辄预。"《汉语大词典》未收此词条，可据以补之。

赿張：

> 轻车、赿张、引强、中卒所载傅（传）到军，县勿夺。（《睡虎地秦律杂抄》八）[12]

整理小组注："赿张，用腳踏張的硬弩。《說文》：'漢令曰：赿張百人。'古書也寫作蹶張。"

《说文》："赿，距也。"距，即抵也。《大戴礼记·诰志》："蛰兽忘攫，爪鸟忘距。"王聘珍解诂："距者，爪相抵也。""赿張"，即以脚抵踏硬弩。简文中用为名词。古汉语名、动一体常见。"赿張"，《史记》《汉书》亦作"蹶張"。《史记·张丞相列传》："申屠丞相嘉者，梁人，以材官蹶張從高帝擊項籍，遷爲隊率。"如淳注曰："材官之多力，能脚蹹强弩張之，故曰蹶張。"《汉语大词典》收"蹶張"，未收"赿張"，可据以补之。

衝術：

> 有贼杀伤人衝术，偕旁人不援，百步中比墅（野），当赀二甲。（《睡虎地法律答问》一〇一）[13]

整理小组注："衝術，……意为大道。"

按：衝、術皆有"大道、交通要道"的意思。《左传·昭公元年》："子南知之，執戈逐之。及衝，擊之以戈。"杜预注："衝，交道。"又《说文·行部》："術，邑中道也。""衝術"同义并用组合成词，亦见于《墨子·号令》"吏各从四人，以行衝術及里中"。《汉语大词典》未收"衝術"，可据以补之。

三、补充新的词义

出土文献中的一些词义不见或少见于传世文献，往往为词典编撰者所忽视，可据以补之。

令：

> 廷行事有罪当（迁），已断已令，未行而死若亡，其所包当诣（迁）所。（《睡虎地法律答问》六〇）[14]

整理小组注："已斷已令，即《漢書·刑法志》的'已論命'，注引晋灼云：'命者，名也，成其罪也。'意思是已經判决。"

按：斷、令，可能为当时的法律用语。又《论衡·程材》曰："法令比例，吏断决也。"此可为证。《汉语大词典》于"令"条下未收"判决"义，可据以补之。

见：

> 十人，车牛一两（辆），见牛者一人。（《睡虎地秦律十八种》七二）[15]
>
> 一室二人以上居赀赎责（债）而莫见其室者，出其一人，令相为兼居之。（《睡虎地秦律十八种》一三七）[16]

按：上引简文中的"见"均有"照看、照管"的意思。《汉语大词典》未收此义，可据以补之。

任：

> 叚（假）而有死亡者，亦令其徒、舍人任其叚（假），如从兴戍然。（《睡虎地秦律十八种》一〇一）[17]

按：任，意为"负责"。《汉语大词典》未收此义，可据以补之。

居：

> 其弗能入及赏（偿），以令日居之，日居八钱。（《睡虎地秦

律十八种》一三三)[18]

按："居"，"抵偿"之意。简文意思是"以劳役抵償债务"。《汉语大词典》未收此义，可据以补之。

出：

> 人奴妾（繫）城旦舂，貣（贷）衣食公，日未备而死者，出其衣食。（《睡虎地秦律十八种》一四二)[19]

按："出"，意为"注销"。《汉语大词典》未收此义，可据以补之。

遂：

> 豹雜（遂），不得，赀一盾。（《睡虎地秦律杂抄》二六)[20]

整理小组注："遂，《说文》：'亡也。'即逃掉。"《汉语大词典》未收此义，可据以补之。

數：

> 甲徙居，徙數谒吏，吏环，弗为更籍，今甲有耐、赀罪，问吏可（何）论？耐以上，当赀二甲。（《睡虎地法律答问》一四七)[21]

整理小组注："數，戶籍。"

按：史书有"名數"一词，意为"名籍、戶籍"。《史记·万石张叔列传》："元封四年中，關東流民二百萬口，無名數者四十萬。"司马贞索隐引颜师古曰："無名數，若今之無戶籍。"盖"名""數"同义并用。《汉语大词典》于"數"条下未收此义，可据以补之。

乘：

> 以乘马驾私车而乘之，毋论。（《睡虎地法律答问》一七五)[22]

按：据简文，"乘之"之"乘"是"载"的意思。此义亦见于传世古书。《左传·桓公十八年》："使公子彭生乘公，公薨于车。"洪亮吉诂引蔡邕《独断》曰："乘，犹载也。"《大词典》未单独收此义项，但有"佛教比喻能运载众生到达解脱彼岸的种种教法，如言小乘、大乘等"。盖"乘"先有"载"义，后才为佛教所借用，应单独立一义项。

四、弥补传世文献语料的不足，补充或提前书证

秦汉传世文献相对较少，内容也比较狭隘，出土简帛古书及文书档案可弥补传世文献语料的不足，补充或提前书证。

假子：

> 今叚（假）父盗叚（假）子，可（何）论？当为盗。（《睡虎地法律答问》一九）[23]

整理小组注："假父、假子，義父、義子。"

按：《汉语大词典》"假子"条下引《三国志·魏志·任城威王曹彰传》例，书证可提前至秦代。

見知：

> 甲盗不盈一钱，行乙室，乙弗觉，问乙论可（何）（也）？毋论。其见智（知）之而弗捕，当赀一盾。（《睡虎地法律答问》一〇）[24]

整理小组注："見知，知情。見知也見於《史記·秦始皇本紀》：'吏見知不舉者，與同罪。'"

按：《汉语大词典》"見知"条下未收此义。此义见于"見知法"条，所引皆汉代例，书证可提前，知秦代已有"見知法"。

封：

> 今咸阳发伪传，弗智，即复封传它县。（《睡虎地法律答问》五七）[25]

按："封"为动词，表"封缄"的意思。《汉语大词典》："封緘；裹紮。《東觀漢記·鄧訓傳》：'知訓好以青泥封書……載青泥一橐，至上谷遺訓。'《南齊書·張岱傳》：'岱初作遺命，分張家財，封置箱中。'"书证可提前。

行事：

> 赀一盾应律，虽然，廷行事以不审论，赀二甲。（《睡虎地法律答问》三八）[26]

整理小组注："廷行事，法廷成例。……'漢時人言"行事""成事"，

皆已行、已成事也。'王念孙《讀書雜誌》四之十二《行事》：'行事者，言已行之事，舊例成法也。漢世人作文言"行事""成事"者，意皆同。'漢律常稱為'故事'。"

按："行事"即"往事、成事"之义。《汉语大词典》所引皆汉代及以后书证。据此，书证可提前。

斷：

> 廷行事有罪当（迁），已断已令，未行而死若亡，其所包当诣（迁）所。（《睡虎地法律答问》六〇）[27]

整理小组注："已断已令，即《漢書·刑法志》的'已論命'，注引晉灼云：'命者，名也，成其罪也。'意思是已經判決。"《汉语大词典》"斷"条下："判罪；判决。漢桓寬《鹽鐵論·周秦》：'吏不以多斷爲良，醫不以多刺爲工。'《新唐書·太宗紀》：'是歲，天下斷死罪者二十九人。'"

按：斷、令，应为当时的法律用语。书证可提前。

縱：

> 将上不仁邑里者而纵之，可（何）论？当（繫）作如其所纵，以须其得；有爵，作官府。（《睡虎地法律答问》六三）[28]

整理小组注："縱，放走。"《汉语大词典》："釋放。《漢書·高帝紀上》：'自度比至皆亡之，到豐西澤中亭，止飲，夜皆解縱所送徒。'"书证可提前。

舉：

> 今生子，子身全（也），毋（无）怪物，直以多子故，不欲其生，即弗举而杀之，可（何）论？（《睡虎地法律答问》六九）[29]

整理小组注："舉，養育。"

《汉语大词典》："撫養；生育。漢劉向《列女傳·趙飛燕姊娣》：'飛燕初生，父母不舉，三日不死，乃收養之。'"书证可提前。

折：

> 斗折脊项骨，可论？比折支。（《睡虎地法律答问》七五）[30]

按："折"，即"折斷"之义。《汉语大词典》引《古诗十九首·庭中有奇树》："攀條折其榮，將以遺所思。"书证可提前。

嚙：

> 或斗，嚙断人鼻若耳若指若唇，论各可（何）（也）？议皆当耐。（《睡虎地法律答问》八三）[31]

整理小组注："嚙，咬。"《汉语大词典》引清代纪昀《阅微草堂笔记·滦阳消夏录三》："烏魯木齊關帝祠，有馬，市賈所施以供神者也，嘗自嚙草山林中，不歸皂櫪。"书证可提前。

冗：

> 冗慕归，辞曰日已备，致未來，不如辞，赀日四月居边。（《睡虎地秦律杂抄》三五）[32]

> 都官之佐、史冗者，十人，养一人。（《睡虎地秦律十八种》七二）[33]

> 啬夫即以其直（值）钱分负其官长及冗吏，而人与参辨券，以效少内，少内以收责之。（《睡虎地秦律十八种》八〇）[34]

按：上述诸例中，"冗"的意义皆为"众、多"。《汉语大词典》于"冗"字条下收"繁杂"义，引《金史》书证。可据以提前书证。

五、根据出土文献补充释义的不足或订正释义的失误

一些词语在传世文献中出现的语境比较单一，容易造成误解。出土文献为这些词语提供了新的语言环境，有助于重新理解它们的正确意义，从而补充词典释义的不足或订正释义的失误。兹举例如下：

登徒：

> 右登徒之騏为左骖。（曾侯乙简 150）[35]
> 左登徒一马，右登徒一马。（曾侯乙简 211）[36]

按：简文中的"登徒"是楚国官名，亦见于传世文献。《战国策·齐策三》："孟尝君出行国，至楚，献象床。郢之登徒，直使送之，不欲行。"鲍彪注："登徒，楚官也。"《文选·登徒子好色赋》"大夫登徒子侍於楚王"，李善注："大夫，官也。登徒，姓也。"此"登徒"大概是以官为氏。《汉语大词典》"登徒"条下释为"复姓。战国有登徒直。见《战国策·齐

策三》"。此释义不妥。"登徒直"之"直"并非其名，"直"是"当值"的意思。意思是说，郢都登徒当值，该他去送象床。又《大词典》未收"官职、官名"义，可据以补之。

逋事：

> 可（何）謂"逋事"及"乏（徭）"？律所謂者，當（徭），
> 吏、典已令之，即亡弗會，為"逋事"。（《睡虎地法律答问》一
> 六四）[37]

整理小组注："逋事，逃避官府役使。"《汉语大词典》"逋事"条下释为"积压的公事"。引《史记·酷吏列传》："治敢行，少蘊藉，縣無逋事，舉爲第一。"又引唐杜牧《崔璪除刑部尚书苏涤除左丞崔瓌除兵部侍郎等制》："擢任藻鑒，旋職牢籠，材皆適宜，官無逋事。"

按："逋"有"亡、负"的意思。《大词典》释为"积压的公事"，似不妥。《史记》例讲的是义纵这个人非常勇悍，敢行暴政，为人无所避，故所治县衙无有敢怠其事者。"縣無逋事"，应指县无"负其事"。《汉书·义纵传》："县无逋事，举第一。"颜师古注曰："逋，亡也，负也。"即可为证。杜牧例将"官無逋事"与"材皆適宜"对举，显然所指都是人，说的是人才都得到合适的安排、任用，没有官员怠惰、负事。

六、补充通假字资料

战国秦汉出土简帛文献存在大量的通假现象，早已引起学界的重视。已有学者开始重视利用出土文献的通假材料校读古书，认为"出土文獻中體現出來的通假規律是我們校讀古書的重要依據"[38]。也有人已经对其中一些大宗材料的通假现象进行了专门研究，探讨总结其通假规律。同样，出土文献的通假资料在词典学方面也有极高的价值。这些通假现象，既有与传世文献相吻合的，也有传世文献所少见的。兹举例如下：

散—栅：

> 縣葆禁苑、公馬牛苑，興徒以斬（塹）垣離（籬）散及補繕
> 之，輒以效苑吏，苑吏循之。　（《睡虎地秦律十八种》一一
> 七）[39]

整理小组注："散，疑讀為藩。"陈伟武《睡虎地秦简核诂》："依聲韻求之，'散'當讀為'栅'。大徐本《說文》：'栅，编樹木也，從木從冊，

冊亦聲。'唐寫本木部殘卷謂'柵'從'刪'省聲，當較宋本近真，其他
'珊刪姍跚'諸字均歸元部。且'散'字有與'跚'通作者。《史記·平原
君列傳》：'民家有躄者，盤散行汲。'裴駰集解：'散，亦作跚。'《集韻寒
韻》：'跚，蹣跚，行不進皃，或作散。'又《諫韻》'所晏切'小韻下：
'柵，編竹木為落也。'落即籬落、藩籬。《廣韻諫韻》'所晏切'：'柵，籬
柵。'與秦簡'離散'顯系一詞。銀雀山漢簡《孫子兵法·地葆》'天離'
讀為天籬。因此，秦簡的'離散'即是'籬柵'，同義連文。"[40]

按："散""柵"古音均为心母元部，音同可通。《汉语大词典》《通假
字汇释》均未收录。

久—記：

> 亡久书、符券、公玺、衡羸（纍），已坐以论，後自得所亡，
> 论当除不当？不当。（《睡虎地法律答问》一四六）[41]

整理小组注："久，讀為記。"

按："久""记"古音皆为见母之部，音同相通。《汉语大词典》《通假
字汇释》均未收录。

釐—埋：

> 此天之所不能杀，地之所不能釐，阴阳之所不能成。（郭店
> 《太一生水》八）[42]

"釐""埋"皆从"里"声，一为来母之部，一为明母之部，声为一
系，韵部相同，故可相通。"简文'此天之所不能杀，地之所不能釐'与
《荀子·儒效》'天不能死，地不能埋'说法一致。"[43] 即可为证。《汉语
大词典》《通假字汇释》均未收录。

亦—赦：

> 又（有）少（小）辠（罪）而亦之，匿也。（郭店《五行》
> 三八）[44]

"'亦'读为'赦'，……古音'亦'在喻纽铎部，'赦'在书纽铎部，
声为一系，韵部相同，可以通用。"[45]《汉语大词典》《通假字汇释》均未
收录。

参考文献

[1] 刘钊:《出土简帛的分类及其在历史文献学上的意义》,《厦门大学学报(哲学社会科学版)》2003 年第 6 期。

[2][3][4] 湖北省荆沙铁路考古队:《包山楚简》,文物出版社 1991 年版。

[5][6][9][10][11][12][13][14][15][16][17][18][19][20][21][22][23][24][25][26][27][28][29][30][31][32][33][34][37][39][41] 睡虎地秦墓竹简整理小组:《睡虎地秦墓竹简》,文物出版社 1990 年版。

[7][8][35][36] 裘锡圭、李家浩:《曾侯乙墓竹简释文与考释》,文物出版社 1989 年版。

[38] 冯胜君:《二十世纪古文献新证研究》,齐鲁书社 2006 年版。

[40] 陈伟武:《睡虎地秦简核诂》,《中国语文》1998 年第 2 期。

[42][43][44][45] 刘钊:《郭店楚简校释》,福建人民出版社 2005 年版。

菲律宾华文教育的文化导入①

董于雯

菲律宾华文教育始于 1899 年，至今已有 100 多年的历史。随着华人在菲律宾从寓居变为定居，并逐步融入菲律宾社会，华语教学已经逐步由第一语言教学演变为第二语言教学，"海外的华文教育不再是侨民教育，也不再是一般所指的华侨在侨居国、华人在住在国兴办的传授中华民族语言文化的教育，而是逐渐发展为华人群体或作为一个民族即华族进行本民族的语言文字的母语教育和民族传统文化教育"[1]37—45。在菲律宾华文教育研究中心的倡导下，菲华学校已达成了共同的培养目标，即培养有中华文化气质的菲律宾公民。可见，中华文化的传承在菲律宾华文教育中具有举足轻重的地位，是菲律宾华文教育的生命，但它目前却面临着严峻的挑战，亟待解决。

一、文化教育的重要性及面临的挑战

目前，菲律宾的华人人口约有 120 万，占菲律宾人口总数的 2%，属于少数民族。这些华人绝大多数已经加入菲律宾籍，成为菲律宾公民。但他们并不是菲律宾人，而是具有中华民族文化背景的菲律宾公民，是中华民族在海外的一个分支，中华文化是这个族群存在发展的生命源泉。因此，文化教育在菲律宾华文教育中的重要性远高于一般的对外汉语教学或华语教学，需要大力提倡和加强。

中华文化教育在菲律宾华文教育中占有如此重要的地位，但其现状却不容乐观，新一代菲律宾华族，尤其是青少年，对中华民族语言文化的喜爱和认同感正逐渐淡化。

20 世纪 90 年代至今，菲律宾华教中心和一些致力于菲律宾华文教育

---

① 本文最早发表于《云南师范大学学报（对外汉语教学研究版）》2011 年第 2 期，收入本论文集时进行了修改。

作者简介：董于雯（1980—），女，山西太原人，博士，副教授，主要研究方向为应用语言学。

的教师、学者断续对菲律宾华文学校学生的文化背景与民族语言认同意识进行了各种形式的调查，结果基本趋于一致[2]37—43,[3]134—143。首先，在华文学习动机方面，学生进入华校学习华文在相当程度上是父母意向的折射而非自愿，甚至可以说是被迫；其次，在对语言的态度方面，菲律宾的官方语言他加禄语（也称大家乐语）是他们掌握得最熟练的语言，而英语是学生最喜爱的语言，他们中的大多数不喜欢学中文，认为中文难学，以至于越来越多的年轻一代华人忘记了自己的母语；再次，在爱好和价值观方面，他们已经西化，很少或不愿意参加华人社团和华人社会的活动，只遵循非常有限的中国传统；最后，在情感归属方面，他们虽然在一定程度上对祖籍国中国抱有好感，但已明确地倾向于菲律宾。总的来说，对于菲律宾华人青年一代，中华文化的影响正日益式微，菲律宾文化尤其是欧美文化占据了统治地位。

族群文化认同在华族母语教学即华语教学中的作用是关键性的，菲律宾华人亦不例外。菲华新一代对中华民族语言文化的认同不足，在很大程度上导致了近几十年来华校毕业生的华文水平普遍不高，他们有的只会说闽南话，普通话一句也不懂，有的是闽南话、普通话都懂一点儿，有的则是闽南话、普通话都说不了几句，很多人虽从头到尾学了 10 年（每天 2 小时）华语，不只通达得体无法做到，就连正确、熟练地表达也还远远不符合要求，听、说、读、写都十分困难[4]17—23,[5]85—90。

研究和实践表明，成功的语言学习者对目的语集团都有较强的族群文化认同感，乐于用目的语进行沟通交流，对目的语的语言、文化及相应的行为模式更感兴趣。相应地，这种良好的民族语言文化态度对学习者的学习动机必然产生正面影响，从而影响其语言学习效果。再者，语言是文化的重要载体，是族群文化的一部分。语言和族群文化认同之间是相互影响、相互作用的关系。要真正理解认同一种文化，必须掌握作为该文化符号的语言；相应地，要习得和运用一种语言，必须同时学习该语言所负载的文化。而就目前菲律宾新一代华人的华语水平和中华民族文化认同感来看，实现华文教育保留中华文化根本、培养具有中华文化气质的菲律宾华人的目标，前景堪忧。

面对以上问题，菲律宾华文教育中的文化导入必须在内容和方法上有所突破和创新。

二、文化导入的内容

张占一（1987 年）把文化分为知识文化和交际文化，并作了如下定义，"所谓知识文化，指的是两种不同文化背景培养出来的人进行交际时，对某词、某句的理解和使用不产生直接影响的文化背景知识""所谓交际文化，指的是在两种不同文化背景熏陶下的人，在交际时，由于缺乏有关某词、某句的文化背景知识而发生误解。这种直接影响交际的文化知识，我们就称之为交际文化"[6]166—194。1990 年，吕必松进一步将"交际文化"扩大到整个语言系统，"所谓'交际文化'，我们也可以理解为隐含在语言系统中的反映一个民族的价值观念、是非标准、社会习俗、心理状态、思维方式等的文化因素"[7]4—13，包括词汇系统中的交际文化因素、语法系统中的交际文化因素和语用系统中的交际文化因素。

一般意义上的汉语作为第二语言的教学具有语言教育的学科性质，这一性质决定了其必须以语言教学为主，因此语言交际文化是汉语教学中的文化教学首先接触的、最重要的部分。对菲律宾华人的华语教学也不例外，汉语交际文化是菲华中华文化教学的主要内容。具体包括：

（1）因社会文化背景不同而产生的无法对译的词语。

（2）因社会文化背景不同而产生的某些层面意义有差别的词语。

（3）因社会文化背景不同而产生的词语使用场合的特异性。

（4）因社会文化背景不同而产生的词语褒贬义不同。

（5）因社会文化背景不同而产生的潜在观念差异。

（6）语言信息因文化背景不同而产生的差异。

（7）含有民族特殊文化传统信息的词语。

（8）成语典故、名言名句等。

（9）词语中反映的习俗文化信息。

（10）有特定文化背景意义的词语。

（11）不同文化背景造成的语言结构差异。

（12）其他因价值观念、心理因素、社会习俗等造成的文化差异。[8]76—83

对于以薪传中华文化为目标的菲律宾华语教育，仅仅把汉语交际文化作为文化教学内容是远远不够的。要深刻理解、认同中华文化，成为具有中华文化气质的菲律宾人，还必须了解中国历史、国情等知识文化。具体包括①：

(1) 神话故事与民间传说，如盘古开天地、天后妈祖。

(2) 地理概况与名胜古迹，如黄河、泰山，长城、故宫。

(3) 治乱兴衰与历史人物，如朝代更替、三皇五帝。

(4) 人文教化与伦理道德，如四书五经、尊师重道。

(5) 工艺服饰，如景泰蓝、唐装。

(6) 风俗习惯，如民族节日、婚礼与丧葬。

(7) 各类艺术，如戏曲、音乐、书法、绘画。

(8) 名家名作，如李白、杜甫，《离骚》《史记》。

(9) 饮食文化，如八大名菜、茶酒文化。

(10) 科学技术，如四大发明、天文历法。

(11) 学术思想，如孔孟之道、宋明理学。

(12) 宗教信仰，如道教、佛教。

总而言之，与通常对外汉语侧重交际文化的教学不同，在菲律宾华语教育中既要揭示与交际直接相关的汉语交际文化，也要导入不直接影响交际的知识文化，文化导入的内容非常丰富。

三、文化导入的教学过程和教学活动

第二语言教学的全过程和全部教学活动可以概括为总体设计、教材编写、课堂教学和成绩测试四大环节[9]17-26,83-114。菲律宾华文教育中的文化导入成功与否在于能否薪传中华文化，这不是简单的测试可以评判的，因此本文暂不追究成绩测试环节，主要讨论前三大环节。

(一) 总体设计

1. 根据教学对象的特点制订教学计划

在菲律宾，华校有幼儿园、小学、初中、高中、大学等不同层次，教学对象的年龄、认知水平、华语水平、学习时限各不相同，应根据各个层次不同的特点确定文化教学的目标、教学内容的范围和指标以及教学的方

---

① 知识文化内容的选择和概括，本文参考了程裕祯的《中国文化要略》（外语教学与研究出版社，2003年）和施仲谋的《文化教学体系构想》（《汉语国际学报》2011年第1期），但有所改动。

法和途径。比如小学生的华文基础较差，认知水平也相对较低，在这个阶段，华语教学的文化导入应建立在有趣、易读、易懂、易记的基础上，在语言教学的过程中以讲故事、经典诗文诵读、做游戏等方式潜移默化地进行中华文化的启蒙教育。到了大学阶段，学生的认知水平已达到较高层次，具备了一定的华文听、说、读、写能力，对中华文化也有了基本了解，这个阶段除了继续在语言教学中渗透文化知识以外，还要引导学生进一步理解、思考中华文化的体系及核心价值观，使其在深层次上认同自己的民族文化。

2. 文化教学的原则

（1）要循序渐进。

文化导入应接近学生的语言认知水平，由浅入深，不能超出学生的接受能力。

（2）要有代表性。

中华文化博大精深，文化知识浩如烟海，不可能全部教给学生，因此要选择介绍最有代表性的、最能体现核心和精髓的主流文化。

（3）语言与文化要相互融合。

文化导入应融于华语教学之中，才能使语言习得和文化习得相互促进。曾经有一些菲华教师过于注重文化灌输，反倒使学生难以接受。

（4）要充分发掘中华文化基因。

虽然目前菲律宾华人的情感归属已倾向菲律宾，但他们毕竟来自华族家庭，多少都会受到家族和华社的文化影响，这种与生俱来的中华文化基因是对其进行文化教育的有利条件，必须充分利用。

（二）教材编写

对于教材编写，可以采取两条腿走路的方式。一方面在语言教材中导入文化因素，一方面编写专门的文化教材或文化读物。二者都可以制作配套的多媒体辅助材料。

华语教材中的文化因素也可以通过两种方式体现。一是语境渗透，即初级会话课文的编写按照中国文化规约进行，模拟实际汉语交流，使学生置身于一定的汉语运用情境中，自然习得相关的交际文化；高级课文的编写则除了在文章结构、起承转合中渗透文化因素以外，还可以直接把文化内容编成课文。二是在每课课后编写文化常识专栏，或以阅读材料的形式介绍与本课有关的文化知识。

编写专门的文化教材或读物形式比较灵活，内容也比较宽泛。比如编写专门的神话故事集、历史故事集、成语故事集、文学作品集，或专门介绍中国风俗习惯、伦理教化等的图书或小册子，也可以编写综合介绍中华文化的书，如"中国概况""中国文化要略"等。它们既可以作为专门的文化课教材，也可以作为学生的课外读物。编写时要注意在强调知识性的同时，更重视生动性和趣味性。

（三）课堂教学中的文化导入

课堂是菲律宾华族学生学习华语的主要场所，课堂教学则成为保证华语教学质量的中心环节，当然也是确保文化教学得以成功的最重要因素。在华语课堂中导入文化知识有以下几条途径。

1. 文化渗透

把中华文化因素渗透在华语教学的过程中[10]158—172。比如词汇、语法教学中，在学生掌握了词或语法点的基本意义之后，适当挖掘其背后的文化内涵，介绍相关文化背景，也可以通过分析会话结构、语篇布局，让学生更好地了解中国人的思维方式、道德伦理观念，从而了解中国文化。

2. 文化表演

在学习课文的基础上，让学生用汉语模拟与课文相似或相关语境中的真实交际，学生要假设自己是中国人，而非菲律宾华人。每个学生扮演一个角色，在进入角色之后，必须按照相关角色的思维、态度说话做事。文化表演作为一种游戏，可以增强课堂的生动性，更大的好处还在于学生可以感同身受地想象在一定的情形下，他们自己应该怎么做，其他人会有什么反应。通过这样的练习，他们就可以更好地理解和把握中国文化中人际交往的特点，对培养他们的中华文化气质也有很大帮助。

3. 文化讲座

由教师开设专门的文化专题课或在华文课上安排专门的文化教学内容。这种方法的特点是知识性较强，比较系统，教师课前可以做好充分的准备，如图片、实物、音乐、视频等，给学生留下直观的印象。面对不同语言水平的教学对象，在授课语言的使用上也可以比较灵活，对于零起点的初学者可以使用闽南语、英语或他加禄语，对于有一定汉语水平的学生则可以直接使用汉语讲解。这种方法以教师为中心，不易调动学生的主观能动性，因此不宜多用。

4. 文化采访

就某个文化专题给学生布置采访任务，采访他们的长辈或华人亲友，如婚姻问题、子女的孝顺问题、是非标准问题，采访后写出调查报告。这种方法充分利用了华族学生的家庭背景，可以使他们在了解中国传统观念的同时，更能体会祖辈对中华文化的坚守。

5. 教师发挥能动作用

教师在语言课堂中是起主导作用的角色，教师的教学手段乃至个人气质会对学生的学习产生很大影响，因此在文化教学的过程中，教师应该尽可能发挥积极的能动作用。教师首先自身要有广博的文化知识和较强的中华文化意识，在课堂上甚至在课下的日常生活中通过自己的言谈举止向学生展示中华文化的魅力，在言传身教中影响学生的文化倾向和情感态度。

四、结语

第二语言教学中的文化问题历来是学界讨论的热点。一般来说，第二语言教学的目的是培养学习者使用目的语交际的能力，因此文化教学大都以语言交际文化为主，只有在相关专业学习中（如中国语言文学专业、英国语言文学专业）才需要教授历史、文学等知识文化。笔者认为关于这个问题不能一概而论。语言教学中的文化导入，一方面要有国别化的意识，另一方面还需要考虑教学对象的特点和教学目的。具体到对外汉语教学，就是要区分对不同国家的海外华族的文化教学和对非华族的文化教学。在菲律宾，华人出资创办华校教授华文，目的就是在华族中传承中华文化，而面对青年一代的日益菲化或西化，华校的文化教学任务也更加艰巨。针对菲律宾华文教育的特点，文化教学的内容、方式必然要有所突破、有所创新。

参考文献

［1］陈明杰：《试谈海外华文教育的发展趋势》，载中国海外交流协会文教部编：《海外华文教育文集》，暨南大学出版社1995年版。

［2］廖赤阳、黄端铭、杨美美：《菲律宾华人学生文化背景与认同意识的调查》，《华侨华人历史研究》1996年第2期。

［3］章石芳、卢飞斌：《菲律宾华裔中学生族群文化认同调查研究》，《福建师范大学学报（哲学社会科学版）》2009年第6期。

［4］曹云华：《转型期的菲律宾华人社会》，《巴侨桂史》1999年第3期。

［5］徐茗：《菲律宾华文教师对华文教育态度的调查研究》，《世界汉语教学》2005 年第 4 期。

［6］张占一：《谈谈汉语个别教学及其教材》，载黎天睦编：《现代外语教学法》，北京语言学院出版社 1987 年版。

［7］吕必松：《关于教学内容与教学方法问题的思考》，《语言教学与研究》1990 年第 2 期。

［8］赵贤洲：《文化差异与文化导入论略》，《语言教学与研究》1989年第 1 期。

［9］吕必松：《对外汉语教学概论讲义（内部资料）》，国家教委对外汉语教师资格审查委员会办公室，1996 年。

［10］胡文仲、高一虹：《外语教学与文化》，湖南教育出版社 1997年版。

第六章 海洋文化研究

寻找琉球"闽人三十六姓"[①]

夏 敏

琉球群岛，像一串耀眼的珍珠，遗落在日本九州西南和中国钓鱼岛以东的太平洋洋面上；它是一个美丽的千年古国，讲一种接近日语的方言，经历过山南、中山和山北三个分裂时期。明洪武五年（1372 年）朱元璋派行人杨载至琉昭告自己即位建元，中山国王即遣弟随载入明朝贡，不久山南、山北二国亦效仿进贡明朝；到了明宣宗时（1430 年），中山国打败了山南、山北两个小国，建立了以尚思绍为国君的、统一的琉球王国，定都那霸，并在那霸首里建立王城。中山国统一琉球前，中国已将"琉球国中山王"名称使用在洪武年间文书的印信上。

中国对琉球的认识在明以前十分模糊。宋元时期有时把台湾叫琉球。到了明代，人们才知道琉球是位于中国大陆以东、台湾岛东北、日本九州西南，由 36 个岛屿组成的海上岛国。清康熙五十八年（1719 年）作为册封副使的徐葆光这样记述琉球国的文化面貌，"诸岛无文字，皆奉中山国书。我皇声教远布，各岛渐通中国字，购蓄中国书籍，有能读'上谕十六条'及能诗者矣"[1]317—318。未接触琉球文化史，很少有人知道，琉球诸岛所以受中国文化强烈影响，其实与闽人三十六姓来到琉球有密切关系。

在 36 个岛屿连缀而成的琉球，其主岛最西端，与中国的钓鱼列岛隔着一个海沟（即中国文献里的"黑沟"，也叫"冲绳海槽"）有一个小岛，

① 本文最早发表于《民族艺术》2017 年第 4 期，收入本论文集时略有修改。
作者简介：夏敏（1964—），男，浙江苍南人，教授，研究方向为民间文艺学。

叫姑米山，今天日本人习惯称其为久米岛。但是，这个久米岛跟中国和琉球地方文献里所说的、与中国移民有关的久米村不是一回事儿。久米村今天叫久米町，在那霸西北的那霸港和首里王城之间的那霸里附近。那是明初华人后裔的聚落，琉球文献中称为"唐营""唐荣"，明万历三十四年（1606年）出使琉球的夏子阳所撰《使琉球录》的《琉球过海图》标记其地名为"三十六姓营中"（如图1所示）。清康熙五十八年（1719年）全魁的副使徐葆光云："久米在那霸，有东门村、西门村、北门村、南门村。"[1]317—318 因为主持国家社科基金项目《明清中琉邦交与涉琉文学研究》之所需，笔者于2015年亲践冲绳县那霸市的久米町，踏访了建立在此的孔庙、上天妃庙，走访了多个久米人家；同时我应邀在具有中国血统的冲绳音乐家喜纳昌吉（即著名歌曲《花心》的原创者）出入的小酒馆里跟部分冲绳华人后裔互动，对福建与琉球的关系有了许多直观的了解。这里所谓久米村（唐营）的主要居民，就是中琉邦交史上的大名鼎鼎的"闽人三十六姓"之后。

图1　［明］夏子阳《使琉球录》之
《琉球过海图》标记的"三十六姓营中"（夏敏翻拍）

明永乐二年（1404 年），中山王世子武宁因父逝世，明朝廷遣使谕祭，并册封武宁嗣立为新王，由此开启了中国对琉球的册封史。从永乐初直至光绪五年（1879 年）琉球灭国，明清两朝派往琉球的使团共 25 次，明 17 次，清 8 次。每次使团人数在 500—700 人之间，除杂役、船夫、官兵外，尚有若干高僧、道士、医生、天文生、画师、文人、亲朋友好作为从客相随。例如明杜三策从客胡靖、清全魁从客王文治、李鼎元从客湖南僧人宗实、费锡章从客沈复，都留下了十分丰富的涉琉文学作品。明正统以前只派行人充任正使，宣德二年（1427 年）以后改为给事中和行人分别担任正副使，直至康熙二十一年（1682 年）始，以"学问优长，仪度修伟"为标准，正使一律出自翰林。这些册使虽为五、六品官，但都受赐一品麒麟服以示国家对册封琉球、宣示声教的重视。

大明官方除通过册封使对琉球施加政治、文化影响外，在明洪武年间征派"闽人三十六姓"前往琉球，"上赐王闽人之善操舟者三十六户，以使贡使、行人来往"[2]219。万历七年（1579 年）萧崇业使琉，他在《使琉球录》里也印证了这个说法，"若大夫、长史、都通事，则出自三十六姓之后矣"[3]582。嘉靖十三年（1534 年）册使陈侃在《使琉球录》的题奏里说"我太祖（朱元璋）……遣闽人三十六姓为彼（琉球）之役"[4]528，万历三十四年（1606 年）册使夏子阳在其《使琉球录》中说"如三十六姓者，复从旧时通事习华语，以储他日长史、通事之用"[5]672。这些文献提到洪武帝赐三十六姓至琉球的目的非常清楚，就是利用他们的"善操舟"以便帮助琉球的贡使和行人往来中琉之间，其次也是为了"储他日长史、通事之用"，即安排他们定居琉球，以后可以作为琉球前往中国的长史和通事的后备力量。中国自古以来，就有帝王委派属民到辖地或属地行"封邦建国"之举，昔周王室分封诸侯，赐之遗民，命以太史，本为古制遗义。明朝统治者将三十六姓赐派琉球，亦沿此举。闽人住入琉球的目的，本质上是通过中国移民推销宗主国的价值观念，传播"声教"，试图让儒家为代表的中国文化思想在藩属国生根发芽。这点，清初出使琉球的张学礼一语道破："至洪熙时……赐三十六姓教化三十六岛，子孙世袭通事之职，习中国之语言、文字。至今请封、谢恩、朝贡皆诸姓之后，俱有姓名。"[6]393

闽人聚居的久米村，或云"三十六姓营中"，在那霸本岛并不起眼，但是在中国与琉球关系史上可是中国文化的"样板社区"。这里的人们随着岁月变迁，做长史和通事的职能逐渐退化，由闽迁琉 600 余年来，经历了漫长的族群琉化和日化，但是中国带去的文化成分仍然随处可见。久米村人口也从明初的三十六姓逐渐发展成今日两万之众。他们的生活方式和琉球当地人还是有着细微区别，如他们用瓦做屋顶，琉球当地人用草和木板；他们坐椅子，琉球人席地而坐。

该村多数人口是明洪武年间受皇命迁往琉球的福建长乐河口人士后裔，也有部分来自漳泉。另有说法，洪武二十五年明廷遣送福建晋江、南安、龙溪、长乐及福州河口人三十六姓至琉落户，负责操舟入贡。[7]76 遣往琉球久米的三十六姓都有哪些姓氏？明嘉靖十三年（1534 年）使琉的陈侃在其《使琉球录》的"群书质疑"的"杜氏《通典》"条的按语中说"若大夫金良，长史蔡瀚、蔡廷美，都通事郑斌、梁梓、林盛等凡有姓者，皆出自钦赐三十六姓者之后裔焉"[4]519，看来与陈侃打过交道的琉球闽人三十六姓有金、蔡、郑、梁、林诸姓。萧崇业《使琉球录》也说"迩如大夫、长史、都通事等官皆出于闽人梁、蔡、林、郑诸裔"[3]580，榕裔以郑、杨、林、梁、程、金等姓氏为主，泉裔以蔡姓为主，漳裔以阮、毛二姓为主，从明初洪武赐三十六姓到明中叶万历年间，历时 200 余年，三十六姓在琉球的势力不是越来越壮大，而是越来越式微。万历三十四年（1606 年）前往琉球的副册使夏子阳所著《使琉球录》中称："余闻诸琉球昔遣陪臣之子进监者，率皆三十六姓；今诸姓凋谢，仅存蔡、郑、林、程、梁、金六家而族不甚番，故进监之举，近亦寥寥。……三十六姓者，昔所居地曰'营中'，今强半邱墟，过之殊可慨焉！"[8]487—489 这说明，到了万历末年，久米三十六姓已经多数遗落或改姓，已存姓不多。要完全仰仗这些明初久米三十六姓后裔来担当长史和通事，已经变得不大可能。《历代宝卷》1 集 4 卷 1 号记述，万历三十五年（1607 年）尚宁王上奏请求朝廷"照洪永年间恩例，再赐拨三十六姓入球，仍效劳差役"[9]207，结果遭到礼部婉拒"善良之族重去他乡，欲强中国以就外邦，必非民情之所乐从者。若沿海奸民营谋投入，始贪货卖之利，渐咨交构之端，事情叵测"[9]207。因为无法获得中国再遣家户入琉的机会，久米三十六姓之后再无来自中国的新鲜血液注入，而使琉球接受中国文化的脚步逐渐放慢。

尽管如此，历史上琉球国相当多的文化精英出自久米三十六姓后裔，他们的官话能力和儒学修养在琉球一直占据优势地位，这使他们长期活跃在琉球与中国外交及贸易事务中。历史上，久米村人十分注重中国文化教育，以显示其"唐人"身份。徐葆光在《中山传信录》里说"久米村，皆三十六姓闽中赐籍之家。其子弟之秀者年十五六岁，取三、四人为秀才；其十三四不及选者，名若秀才，读书识字。其秀才，每年于十二月试之；出《四书》题，令作诗一首，或八句，或四句。能者，籍名升为副通事；由此渐升至紫金大夫（亦称亲方，此为久米弟子入仕之始）""国中人人仕宦者，惟首里、泊、那霸、久米四村之人"。[1]435 久米村人在迁琉数百年间扮演着向琉球推行中国文化、中琉交流通事（翻译）的角色。

关于久米村人，史上历来有三十六姓或三十六户之争议，按照同姓不婚的原则，闽人三十六姓应该是不同姓氏才对。他们互相联姻，其后裔因中国血缘和使用汉语的缘故，很多被琉球王作为官生身份派送明清国子监留学，或以勤学生名义到福州拜师学艺，他们学成归国后，肩负起中琉外交职责；出使中国的"长吏"多由先期留学中国的琉球"官生"（到北京"国子监"公费学习的琉球学生）或"勤学生"（自费到福州学习的琉球学生）出身的、三十六姓后裔充任，这些人有留学中国或作为长吏出使中国的经历，则有机会在琉球王室被委以重任，如有的仕至宰辅、紫金大夫等要位，有的门第升至王城首里贵族。[10]37

从明成化年间的琉球尚真王开始，一直到清乾隆年间的尚穆王止，280年间，琉球派出11批44名前往北京国子监留学的官生，全部出自久米村的蔡、郑、梁三姓，垄断了琉球向中国选派官生的特权，归国后他们的官阶从"若秀才"，向着九品的通事、七品的副通事、六品的都通事、正四品的中议大夫、正三品的正议大夫，直至二品的紫金大夫，不断迁升。从清嘉庆七年（1802年）直至同治七年（1868年），琉球派往中国的24名官生，有一半来自久米。清代，除了进京求学的久米籍官生外，琉球国还有大量半官方性质前往福州学习汉语和中国文化的勤学生，绝大多数是久米村人。他们当中的许多人成为琉球政治及文化史上的巨擘，如嘉靖四十四年（1565年）的官生郑迥归国后官至琉球国最高行政长官（三司官）；康熙二十七年（1580年）的官生蔡文溥、阮维新官至琉球国的紫金大夫，做了紫金大夫的还有雍正及乾隆年间的官生郑秉哲、郑孝德和蔡世昌，嘉庆十年（1805年）的官生梁文翼、杨德昌，道光二十一年（1841年）的官生郑学楷等。很多到福州"勤学"的久米籍子弟归国后也发展得很好，如康熙十七年（1678年）在闽勤学的蔡肇功，康熙二十二年（1683年）在闽勤学的程顺则，康熙四十七年（1708年）在闽勤学归国后官至三司官的蔡温（即第一部琉球官方史书《中山世谱》修订者）、道光二十八年（1848年）在闽勤学的蔡大鼎，都是久米村人中的名士。

在琉球历史上，不仅把闽籍华人聚居的久米村叫作"唐营"，而且把他们从中国带来的武术叫"唐手"。这唐手由琉球传到日本本岛，直接催生了日本的"空手道"。久米郑姓后人、空手道明武馆教练、刚柔流传人八木明人告诉笔者，老一辈都说空手道起源于唐手，至于唐手和中国武术的关系，他这一代人已经说不出所以然了。福建民间乐器"三弦"，到了久米最早也叫"三弦"，随着久米人向整个琉球传播，变成了所谓"三线"。过去久米人过清明，会在坟头边祭祀，边弹奏"三线"，这个风俗如今逐渐淡出久米人的记忆。这些闽人后裔，一直沿袭祖上传下来的中国礼俗。明万历七年（1579年）萧崇业在其《使琉球录》中说："余至琉球闾里中部，夷子弟……告曰：'祖以上，闽产也。洪武初，稍迁于此；乃其后绵绵蕃衍矣。今所"习书诵南学胄监，有秩于国"者，无非三十六姓云。'人传琉球俗好华自矜，言不虚矣。"[3]580 可见，闽人三十六姓对琉球习尚影响之深。萧崇业又写道："日来会宾宴享，往往亦设中国金酒矣。陪臣子弟与凡民之俊秀，则请致仕大夫教之；俾诵读孔氏书，以储他日长史、通事之用。遇十六七岁该贡之年，仍过闽河口地方，从师习齐人语。余颛蒙不慧者，第宗倭僧学书番字而已。至于作诗，譬落落辰星，仅知弄文墨、晓声律尔矣；而许以'效唐体'，吾诚不知其可矣。"[3]580 里面透露了几个意思：一是琉球人席上是"中国金酒"；二是"陪臣子弟与凡民之俊秀"，往往读"孔氏书"；三是十六七岁"该贡之年"的孩子们，要"过闽河口地方，从师习齐人语"；四是这些闽人之后作诗水平差，更别说"效唐体"了。这种情形到了夏子阳到琉球时，已经不容乐观。（见前引夏子阳《使琉球录》下卷"群书质疑"）在琉球从事田野研究期间，久米町的蔡姓后裔告诉我，他们的冲绳称名叫"仲井真"，全部都是闽人蔡姓后代。许多久米人除了和名之外，一些中国情结浓重的久米人仍不顾政府反对，会给孩子起唐名，以志不忘中国祖先。

久米村在琉球至今仍然能够作为中国文化最为集中的聚落，不仅在于它数以万计的明初华裔之后，也在于此处随处可见中国文化遗留的痕迹。例如，该村在琉球以崇儒扬圣而闻名，有相当多的中国文化印记。久米村建有孔庙，"恭谒先师孔子庙。庙在久米村，创始于康熙十二年（1673年），堂三楹，中为神座，像如王者垂旒搢圭，而署其主曰'至圣先师孔

图 2 那霸的福州园（冰心题，2015 年 10 月 2 日夏敏摄）

子神位'。左右两龛，龛二人立侍；各手一经，标曰'易''诗''书''春秋'，即所谓'四配'也""圣庙，在久米村泉崎桥北门，南向。进大门，庭方广十余亩，上设拜台，正堂三间，夫子像前又设木主，四配各手一经。正中梁上，亦摩御书'万世师表'四大字榜书；前使汪、林各有记书木牌上，立左右。康熙十三年立庙，尚未有学。康熙五十六年，紫金大夫程顺则因学宫未备，取汪、林二公庙记之意，启请建明伦堂"。[11]74 久米村的圣庙明伦堂两庑收藏儒家经书、史籍，聘请讲解师和训诂师，教授汉文和儒学。清代册封使每至琉球，都会前往久米圣庙拜谒，题匾，记载相关碑刻文字。副使林麟焻《中山竹枝词》这样描绘久米村的圣庙："庙门斜映虹桥路，海鸟高巢古柏枝；自是岛夷知向学，三间瓦屋祀宣尼。"2015 年我在久米村调研，当地百姓告诉我，孔庙里的孔子与其左右四位高徒的画像，是 17 世纪村中一位蔡姓先人前往中国朝贡，从山东曲阜请回琉球的。如今的久米村，每年还要举办祭孔大典，孩子升学，来此供奉者络绎不绝。孔庙的明伦堂是琉球历史上第一所公立学校，说明当地华裔是非常注重教育的。但是，自 1879 年日本吞并琉球、"废蕃置县"以来，久米村人不再有机会在中国与琉球之间发挥作用。清朝许多久米人还是作为琉球交通中国、拿琉球政府外交俸禄的长史和通事的不二人选，但在日本人全面统治琉球以后，他们的地位急剧下降，更多转行务农或从事其他工作。

图3　久米村的祭孔大典（2012年3月袁蕾摄）

作为闽人"善操舟"者后裔，琉球久米村很早就有中国带去的妈祖信仰。明嘉靖三十七年（1558年）册封使郭汝霖到达琉球后，苦于久米村人祭拜妈祖无门，特在久米村建"上天妃宫"一座，成为明代琉球仅有的两座天妃宫庙之一（另一座"下天妃宫"在那霸"天使馆"以东），凡有中国册使来琉，都会请下使舟中的天妃及挐公等海神到久米的上天妃宫致祭。清徐葆光在其《中山传信录》中记载道："入馆后，涓吉鼓乐，仪从奉迎船上天妃及挐公诸海神之位供于上天妃宫内，朔、望日行香。"[1]109明末琉球两座天妃庙，一座在那霸，叫下天妃宫；一座在久米，就是明册封使郭汝霖倡建的上天妃宫。明夏子阳《使琉球录》云："此为嘉靖中册使郭给事汝霖所建。"明末册使杜三策从客胡靖在其所著的《琉球记》中记述过那霸和久米的两座天妃庙，一座"由（那霸）馆前横道左行则天妃庙，创自嘉隆间，觉倾颓，略加修葺。庙前空旷，为往来通衢"，一座"沿湖而东陟山半，有（久米）天妃新殿，造自郭（汝霖）公，凡使往返，皆于斯祈福"。[12]382-383、385清徐葆光《中山传信录》卷二记录他所知道的琉球天妃宫也是这两座，"琉球天妃宫有二：一在那霸，曰'下天妃宫'

（在）天使馆之东……上天妃宫，在久米村（引夏子阳《使录》云为郭汝霖所建）"[1]109—110；徐葆光对久米村的上天妃宫记述颇细，"宫在曲巷中，门南向，神堂东向。门旁，亦有石神二。进门，上甬道。左右宽数亩，缭垣周环。正中为天妃神堂，右一楹为关帝神堂，左为僧寮。阶下，钟一所。大门左有神堂，上飨供龙神。天妃堂内，有崇祯六年册使杜三策、杨抡立'德配玄穹'，康熙三年癸卯册使张学礼、王垓'生天福灵'，二十二年册使汪楫'朝中永赖'三匾；副使林麟焻二十三字长联，后称'裔侄孙麟焻敬题'，盖天妃为莆田林氏，闽中林氏多作此称。梁上有'灵应普济神祠'之额，乃万历中册使夏子阳、王世祯所立也"[1]111—112。清代册使周煌到达琉球之后，倡建了第三座天妃宫，即姑米山的天妃宫（见琉球国官修史书《中山世谱》卷十·尚穆王纪），有周煌题匾"玉山仙母"及楹联"凤柯灿神光，一片婆心扶泰运；龙津标圣迹，万年福曜镇安嘉"。这三座天妃庙也为清国子监琉球官生教习潘相（1713—1790）在其《琉球入学见闻录》之"祀法"中记述："一在那霸天使馆东，曰下天妃宫；一在久米村，曰上天妃宫；一在姑米山。岁时致祭甚虔，历封册使各有匾联。"[13]156—157

除了孔庙和上天妃庙，久米村也建有关帝庙。李鼎元写道："次谒天后关帝庙，庙在久米村，三楹。"[14]162现在很多久米民众的家中，仍然供奉着妈祖和关帝。该村保留了相对丰富的中国风俗。清册封使徐葆光在其《中山传信录》中介绍久米村"五月五日，竞渡龙舟三（泊一、那霸一、久米一）"[1]477。一些久米村的老者告诉我，他们小的时候也过清明节上坟祭祖，贡品与中国无异，家庭中的烹饪方法也和福建大同小异，不过现在已经很难看到。

我在久米遇见的"闽人三十六姓"之后如今已经无人会说汉语了，但是当知道我从中国福建来，他们非常地高兴，开玩笑说福建是久米人600多年前的故乡！

参考文献

[1] 徐葆光：《中山传信录》，康熙二友斋刊本，见《传世汉文琉球文献辑稿》第 26 册，鹭江出版社 2012 年版。

[2] 严从简：《殊域周咨录》，见《传世汉文琉球文献辑稿》第 25 册，鹭江出版社 2012 年版。

［3］萧崇业：《使琉球录》，见《续修四库全书》第 742 册，上海古籍出版社 2002 年版。

［4］陈侃：《使琉球录》，见《续修四库全书》第 742 册，上海古籍出版社 2002 年版。

［5］夏子阳：《使琉球录》，见《续修四库全书》第 742 册，上海古籍出版社 2002 年版。

［6］张学礼：《使琉球记》，见《传世汉文琉球文献辑稿》第 30 册，鹭江出版社 2012 年版。

［7］吴壮达：《琉球与中国》第三章，中国台湾地区研究院近代史研究所集刊，1985 年。

［8］夏子阳：《使琉球录》下卷“群书质疑”，见《国家图书馆琉球资料汇编》上册，北京图书馆出版社 2000 年版。

［9］《历代宝卷》第 1 集卷 4 第 1 号，《礼部给尚宁王的咨文》，见《球阳》，尚宁王十九年，神宗补赐闽人阮国毛国鼎条。

［10］吴霭华：《明清两代中国文化对琉球的影响》，见《中华文化复兴月刊》第 8 卷 5 期。

［11］李鼎元：《使琉球录》，见《近代中国史料丛刊》第 48 辑，台湾文海出版社 2013 年版。

［12］胡靖：《琉球记》，见《传世汉文琉球文献辑稿》第 25 册，鹭江出版社 2012 年版。

［13］潘相：《琉球入学见闻录》，见《传世汉文琉球文献辑稿》第 28 册，鹭江出版社 2012 年版。

［14］李鼎元：《使琉球记》，见“台湾文献史料丛刊”第二九二种《清代琉球纪录集辑》，台湾大通书局 2009 年版。

作者于琉球大学本部（［日］比嘉妃菜子摄于 2015 年 9 月 30 日）

石刻资料中所见明清时期厦门地区交通建设情况研究[①]

陈光田

　　所谓石刻，一般是指镌刻有文字、图案的碑碣或摩崖石壁等刻石资料。所以，此处我们所说的石刻，即为以碑志和摩崖题刻等形式保存下来的实物文献。就其产生的时代来说，中国石刻的历史十分久远，据《穆天子传》载，"天子驱升至弇山，乃记名迹于弇山之石"。这是迄今我们所见到的最早的石刻记载，至今已有 3000 多年的历史。就其内容来说，涉及记事、记功、抒怀等诸多方面。时至今日，历朝历代的石刻仍大量存在于中华大地。这些带有文献和文物双重功能的石刻资料具有重要的史料价值，是我们研究中国古史的重要参考资料。仅以厦门为代表的闽南地区而言，因其进入文明时代相对较晚，记录其历史发展的传世文献也相对欠缺，以石刻为代表的实物资料就显得尤为重要。

　　自古以来，人类在日常生活中活动空间的大小，往往取决于能否对自然条件的征服和对地理空间的跨越，而这种征服和跨越在很大程度上则受交通条件的限制。厦门地区东临大海，背靠连绵的丘陵和山地，加之该地区进入文明社会的时间相对较晚，交通条件较为落后，从而使该地区相对较为闭塞。站在整个人类社会发展的历史角度来看，在交通条件不便的时代，人们的生活和远足都是非常困难的，正可谓"适百里，宿舂粮，适千里者，三月聚粮"[1]。这种情况在以厦门为代表的闽南地区显得尤为突出。唐宋以后，随着社会的进步和科学技术的发展，厦门地区的交通条件相应得到改善，但因该地区空间狭窄、资源缺乏，所以这种改善的速度也比较缓慢。于是，人们开始把拓宽生存空间的目光投向海洋，先后从事海洋渔业或向海外移民，从而带动了该地区海洋交通事业的发展。近年来，学术界对厦门地区，乃至对整个福建社会史和交通史发展的研究大多侧重于海

---

　　① 本文最早发表于《中国社会经济史研究》2017 年第 1 期。收入本论文集时，作者进行了修改或补充。

　　作者简介：陈光田（1970—），山东临沂人，博士，教授，主要研究方向为古文字学和出土文献学。

上交通及相关问题的研究，且有很多影响较大的研究成果先后问世，但对厦门地区内部交通发展情况的研究相对较少。其实，记录厦门地区交通发展情况的文献资料虽然不是很多，但在以石刻为代表的实物资料中有不少关于此问题的记载。有鉴于此，我们拟以石刻资料作为参考，对明清时期厦门地区的桥梁道路建设等进行一番梳理和讨论，以就正方家。

一、桥梁建设情况研究

明清时期，随着社会的发展，厦门（在封建时代，厦门长期隶属于同安，本文中的厦门地区是根据现代行政区划而言）地区的地方经济得到迅速发展，其中一个重要因素就是道路、桥梁等交通设施的广泛建设。这些建设在石刻资料中有很多记载，始建于北宋太祖建隆四年（963 年）、重建于光绪十五年（1889 年）的太师桥（宋朝初年，清源军节度使、晋江王留从效留太师所建而得名）是我们见到的厦门地区最早的桥梁，明代《闽书》、《泉州府志》和民国时期的《同安县志》等方志资料均对此事有所记载。位于今天同安区大同镇东桥桥头的"建造太师桥碑记"明确记载，"建隆四年，岁次癸亥，九月一日，勾当造桥杨光袭，监临元从周二袭"。当然，宋元时期关于厦门地区桥梁建设的记载比较少，只有在方志资料中偶尔见到，大规模的桥梁建设是在明清时期。仅从石刻材料中我们就可以发现，从明代中期到晚清时期的 300 多年时间里，有关对桥梁建设的碑志记录就达 20 多次。何丙仲先生编纂的《厦门碑志汇编》对本地区的交通设施建设资料曾进行过细致的分类整理。[2] 首先，明武宗正德十一年（1516 年）重建深青桥，对当地交通条件的改善提供了重要帮助。位于今集美区灌口镇深青村的"重建深青桥碑记"云："时大明正德十一年，岁次丙子，四月吉旦，同安县知县杨教、县丞邓海、里班王文作、黄敦翰、吴魁衡重建。"同时，有关桥梁建设的明代碑志材料还有 3 处。它们分别是明嘉靖十四年（1535 年）由当时著名文人林希元撰写的"邑侯叶允昌重修便安桥记"（位于今同安区汀溪镇）、明万历九年（1581 年）修建的"同安五显第二桥碑"（位于今同安区五显镇）、明崇祯七年（1633年）的"邑侯熊汝霖重修西安桥记"等。这些碑志资料既是对当时便安桥等有关桥梁建设情况的详细记录，也是对建设者的最大褒奖，对我们了解和研究当时该地区的社会发展概况提供较为重要的参考。

清代以降，有关对厦门地区桥梁建设的碑志资料更为丰富，这也说明满清王朝在入主中原之后，统治者对偏远地区的道路建设和经济发展是十分重视的，如康熙三十八年（1699 年）清政府重修今灌口的深青桥，当地富绅纷纷捐助钱财，曾轰动一时。保留至今的"重建深青桥志"对重修的过程等进行了详细的记载。康熙四十年（1701 年），重建同安饮亭桥，耗资几千两白银，捐助者达 100 多人，其中包括靖海侯施琅的家人。当时重建该桥的碑志至今被完好保存在同安区博物馆内，供人们欣赏或研究。乾隆二年（1736 年），邑主唐侯来到自己的封地同安店头，看到此地百姓生活困苦，徒涉艰难，"心为戚之"，于是倡议并捐俸建造了店头桥。据"店头桥碑记"和《同安县志》等资料所载我们可以看出，该桥建成后，当地百姓欣喜若狂，无不歌颂唐侯之功德。乾隆二十六年（1760 年）、三十二年（1767 年）和五十年（1785 年），先后完成对同安日东桥、同安汤溪桥和鼓浪屿三和宫口桥等 3 座桥梁的修建。上述 3 座桥的建设过程有些相似，一般是由地方政府出面倡议和协调，民间乡绅捐资，普通百姓出工共同完成。据碑志资料所载我们亦发现，每一座桥梁的修建，当地百姓均踊跃参与其中，从"重修鼓浪屿三和宫口桥碑记"中看到，当地百姓纷纷捐款，从捐助五元到几十元，有的甚至上百元，那些家庭生活较为困苦者也自觉出工出力。这些情况一方面体现了当时百姓对改善道路的渴望之情，另一方面对促进地方的交通和经济发展提供了诸多便利，而且从嘉庆到清末厦门地区重视修建桥梁的风气一直非常流行。

19 世纪前后，今海沧区的交通还极为不便，加之濒临大海，经常遭遇潮水之患。嘉庆十八年（1813 年），乡进士温文率领乡人合力修建了位于今海沧区温厝存海边附近的喜济桥。该桥修建完毕后，人们因此不再遭受交通困厄之忧，流传至今的"喜济桥碑记"对该桥的修建情况进行了详细的记载。碑记云："工商无蹉跎之苦，莫不共喜于济矣。是桥告成，故以喜济名。"和喜济桥情况相类似的还有修建于道光十八年（1838 年），位于今翔安区马巷镇的利济桥。自古以来，厦门地区就处于海防的前哨，因交通不便而时常延误军务。道光十八年（1838 年），同安知县沈玫枚负责修建了行军桥，记录该桥建设情况的"行军桥碑记"，至今被保存在同安区洪塘镇东宅村。与此情况类似的还有，由苏士荣主持修建于咸丰二年（1852 年）的如意桥，保留在今同安区博物馆的"重修如意桥碑记"云："咸丰二年，桥圯多年，行旅维艰。余为修造，往来如意爱取其义以名之'如意桥'；钦加同知衔、候选通判苏士荣重修。"近代以来，随着西方列强的频繁入侵，因加强战备和交通运输的需要，厦门地区的桥梁修建得以迅速发展。仅光绪年间就有不少桥梁得以建成，对促进交通运输和地方经济的发展，以及抵抗外来侵略均发挥了重要作用，如光绪五年（1879 年）建成的汛前桥（今同安东二十里处）、光绪二十一年（1895 年）重修的锅炉壩桥（位于今同安区莲花镇云洋村）、光绪二十八年（1902 年）重修的西安桥（今同安西安镇）和光绪三十三年（1907 年）重修的云头紫云桥（今同安境内）等。

上述这些桥梁的修建不仅解除了当地百姓出门不便之苦，而且也为厦门地方经济的发展和海防建设的加强提供了有力保障。同时，当时记录这些桥梁修建情况的碑志均至今保存完好，对还原当时的社会现实、对当时社会经济等方面的研究可以提供直接的参考。

二、道路建设情况研究

前文我们曾经谈到，道路情况往往是决定社会进步和经济发展的重要因素。所以，历代当政者或民间均十分重视道路的修建，但由于科学技术和经济基础等条件的限制，道路建设一般比较缓慢。明清以来，随着社会的进步和经济发展的需要，道路建设成为社会生活中的一个重要内容。就交通闭塞、条件较为艰苦的厦门地区来说，这一时期的道路建设得到长足的发展。从石刻资料中我们发现，厦门地区的道路修建高潮是在清代乾嘉以降，其实该地区重视道路修建是从宋代就已开始。早在南宋末期的景定元年（1260 年），地方政府就曾耗费巨资修建了今同安区新圩镇附近的"古道十八弯"。"古道十八弯修路石刻"写到："郑公祥、化忌，经井自舍，又僧妙谦十千足，计八亿百贯足，铺修此路，计八百余丈，以济往来。"这是我们见到的最早的关于厦门地区道路修建的碑志资料。明万历年间，名士黄文炤曾倡导修建了今同安新圩镇大帽山的山路，"石帮记"摩崖题刻中对此事有较为细致的记录。题刻曰："石帮洪暴，雨必成灾。殒吾良陌，且伤观瞻，余心不忍，倡导修治，垒风水石坦，拾丈有八尺，筑槽道百有贰玖丈，即此为夷世代。"[3] 该题刻当为明代中后期记录厦门同安地区人民自发修治乡间道路的重要文物资料。

清代中期以后，历代地方政府十分重视道路的建设。今同安区三秀山风景秀丽，时常有人到此游览，而且该山还是同安县的发源地，所以，人们均以此山为灵山，将其视为祥瑞之地。但经常有人到此处掘取沙土，不但破坏了山中小路，更严重破坏了同安的地脉。乾隆十七年（1752年），同安县署陈鼎对被毁坏的山路予以修治，并对百姓挖掘的坑洼之处进行平整，从而得到当地百姓的拥戴。乾隆二十六年（1761年），由地方名士叶廷榜、叶宗敬、姚志贤等倡议，集民间之人力物力，将今天厦门太平岩附近的西山路铺设一新。位于今天平岩寺前巨石上的"西山修路志"，至今完好地保留在那里，较为详细地记录了当时西山路修建的情况。乾隆四十八年（1783年），乡绅林源郁等对今同安岭头、崎山附近的道路进行了整修，深获百姓赞誉。碑记云："岭头、崎山一带道路崩坏崎岖，艰于步履，行人苦之。兹城南乡宾林讳源郁，乐善向义，捐资砌石，以便往来，足垂永久，甚盛举也。众爰勒石，以志不忘。"同此路修建情况类似的还有嘉庆二十年，位于今厦门岛内梧村紫竹林寺的后山山路得以建成；道光七年（1827年），当地职员黄文采出资，将今同安区五显镇三秀山的山路予以翻修。道光十八年（1838年），当地百姓联合出资，在今厦门枋湖附近修筑了一条新路，使得"沟筑为坦途，行者艰于前，便于后矣"。光绪十三年（1887年），由名士评观等捐资，对厦门庵头社附近的小岭路进行了修缮。位于今集美区灌口镇与漳州长泰县交界之处，双岭越尾山上的"重修小岭路记"对此事有明确的记载。清末，当地名士黄吉观倡议，乐善好施者纷纷捐金资助，联合对今太平岩寺下面的羊肠小道进行了整修，免除了香客往来跋涉之苦。从位于今太平岩寺后山巨岩上的"太平岩捐修道路题刻"所载我们发现，该路的修建过程几乎是全民参与，直到今天仍令人称道。上述诸条道路的修建情况，除了有以碑记为代表的实物资料进行记录，在《厦门志》等方志资料中也有类似记载，为我们了解和研究当时的道路修建和社会发展情况提供较大帮助。

三、津渡修治情况研究

所谓津渡，就是渡口和码头之意。早在先秦时期，各诸侯国就十分重视具有重要战略或交通地位的渡口或码头的建设与管理。春秋时期，列国就设有专门管理桥梁渡口的职官——津吏；战国楚玺中就有"五渚正玺"等。秦汉以后，历代统治者均设有类似的职官，汉代的司空即为专门负责水土及工程建设的职官。隋唐时期及以后，历代均设有"津尉"、"津主"、"津令"或"津丞"等管理津渡的职官。同时，即使对那些战略地位相对较低的码头或渡口，统治者也授命地方官对其严格管理，以保证交通和社会秩序的正常运行。

厦门地区不仅濒临大海，拥有许多具有战略地位的海港，而且沟湖纵横，自然就形成很多大小不一的渡口。加之该地处于热带气候影响之下，雨季较长，经常发生水涝灾害。人们出行时，往往需要跋山涉水，所以津渡的修治和维护也成为交通建设的重要组成部分，如厦门岛内晨光路附近曾有一处利济渡口，该处本来是一条狭窄的水道，百姓利用此处以便出入，后来利用此处者甚多，因"地僻而小，不足以容人迹"。于是，在乾隆三十年（1765年），由当时的清溪解元王国鉴及其族人主持，对此渡口进行了扩建。收藏于厦门市博物馆的"利济渡碑记"对此事有详细的记载。五通渡（今五通码头附近），系清代中期厦门通往泉、漳等地的重要出口，但由于年久失修，设施破旧，"仕宦商贾接踵问渡，暑苦竭，雨苦淋，……，侵夜苦五栖息之所，往来咸弗便也"[2]。在这种情况下，乾隆三十九年（1774年），当地名士凌苍岩等在地方知府和百姓的协助下，对此渡口以及附近的道路、路亭等进行了较为全面的修葺，从而使此地的津渡管理和交通得到较大改善。从"重建五通路亭碑"所载我们可以看到，当时该地各级官员"各捐廉俸"，同当地百姓齐心合力完成此工程。洪本部（今厦门岛内洪本部附近）渡头修建的情况与五通渡有些类似，此地因长期受海水冲击，导致洪本部渡头毁坏严重。乾隆四十五年（1780年），当地驻守官员郭来等从民间募捐，带领当地百姓对其进行了修治，具有重要的史料价值。

众所周知，厦门本属孤悬海滨之岛，人们出入必须借助津渡。据方志等文献资料记载，地处今厦门岛内打铁街福寿宫附近的打铁路渡头是当时最重要的渡头，但因"年久崩塌，货物出入，行人往来，恒虞颠覆"。乾隆五十八年（1793年），由当地官员牵头，上至提督，下到普通百姓，纷纷捐钱捐物，耗时6个月，将其修治一新，"以利数百万人之行"。从"重修打铁路渡头碑记"所载我们发现，除了许多以个人名义的捐助之外，还有不少商铺、票号等也踊跃捐款捐物。修建于康熙年间位于今厦门新路附近的新路渡头，当时天下太平，"海氛既靖，舟航辐辏，商贾云集，为厦岛力济之区"，但因年久失修，崩塌频仍，乾隆三十五年（1770年）和嘉庆十三年（1808年）先后两次对其进行了修治。道光三年（1823年），由数百人联合捐资修建的莲河渡码头（位于今翔安区新店镇）得以竣工，曾轰动一时。从总体上来说，厦门地区因特殊的地理环境决定了津渡的重要性，众多记录厦门地区津渡建设的碑记，以及普通百姓的积极参与也说明了这种情况。

四、结语

自古以来，人们生活空间的大小和生活质量的高低往往取决于交通条件的发达与否，因此，历朝历代均十分重视桥梁、道路等交通设施的建设。同文化底蕴深厚和发展历史相对悠久的中原地区相比，以厦门为代表的闽南地区处于交通相对闭塞和以自然经济为主的状态的时间相对较长。唐宋以后到明清时期，中国的海洋运输和海洋经济虽然得到长足发展，但相对于辽阔的中国大地和偌大的普通人群来说，其影响还是比较弱的。人们最关注的仍然是在自然经济的状态下，能否实现出行便利以解决温饱和生存问题。明清时期，闽南人民以勇于冒险和进取的精神向海洋发展，从而使闽南地区的社会和经济得到长足的发展，出现了"乡村绣错，不减通都大邑之风"[4] 的景象。这一时期厦门地区的桥梁、道路和津渡等交通设施得以大规模修建的情况说明，闽南人民不仅以勇于冒险和进取的精神来改善自己的生活，而且能够以宽广的胸怀和感恩的心态将自己的辛苦所得回馈乡梓，这种精神一直延续到今天，具有积极的现实意义。

通过对大量石刻资料的梳理和讨论我们发现，明清时期厦门地区交通设施的建设大多属于民间自发的行为，即使有地方官府或士绅倡导，也不是政府主导的官方行为。一般来说，大多数工程的建设由该地有名望的士绅倡议，普通民众捐钱捐物或出工出力，而且这种捐献或出力纯属个人自觉的行为，没有任何强制，属于民间自发完成。这种情况体现了人们对改善交通条件的渴望，同时也说明当时百姓愿意为改善交通条件自觉做出应有的贡献。所以，石刻资料中有关明清时期对厦门地区交通设施建设的记载，不仅对促进地区社会和经济的发展发挥了重要作用，而且对我们了解和研究该地当时的社会史提供重要的参考，也为我们了解当时该地区的社会风貌等提供借鉴，直到今天仍然具有重要的参考价值。

参考文献

[1] 陈鼓应：《庄子今注今译》，中华书局 1983 年版。

[2] 何丙仲：《厦门碑志汇编》，中国广播电视出版社 2004 年版。

[3] 厦门政协文史和学习委员会编：《厦门摩崖石刻》，福建美术出版

社 2001 年版。

　　[4] 厦门市地方志编纂委员会：《厦门志》（道光十九年镌），鹭江出版社 1996 年版。

中国古代文学中"鲸"意象的多重意蕴①

张克锋　张晓红

　　鲸是地球上最大的哺乳动物，是浩瀚雄阔、无比壮美而又变幻莫测、充满凶险的海洋中最具代表性的动物。它身处大海，体形巨大，兴浪吞舟，既令人畏惧，又受人崇敬，是中国古代文学作品中的意象之一。鲸意象具有丰富的意蕴，但这些意蕴又多是相互矛盾的。

一、巨大雄强与易于受困

　　按照现代科学研究，鲸有 80 多种，包括须鲸和齿鲸等，体长从 1 米到 30 多米不等。然而古人所说的鲸，仅指其中体形巨大者。"鲸"的本义为京鱼，即大鱼。在古代文献中，鲸又被称为鱣、鲸鲵、鲲、海鳅（或作海鳛）、摩竭（或摩伽罗）、鰿鱼、房鱼、魴鱼、海翁等。

　　鲸最突出的特点是大。古人言其大，常以山、洲来形容。葛洪《西京杂记》记载有人航行东海，"船随风浪，莫知所之。一日一夜，得至一孤洲，共侣欢然。下石植缆，登洲煮食。食未熟而洲没，在船者斫断其缆，船复漂荡。向者孤洲乃大鱼。怒掉扬鬣，吸波吐浪而去，疾如风云。在洲死者十余人"[1]38-39。鲸大如洲，以致人不能辨其真假，令人难以置信。崔豹《古今注》言鲸"大者长千里，小者数千丈"[2]15，其夸张之语大概是从祖述《逍遥游》中鲲"不知其几千里"而来。《玄中记》写东海之大鱼更令人称奇，"东方之东海，有大鱼焉，行海者一日逢鱼头，七日遇尾。其产，则三百里为血"[3]4158。此类描写在后世笔记、小说中很常见。

　　由于体型巨大，所以古人以为鲸呼吸时所喷出的水柱可成雾雨，动鳍摆尾可掀起滔天大浪，鸣声为雷，呼气为风，声势慑人。《庄子·外物》写任公子所钓大鱼"骛扬而奋鬐，白波若山，海水震荡，声侔鬼神，惮赫

---

　　①　本文发表于《中南民族大学学报》2018 年第 2 期，收入本论文集时进行了必要的修改。
　　作者简介：张克锋（1970—），男，甘肃通渭人，博士，教授，主要研究方向为中国古代文学与书画。张晓红（1971—），女，甘肃通渭人，博士，副教授，主要研究方向为中国古代文学与中国民俗文化。

千里"[4]925，《拾遗记》写北极潼海中巨鱼大蛟"吐气则八极皆暗，振鳍则五岳波荡"[5]25。汉末杨孚《岭南异物志》则写道：

南方尝晴，望海中，二山如黛。海人云："去岸两厢各六百里，一旦暴风雷，雾露皆腥，杂以泥涎，七日方已。"属有人从山来，说云："大鱼因鸣吼吹沫，其一鳃挂山巅七日，山为之折，不能去，鸣声为雷，气为风，涎沫为雾。"[3]4158

由于鲸体型巨大，其出海、入海都伴随着巨浪，所以古人认为海潮就是由鲸的活动引起的。《金楼子》云："鲸入穴则水溢为潮来，鲸出穴则水入为潮退。鲸鲵既出入有节，故潮水有期。"[6]865 诗歌中此类描写甚多，如李白"海鲸东蹙百川回""惊波一起三山动"（《横江词六首》其六）[7]1720、范祖禹"长鲸一喷连山起，岌嶪高于太华峰"（《砥柱四首》其四）[8]10357、释祖元"长鲸吞月浪滔天"（《偈三首》其三）[8]20048 等。因为鲸所到之处皆掀起巨浪狂涛，故大海之波涛常被称为鲸波、鲸涛、鲸浪，寓险恶而难以逾越之意，如"鲸波万里不可逾"（华镇《徐元立出示李父龙角水壁诗邀予继作因成长篇》）[8]12308、"仙船横石待鲸涛"（石建见《武夷》）[8]45440 等。

因鲸有巨大的吞吐能力，故常被用来比喻豪饮和富有诗才。杜甫《饮中八仙歌》"饮如长鲸吸百川"[7]2259、吕岩《题永康酒楼》"鲸吸鳌吞数百杯"[7]9699、陆游《病后暑雨书怀》"少年豪饮似长鲸"[8]24354 等，皆以"鲸吸"喻饮者量大势豪。孟郊"海鲸始生尾，试摆蓬壶涡"（《喜符郎诗有天纵》）[7]4266、杜牧"少陵鲸海动，翰苑鹤天寒"（《雪晴访赵嘏街西所居三韵》）[7]5961 以鲸喻诗人之雄才；权德舆《书绅诗》以"骇浪奔长鲸"[7]3608 喻思维之腾跃；章孝标《览杨校书文卷》以"鲸跳渤澥宽"[7]5755—5756 喻文思之壮。

但正如《老子》所言，"有无相生，难易相成，长短相形，高下相盈"[9]5，任何事物都有两面性。大是鲸的优势，但同时也是其弱点，因为巨大而沉重，鲸容易搁浅而死。《庄子·庚桑楚》中庚桑楚谓弟子曰："吞舟之鱼，砀而失水，则蚁能苦之。"[4]773—774《战国策·齐策一》云："君不闻大鱼乎？网不能止，钩不能牵，荡而失水，则蝼蚁得意焉。"[10]129—130 鲸的这一特点，与文人志向高远、才华卓越，然生不逢时而为小人所侮颇多相似，故失意文人常以长鲸失水被困自喻，如贾谊《吊屈原文》"彼寻常之污渎兮，岂能容夫吞舟之巨鱼？横江湖之鳣鲸兮，固将制于蝼蚁"[11]2592、李白《枯鱼过河泣》"作书报鲸鲵，勿恃风涛势。涛落归泥沙，翻遭蝼蚁噬"[7]1706、白居易《寓意诗五首》其三"君为得风鹏，我为失水鲸"[7]4678。

二、英雄豪杰与凶顽奸邪

鲸之体形巨大、力量无穷，令人敬畏，故常喻指那些权高位重、雄强有力的人，如帝王、权臣、侠客等。《列女传》中楚处庄姪以"大鱼"喻楚顷襄王，胡曾《咏史诗》之《会稽山》以鲸鲵喻越王勾践，《博浪沙》则以鲸喻秦王嬴政。李白《赤壁歌送别》"君去沧江望澄碧，鲸鲵唐突留余迹"[7]1727以鲸鲵喻周瑜与曹操。杜甫《赠翰林张四学士》以鲸喻才力超众的翰林学士张垍，"翰林逼华盖，鲸力破沧溟"[7]2400。元稹《侠客行》以"海鲸"喻行事光明正大、敢作敢当的侠客。宋人陈荐《垓下》则以"长鲸"喻争雄的刘邦与项羽。鲸也常被用来比喻那些虽处低位但理想高远、胸怀抱负的志士，如杜甫《自京赴奉先县咏怀五百字》"顾惟蝼蚁辈，但自求其穴。胡为慕大鲸，辄拟偃溟渤"[7]2265，谓自己志在报国，与"但自求其穴"的蝼蚁辈迥然有别；其《送重表侄王砅评事使南海》以"安能陷粪土，有志乘鲸鳌"[7]2374勉励表侄志存高远。

以上是从正面取喻。若从反面取喻，则鲸常用来比喻强悍凶恶的敌人和奸邪小人。《左传·宣公十二年》："古者明王伐不敬，取其鲸鲵而封之，以为大戮。"杜预注云："鲸鲵，大鱼名，以喻不义之人吞食小国。"杨伯峻认为，"此以喻指大憝首恶耳"[12]746。《左传》中鲸这一喻意多被后人承袭。陶渊明《命子》写当时不义凶暴之人横行，曰"奔鲸骇流"[13]41。李白《九日登巴陵置酒望洞庭水军》"今兹讨鲸鲵，旌旆何缤纷"[7]1838、杜甫《奉送郭中丞兼太仆卿充陇右节度使三十韵》"燕蓟奔封豕，周秦触骇鲸"[7]2406、杜牧《华清宫三十韵》"鲸鬐掀东海，胡牙揭上阳"[7]5950等，皆以鲸喻指安史叛军。柳宗元《奔鲸沛》以鲸喻叛将辅公祏，以截断鲸鳞喻李孝恭将其制服，"奔鲸沛，荡海垠。吐霓翳日，腥浮云。……手援天予，截修鳞"[7]3919。清人陈颂南"海水群飞，鲸鲵跋浪"中"鲸鲵"喻指外国侵略者（《陈颂南给谏》）[14]47。康有为《遣人北寻幼博墓携骸南归》"鲸鲵横波斜日曛"以"鲸鲵"喻指"维新变法运动中的顽固势力"[15]77。古人有"若梦得大鱼，战大胜"[16]894之说，原因就是"大鱼"喻指凶顽之敌。明晴以后，鲸常用来喻指海盗，如"海中盗艇猖獗，鲸鲵日盛"[17]82、"扫荡鲸鲵，肃清海甸"[18]138 等即是。

鲸也喻指朝中权奸。《汉书·五行志》有海中出现巨鱼的说法。史家依照京房《易传》"海数见巨鱼，邪人进，贤人疏"之说，以为这些巨鱼的出现是忠贤被疏、邪人进位的不祥之兆。清洪仁玕《诛妖檄文》以鲸鲵比和珅，言其为奸邪大恶。因此，剺鲸、斩鲸、斫鲸、挫鲸、戮鲸、烹鲸、刳鲸、脍鲸皆有斩除强敌、制服奸邪之义。

> 魏太祖武皇帝，……扫除凶逆，剪灭鲸鲵。（魏曹同《六代论》）[11]2280
>
> 斩鲸澄碧海，卷雾扫扶桑。（李世民《宴中山》）[7]18
>
> 混元分大象，长策挫修鲸。（许敬宗《奉和行经破薛举战地应制》）[7]462
>
> 旌旗入境犬无声，戮尽鲸鲵汉水清。（刘禹锡《美温尚书镇定兴元以诗寄贺》）[7]4118
>
> 我欲烹长鲸，四海为鼎镬。（宋齐丘《陪游凤凰台献诗》）[7]8414
>
> 丈夫节义岂在下，愿为长剑刳长鲸。（刘敞《濉阳歌》）[8]5771
>
> 未忍焚庐攻腐鼠，要须劈水脍长鲸。（孙觌《丰绩堂》）[8]17010

古人观测自然，认为"鲸鱼死而彗星出"[19]176。彗星也称欃枪、孛彗，为凶星，主不吉，故彗星和鲸鱼常并列而表凶恶之人事，如唐钱起《观法驾自凤翔回》"欃枪一扫灭，闾阖九重开。海晏鲸鲵尽，天旋日月来"[7]2651、元稹《代曲江老人百韵》"斗柄侵妖彗，天泉化逆鳞。……猰貐当前路，鲸鲵得要津"[7]4517 等，皆以鲸喻凶顽奸邪。

三、骑鲸成仙与鲸波难渡

"骑鲸"一词出自扬雄《羽猎赋》。文中写天子出猎，"乘巨鳞，骑京鱼"[11]396—397。"京鱼"即大鱼，并非专指"鲸"。"骑京鱼"当然是夸张的说法，用以形容人超乎寻常的英勇和强悍。李白《赠张相镐二首》其一"猛士骑鲸鳞"用此典，即用以赞颂讨伐安史叛军的张镐义军的勇猛气势。李白去世后，"骑鲸"与李白"醉入水中捉月"故事融合，形成了李白

"骑鲸"的浪漫故事，诗人多咏之，如薛涛《西岩》"凭阑却忆骑鲸客，把酒临风手自招"[7]9045、宋章甫《和韩无咎使君吊李谪仙》"骑鲸捉月知何在，太白光芒夜夜新"[8]29076、明李东阳《李太白》"人间未有飞腾地，老去骑鲸却上天"[20]204 等。李白因此也被称为"骑鲸客""骑鲸李"。把溺水而亡说成骑鲸上天，体现了人们的诗意想象和对"谪仙"的美好祝愿。

　　李贺《神仙曲》首次将"骑鲸鱼"与海中寻仙联系在一起，此后"骑鲸"多用来指海中寻仙，如宋刘敞《闻王十八除检讨》云"沧海有蓬莱，去人初不远。舟车自难到，方士曾空返。闻子骑鲸鱼，姓名已金简。谁云路幽险，但怪波清浅。……"[8]5691 "金简"指道教仙书，这位王姓朋友的姓名已列入仙书，那么"骑鲸鱼"自然是去蓬莱寻仙了。宋晁补之《少年游·次季良韵》说得很明白，"它日骑鲸，尚怜迷路，与问众仙真"[21]561。清姚鼐《阜城作》云："侧闻太山谷，往往仙人行。云霄昼下鹿，东海远骑鲸。"[22]149 前两句写仙人行于太谷，后两句写东海骑鲸，而传说中的海中三仙山就在东海中，所以"东海远骑鲸"为寻仙无疑。陆游《观苏沧浪草书绢图歌》则有"骑鲸仙人"[8]24745 之称。

　　由于"骑鲸"喻指寻仙，"骑鲸客"喻指神仙，所以"骑鲸"又用于祝寿，意在祝愿对方成仙而长生不老，如陈天麟《寿洋川李守昌谞二首》其二"仙风自是骑鲸客，逸兴行飞犯斗槎"[8]23266。程公许《寿李子先》："正阳用事月初吉，骑鲸之孙生此日。"[8]35554 由于"骑鲸"喻指寻仙，而古人常以"仙逝"代指"死亡"，表示对死者的美好祝愿，故"骑鲸"而去又可代指死亡，如释道潜《同赵伯充防御观东坡所画枯木》其二"惆怅骑鲸天上去"[8]10798、李之仪《石敏若挽词》"空叹骑鲸去不疑"[8]11209、廖行之《挽朱监庙明》其一"人间世事最堪悲，有子骑鲸去不归"[8]29204 等皆是。

　　仙境遥远艰险，骑鲸便容易到达，但这毕竟只是想象。如果从现实角度看，鲸可兴浪吞舟，是人们通往仙界途中的巨大障碍。郭璞《游仙诗》："吞舟涌海底，高浪驾蓬莱。"[23]866 "吞舟"指鲸，这是把鲸及其掀起的"高浪"视为通往蓬莱仙境的危险。李白《有所思》"我思仙人，乃在碧海之东隅。海寒多天风，白波连山倒蓬壶。长鲸喷涌不可涉，抚心茫茫泪如珠"[7]1692，意思是因为风大浪高、长鲸出没而无法到东海求仙。而其《公无渡河》则写长鲸使人丧命。陆龟蒙《奉酬袭美苦雨见寄》云："欲怀仙，鲸尚隔。"[7]7228 晁说之《感事》慨叹："长鲸江海尚翻波，欲济无航可奈何。"[8]13797 这是航海人必须正视的现实，所以古人常用行走于鲸齿、鲸口来形容航海的危险，如黄滔《贾客》劝海商"鲸鲵齿上路，何如少经过"[7]8094。曹松《送胡中丞使日东》写胡中丞出使新罗海行之艰险，有"张帆度鲸口"[7]8223 之句。

四、鲸意象之多重矛盾意蕴形成的原因

综上所论，中国古代文学中的"鲸"意象具有多重意蕴，而且有些意蕴是相互矛盾的。究其原因，既与鲸本身的特点有关，也与作者的身份和文化心理有关，还与不同的时代环境有关。

首先，鲸意象多重而矛盾的意蕴由鲸本身的特征生发而来。

鲸是海中所独有的动物，其体形之巨大，是陆上动物所不可比拟的；鲸出没时会掀起大浪，喷射出很高的水柱，形成水雾弥漫的景象，显出超强的威力。这种壮观的景象只有在大海上才能看到，所以鲸被视为海洋的标志性动物，凡描写海洋的诗赋大都会写到长鲸喷云吐浪的壮观景象。有海的宽阔深广，才会有鲸鱼的巨大；反过来，鲸鱼的巨大无比、非凡的力量与气势又体现出大海的神奇与壮阔。

因为体形和力量的巨大，鲸具有一往无前、不可阻挡的气势，易令人心生敬畏。以鲸来比帝王、权臣和英雄豪杰，就是这种心理的体现。

鲸在海里无物可敌，畅游无阻，具有无远而不至的能力，这自然让人联想到骑鲸可轻易到达那遥远缥缈的海中仙境，由此便生发出骑鲸寻仙的浪漫幻想。但同时，鲸出没之处皆巨浪滔天，船只毁坏，船员被吞，所以对于出海人而言，鲸又是航程中的巨大危险，甚至是不可逾越的障碍，令人恐惧。

鲸具有巨大的吞噬力，巨口一张，海水与鱼鳖俱入，视之令人恐怖，因而人们常用它来比喻贪婪而残忍的顽敌、强盗和奸邪小人，寓憎恨之意。但若从积极一面来看，巨大的吞吐能力又是博大能容和豪迈气度的象征，因而"鲸吞"常被用来形容豪饮和富有诗才，饱含羡慕之情。

鲸体形的巨大既是突出的优势，也是明显的缺陷。在海中它强大无比，然而一旦搁浅，就无力自救，而被蝼蚁所食。这种现象对于在海边生活的人来说并不鲜见，故诗文中常以鲸象征志向高远、才华卓著而生不逢时、为群小所困的文人志士，其中寄托了失意文人的几多悲慨。

钱钟书先生曾总结出比喻有"两柄"而复"多边"的修辞学现象。

"同此事物，援为比喻，或以褒，或以贬，或示喜，或示恶，词气迥异"，此乃"比喻之两柄"；"盖事物一而已，然非止一性一能，遂不限于一功一效。取譬者用心或别，着眼因殊，指同而旨则异；故一事物之象可以孑立应多，守常处变"，此之谓"比喻之多边"。[24]37,39 鲸意象意蕴的多重而矛盾，恰似比喻之两柄而复多边。

其次，鲸意象意蕴的多重性还与时代特点有关。比如，李白以鲸喻叛将，与鲸力大势猛、无法驯服的特征有关，也是当时现实的反映；李白溺水而亡之后，诗人们以"骑鲸"指海中寻仙，显然与唐代道教盛行和唐人相信海外有仙山、修道可以成仙等思想有关。再如，同样是以鲸来喻强悍凶恶之敌，《左传》中指对天子大不敬的诸侯，李白、杜甫的诗中指安史叛军，明清以后多指海盗，近代则指外国侵略者，都反映了不同时代的特点。

再次，鲸意象的多重意蕴与文人对鲸认识的模糊性和猎奇好异心理有关。

在中国古代，有过海边、海上生活经验的文人很少。文人对鲸的了解，绝大多数不是来自亲身观察和经历，而是来自传闻。传闻往往有很多不实之词。这是因为在漫长的历史中，海边居民通过航海、捕鱼对鲸在海中的生活习性有了一些了解，通过搁浅的鲸，对其身体特征有了更多的认识，如鲸常喷吐水雾、出没处浪涛滚滚、易于搁浅而死等，但因为鲸身形巨大，生活于深海之中，要对它的生活习性有深入、细致的了解是很困难的，所以人们对鲸的观察与认识存在很多模糊，甚至错误的地方，而且人们对自己不熟悉却被震撼的东西在描述时往往会不自觉地加以夸大和神秘化。古代笔记、史志等对鲸的记载，大多数都来自民间传闻，而非作者亲自观察所得，因而夸张和神秘化的倾向是很明显的。文人的一大特点是想象丰富，具有猎奇好异的心理。这些有关鲸的具有夸张和神秘色彩的神话、传闻，很契合文人心理，故文人乐于记载，并很自然地加上自己的想象，使形象、故事更奇特，更富有吸引力，更能表达他们的理想，如庄子笔下其大几千里的鲲及鲲鹏之变，扬雄、李贺等笔下的骑鲸遨游、寻仙等，都极富浪漫色彩。诗、赋、小说对鲸的描写，基本上都离不开夸张。

中国古代文人因为很少有长期海上生活的经验，缺少对鲸的细致观察和深入研究，所以无法对其进行如实、细致的描写，人与鲸之间也没有什么故事可以叙述，故只能借助丰富的想象和大胆的夸张来抒发情怀。也就是说，在中国古代文学中，"鲸"只是一个喻象，是文人们寄托情怀、表达爱憎的一个符号。比如鲸鱼搁浅而被蝼蚁所食这一现象，在中国古代文学里都毫无例外地和失意文人的处境联系起来，以抒发"怀才不遇"之感；鲸巨大的吞噬能力，多用来比喻酒量和诗才；鲸体形巨大、力量威猛，故多用来比喻英雄或强敌。和西方海洋文学细致的写实相比，这种象征和主观抒情的写法特色鲜明，但缺陷也是明显的。

最后，值得指出的是，中国古代文学中的鲸意象反映了古代中国人探索海洋的热情和勇气。如前文所述，鲸意象最早出现在神话中。《逍遥游》中写鲲（鲸）生于北冥，变为鹏而徙于南冥，说明当时人们对海洋和海洋生物已经有了一定的认识，秦汉以后古人探索海洋的脚步从未停歇。鲲鹏之巨大、鹏飞之高远所展示的恢弘气势和浪漫气息，进取、搏击的精神，以及以大为美的审美观，深刻地影响了此后中国人的精神追求。显然，这种精神追求与浩瀚无垠的海洋对中华民族性格的影响和塑造有关。魏晋南北朝辞赋、唐宋诗歌中对海洋和鲸的描写，都展现了对巨大、雄强、壮阔、力量的赞美和对自由的渴望。这种精神追求与中原黄土文明对平和、务实、谨慎、本分、宁静的崇尚，有着根本的不同。正是这两种精神的互补和融合，才造就了中华民族既刚健豪放又平和务实的精神气质。

参考文献

[1] 葛洪：《西京杂记》卷五，中华书局 1985 年版。

[2] 崔豹：《古今注》，中华书局 1983 年版。

[3] 李昉、李穆等：《太平御览》，中华书局 1960 年版。

[4] 郭庆藩：《庄子集释》，中华书局 1961 年版。

[5] 王嘉撰、萧绮录、齐治平校注：《拾遗记》卷一，中华书局 1981 年版。

[6] 萧绎：《金楼子》卷五，上海古籍出版社 1987 年影印《文渊阁四库全书》本，第 848 册。

[7] 彭定求等：《全唐诗》，中华书局 1960 年版。

[8] 傅璇琮等：《全宋诗》，北京大学出版社 1991—1998 年版。

[9] 冯达甫：《老子译注》，上海古籍出版社 1991 年版。

[10] 刘向：《战国策·齐策一》，吉林人民出版社 1996 年版。

[11] 萧统：《文选》，上海古籍出版社 1986 年版。

［12］杨伯峻：《春秋左传注·宣公十二年》，中华书局1990年版。

［13］袁行霈：《陶渊明集笺注》，中华书局2003年版。

［14］梁章钜：《浪迹丛谈》卷三，中华书局1981年版。

［15］桑咸之、阎润鱼：《康有为诗文选译》，巴蜀书社1997年版。

［16］曾公亮等：《武经总要》后集卷一八，上海古籍出版社1987年影印《文渊阁四库全书》本，第726册。

［17］昭梿：《啸亭杂录》卷三，中华书局1980年版。

［18］陈康祺：《郎潜纪闻初笔》卷七，中华书局1984年版。

［19］何宁：《淮南鸿烈集释》卷三，中华书局1998年版。

［20］李东阳：《怀麓堂集》卷一九，上海古籍出版社1987年影印《文渊阁四库全书》本，第1250册。

［21］唐圭璋：《全宋词》，中华书局1965年版。

［22］姚鼐：《惜抱轩诗文集》卷三，上海商务印书馆1939年版。

［23］逯钦立：《先秦汉魏晋南北朝诗》，中华书局1983年版。

［24］钱钟书：《管锥编》，中华书局1986年版。

福建节日节俗中的战争印迹及其情感内涵①

张晓红

2015 年我们对福建省的节日状况进行了调查，发现福建地区虽然有很多节日与全国其他地方具有共同性，如春节、元宵、清明、端午、七夕、中元、中秋、重阳、冬至、除夕等，但是也有不少节日极具地方性和特异性，如福州农历正月廿九的拗九节、多地二月二日的头牙、十二月十六日的尾牙，以及不同时日的游神（斋醮）等。更引人注目的是许多地方性节日与战争有关联，如罗唇的冥斋节、宁德畲族的乌饭节、莆田的"做大岁"、泉州的"吃大顿""陷城洗街日"等，还有一些节日名目虽然与其他地方相同，但其节日习俗和文化内涵却有差异，如莆田春节的"白额春联"、厦门中秋的"博饼"等。这些节日与习俗何以如此特别？它们是怎样产生的？它们表现了民众怎样的情感？本文拟就此略作论述。

一、福建各地与战争有关的节日与节俗

福建各地零星散落着许多与战争有关的节日以及节俗。为了更清晰地展示这些节日的分布情况，兹列简表（见表1）。

表 1　福建与战争有关的节日与节俗

序号	地区	与战争有关的节日与节俗	民间关于节日及俗起源的说法
1	宁德	福安正月初二的"探亡日""白年日"	明代嘉靖倭乱
2		霞浦北社二月初二的"七圣真君神诞"	明代嘉靖倭乱中显灵御敌
3		畲族三月三日"乌饭节"	唐代畲族英雄雷万兴等反抗民族压迫
4		霞浦中秋的"曳石"	明代戚继光抗倭

① 本文发表于《集美大学学报（哲学社会科学版）》2017 年第 2 期，收入本论文集时进行了必要的修改。

作者简介：张晓红（1971—），女，甘肃通渭人，博士，副教授，主要研究方向为中国古代文学与中国民俗文化。

续表

序号	地区	与战争有关的节日与节俗	民间关于节日及节俗起源的说法
5	宁德	罗唇正月十八日的"冥斋节"	①明代马元帅抗击倭寇 ②马氏三姐妹抗击海盗
6	福州	连江正月初十的"供过良辰"	①元大帅 ②明代戚继光抗倭
7		福清新厝镇正月初二的"拜初二"	明代嘉靖倭乱
8		福清新厝镇春节的"白额春联"	明代嘉靖倭乱
9	莆田	莆田城区、仙游正月初四（初五）日的"做大岁"	明代嘉靖倭乱
10		莆田城区、仙游正月初二日的"探亡日"	
11		莆田城区、仙游春节的"白额春联"	①明代嘉靖倭乱 ②清兵入闽
12	泉州	崇武正月初五的"吃大顿"	明代嘉靖倭乱
13		惠安辋川村正月初五的"无头节"	
14		山腰、后龙、南埔正月初五的"做大岁"	①元末抗元 ②明代嘉靖倭乱
15		晋江元宵的"攻炮城"	明代郑成功驻军
16		永宁卫城四月廿三的"陷城洗街"	明代嘉靖二十七年倭乱
17		紫帽乡后厝村中秋的"烧塔仔"	宋末抗击元兵袭击
18	厦门	同安正月初三忌讳访亲友	明代嘉靖倭乱
19		同安中秋吃月饼	元末白莲教徒抗元起义
20		厦门中秋"博饼"	明末郑成功驻军
21	漳州	龙海上巳吃春卷	郑成功攻打漳州
22	三明	宁化端午的悬挂葛藤	唐末黄巢之乱
23		尤溪四月初八的光饼节	明代戚继光抗倭
24	南平	建瓯的清明插柳	五代战乱中练氏夫人保全城民
25		建阳的中秋"张灯彩于檐"	五代战乱中练氏夫人保全城民
26	龙岩	永定端午的悬挂桃枝	唐末黄巢之乱
备注		此表节日调查数据尚不全面，涉及时间皆为农历，关于起源的说法为概说	

　　从这张简表可以看出，福建与战争有关的节日与节俗多达 26 种，这些节日和习俗的来源从时间跨度上远自唐代的畲族起义，晚至清初郑成功驻军；在地域分布上，靠近内地的南平、三明、龙岩等较少，而东南沿海的宁德、福州、莆田、泉州、厦门、漳州等地区分布较多；在涉及的具体事件上，有唐前期的畲族起义、唐末的黄巢之乱、五代战乱、明代倭寇之

乱与戚继光抗倭以及明末清初郑成功驻军等，约 60％ 与倭乱有关[①]。而在节日名称、节日习俗、流行范围等方面普遍呈现出局域化、地方性特色，有些节日或者节俗的流行范围比较大，只是名称、说法略有差异，有些则流行范围非常小，仅限于一个村镇。

二、福建各地与战争有关的节日与节俗的形成与表现方式

考察闽地这些与战争有关的节日和节俗的形成与表现方式，有些完全是新节日，有些只是对传统节日习俗的增改，具体可分为 3 种情况。

（一）增改节日

1. 重复过节

（1）莆田正月初四（初五）的"做大岁"。

在莆田，年三十是小年除夕，而正月初四才是大年除夕，正月初一做岁，正月初五又做岁，这种重新再过一次除夕或春节，叫"做大岁"。此俗最为独特，其出现与嘉靖间的倭乱有关。民间通常的说法是嘉靖四十一年倭寇侵犯福建沿海地区，农历十一月廿九日攻占了兴化府城（莆田市），烧杀抢劫，无所不及，百姓死伤无数，在腊月廿九除夕之日方被戚继光军队击退（一说撤退）。正月初一日逃难的群众相率回城，目睹到处死者相枕藉、家中洗劫一空的惨状，无不悲痛万分。初二三日皆忙于发表，无暇过节，初四日便决定补过因倭乱而没有"围炉"的除夕，即补行"断岁"，叫"做大岁"。很多学者认为民间说法与史实不符，以为与嘉靖四十一至四十二年的兴化陷落有关。嘉靖四十一年十一月廿九日夜四更倭寇攻陷兴化府城，扰掠抢劫，奸淫焚烧，杀人盈城，盘踞城内长达两月之久，于次

---

① 关于明代倭患与民间习俗的关系，学者多有关注。李嘉谟的《莆田风俗记》（见林国梁主编：《福建兴化文献》，台北市莆仙同乡会，1978 年版，第 155—162 页）对莆田过大岁、探亡日风俗与嘉靖倭乱的关系有阐述。陈桂炳《略谈泉州沿海地区与明代倭患有关的岁时习俗》就泉州各地"做大岁"的习俗及其与明代倭患的关系进行了阐述（见陈国强主编：《闽台岁时节日风俗》，厦门大学出版社 1992 年版，第 40—47 页）。许金顶在《倭寇之患与福建民俗》一文中就元明时期倭寇对福建地区历史长久而大范围的侵害以及因此而形成的各地特意的节日禁忌、过大年、白头联等 8 种习俗进行了较为详细的论述（见《海交史研究》1996 年第 1 期）；林萌生、段坤鹏的《从福建民间风俗再看明代倭患》提到受明代倭患影响的民间风俗主要是厦门同安正月初三的忌访亲友、泉州农历四月廿三日的"陷城洗街"和莆田正月初四"做大岁"等（见《中华武术·研究》2011 年第 4 期）。

年正月廿九日始因尸臭冲天才退回平海，后被戚继光军斩杀，而逃出避难者二月二日方回城，因错过了做岁，于是在二月初五重新"做岁"，后来觉得二月初五拖得太久，就改为正月初五补"作岁"①。这个推断无疑是正确的。但民间说法也不完全错误，据文献记载，莆田自元末即受倭患，而"倭寇势益猖獗，嘉靖间为甚"[1]537，从嘉靖二十二年（1543年）至四十三年（1564年），倭寇多次大规模劫掠莆田，死伤严重，对此节的形成都有影响，很难说就是哪一次形成的。仙游也有此俗，是受莆田影响而成。[2]90

（2）泉州各地正月初五的"补年兜""吃大顿""做大岁""做春节"。

泉州一些地区在正月初五日也有与莆田类似的习俗。由于地区差异性，这个增加的除夕或春节称呼有所不同，但是性质相同。崇武人称年为"年兜"，故称此节为"补年兜"，也称"吃大顿"。相传明代嘉靖某年十二月半后，崇武城内人们正忙着过年，不料大批倭寇趁机从海上突然来犯，守城官兵奋勇抵抗，掩护百姓出城西撤，终因当地驻军人数少，寡不敌众，城被攻陷。几天后，都司的大军赶到，击退了倭寇，百姓方陆续回到城中，他们收拾惨遭洗劫后的屋舍，掩埋死者的遗体，已是正月初五日。由于"年兜"这天是在逃难途中度过的，有人就提议补个"年兜"日，于是家家点香烛，奉敬祖先，祭奠抗倭牺牲的将士，后来相沿成习。泉港区的南埔、后龙、山腰乡有类似的节日，叫"做大岁"。关于节日来源，除了嘉靖倭乱外，还有抗元之说，相传元代因二户养一个元兵，民众不堪其苦，约于腊月廿九夜燃火为号杀死元兵后将碗盆摔破在门外而逃，元兵来后因无人而撤兵，人们初四返回后相约初五日重过春节，后相沿成俗。据文献记载，第一种说法有历史依据，万历《泉州府志》、朱维干《福建史稿》、嘉庆《惠安县志》等皆载泉郡受倭祸之实，但是节日的形成主要还是受了莆田习俗的影响。

（3）标美顶正月初五的"无头节"。

惠安辋川镇辋川村标美顶正月初五也补过年兜，叫作"无头节"。相传嘉靖间有一潘姓乡民勾结倭寇，为贼打开城门，约好门口有摔破陶器的

---

① 按，佛心（关陈謩）《倭祸记》（载民国十四年《衡报》副刊）最早提出此论，后多承此观点，如李嘉谟《莆田风俗记》、仙游科协《仙游风物》、新编《莆田县志·大事记》、谢如明《莆田传统文化概论》等。

不杀，结果只有潘、任二姓在门口因提前放置了破陶器而避免了被杀，其他姓氏尤其是陈姓聚居地集中的标美顶则没来得及逃跑，结果全部被杀割头。当人们在正月初五日回家后见到被杀亲人的无头惨状，十分悲愤，为了使子孙后代永远牢记这一深仇大恨，故有此节。

以上节日最初都是因为错过了节日而补过，后来演变为在原有节日结束后隔数日重新过一次相同的节日。虽然是补过，但对当地人而言仪式更为隆重、意义更为重大，其情感文化内涵也与传统节日不尽相同。

2. 新增节日

(1) 罗唇村正月十八的"冥斋节"。

闽东福鼎市佳阳乡罗唇村正月十八日有"冥斋节"，祭祀"马氏真仙"和"马元帅"。前者为三位女性，后者是一位男性。关于节日的起源，马氏真仙的说法是约在400多年前沿海一带居民经常遭到海盗劫难，使得当地居民不得安宁，为了保护百姓生命财产的安全，马氏三姐妹奋起反抗，在正月十八日的一次战斗中，因寡不敌众，三人先后化作大山以阻挡来寇，使得居民得以安全转移。后人为了纪念马氏三姐妹的功德，为她们塑金身，奉为菩萨，叫"马氏真仙娘娘"，修建"马仙宫"，并在其殉难日进行祭祀。马元帅的说法是约在400年前，沿海一代倭寇骚扰频繁，民不聊生，有个马姓元帅奉旨为民除害，来到沿海抗击倭寇，因为远离内地，粮草供给不足，虽然带有不少金银，但却无处可买充饥之物，他们忍饥挨饿，日夜奋战，最后饿死在战场上。临终前马元帅感叹道："饥荒年或特殊时期，黄金不如五谷好。"后人为了不忘他的功劳，为他塑造神像，修建宫庙，每年正月十八日用200斤粳米做三个超大粿的"冥斋"来供奉，表示敬祀和怀念。据学者考证，福鼎县城在明嘉靖三十一年壬子九月十一日和三十八年己未秋之间两次遭到倭寇侵犯，马氏真仙实有其人，是明代秀州和亭县人（今属浙江），移居在福州，在嘉靖寇乱之际，朝廷命将领金兵剿匪之时，马氏三姐妹"协剿有功，故而被奉祀"。而马元帅则是马氏三姐妹的父亲。两个传说当为一个故事的不同流传，前者中的海盗就是后者所言倭寇。[3]343—344

(2) 莆田、福安正月初二的"探亡日"。

正月初二是年节第二天，在我国大多数地方有出嫁的女儿带女婿回娘家探亲的习俗，但是在莆田等地却是一个独特的节日，叫作"探亡日"。这也与明嘉靖四十一年（1562年）、四十二年（1563年）年的倭乱有关。

因倭寇二月初二日方退，百姓回家忙于收敛掩埋尸体，正月初四方补"做大岁"，为了纪念历史、祭祀亡灵，后来就把正月初二定为公共祭日，叫"探亡日"。此日除出嫁的女儿可以回娘家祭奠上一年去世的父母（称作"做初二"）外，其他人则不相往来，假使有人违背此习俗，会被主人视为不祥之兆，轻则不予接待，重则被下逐客令。宁德福安也叫"白年日"，与莆田基本相同。

（3）卫城四月廿三日的"陷城洗街"日。

嘉靖二十七年（1548年，一说为嘉靖三十一年）四月廿二日倭寇侵陷泉州晋江永宁卫城，甚至杀死了逃藏在下水沟内的数万居民，血流成河，而次日一场倾盆大雨却洗尽了满街的血渍。此后，四月廿三日如果天不下雨，永宁镇的居民就要挑水冲洗街道以示纪念，形成此节。

（4）宁德三月三日的"乌饭节"。

闽东宁德地区是全国畲族人口最多的聚居区，农历三月三日是畲族的"乌饭节"，吃一种用乌稔叶熬汁煮的乌米饭。此俗源于纪念畲族英雄雷万兴。据说唐总章二年至开元三年（669—715），畲族英雄雷万兴、蓝奉高领导闽南、粤东的山城人民反抗统治阶级的压迫，景龙元年（707年）冬天，被官军围困在山上，失去外援，钱粮断绝，即将被饿死，后来在草地上找到了一种黑珍珠似的野果子，即"乌稔"，靠其充饥存活了下来，在次年三月三日冲出了重围，杀退了敌军。畲族人民为了纪念，就以三月三日为他们的传统节日，并于此日上山采摘乌稔叶以熬汁蒸煮米饭。

（5）连江的"供过良辰"。

连江县江南村潭下、东南街梯云宫、东北街兴贤宫等处，每年农历正月初十夜，门前都挂有大红灯，上书"供过良辰"四个大字，下面燃烧柴塔，烧尽后附近居民都拣一块木炭回去作纪念。据《民国连江县志》载："元大帅按戡闽中，邑于是日纳款，以供其过，后沿为俗。"[4]173 此说认为与元大帅纳款有关。另一说则认为是戚继光率部入连江抗击倭寇，昼夜急行军，因为兵士多为义乌人，不懂当地的方言，不熟悉当地地理，百姓便在军行之地张灯举火给予接应，后相沿成习。[5]99

（6）尤溪县四月初八的"光饼节"。

此节民间做光饼，吃光饼。光饼全称是戚继光饼。相传当年戚继光抗倭，为行军方便而发明制作了一种中间有孔的饼，士兵用线串起来挂在脖子上，携带方便，随时可吃。后来人们为了纪念他而称此种饼为"光饼"。

以上节日都是新创的节日,其节日名称、节日时间、节日习俗以及内涵都是全新的。

(二) 增改习俗

1. 莆田的"白额春联"

我国习俗,春节期间,凡无丧服之家,通常都用红纸书写春联以示喜庆。然而莆田的春联却很独特,比普通的红色春联上端多出二三寸长的一段白纸,当地人叫作"白额春联"或"白头春联"。这是何故?民间有两种解释:一种认为与戚继光抗击倭寇有关。据说当年戚继光在莆田消灭了倭寇之后就去了浙江,谁料一部分残余倭寇在除夕日又扑了回来,百姓死伤无数,等戚继光迅速赶来救援,已是正月初二,逃亡百姓回城见到亲人被杀,十分悲痛,赶忙料理后事。为了表示对死难亲人的哀悼,在大红春联上覆盖一截白纸,便成了"白头春联"。另一种认为与清兵入闽的大屠杀有关。据说 17 世纪中叶清兵进军福建,遭到了当地武装组织的抗击,尤其是与莆田南明大学士朱继祚组织的义军持续了几年的拉锯战。明永历二年(1648 年)初,清军已占领的兴化府城被义军夺取,七月方再次被夺回。依照惯例,清兵进行了屠城示威,百姓被杀甚众。不久,幸存者又受到清兵"留头不留发、留发不留头"的剃发令的威胁,又有不少人因抗命被杀,家家几乎都办丧事贴白联。春节前,清政府强迫众人贴红联为"新朝贺岁",若不听令,又要被杀。按惯例,丧服未除不能贴红联,因此人们虽然不得已遵令贴了红联,但是却非常巧妙地在上面留出一段白纸以示抗议。第二年,为了纪念这一惨痛历史,就在大红纸上边特制一段白头,成为流行于莆田、与其相邻的仙游以及福清新厝镇等莆仙方言区的普遍习俗。

2. 厦门同安正月初三的忌访亲友

据说嘉靖年间除夕之日,一支倭寇趁官民围炉而疏于防守之际由晋江偷袭同安,烧杀抢劫,守城兵民奋起抗击,在正月初二上午击退了倭寇,下午遇难者亲属收殓尸体,初三日送葬;而未遭难者则关闭门户谢绝来客访问,以免沾染"晦气",故有此俗。与此类似的是与莆田相邻的仙游县与福清县的一些村镇都有"拜初二"的习俗,即如果前一年有亲人去世,来年正月初二日要为亡灵设座而让亲朋吊唁祭祀,也称"拜新座"。据说源于嘉靖四十一年(1562 年)的倭乱,因为当时幸存者在初二日到死者家中吊唁,后来沿而成俗,由此也形成了初二忌讳访客的惯例。这些地方显然都是受莆田"探亡日"影响，只是没有单独成节。

3. 宁化端午的悬挂葛藤

宁化石壁村客家地区端午节除了大门左右悬挂菖蒲、艾叶之外，门楣上方还挂一串葛藤，据说此俗与唐末黄巢之乱有关。黄巢军进入福建，百姓纷纷逃难。在闽赣交界处，一个女人背着一个大孩子并拉着一个小孩子拼命奔跑，恰好被黄巢看见。黄巢觉得奇怪，于是询问缘由。妇人说背的是没了父母的侄儿，怕丢失被杀后断了香火；小的是自己的儿子，万一被杀自己还可以再生，所以牵着跑。黄巢听了很感动，让妇人回村后在门上悬挂葛藤，并令军人见门悬葛藤者勿扰。妇女回村后急告乡里人家家挂葛藤，因此全村安然无恙。因为时间正是五月初五，所以此地自此后端午便增加了此俗。

4. 永定端午门插桃枝

龙岩永定的客家端午日家家门上插桃枝叶，说法与上面大致相同，只是"挂葛藤"变成了"插青"，所以插的是桃枝。

5. 霞浦中秋的"曳石"

宁德霞浦县牙城、沙江、大京、三沙等村镇在中秋夜有一种大人、小孩在石铺路面上用绳子拖着石头赛跑的独特体育活动，叫"曳石"，又称"太平石"。此俗也与戚继光抗倭有关。相传嘉靖三十二年（1553 年）八月，倭寇来扰，戚家军主力出援福安、宁德两地。倭寇企图乘虚攻占霞浦县城，戚继光巧出计策，让百姓曳石，石头在青石板上拉动发出巨大的轰鸣声。倭寇闻听，又见满城灯火，喊声震天，以为是城内调来很多军队，便不战而退，霞浦城得以保住。此后相沿成习。[6]1280

6. 闽南的中秋"博饼"

厦门、泉州一些地方中秋有"博饼"习俗。博饼，也作"搏饼"，或称"戏饼""玩状元饼""玩会饼"等，是以掷 6 颗骰子取 4 红点数赢取月饼（今已演变为各种奖品）的一种游戏。民间有关于起源的两种说法。一说是元末某年中秋，人们借玩饼而聚集在一起，以放鞭炮为号聚集起来反抗元朝统治者，后演化为博饼习俗；一说郑成功收复台湾后为了冲淡官兵的思乡之情，请他的部将（一说洪旭）设计出的一套游戏，后来流传至民间。

7. 晋江紫帽乡后厝村中秋的"烧塔仔"

"烧塔仔"是孩子们用碎砖瓦片等搭建成"塔仔"，然后用柴草烧至砖瓦发热发红，以至缝隙中喷出火焰，争相洒盐于其间，便会有剧烈的声响和火花，以此游戏赏玩。传说烧塔仔习俗源起元朝末年，因汉人反抗残暴统治者，相约于中秋起义时举火为号，杀戮鞑子，而有了此俗。

8. 晋江的"攻炮城"

晋江南安丰州镇桃源村每五年有一次"丰州桃源攻炮城"活动。人们用10米左右长竹竿挑起一座"炮城"（用竹子扎的四方体，贴上彩纸象征古代的城垣，四周环绕一串长鞭炮，金井塘东村的炮城用四根竹子搭成支架将炮城悬挂在高处，鞭炮则挂在中空的炮城中间，据说这是最原初的式样），参与者用自己手中点燃的鞭炮向"炮城"投掷，引爆"炮城"的鞭炮就算攻破了"炮城"，引爆者可以得到奖赏。"攻炮城"据说是郑成功驻军时其部将洪旭为减轻士兵过年时的思乡之情而创造的。

以上节日都是在原有节日基础之上形成的，节日名称依旧，只是习俗有了增加或改变，从而表现出独特的文化内涵。

（三）增改内涵

1. 北社的二月二"七圣真君神诞"

据民国《霞浦县志》，霞浦北社（今松城镇中心一带）二月初二为七圣真君神诞，进行隆重祭祀。相传明代倭寇船入松山将要袭城时，远远看见城头上到处是刀枪矛戟和旗帜，灯光四射，城头雉堞上有无数红袍将扬鞭驰马，感到很恐怖，连夜撤走。第二天，守城官得知乃神显灵，于是请旌于朝而加封号，百姓则感其御敌之恩，在其神诞日格外铺张来报答。[6]1278七圣真君是隋嘉州太守赵昱，节日是原有的，只是增加了新的内涵。此节今已不存。

2. 龙海的上巳吃春卷

漳州龙海县农历三月三日，民间以为玄天上帝诞辰，以春饼祭祀上帝和祖先。春饼是用面粉煎圆形薄饼，再用笋丝、豆芽、豆腐干、牡蛎、蛋丝、猪肉、韭菜、香菇、虎苔等混合为馅，包卷成条状，也称润饼、春卷。当地传说此日是郑成功攻打漳州之日，居民外出逃避战乱，次年为纪念逃难而制作了春卷。春卷形似逃难的包袱，后遂成定例。立春、上巳吃春饼是很多地方的习俗，此种解释内涵不同。

3. 建瓯的清明插柳条

建瓯人对清明插柳条有自己独特的解释，说是为了纪念五代时期"全城众母"练氏夫人保全建瓯免遭屠城惨祸的大恩大德。练氏夫人本姓杨，名隽，浦城练湖人，故称练夫人。练氏为章仔钧之妻，章在王审知据闽时期曾任西北行营招讨使，以步卒五千屯守浦城西岩。一次，章仔钧被南唐兵包围，王建封和边镐二人被派往建州请援兵，遇雨误期当斩，被练夫人所救。二人后来投奔了南唐。天德三年（945年）八月，南唐攻打建州，王建封任先锋，边镐接应，攻下建州，王延政投降，闽国灭亡。时章仔钧已故，练夫人移居建州。在南唐兵屠建州城之前，王、边二人去拜谢练氏，并叮嘱练氏在门口插上杨柳条（一说是白旗）可免侵犯，但是练夫人说要是他们真正感念自己的恩情，就请保全这座城池，如果屠城，她独活也没意思，愿意与众人一起死。二人深受感动，便让所有人家都插上柳条，免除了屠城。练夫人去世后，建州人民感念她的恩德，每年清明家家户户门前插柳以纪念她。[7]163—164 这个传说中的事情发生在八月，习俗却转移到了三月，显然是将故事嫁接在了原有的清明插柳习俗之上，其内涵发生了改变。中秋建阳"张灯彩于檐"也与练氏夫人有关，据民国《重修建阳府志》记载"相传五代南唐破郡城时，练氏夫人令里民如此，免屠戮之惨。至今相沿不改"[8]230。

4. 同安中秋吃月饼

同安中秋吃月饼，除了表达团圆之意外，尚有纪念元末抗元起义的内涵。据说元末同安白莲教徒商议起义之事，用月饼夹带"八月十五夜起义"的字条以传令大家中秋夜同杀鞑子。后人纪念，遂有此俗。

综上，闽地与战争有关的节日表现颇为多样。关于创立新节以纪念历史，这是符合节日形成之惯例的，无需多加解释，但是为什么不少地方却喜欢不顾历史的具体时间而附着于旧有的节日之上，或者只是增改旧的节日及习俗来表达对战争的记忆与纪念，或者改变或增加新的说法呢？窃以为人们更为注重的是情感的真实和历史事件本身，而并不特意强调其时间的准确性，因此更倾向于选择那些容易激发人们情感的时间点，而节日恰是人们情感的凝聚点，具有集聚效应，尤其是大的传统节日在长期的历史发展中已经形成了稳定的习俗和内涵，依附于这些固有的节日会更容易引起人们的关注，不易被忘却，从而达到长期纪念的目的。

三、福建与战争有关的节日与习俗的情感内涵

闽地这些与战争有关的地方性节日及其起源的说法在民间广为流传，为民众所认可，然考之史实，很多说法与历史事实并不完全吻合，在具体

时间和事件细节上多有误差，有的人物事迹过分夸大，甚至是完全虚构的。那么，这些民间传说是毫无意义的吗？当然不是。正如钟敬文先生在《传说的历史性》中所说："任何传说都具有一定的历史意义，因为它的产生都是有一定的历史现实作根据的。由于一定社会历史范畴的存在，人的幻想不管怎样狂放，也不能脱离当时现实生活的关系。它的出发点、表现的范围和素材，都是不能脱离一定历史的凭借和限制的。"[9]195 因此，透过这些故事，我们正可看出民众真实的情感和心理。概括而言，主要有以下几个方面。

（一）对悲惨历史的深刻记忆

以上节日基本属于纪念性节日。这些节日绝大多数都与战争的惨烈沉痛记忆相关，其中最主要的是明代嘉靖年间的倭寇入侵，泉州的"吃大顿""无头节""陷城洗街日"，莆田的"做大岁""探亡日"，福清部分地区的"冥斋节"、拜初二，厦门初三的忌访亲友等皆是。战争对于普通百姓而言永远都是灾难，一场战乱会造成财产损失、几代人的艰辛经营毁于一旦，甚至是亲人罹难、家园被毁的可怕后果，其惨痛可想而知。正因如此，人们对战乱的记忆最为深刻，而且难以消除。于是，人们便以节日的方式来表达他们"难以忘却的纪念"。除了新创节日之外，还附着于旧的节日或者为旧节日增加新习俗、新内涵。随着时间的推移，有的节日起源的说法在流传中已经模糊了具体的年份和日期，但是事情本身的真实性是毋庸置疑的，民众伤亡的程度与记忆的深度甚至在节日传说中也有所体现。比如泉港南浦、后龙、山腰等地的"做大岁"，虽然与崇武城的"吃大顿"相似，但程度较轻，民间只是说嘉靖年间倭寇入侵，人们于十二月廿九日出逃，次年正月初四下午倭寇撤退后方回家，因为没来得及过年，初五便补过"年兜"，叫"做大岁"。而标美顶正月初五的"无头节"，以"无头"之惨状呈现血淋淋的历史，这是对倭寇入侵血腥暴行的惨痛记忆，其中既有对倭寇的刻骨仇恨，更有对潘姓内贼的满腔怒火。白额春联的另一个版本也是对清兵入闽大屠杀的惨痛记忆，与史书记载驻莆总兵张应元残酷对待抗清人士、视民如草芥的史实相同。[10]64—77 正是在一年一度的重复过节中，不断强化着人们对灾难的记忆，对倭寇抢劫烧杀罪行的刻骨仇恨，教育后人不忘历史，珍惜来之不易的幸福和平生活。近代英国哲学家休谟说："我们有几万次实验使我们相信这个原则：相似的对象处于相似的环境下时，永远会产生相似的结果。"[11]125 不同的地区都是因为经历了类似的战乱和死亡之痛，所以出现了类似的节日。

伴随着战乱出现的往往是食物的匮乏和饥饿的流行，这也成为民众惨痛而深刻的记忆。比如罗唇村的冥斋节虽然与倭乱有关，但从马元帅感叹"饥荒年或特殊时期，黄金不如五谷好"来看，更侧重于表现战乱时期人们对饥饿的惨痛记忆。畲族的"乌饭节"也是饥饿的集体性记忆。乌饭并非美食，人们吃它是一种无奈的选择，是粮食缺乏而不得不靠野果活命的残酷现实，本质上它是一种惨痛的记忆和经验。畲人以此为节，旨在教育子孙不能忘本。据说宁德蓝姓畲族子孙在中华人民共和国成立后吃"乌饭"同时也吃白米饭，表示忆苦思甜，这是一种结合时代话语的创新。[12]275龙海的春卷说因为逃难而造了形似包袱的春卷，这个说法很牵强，但也反映了战乱给百姓带来的伤痛。另如同安的吃月饼、建瓯的清明插柳、建阳的中秋张灯彩于檐、永定的端午选悬桃枝等，基本上都是在旧有风俗基础上植入的新解释，之所以如此，显然是与当地的历史有关，表达了民众共同的情感记忆。

（二）对无辜死难者的悲痛悼念

泉州的"吃大顿""无头节"、莆田的"做大岁""探亡日"等节日及习俗在纪念历史的同时，也都表达着对无辜死难的亲人的沉痛悼念。中国人乐生怕死，认为寿终正寝才是正道，其他则为非正常死亡。由于普遍存在的灵魂不灭观念，民间认为如果是非正常死亡，死者一旦得不到殓葬和祭祀，他们的灵魂便无处安歇、不得安宁。加之闽地受楚文化影响大，民间极重淫祀。可以想见，战乱之后，人们不得不直面亲友的惨死，那淋漓的鲜血、无头的尸体留给当时的存活者何等深刻而难以磨灭的印象，他们满怀悲愤收敛尸体、祭奠亡灵，希望死者安息，这是生者能为死者做的唯一的事，也是我们的文化习俗中认为最重要的事。唯其如此，方能告慰死者，安抚活者。马林诺夫斯基认为，"一个民族的宗教是一种信仰（belief）和实践（practice）的完整体系，可以帮助解决许多非经验和非科学的社会、心理问题——宗教在社会体系中有其固定的功能，他甚至可演变为各种社会成员应遵循的仪式或法律"[13]208-209。闽南地区普遍的鬼神信仰使得人们重视对因战乱死亡者的祭祀，由此而形成独有的仪式、习俗。

除以上习俗之外，闽南盛行的普渡与明代倭患造成官兵和百姓死亡也有很大关系。闽南多地农历七月为普渡之月，民间认为此乃鬼出之月，必须重加祭祀，不仅祭悼已故亲友，还要祭祀无主亡魂。其时间之长（整个七月各乡镇按照日期轮流举行），仪式之隆重（要备牲醴酒撰、设席宴客以及演戏等），祭祀范围之广（所有已故的亲故和无主亡魂）在其他地方很难见到，而且由于明代倭乱之影响，有些地方的普渡时间也有所改变，如泉州鲤城区江南乡亭店村、晋江县池店乡新店村为农历三月二十九日，而池店乡塘厝村、石狮市祥芝乡则为四月十五日，晋江县永宁镇又在四月二十三和二十四日。美国哲学家杜威说："所有的习惯都是感情，所有的习惯都具有推动力，以及由若干特殊行动所形成的心理倾向，比起含糊的、一般的、有意识的选择来，是我们身上的一个远为密切而基本的组成部分。"[14]11 这些节日都是民众情感有意识选择的结果。

（三）对英雄人物的感念崇拜

闽地与战争有关的节日及习俗形成的民间解释中，大多有英雄人物的英雄故事，不少即表达了平民百姓对英雄人物的感恩之情或者崇拜之情，如罗唇冥斋节中纪念的马元帅或马氏三姐妹，他们为保护百姓而付出了生命，百姓对之充满感激之情。建瓯清明插柳相关的练氏夫人，能不顾个人安危而救全城百姓，人们对其深怀感恩。畲族乌饭节纪念的雷万兴是畲族的民族英雄，其中包含着浓烈的民族情结。大多数节日涉及的是戚继光，这个名闻天下的抗倭英雄对闽浙百姓的意义自然非同寻常，是他击退了不断侵袭的敌人，虽然避免不了时有惨剧发生，但保证了大多数人的安全，而且正是由于经历了家破人亡的残酷，才更加理解抗倭的重要性，也更加崇拜抗倭英雄，奉之若神明。

厦门中秋博饼、攻炮台等习俗则表现了人们对郑成功的崇拜意识。据学者考证，博饼早期是占卜科举考试运气之博戏，这从博饼等级的命名为状元、对堂（榜眼）、三红、四进、一秀可见，最早见于康熙《台湾府志》。清代康熙年间施琅收复台湾之后，由于施行"班兵"制度，"大量不带眷属、三年一换的将士轮流到台澎金厦地区戍守海疆。每逢中秋，这些主要来自北方和江南各地的将士们格外思乡。他们把平日打发无聊时光的赌博游戏与难得见到的家乡月饼嫁接到一起，又吸收了科举文化的因素，创造了最初的'博饼'"，成为一种流行于军营的游戏。由于其中所包含的科举名称、有宴席和奖励等因素的刺激，使得其在民间逐渐流行，成为一种在台湾、厦门等地非常流行的中秋游戏习俗。[15]66-74,[16]111-119 看来此博戏与郑成功关系并不是很大，但是今天民间传说却更多提及郑成功，足见郑成功在厦门、台湾的影响力很大，人们对他极为爱戴和敬仰。龙海上巳吃春卷被认为与郑成功有关，更是牵强附会，也是出于同样的情感。

福建在相当的历史时期中因偏僻而少严重的战乱，唐末黄巢之乱、五代王审知据闽，都没有留下太多的印迹，而明代海禁之后造成的倭乱却形成了长期而严重的灾难。在战乱年代能够消灭敌人、安定社会的人，必然是不善于作战的农业民族的人民非常崇拜的对象，戚继光、郑成功之所以被闽人崇拜，也正在于此。

（四）对现实人生的深切关照

人之本性，好生恶死，所有的节日活动其最终目的都是服务于现实人生的。上面说到，民间信仰认为人如果死于非命，不能得到殓葬和祭祀，其灵魂因无处安歇、不得安宁而会作祟为祸，对生者不利。因此，对死者的隆重哀悼祭祀一方面表现了对死者的终极关怀，另一方面更重要的目的乃是为了存活者的吉祥安康。从这个意义上说，惧怕的心理可能更甚于纪念。闽地这些与战争有关的节日，无论是"补年兜""做大岁"，还是"吃大顿"以及"白额春联"，其节日习俗最终指向都是为了存活者。死者长已矣，存者仍需生。大难之后节日不被废弃，反而重过，表现出对现实人生的深切关照。泉州农历四月廿三日的"陷城洗街"日更突出的是雨水或用水洗去令人恐怖的血污，让活着的人更好受一些。莆田的"探亡日"、福清的拜初二、同安的正月初三忌讳探亲访友，这些节日对少数人来说是祭拜亲人，对大多数人而言却是访客禁忌，显然更强调对生者的安全康健等利益，是为了让活人活得更好。同安说法中的以免活人沾染"晦气"就更为直接。另外，像博饼、攻炮台、曳石等游戏更是直接服务于现实人生，既有助于锻炼体魄，以备不虞，也有益于团聚亲朋、娱乐身心。正如马林诺夫斯基所言"成年人的游戏的主要功能是娱乐的""娱乐中人们可以改换兴趣，并将常态的和连续的生活暂时打断一下。……调剂一下单调的生活，减轻一些人生的担子"[17]83。宁化端午的悬挂葛藤、建瓯清明的插柳等习俗，在原有辟邪除秽的基础上融入了避免人祸战乱、保全性命于乱世的美好祈祝。战争是残酷的，但当它成为节日，则欢庆娱乐的成分就占据了很重要的地位，这也表现了中国人积极乐观的生活态度。我们这个民族有着化悲痛为力量的强大能力，原本悲惨的历史事件，最终却变成了百姓的节日，在对往事的追怀、对亡者的悼念中融入了对现实人生的极大热忱，以饮食、装饰、游戏、仪式等习俗尽情表现着对生的眷恋和热爱。

综上所述，福建与战争有关的节日和习俗甚多，其表现形态和内涵也较为丰富，其地方性色彩非常突出。这些节日的形成与传承，与福建独特的地理位置、历史事件有着直接的因缘，与当地的文化风俗传统、社会组织形态以及人们的情感心理也有很大关联。这些节日绝大多数都出现在福建东南沿海地区，这些地区在唐末以后也发生了不少战乱，尤其是明代海禁之后引发的长期的倭乱，给当地居民带来了深重的灾难，人们以独特的方式表达了对战争及灾难的记忆与纪念。福建在魏晋之前尚属于蛮荒之地，受楚文化影响颇深，有淫祀之风。魏晋以后由于战乱，中原居民不断迁入，形成了较为独立的以宗族为中心的村落，他们带来了中原的文化风俗，又因为是外来者，有着更为强烈的宗族观念，故而这些节日多为对中原旧有节日的增改。杜威说："风俗，或者习惯的普遍齐一性，在相当大的程度上是由于个人面临同样的情景并作出同样的反应而存在的。但是风俗的持续存在，在更大的程度上是由于各个个人在先前的风俗所规定下来的条件下形成了个人的习惯。"[14]14 当然，由于具体事件的不同，又各具特异性，但无论如何，人们选择以节日的方式来表达对历史的记忆与纪念，形成独特的风俗，则主要是因为节日往往是人类情感的凝聚点，它们表达了人们憎恶战争离乱、渴望和平、期盼幸福生活、祈求健康长寿等永恒的美好愿望。正如马林诺夫斯基所言："人类文化，不论在什么地方，总是把人类兴趣和活动的原料组织起来成为标准的和传统的风俗。"[17]69

不得不说的是，中华人民共和国成立以来，随着社会变革、文化运动、生活方式等的变迁，这些传统节日赖以存在和传承的土壤发生了变化，很多节日习俗已经不复存在，不少年轻人不喜欢过传统节日，不懂节日背后的文化情感内涵，这是非常遗憾的。近年来，国家倡导传统文化的复兴，各级政府和文化工作者在保护、宣传地方节日文化方面也做了很多工作，如莆田的"做大岁"民俗已被文化部列为"中国传统节日习俗保护基地"，但多数则面临失传的危机。传统节日如何传承、发展，是文化部门和文化工作者都应该认真思考的问题。

参考文献

[1] 张寄民：《兴化倭祸记》，载林国梁主编：《福建兴化文献》，台北市莆仙同乡会编印本，1978 年。

[2]《仙游风物》，福建省仙游县科学技术协会编印本，1979 年。

［3］蓝清盛：《福鼎县罗唇村"冥斋节"调查》，载陈国强：《闽台岁时节日风俗》，厦门大学出版社 1992 年版。

［4］曹刚等修、邱景雍等纂：《民国连江府志》，载《中国地方志集成·福建府县志辑（第十五册）》，上海书店出版社 2002 年版。

［5］许金顶：《倭寇之患与福建民俗》，《海交史研究》1996 年第 1 期。

［6］刘以臧修、徐友梧纂：《民国霞浦县志》，载《中国地方志民俗资料汇编》（华东卷），书目文献出版社 1995 年版。

［7］潘渭水：《建瓯县清明习俗考》，载《闽台岁时节日风俗》，厦门大学出版社 1992 年版。

［8］李厚基等：《重修建阳县志》，载《中国地方志集成·福建府县志辑：第 6 辑》，上海书店出版社 2000 年版。

［9］钟敬文：《民间文艺谈薮·传说的历史性》，湖南人民出版社 1981 年版。

［10］陈鸿：《莆变小乘》，载中国社会科学院历史研究所清史研究室编：《清史资料第 1 辑》，中华书局 1980 年版。

［11］休谟：《人性论》，文运译，商务印书馆 1980 年版。

［12］张登贤、左夷山：《闽东畲族节俗来源初探》，载陈国强：《闽台岁时节日风俗》，厦门大学出版社 1992 年版。

［13］转引自李丰楙：《仙道的世界》，载蓝吉富、刘增贵：《中国人的精神生活与礼俗》，黄山书社 2012 年版。

［14］杜威：《人性与行为》，载《哲学研究》编辑部：《资产阶级哲学资料选集（第八辑）》，上海人民出版社 1966 年版。

［15］冯少波、王毓红：《博饼之路：从兵营游戏到民间风俗》，《文化学刊》2013 年第 1 期。

［16］冯少波、王毓红：《"博饼"风俗的起源》，《文化学刊》2012 年第 4 期。

［17］马林诺夫斯基：《文化论》，费孝通等译，中国民间文艺出版社 1987 年版。